2023年度

国家级职业教育教师教学创新团队
文体旅游（二）协作共同体
科研成果汇编

主　编◎王　方　张开江　张宗国

副主编◎郎富平　洪光英　冷雪艳

中国旅游出版社

编　委　会

主　编　王　方　张开江　张宗国

副主编　郎富平　洪光英　冷雪艳

共同体　浙江旅游职业学院　成都职业技术学院　青岛酒店管理职业技术学院　广西师范大学　无锡商业职业技术学院山东理工职业学院　江西旅游商贸职业学院　青岛职业技术学院　海南经贸职业技术学院　北京市外事学校沈阳市旅游学校　苏州旅游与财经高等职业技术学校吉林省经济管理干部学院　湖州职业技术学院　黑龙江农业经济职业学院　华中科技大学出版社　太原旅游职业学院　云南旅游职业学院　长春职业技术学院　浙江育英职业技术学院　海南软件职业技术学院

序　言

　　高素质教师队伍对于职业教育的高质量发展具有重要作用。近年来，国家高度重视职业教育的发展，高水平、结构化教师团队建设成为推动职业教育高质量发展的关键着力点，国家级职业教育教师教学创新团队建设应运而生。自2019年该项目启动以来，已组织三批次团队申报及建设，并完成首批验收工作。国家级职业教育教师教学创新团队文体旅游（二）协作共同体（以下简称"协作共同体"）有幸在第二批团队课题研究项目中立项组建，经过两年的培育和发展，已形成固定而良好的沟通与共建机制。项目及业务协同、持续深化，积极开展师资培养与队伍建设，有效促进了职业教育教学改革。

　　充分发挥协作共同体平台作用，拓展共同体合作院校数量。协作共同体由浙江旅游职业学院牵头，成都职业技术学院、青岛酒店管理职业技术学院、无锡商业职业技术学院、沈阳市旅游学校、广西师范大学、青岛职业技术学院、山东理工职业学院、江西旅游商贸职业学院、海南经贸职业技术学院、北京市外事学校、苏州旅游与财经高等职业技术学校12家单位共同发起。在此基础上，又分三批吸纳了吉林省经济管理干部学院、湖州职业技术学院、黑龙江农业经济职业学院、华中科技大学出版社、太原旅游职业学院、云南旅游职业学院、长春职业技术学院、浙江育英职业技术学院、海南软件职业技术学院等9家院校及企业成为成员单位。目前协作共同体成员单位已达到21家，形成了涵盖中职、高职、本科、企业等多类型、多层次、多方位的成员结构，队伍不断发展壮大。未来将持续推进拓展合作，重点加强与企业行业的联系，不断提升协作共同体的社会影响力。

　　积极搭建协作共同体的合作桥梁，持续深化项目合作。协作共同体积极推动院校间的合作交流，紧扣课题协作研究，以模块化教学改革、"双师型"

教师培训、专业数字化发展、国际合作等主题开展了四次大型交流研讨会议。广西师范大学作为协作共同体中其他院校授牌的职业技术教育专业旅游大类硕士研究生实践教学基地，与共同体中其他院校联合开展旅游类职业教育师资人才培养，共同撰写《旅游类专业模块化教学改革的创新与实践》专著，全面推进模块化教学改革创新与实践，强化院校协同育人成效，构建校际协同创新机制。协作共同体指导智慧景区开发与管理专业教学资源库的升级改造，这是数字化教学改革的一项重要工作。智慧景区开发与管理专业教学资源库于 2022 年 12 月通过了国家级教学资源库的验收，2023 年 8 月正式启动资源库第二轮建设工作。第二轮建设共有协作共同体内 9 家院校参与，共建设 49 门课程，跨院校跨专业共建专业基础课、专业核心课的虚拟教研室共 34 个。9 家院校共同促进专业课程标准的修订、课程知识树与知识图谱的设计、课程资源的共建与应用推广，共同构建"平台＋软件＋资源"的国家级教学资源库监测系统。目前，教学资源的更新迭代工作正稳步推进。同时，协作共同体还指导休闲服务与管理专业教学资源库、研学旅行管理与服务专业教学资源库的建设与应用推广工作。

稳步构建协作共同体的协作机制，强化团队多方联动。协作共同体于 2023 年 3 月 31 日—4 月 3 日顺利召开成立大会，大会还举办了 12 所院校的签约仪式，这标志着协作共同体的正式诞生。12 所院校共同通过并发布了《协作共同体章程》（以下简称"《章程》"）。《章程》确定协作共同体内部的组织机构、共同体成员、合作形式等内容，秉持"开放、跨界、互利、共享"理念，推动共同体成员单位之间的合作共建；建立了协作共同体日常管理机构，设置顾问专家 3 人、理事长 1 人、常务副理事长 3 人、副理事长 9 人、秘书长 3 人、副秘书长 9 人；确定了协作共同体申请加入机制，开放合作大门，深入促进校企、校级协同共建；共同建设协作共同体官方网站，定期进行网站信息的更新与完善；征集 12 所院校 2022 年研究成果与文稿并出版成书；在课程资源、培训资源和教师资源中都秉持"共建共享"的原则，推动协作共同体内部形成紧密的协作与联动。

本次成果汇编收集了各院校 2023 年度的相关研究成果，共分为 8 个篇章

54 个研究成果，其中的辛苦与不易有目共睹。正是协作共同体各方凝心聚力、团结协作，才能在以往两年的建设时间内推动模块化教学改革的前进，形成这么多的成果与荣誉。2024 年是教师教学创新团队改革的收官之年，协作共同体将继续坚持"自由开放、协作互补、分层分类、合作共赢"的原则，持续促进深度协作、合作共赢，按时并优质地完成团队建设和课题研究的工作任务，更好地促进旅游职业教育的发展。

浙江旅游职业学院党委副书记　王方
2024 年 3 月于华夏湖畔

目　录

党建思政篇

创新团队篇

教学改革篇

人才培养篇

专业建设篇

党建思政篇

典型案例

传递中国声音　联结世界桥梁

——旅游类专业大学英语课程思政示范课案例

浙江旅游职业学院　丁　竞

一、案例简述

大学英语是浙江旅游职业学院的公共基础课，立足本校建设"国内一流、国际知名、中国特色、世界水平"的旅游高等职业院校的办学定位，依托旅游大类"双高计划"高水平专业群的办学优势，针对本校旅游类专业人才培养计划设置，以行业需求为引领，语言能力为本位，职业素养为根本，融入旅游行业"游客为本、服务至诚"的价值观，培养"德技兼修，语通中外"的旅游行业人才。课程回应教育应"培养什么人，怎样培养人，为谁培养人"的根本问题，立足中国国情，扎根中国大地，传递中国声音，联结世界桥梁。课程以旅游场景为教学主题，依托文旅融合的优势资源，挖掘课程思政育人元素，采用基于"产出导向法"的课程思政教学模式，实现教学目标的"四位一体"，即恪守职业道德，弘扬职业精神，传承中华文化，增强文化自信的思政目标；掌握语言知识，应用语言表达，熟悉多元文化，理解思维异同的知识目标；培养语言技能，行跨文化沟通，讲述中国故事，传播中华文化的能力目标以及增强自主学习，培育合作精神，树立全球视野，厚植家国情怀的素养目标。

二、[关键词]

大学英语；课程思政；旅游类

三、主要做法

（一）打造文旅融合背景下"旅游＋外语＋思政"的内容体系

课程围绕"德技兼修，语通中外"的人才培养目标，聚焦旅游场景，夯实外语能力，以"游客为本、服务至诚"旅游行业核心价值观为主线，挖掘思政元素，建立"旅游＋外语＋思政"的课程思政内容供给。课程重新梳理教学内容，将内容设计与价值塑造有机融合，以旅游行业场景为主线，选取八大旅游主题，设置八项语言产出任务，明确八大育人元素，依托文旅融合优势资源，挖掘八个思政切入点，将思政育人润物无声地融入语言教学之中，形成旅游＋外语的育人合力，传递中国声音，联结世界桥梁。

（二）构建基于"产出导向法"的高职英语课程思政教学模式

课程引入本土前沿外语教学理念"产出导向法"，将思政育人理念贯穿教学全过程，构建基于"产出导向法"的高职英语课程思政教学模式（图1）。立足旅游行业场景，融入思政元素，巧妙设计语言产出，精选与思政切入点

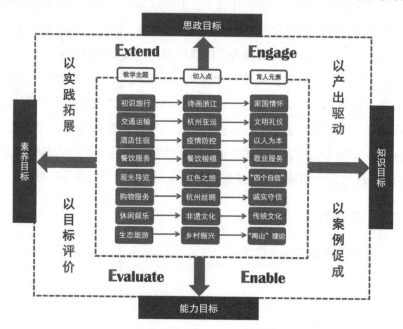

图1 基于"产出导向法"的高职英语课程思政教学模式

适合的优质教学资源，以产出驱动、以案例促成、以目标评价、以实践拓展，通过驱动引思—促成学思—评价践思—拓展强思四大环节层层递进，实现外语课程价值塑造、知识传授和能力培养三位一体，构建课上课下相结合、线上线下相混合、显性隐性相融合的课程思政教学模式。

（三）探索主体多元、内容多维、方式多样的教学评价体系

课程立足课程思政目标，将课程思政教学评价整合到语言知识与技能的评价中，坚持显性与隐性相结合的原则，以语言知识和技能评价为显、以思政目标评价为隐。通过诊断课前自学、即时评价课中活动、延时评价课后拓展，整体评价教与学全过程。教学评价以人工智能、教师和学生形成多元评价主体，纳入思政目标，科学设计评价内容，从语言、结构、内容和育人四方面进行多维评价，将思政目标与语言目标评价融为一体，全过程采集教与学信息，精准掌握学习效果，检测教学目标整体达成。

四、成果成效

课程通过教学内容供给、教学模式递进、教学评价反馈三条课程思政链环环相扣、层层递进，体现旅游类专业大学英语课程思政设计理念，即立足中国国情，扎根中国大地；传递中国声音，联结世界桥梁。

自 2019 年开展大学英语课程思政教学以来，课程以课堂为依托全面推进大学英语课程思政教学改革，入选省级课程思政示范课、校级课程思政精品课、校级魅力课堂，形成一批优秀的省级课程思政教学案例和课程思政主题的教学改革论文；教师团队获全国职业院校教学能力比赛二等奖 1 项、浙江省职业院校教学能力比赛二等奖 2 项，培育学生参与职业院校技能大赛英语口语比赛 10 余项，获国家级奖项 3 项、省级奖项 4 项。学生参加全国大学生英语竞赛、省级高职高专实用英语口语大赛等获奖 10 余项，其中特等奖 2 项、一等奖 1 项。课程已面向 5 届学生，受益人数 3000 人。

中国古建筑与古典园林
课程思政典型教学案例

浙江旅游职业学院　　范　平

一、课程基本情况

课程名称：中国古建筑与古典园林

课程性质：专业拓展课程

学时：32

学分：2

授课对象：大学二年级

授课专业：国家"双高"导游专业群

课程负责人：范平

团队成员：陈萍萍、芦爱英、饶华清、黄中黎、齐晨辰、郝杰

二、教学案例

1. 案例主题

猜园林源起，探最古园林

2. 出自教学章节

第五章：梳理古典园林之发展脉络

第一节：中国古典园林的起源与发展

3. 案例选择与育人内涵

（1）选择该案例的原因

根据翻转课堂的学习要求，学生在课前已对中国古典园林的发展史有了基础性了解，知晓了中国最早的园林形式"囿"，教材中也将周文王的"灵

圃"来作为"圃"的例证。然而，短短几行文字给学生的感受是直观而书面的，是简单而浅薄的。如何让学生真正掌握中国古典园林的源起，同时能结合自己在历史、文学、艺术等方面已有的综合性知识对该知识点进行思辨性理解，就成为本案例"让学生推断我国现存最早的与园林起源有关的文物"这一设计的主要出发点。

同时，灵圃作为中国最早见于文献的古典园林，其本身就具备着无限魅力，它是中国古典园林的生态思想、山水体系、审美情趣等发源的精彩例证，在课程思政元素挖掘和本课程整体课程思政体系建设的开端方面有着非常好的切入点价值。

（2）案例涉及的育人内涵

周代的逨鼎是我国现存最早的与园林起源有关的文物，鼎中铭文让我们知道先秦时期国家已对治理山川林泽高度重视，与当今"生态""两山"等部分治国理念遥相呼应。

最早见于文字的《诗经》中所记载的周文王灵圃则进一步折射出了文王时代人与自然的和谐、和平融洽的社会氛围以及统治者开放包容的政治心态，是人文理念与精神在中国古典园林中呈现的开始，也将贯穿于学生理解中国古典园林作为中华家园文化符号所象征的美好生活对国人的意义的始终。

4. 案例内容与设计

（1）案例引入

通过"猜一猜，园林的起源跟哪件文物有关"这一问题及以下 3 张图片的选择，引入对中国古典园林正式起源的探讨。

图 1　猪纹黑陶钵　　图 2　四十三年逨鼎　　图 3　五星出东方利中国织
　　　　　　　　　　　　　　　　　　　　　　　　　　　锦护臂

（2）案例详情

上面3张图片中的文物均是中华文明发展过程中的重要文化符号。它们分别是：

图1：猪纹黑陶钵。国家一级文物，出土于浙江余姚河姆渡遗址，是新石器时代河姆渡文化的典型代表，现收藏于浙江省博物馆。在钵外壁两面分别以写实的手法刻绘了猪纹图案。

图2：逑鼎。现藏于宝鸡青铜器博物院，四十三年逑鼎共10件，铸造于周宣王四十三年（前785年），器内铸铭文31行，共316字，记述了一场周宣王对单逑的册封大礼。

图3：五星出东方利中国织锦护臂。国家一级文物，中国首批禁止出国（境）展览的文物，出土于新疆和田汉代古墓，现收藏于新疆博物馆。该织锦上织有八个篆体汉字"五星出东方利中国"，此外还有用鲜艳的白、赤、黄、绿四色在青地上织出的汉式典型的图案：云气纹、鸟兽、辟邪和代表日月的红白圆形纹，方寸不大，内涵丰富。

三件文物分别代表着中国三个不同的历史时期，河姆渡文化距今约7000年；鼎则是青铜器文化的代表，距今约3000年；织锦护臂为汉代文物，距今约2000年。

为增加分析难度和案例讨论的趣味性，在案例引入时仅给到学生文物照片及名称。

（3）案例讨论

分小组对教师设置的问题进行分析讨论，时间约2分钟，达成小组统一意见后各自派代表进行阐述，尤其是进行理由的充分说明。

在各小组对究竟哪一件是现存最早的与园林起源有关的文物进行的推测阐述完成之后，由教师来揭晓正确的答案——逑鼎。通过对三件文物的背景知识进行相关介绍，重点解读选择逑鼎的理由，时间节点在这里是一个非常重要的判断依据。同时，播放宝鸡青铜器博物院关于逑鼎的相关视频来进行内容的佐证分析。

（4）案例升华

逨鼎中用铭文生动记录了当时的周天子对管治四方山林川泽的官员"逨"的表扬。可见，早在西周时期，统治者就对保护环境非常重视。而"山林川泽"正是生成中国园林的重要源头。逨鼎堪称是距今 2800 年前、中国历史上最悠久的、国家级别的园林绿化奖章，它所蕴含的重视自然环境的生态平衡理念，与今天我们一再强调的生态文明、"两山"理论等理念一脉相承。

逨鼎也帮助我们定位了中国园林最初的萌芽时期，那就是商周。中国古典园林的生态思想、山水体系、审美情趣均发源于这一时期。

从逨鼎溯源自然过渡到我国古代文献中所记载的最古老的园林——周文王的灵囿。通过对《诗经·大雅》中"王在灵囿，麀鹿攸伏。麀鹿濯濯，白鸟翯翯。王在灵沼，於牣鱼跃"的解读，认知到周文王因地制宜，兴建了具有山岳、水体和动植物等不同景观的园囿，即灵囿，达到了囿、台、沼的完美融合。而书中"经始灵台，经之营之。庶民攻之，不日成之。经始勿亟，庶民子来"的记录更是鲜明地折射出了文王时代和平融洽的社会氛围以及统治者开放包容的政治心态。

通过对"文王园林范式"及其分流继承的解读，引导学生认识到文王灵囿这一中国最古老园林的文化真谛的延续与传承——让百姓真正体会到人与自然的和谐，感受到时代的胸襟，以及对园林这一中华家园文化符号所象征的美好生活的真切向往。

5.案例特色与反思

（1）案例特色

①课程思政元素紧密贴合整体教学设计

本课程的整体教学设计是以培养中华优秀传统文化的传承与传播者为目标主线，以国家导游职业资格标准为依据，以职业能力培养为核心，以中国古建筑与古典园林项目任务为载体，从职业岗位能力需求分析入手设置课程内容。

具体到本案例所挖掘的课程思政元素，分别为围绕着现代治国理念的生态文明、"两山"理论以及中华优秀传统文化传承的文化自信、家园文化，它们对应融入的知识点分别是对现存最早的与园林起源有关的文物逨鼎中的铭文记述以及现存古代文献中所记载的最古老的园林周文王灵囿的解读。

②翻转课堂紧密衔接课前课中教学环节

课前要求学生自学课程教材及 MOOC 中的园林模块第一部分内容，对中国古典园林的发展历史形成初步认知。课中通过本案例的设计在该教学重点上对学生综合知识的掌握及应用能力进行考量与评价。翻转课堂在这里起到了很好的衔接作用。

③分组讨论紧密结合学生多元学习特色

结合学情分析中学生的知识基础和学习特点，设计了分小组讨论、派代表阐述的具体形式，充分体现了"以学生为中心"的教学理念。通过"可视化材料＋问题导向"，引导学生通过辩证分析、复合思维去寻找正确的答案；同时，通过组间 PK 提升学生的口头解说能力与思维凝练能力，检验团队合作效果。

④教师讲解深入浅出致力于实现深度教学

对本案例所涉及的文物知识以及《诗经》、梁思成《中国建筑史》中与灵囿相关的背景知识的掌握是对本次课授课教师的基本要求。同时将这些知识与中国古典园林的源起进行有效的衔接和深入浅出的教学是非常重要的，能帮助学生在知晓关键知识点的基础上理解知识背后的深层次思政内涵，并能灵活运用到自己未来的工作之中，从而有助于实现真正的深度教学。

（2）反思与改进。

学习古典园林的相关知识对学生的综合素质应用有较高的要求，尤其是本案例中需要学生对文学、历史方面的知识灵活运用。然而，个别非文科背景的学生基础相对薄弱，对知识点的掌握速度较慢，需要教师增强对这部分学生的关注。可以在课前有针对性地对这部分学生布置相关的预习作业，也可以在小组讨论过程中有针对性地进行一定的指导，在分组时要注意组间同质、组内异质的基本原则，帮助每一位学生更顺利地参与到相关教学环节之中，从而使学生更好地体会到教学内容与课程思政之间的融合，实现课程思政的教学目标。

6. 案例效果与反馈

（1）对园林源起的准确认知得以巩固

根据翻转课堂的设计，在课前自主学习的要求中，教师已发布让学生自学课程教材及 MOOC 中的园林模块第一部分的内容，其中的关键知识点就是"中国古典园林最初的形式为'囿'，如公元前 11 世纪，周文王的'灵囿'"。"囿"的本义指古代帝王养禽兽的园林，这一内容在前面的"一字入园"环节已经引导学生进行了探讨。但是将该知识点灵活并准确地运用到本案例中，做出正确的文物选择还是需要敏锐的思辨能力的。

从学生分组讨论的过程中可以看出大部分学生能结合自己的专业知识做出综合性的判断。分组讨论 PK 的形式作为课程"解读园林密码"趣味闯关竞赛活动的一部分引起了学生的关注，课程气氛热烈活泼。教师层层深入、抽丝剥茧的深度教学使得学生注意力集中，紧跟教师节奏，对园林缘起这一知识点的准确认知得以巩固和深化。

（2）对导游工作的职业认同得到提升

在分组讨论后的阐述中，虽然个别小组可能因为"停留于表面"而误入陷阱没能选中正确的答案，但即使如此，他们在阐述中还是清晰地说明了自己小组的理由，对导游所需的口语表达能力及讲解思路进行了一定的锻炼。更重要的是，在这一专业性很强的专题性拓展课程中，案例让学生感受到了作为一名导游人员，所具有的做好导游讲解工作的基本职业素养。

学生对将知识融会贯通，同时可以通过语言、图片、文字、视频等途径将知识融合性地传递给游客，也有了直观的认知，对做好一名合格乃至优秀的现代导游的职业认同得到大幅提升。

（3）对中华文明的传播自信得到加强

"讲好中国故事，传播好中国声音"是本校导游专业的课程思政总体建设目标，而领悟中国古建筑与古典园林中蕴含着的文化基因特质，增强传承中华优秀传统文化的职业意识与素养，增强对家国文化、家国情怀的心灵认同则是本课程的课程思政目标的重要内容。

通过本案例的教学，逐步融入课程思政点，将课程思政在学生的主动思考、练习以及教师的教授中无形深化。教学过程自然流畅，学生积极参与，课后交流中也得到了学生的正向反馈。学生开始学会如何通过一个小的知识点切入，如何胸有成竹、层层深入地进行讲解设计，如何灵活地个性化地融合多渠道多元化的材料资源，尤其是结合当代人的生活实际与精神追求实现中华优秀传统文化的有效传播与积极响应，最终将自身对古典园林这一中华文明重要组成部分历经数千年发展传承的认知及民族自信应用于自己的生活和未来的工作之中。

（注：本案例获长三角旅游职教联盟课程思政优秀教学案例一等奖）

多元交互　产教互融　文化育人
——茶文化课程思政建设探索和实践

浙江旅游职业学院　康保苓

一、案例简述

茶文化课程是智慧景区开发与管理国家级教学资源库课程、浙江省课程思政示范课程、浙江省职业教育在线精品课程。课程所在的茶艺与茶文化专业是浙江省特色专业、教育部现代学徒制试点专业、联合国世界旅游组织旅游教育质量认证专业、文旅融合的国际化专业。

茶文化课程是茶艺与茶文化方向学生的专业基础课，也是智慧景区开发与管理等旅游类专业学生的人文素养课程。课程以文化育人、思政育人、实践育人为抓手，课证融合、育训并举，构建了多元交互的立体化教学模式，提升了学生的专业素养、人文素养、道德素养，助力了新形势下文旅人才的培养。

二、[关键词]

茶文化；课程思政；文化育人；在线课程

三、主要做法

（一）深入挖掘课程思政元素，构建茶文化育人的课程思政系统

茶文化课程思政既是新时期弘扬中华优秀传统文化、增强文化自信的重要内容，又是文旅融合发展对旅游休闲人才培养的具体要求。茶文化思政建设的目标是使学生较为系统地学习以茶文化为代表的中华优秀传统文化，以

"厚植文化自信、培养家国情怀、彰显使命担当"为统领，内外兼修，深入挖掘生态文明、人文精神、传统美德、工匠精神、感恩意识等思政育人元素，优化教学设计，思政贯穿、文化涵化、产教互融，构建茶文化育人的课程思政系统，着力提升学生的综合素养和能力，增强学生文化自信和传承，在实践中自觉肩负起文化弘扬、传承和创新的使命。

（二）加强茶文化课程优质资源建设，促进课程思政建设提质升级

加大茶文化课程思政资源库、在线课程、新形态教材建设力度，促进课程思政建设提质升级。建设茶文化数字化资源库，实现茶文化思政资源数字化，便于学生突破时间和空间的限制，打造线上线下互动的思政育人智慧平台。茶文化课程思政资源库包括教学视频、课件、案例、优秀作品等，为课程思政的有效实施打好资源基础。茶文化在线课程将茶文化思政元素融入育人的全过程，增强教学内容的引领性、示范性、丰富性、创新性，形成线下课堂与线上课堂、校内课堂与企业课堂协同创新的体系。通过项目教学、任务驱动、案例分享、课堂研讨、实训实践等路径实施，为茶文化专业学生、茶文化爱好者、茶行业从业者提供了学习交流的平台。

（三）校企协同育人，提升课程思政效果

充分发挥大国工匠榜样的力量，教育部现代学徒制的合作企业的国家技术能手等行业导师参与课程授课、实践指导、实训，提供实践平台支持。引进品牌茶企的真实项目、中华茶奥会等国际赛事资源，在综合实训、校内外实践、社会服务等活动中，将课堂思政的成果应用于实践，进一步提升课程思政的成效，深化文化自信，传承、创新、传播以茶文化为代表的中华优秀传统文化。

学生在社会实践、赛事、国内外交流等活动中表现突出，成为茶文化传承创新的重要力量，助力讲好中国故事、传播美丽中国形象。2020 级阎杭庆入选中国大学生茶艺团，2023 年郑颖莹赴塞尔维亚等地传播中国茶文化。学生在中华茶奥会、国际武林斗茶大会等赛事中获奖 30 余人次。

四、成果成效

（一）精磨细琢，打造在线课程标杆

茶文化课程在智慧职教等平台开设，2019 年入选智慧景区开发与管理国家级教学资源库，2021 年入选浙江省课程思政示范课程，2022 年 1 月浙江省新形态教材《茶文化》由中国人民大学出版社出版，2023 年茶文化课程入选浙江省职业教育在线精品课程。茶文化在线课程将茶文化思政元素融入育人的全过程，通过项目教学、任务驱动、案例分享、课堂研讨、实训实践等路径实施，为茶文化专业学生和茶文化爱好者提供了学习交流的平台。

（二）引领示范，发挥辐射带动作用

基于在线开放课程平台应用和推广，茶文化课程发挥课程思政的共享性、示范性。截至 2024 年 1 月，茶文化 MOOC+SPOC，累计选课人数 2 万余人，学员来自 2400 余个单位，茶文化课程资源库和在线课程为高校师生、行业企业从业者、茶文化爱好者等群体，提供了可持续发展的学习平台，助力构建服务全民终身学习的现代职业课程体系。

（三）总结提升，推动思政成果应用转化

教学团队完成浙江省高等教育"十三五"第二批教学改革研究项目"智慧职教视域下多元交互的立体化教学模式构建与实践——以茶文化课程为例"等课题研究；《茶文化课程"线上线下　校企双元"混合式教学模式实践与探索》案例入选浙江省"课堂教学创新校"典型示范案例。在省级、校级比赛或评选中，茶文化课程思政获奖案例 8 人次，如温燕《习茶礼仪——茶人修养与茶德精神》课堂教学案例获评全国旅游职业教育"课程思政"展示活动示范案例；康保苓《黄金碾畔绿尘飞　碧玉瓯中翠涛起——点茶实操与鉴赏》获浙江省微课大赛高职组一等奖；严慧芬《龙井睿杭桂　世界共和美》、张春丽《传承与创新宋韵——梦华录》等被评为课程思政优秀教学微课；温燕、康保苓发表《新文科建设背景下茶文化专业课程思政实践与思考——以习茶礼仪教学为例》、严慧芬发表《课程思政背景下茶叶品鉴课程的教学创新研究与实践》等课程思政论文。

（四）文化自信引领，服务"一带一路"倡议

茶文化课程模块或线上资源对中俄旅游学院、中塞旅游学院的师生以及国际爱茶人士开放，面向国际传播茶文化，服务"一带一路"倡议。学生参加 G20 峰会 B20 茶歇、亚洲美食节之"美食与优雅生活"论坛、杭州第 19 届亚运会等大型活动。师生赴俄罗斯、希腊、意大利、塞尔维亚、埃及等国家开展茶文化交流，承办中华茶奥会仿宋茗战等赛项，在实践中彰显文化自信，成为茶文化传承创新的重要力量，助力传播美丽中国形象。中央电视台、《中国旅游报》、新浪浙江、《杭州日报》等媒体多次对师生的茶文化推广情况进行报道。

"四维合一"深化"三全育人"综合改革

浙江旅游职业学院　周国忠　徐初娜

浙江旅游职业学院是全国唯一的国家文化和旅游部与浙江省人民政府共建的高等旅游职业院校，致力于打造旅游职业教育的"中国品牌"和"中国服务"人才培养的摇篮。学校以习近平新时代中国特色社会主义思想为指导，坚持社会主义办学方向，落实立德树人根本任务，扎实构建了先锋领航、四融并进、以文化人、数字赋能"四维合一"的"三全育人"模式，"德智体美劳"五育并举成效显著。学校获评全国黄炎培职业教育优秀学校奖、全国党建工作样板支部2个、全国高职院校首批"育人成效50强"、全国学生发展指数优秀学校、国家课程思政示范课程2门、教育部首批教育信息化试点优秀单位、教育部"一站式"学生综合管理模式建设试点单位、全国国防教育特色校、世界职业院校与技术大学联盟（WFCP）"学生支持服务卓越奖"，入选浙江省"三全育人"综合改革重点支持高校、省首批高校智慧思政特色应用试点校、首批省级课程思政示范校、省5A等级平安校园、省高校示范性创业学院。

一、先锋领航：厚植文旅人才的"红色基因"

一是培根铸魂明育人方向。全面落实党委领导下的校长负责制，以"先锋工程"为总牵引，深入实施"红色根脉强基工程"，扎实推进"政治铸魂、强基固本、效能聚力、头雁培优、思政育人"五大行动，着力打造"中国服务　先锋领航"党建品牌，建有省高校思政名师工作室、省高校"双带头人"教师党支部书记工作室，获评省级标杆院系、样板支部和先锋支部7个，省级及以上党建荣誉33项。

二是守正创新筑育人阵地。出台了《关于深化"三教"改革、强化"三风"建设的实施意见》，实施了以"四融五美"为核心的"课堂革命"，构建了"思政课创优 361"模式，着力培养"四有"好老师。建立党员干部联系学生"七个一"制度，搭建"书记面对面""校长有约"等校领导与学生沟通平台，建成全国高校首个"红色之旅"思政教育数字化主题馆。通过制定《思政队伍建设"十四五"规划》、创新辅导员职称评聘办法、实行辅导员导师制、建立辅导员工作室等综合施策，打造"六要"思政队伍。心理育人、管理育人、资助育人等 6 个案例入选"浙江省高校"三全育人"综合改革丛书"。

三是狠抓落实聚育人合力。"三全育人"综合改革纳入学校党代会工作任务，列为"双高计划"重点建设指标和"十四五"规划项目。成立"三全育人"综合改革领导小组，制定《关于全面推进"三全育人"的实施意见》，明确"十大"育人体系建设任务，厘清责任清单、示范清单、负面清单，做到总体有框架、落实有抓手、实施有载体、成效有评估。学校主要领导每年与各二级单位负责人签署"意识形态""党风廉政""校园安全"三大责任书，强化全员育人意识，构筑全程育人体系，夯实全方位育人责任。

二、四融并进：增强学生的职业适应性

一是融汇理实强德技并修。强化"岗课赛证"一体化人才培养模式，重构"通识课＋平台课＋模块课＋拓展课"课程体系，全方位融入劳动精神、劳模精神、工匠精神，让课堂变得更有意义。创新毕业证、职业技能等级证书、综合素质学分证书"三证制"学生综合评价制改革，构建以"一路阳光""一技之长""一生微笑""一流服务"为核心模块的综合素质评价体系。入选省级人才培养优秀案例，获评省思想政治工作精品项目，五年来学生共获国家级奖项 321 项、国家奖学金特别奖 3 名、"浙江省十佳大学生"3 名。

二是融通产教强知行合一。以"多元融合""多岗递进"实践教学模式为核心，实现教学与实践、实习与岗位无缝对接。毕业生就业率始终保持在 98% 以上，2021 年在疫情下就业率仍取得 99.27% 的历史性突破，并作为全国唯一高职院校代表在全国 2021 届高校毕业生就业工作会议上作

典型发言。历届毕业生就业竞争力、用人单位满意率、母校满意率等指标均居全省高职院校前列，全省 70% 以上的旅游企业管理层均为本校毕业生。

三是融合文旅强家国情怀。3000 多名学生积极响应国家乡村振兴战略和浙江美丽乡村建设号召，参与"万村景区化建设""旅游微改造、精提升"等省文旅重大工程，指导全省 57 个县区的 266 个村庄开展景区化改造，助力 56 个村庄成功创建 3A 级景区村。打造全省首个乡创基地，学生获省级乡村振兴等创新创业大赛金奖 12 项，全国"互联网 +"大赛铜奖，入选《2021 世界旅游联盟——旅游助力乡村振兴案例》，通过旅游赋能乡村振兴实践，学生进一步培养了实践才干，增强了"三农"情怀。

四是融入国际强全球视野。建立 3 家境外办学机构，获批教育部《国际中文教育中文水平等级标准》教学资源建设项目，11 个专业获联合国世界旅游组织（UNWTO）旅游教育质量认证，与全球 22 个国家和地区的 40 所高校、85 家旅游企业建立紧密型合作关系，疫情前 10% 的毕业生具有境外研修实习经历，7 次获 GTTP– 全球案例研究竞赛一等奖，获国际大赛奖项 71 项，连续 3 年入选全国高等职业院校"国际影响力 50 强"，获评浙江省国际化特色校。

三、以文化人：提升学生"中国服务之美"的人文素养

一是筑牢人文素养育人载体。深入实施"人文铸旅"工程，成立人文素养教育中心和工作委员会，聘任知名专家组成专家委员会，着力打造一支由"名师领衔、团队负责、专兼结合"的素质教育教师团队。与省社科联共建省文旅融合研究基地，与良渚遗址管理区管委会等十余家单位共建共享培养基地，与浙江音乐学院等本科院校共建校际联盟。

二是创新人文素养课程体系。构建以人文素养概论、旅游职业礼仪为核心的"2+4+X"课程体系，建立人文素养公共选修课、人文大讲坛及以社会实践为主的素质教育第三课堂。启动"特长 +"计划，获国家级、省部级奖项 15 项，获立省级教学类项目 10 项，《旅游人才提升人文素养培训体系设置指南》经省标准化协会立项发布。

三是擦亮"中国服务"育人品牌。着力打造"中国服务"人才培养摇篮，成为与杭州亚组委签订全面战略合作唯一高职院校，较好完成了亚组委礼仪服务课程制作和专业培训。数千名学生担任了 G20 峰会、世界互联网大会、世界旅游联盟大会等高规格会务礼仪服务，收到国务院多个部委的感谢信。涌现出"中国红十字会总会十大最美救护员"夏振辉、参加中华人民共和国成立 70 周年阅兵联合军乐团的郑丽萍、面对疫情勇当最美"空中摆渡人"的空乘专业学生陈雨珩、大二就获得"浙江省青年岗位能手"的江博等众多阳光榜样。连续 4 年获评全国高职院校"服务贡献"50 强。

四、数字赋能：创建高职智慧化育人新范式

一是打造"一件事"数字校园大脑。通过实施"一件事"改革，打造集科研服务、教学管理、后勤服务、平安安全、疫情防控于一体的数字校园大脑，做到常规学生事务 100%"网上办"，核心业务 100%"掌上办"，70%以上的教室完成了智慧化改造，在推进学校治理现代化的同时，提升了学生的数字化素养。获评浙江省首批数字校园建设示范校、教育领域数字化改革第一批创新试点学校。

二是推进"一站式"综合管理模式。以大数据共享为支撑，推进党建团建进学生社区、进寝室楼幢，形成学生社区与学院、教师与学生密切联系、联动融合的党建引领体系和"网格化"管理模式，成为学生党建前沿阵地、"三全育人"实践园地、平安校园样板高地，实现理想信念"浸入式"教育。入选教育部"一站式"学生综合管理模式建设试点单位。

三是构建"一体化"智慧思政平台。建立基于学业预警、心理预警、经济预警、行为预警等四种类型预警信息，拥有数据共享"安全舱"、安全教育"防火墙"、分析判断"预警台"、AI 辅助"智慧脑"、反馈分析"稳定器"五个功能模块的智慧思政平台，预警有效率达 98%，打造"易班"网络育人新阵地，实现思政教育全时空。获评浙江省首批高校智慧思政特色应用试点单位、省区域和学校整体推进智慧教育综合试点学校。

"三全育人"综合改革事关"为谁培养人、培养什么人、怎样培养人"的

教育根本问题。浙江旅游职业学院将进一步守正创新、提质增效、铸魂育人，着力打造成为新时代立德树人的示范校、服务文旅融合的智囊团和中国旅游职业教育的领跑者。

（注：该案例是教育部、人力资源和社会保障部评选的全国职业院校"三全育人"100个典型案例之一，被列为精选推广宣传的24个典型案例之一。）

以"精准思政"为抓手　打造"一站式"学生成长智慧社区

浙江旅游职业学院　徐初娜

为持续推进浙江旅游职业学院"一站式"学生社区建设，培育"时代新人"，学校以数字化改革为契机，依托大数据、人工智能等技术，创新"精准挖掘数据—精准识别问题—精准对接供需—精准管理育人—助力全面成长"五维联动"精准思政"育人工作机制，将思想政治教育不断向"一站式"学生社区延伸，着力构建服务于学生"德智体美劳"全面发展的新型"一站式"学生成长智慧社区。

一、多场景上线学生服务，打造社区智慧服务"生态圈"

图1　"一站式"学生社区线上服务集成型数字空间

1. 服务事项一屏通览，登录安全快捷。学校通过统一授权及认证中心，整合多个学生子业务系统，形成学生相关服务业务分层的"一站式"学生社区线上服务集成型数字空间（图1）。

2. 服务场景一应俱全，供需精准匹配。聚焦社区管理、学习、生活、体育、劳育等五大核心业务场景，推动迎新、党建、团建、学习、后勤服务等20余个数字化小场景应用的建设，完成学生社区多场景的硬件设施建设，打造集学生思想调研、学习、实践、生活、管理于一体的全场景智慧服务集群。

3. 服务需求一呼百应，多部门跨界协同。通过制定多部门参与的学生社区管理目标清单，各部门可以通过学工助手的角色授权，即时响应学生服务需求，发挥自身在学生社区管理中的作用，形成工作合力。

二、多维度分析学生数据，形成行为培优纠偏"触发器"

学校通过构建智慧思政"112"工作模式（图2），即打造1个智慧社区云平台，建设1个学生工作数据中枢，实施平安护航和数治领航两大工程，无感采集学生行为数据，智能分析与诊断，聚焦学生思政工作关键环节，提升思政教育的针对性和精准性。

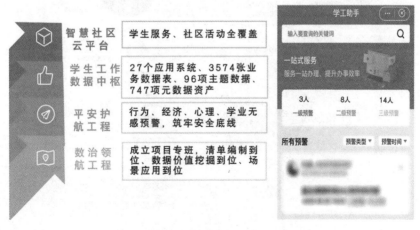

图2 学校智慧思政"112"工作模式

1. 建立学生数据中枢，寻社区数字治理之源。学校通过建设包含 27 个应用系统、3574 张业务数据表、96 项主题数据、747 项元数据资产学生工作数据中枢，无感采集全场景的学生行为数据。

2. 构建学生预警模型，行社区智慧管理之策。依据学生预警、评优、成长的数据建模，进行大数据分析。全面、精准的学生行为数据分析和"五维联动"精准思政育人工作机制深度融合，实现"被动应对"向"主动防控"转变，让教育引导更高效、管理服务更便捷，切实提升了育人工作的实效性。

3. 勾勒全面成长画像，结社区精准思政之果。学校构建客观反映学生在社区成长状况的个体数字画像和校级学生成长大数据看板（图 3），精准地分析学生个人及群体在学业水平、体测水平、人文素质、职业素质、身心素质、劳动素质等 6 个维度的表现。学生可以通过一张图通览自身成长的状态，结合个人发展目标，取长补短。教师可依据画像，快速聚焦工作开展的薄弱环节，针对重点环节、重点学生、重点场域在学生社区中做实做细学生的思想政治教育工作。

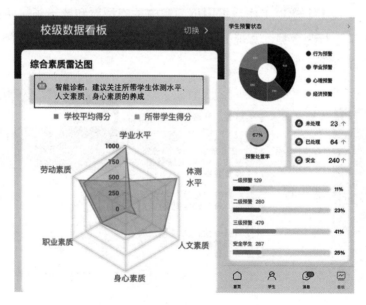

图3　校级学生成长大数据看板

三、多应用锚定学生成长，构建社区精准思政"智慧脑"

1.全类型开展社区劳育，引导学生德技并修。学校牵头开发了浙江省智慧思政九大特色应用之一——"实践啦·劳动在线"（图4），创新了社区劳育模式。该应用可实时跟进学生的劳动实践，指导及评价，形成"一生一档""维度全面"的劳动成长数字档案，引领学生德技并修，培育更多的青年工匠。截至目前，"实践啦·劳动在线"特色应用已实现社区劳育100%覆盖，参与劳动实践学生61899人次，学生评价高。

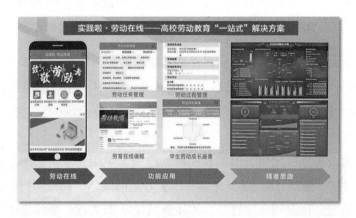

图4 劳育特色应用"实践啦·劳动在线"运营模式

2.全时段开展社区体育，助力学生健康成长。学校通过构建学生社区体育特色程序"运动啦·活力在线"（图5）创新了学生社区体育运动的载体。"运动啦·活力在线"通过人脸识别运动打卡终端，以及跳绳、开合跳等多元化、趣味性的AI运动打卡项目，用积分排行榜激励的方式，激发学生参与运动的兴趣，引导学生在社区学习和实践的同时，多参与体育锻炼，不断提高体质健康水平。

图 5　体育特色应用"运动啦·活力在线"运营模式

3. 全方位开展社区活动，实现浸润式思政教育。充分利用学生成长智慧社区云平台，将思政工作有机融入学生社区生活中，针对性地在社区举办"阳光思政大讲堂""红雁宣讲"等育人活动年均 500 余场，学生参与 10.2 万人次，实现社区浸润式思政育人实效。

学生成长智慧社区建设模式和经验，得到了学生、家长，《中国教育报》《中国旅游报》《浙江日报》《浙江教育报》等新闻媒体，高校同行以及国家和省市领导的充分肯定和高度赞扬，关注量超 100 万人次。浙江旅游职业学院将持续扎实推进"一站式"学生社区建设，积极探索富有学校特色、体现价值引领、贴近学生实际的智慧社区服务生态，为学生成长提供安全、舒适、便利的智慧型学生社区环境，不断提升思政育人的温度、准度、精度，培育"德智体美劳"全面发展的"时代新人"。

"思劳创"融合 培育德技兼修的文旅英才
——智慧景区专业教师教学创新团队劳动育人案例

浙江旅游职业学院 姚镭栓 徐 敏

2020 年 3 月，中共中央、国务院发布《关于全面加强新时代大中小学劳动教育的意见》，对新时代劳动教育做了顶层设计和全面部署。在新时代文旅融合的背景下，在"德智体美劳"五育并举的人才培养体系下，浙江旅游职业学院积极响应《中共中央 国务院关于全面加强新时代大中小学劳动教育的意见》《中共浙江省委浙江省人民政府关于全面加强新时代大中小学劳动教育的实施意见》等文件精神，把构建"中国服务"品牌的劳动教育体系列为"双高"建设的重点项目，作为深化"三全育人"综合改革工作的重要抓手，将劳动教育与专业建设相融相通，以劳动精神培养为核心，创新劳动教育机制，整合多方劳动资源，拓展劳动教育载体，推进劳动育人工作规范化组织、制度化运行、常态化发展。智慧景区开发与管理专业教师教学创新团队在学校劳动教育总体框架设计下，紧扣时代主题，响应中央精神，整合资源全面推进劳动教育，开启新时代高校劳动育人的创新探索，"思劳创"融合，培育德技兼修的文旅英才。

一、目标思路

以培养"德智体美劳"全面发展的旅游行业人才为目标，大力弘扬劳动精神，提升学生劳动素养。以劳动实践作为育人主要途径，整合各方资源、建设工作队伍、构建育人载体，将思想政治教育、劳动教育与专业创新创业教育有机融合，不断丰富劳动育人的内涵（见图 1）。

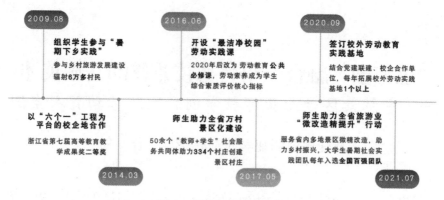

图1 劳动育人探索历程

二、实施举措

（一）"思劳创"融合，开启劳育"新引擎"

智慧景区专业教师教学创新团队结合专业特色和多方资源，积极推动"思劳创"有机融合，经过多年探索，形成了一套特色鲜明、行之有效、可复制推广的工作运行机制，持续为学生提供思政教育、劳动教育和创新创业教育三位一体的高质量劳动素质教育（见图2）。

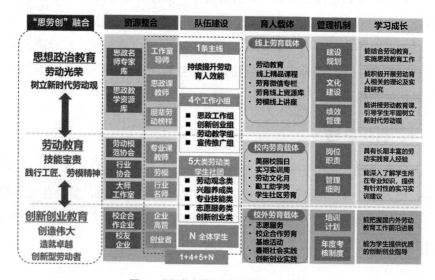

图2 "思劳创"融合劳动育人思路

1. "劳动+"思想政治教育，实现浸润式思政育人实效。团队将"劳模精神""劳动精神""工匠精神"有机融入学生思政教育，让学生在劳动实践中锤炼精神品质，坚定理想信念，坚信劳动是一切幸福的源泉。作为全国唯一一所以整体校园创建景区的高校，团队充分利用浙江旅游博物馆、红色之旅展览馆、问茶岭等校园景区资源，深入开展劳动精神、劳模精神、工匠精神的教育。此外，团队组织学生参与社会实践、志愿服务等服务性劳动，为乡村振兴贡献青春力量。团队通过组织助力全省旅游业"微服务、精提升"行动，"师生助力全省万村景区化建设"等，激发学生参与浙江省内相对贫困地区乡村振兴和共同富裕载体建设的热情。多年来组建50多个师生团队，走遍省内11个地市67个县（市、区），在286个村庄开展实地调研和志愿服务，开展文化和旅游资源普查，提供"微改造 精提升"方案，帮助94个村庄成功创建3A级及以上景区村庄，助力乡村振兴和共同富裕。

2. "劳动+"创新创业教育，培育新时代创新实干人才。团队注重将学生劳动素质与创新创造能力的培育有机融合，紧跟行业需求为区域及行业发展提供智力支持。团队教师通过国家、省、校、院四级大学生创新创业训练项目体系，以"互联网+""挑战杯""全国大学生乡村振兴创意大赛"等为龙头推动开展创新创业教育，探索"创新创业"新模式、"产教融合"新途径。每年组织"教师+学生"社会服务共同体，服务浙江"美丽乡村"建设及文创产业发展，在社会实践与志愿服务中锻炼劳动技能，培养家国情怀和责任担当。近年来，专业多名学生在"'互联网+'大学生创新创业大赛""全国大学生乡村振兴创意大赛""全国大学生红色旅游创意策划大赛"等多个重大赛事中获得佳绩。

3. "劳动+"校政企地合作，推进劳育共同体落地生根。团队基于"思劳创"融合构建开放、共享、创新的劳动育人共同体。与西溪湿地、湖畔居、衢州七里乡、浙江传化集团、萧山志愿者协会等多家企事业单位签署"劳动教育实践基地"协议，实现实训岗位与生产岗位有机融合，促进学生技能和素养与未来就业岗位实现零距离对接。

（二）智慧赋能，锚定劳育"新风向"

团队用数字赋能劳动育人全过程，通过自主研发的"实践啦·劳动在线"浙江省智慧思政特色应用，开展劳动教育理论教学、实践活动、劳动教育评价、学生劳动素质提升等工作，加强对"师、生、事"的数据耦合共享，实现劳动育人相关事项"一平台通办"、全程数据留痕，促进育人效果持续优化。学生可以及时查看感兴趣的劳动相关理论知识并了解理论学习进度，制订合理的劳动成长计划，指导劳动实践活动；教师通过平台查看学生的学习反馈，全面指出学生在劳动实践中存在的问题，及时督促提醒，全员全程全方位参与育人工作，及时发现存在的问题，改善教学效果；系统根据学生劳动过程及评价自动赋予相应的劳动素质分，增强学生参与劳动实践的积极性和体验感。

（三）整合力量，打造劳育"同心圆"

团队建立了科学、规范的组织管理体系，创新打造前辈领航、朋辈互助、同行交流的劳动育人"共同体"，通过聘任劳模导师、行业导师、企业导师、校友导师等参与学生劳动实践指导，组织专业学生前往劳动教育实践基地、校企合作单位开展劳动实践，邀请劳模工匠、企业老总进校园进课堂，不断整合劳育教学资源、劳育基地资源，形成育人团队"同心圆"。

（四）打造品牌，擦亮劳育"金名片"

团队整合校内外劳育资源，将劳动教育有机融入人才培养、专业建设、师资建设、校园文化、社会服务等方面，形成效果显著的"519"劳动育人模式（见图3），可为全国其他同类型教师团队开展育人工作提供有效的借鉴，即通过课程劳育、专业劳育、劳育文化、劳育实践、劳育研究五维联动，培育学生达成1个核心目标——弘扬劳动精神，做最美劳动者，以9大举措助力实施：一项劳育文化品牌、一门劳动教育精品课、一系列劳动融合专业工作坊、一个劳动育人研究平台、一批校企地劳动育人实践基地、一组美丽校园实践活动、一批社会实践与志愿服务队伍、一次顶岗实习劳动实践、一套智慧劳育评价系统。该模式强调一核统筹引领，提升劳育和人才培养的耦合性；强化五维联动，增进劳动教育的系统性；"九项工作举措"为劳动育人工作落地提供了明晰的实践路径，增强劳动育人形式的多样性。

图3 "519"劳动育人模式

三、育人成效

在浓厚的育人氛围下，学院培养了"全国优秀共青团员"魏子怡、"浙江省技术能手""浙江省青年岗位能手""杭州五一劳动奖章"获得者朱晓芸、"世界职教院校联盟（WFCP）2023卓越奖学生成就奖"获得者莫诗杨、"杭州亚运会国内技术官员"王周莲等众多优秀劳动榜样，他们在各自的专业领域发光发热，"浙江省文旅院校大学生助力万村景区劳动实践"入选文化和旅游部首批重点支持学生团队项目，学生暑期社会实践团队入选2023年全国大学生暑期实践成果TOP100。劳育先进典型的涌现，引领着智慧景区专业的学子们树立新时代劳动价值观，激励他们不断去参与劳动实践，成为卓越的高素质劳动者。团队育人工作的成效也受到了学生家长、其他高校、社会各界的高度关注和肯定，被《中国教育报》客户端、《中国旅游报》、《浙江教育报》等主流媒体报道，浏览量超200万人次。"519"劳动育人模式获浙江省高校思想政治工作精品项目立项，入选浙江省高校"实践育人"优秀工作案例。

党建引领　数旅融合

——构建新时代高职旅游管理专业育人新模式

成都职业技术学院旅游管理专业　李　炼　洪光英　黄晓菲

一、专业简介

（一）专业发展沿革

旅游管理专业发轫于 20 世纪 80 年代的国家级重点职业中专成都旅游职业学校，2003 年开始专科层次人才培养。本专业是成都职业技术学院文旅学院的一个重要专业，2010 年支撑学校成功申报国家骨干高职院校建设项目；2014 年被确定为四川省高等职业院校重点建设专业，并以"优秀"等级通过验收；2015 年通过联合国世界旅游组织教育质量认证，2019 年通过该认证复核；2019 年被认定为教育部《高等职业教育创新发展行动计划（2015—2018年）》骨干专业。本专业立足国家和地方重点产业的发展，深挖文旅产业技术需求，探索数字文旅的新模式、新思路和新应用，推动成都文旅业向数字化、智能化、创新化方向发展，服务成都发展新经济、培育新动能和乡村振兴的重大战略决策，以培养智慧旅游营销和管理的高素质技术技能型人才为目标，三年制专科共开设公共课程 18 门，专业课程 21 门，现已连续招收学生 20 届。同时，服务国家战略，招收深度贫困地区学生、退役军人、下岗失业人员、农民工和新型职业农民，并开展旅游管理专业本科层次职业教育改革试点工作。

（二）专业教师队伍建设及课程思政的开展情况

学校于 2018 年启动课程思政建设工作，旅游管理专业教师开始学习课程思政相关文件、挖掘和梳理课程思政元素，从 2018—2021 年，共有成为校级课程思政示范课 8 门，省级程思政示范课 1 门，省级课程思政示范团队 1 个，具体见表1。

表 1　成都职业技术学院旅游管理专业课程思政系列项目统计

序号	名称	类别	级别	负责人	立项 / 认定时间
1	旅行社产品设计	课程	校级	薛佳	2018.11
2	职业形象塑造	课程	校级	徐平乐	2018.11
3	旅游产业综合认知	课程	校级	向明	2018.11
4	旅行社产品设计	课程	省级	薛佳	2019.12
5	旅游管理课程群教学团队	团队	省级	薛佳	2020.12
6	旅游大数据分析	课程	校级	李炼	2021.03
7	旅游文案策划	课程	校级	薛佳	2021.03
8	旅游管理专业	专业	校级	李炼	2021.04
9	大学计算机基础	课程	校级	杨霞	2021.07
10	旅游网络营销	课程	校级	李炼	2021.07
11	旅游项目策划	课程	校级	赵婷婷	2021.07

　　本专业拥有专兼结合的结构化教师队伍，现有专任教师19人，兼职教师4人。教师队伍专业结构科学、年龄梯度合理、教学经验丰富、专业技术精湛教改科研成果丰硕（见表2）。教师学历背景涉及旅游管理、区域经济、软件工程、思政教育、教育学等多个领域。年龄结构以中青年为主，30岁以下1人，占比4.3%；30—40岁12人，占比52.2%；40—50岁10人，占比43.5%。"双师型"教师占比94.7%。高级专业技术职称人员占比60.9%，其中教授3人，高级工程师2人，高级技师1人，副教授8人。专任教师拥有导游、茶艺师等高级职业资格证书8人，占比42%。吸引全国巾帼建功标兵、全国青年岗位能手卫美佑，"天府万人计划"周道华等文旅相关技术能手或企业高管担任兼职教师，形成稳定的兼职教师师资库。以国家级职业教育教师教学创新团队立项建设为契机，通过"双进工程""教师教学能力提升三年行年计划""新教师成长培养计划"实施，促进专兼职教师提升立德树人理念，实施育人工程，实现"德技"双育。

表 2　成都职业技术学院旅游管理专业专兼职教师获奖／所获荣誉统计

序号	奖励名称／荣誉名称	级别	批准机关	获得时间
1	2021 年四川省职业教育教学成果奖一等奖	省级	四川省人民政府	2022.04
2	2020 年全国职业院校技能大赛教学能力比赛高职组专业课程一组三等奖	国家级	全国职业院校技能大赛组织委员会	2021.02
3	四川省"天府万人计划"教学名师	省级	中共四川省委组织部	2020.11
4	2020 年四川省职业院校教师教学能力大赛（高职组）专业课程一组一等奖	省级	四川省教育厅	2020.10
5	成都市第十四次哲学社会科学优秀成果三等奖	副省级	成都市人民政府	2020.05
6	2019 年全国职业院校技能大赛教学能力比赛高职组专业课程一组三等奖	国家级	全国职业院校技能大赛组织委员会	2019.11
7	四川省职业院校教师教学能力大赛（高职组）专业课程一组一等奖	省级	四川省教育厅	2019.09
8	国务院政府特殊津贴	国家级	国务院	2019.01
9	国家级教学成果奖二等奖	国家级	中华人民共和国教育部	2018.12
10	四川省"天府万人计划"科技创业领军人才	省级	中共四川省委组织部	2018.11
11	全国青年岗位能手	国家级	共青团中央、人力资源和社会保障部	2018.07
12	四川省第八届高等教育优秀教学成果奖一等奖	省级	四川省人民政府	2018.04
13	成都市第十三次社会科学优秀成果一等奖	副省级	成都市人民政府	2017.12

（三）学生发展情况

本专业注重学生德、智、体、美、劳全面发展。学生在校期间需完成入学入职教育、军训、国防教育、创新创业实践、顶岗实习等实践教学环节，定期参加"环境美化"等素质教育活动。近年来，学生在全国大学生红色旅游创意策划大赛、全国高校商业精英挑战赛商务会奖旅游策划竞赛等国家级比赛中获奖 32 人次，在四川省乡村振兴创意策划大赛、四川省大学生创业计划竞赛等省级比赛获奖 34 人次，2 人获"成都市技术能手"称号，在世界大学生夏季运动会火炬传递、新津梨花溪文化旅游区游客服务等项目中担任志愿者 1800 人次。培育了旅游高素质技术技能人才近 2000 人，毕业生主要面向旅行社、在线旅游代理商等企业就业，主要岗位为旅游营销、导游、涉旅数据分析、旅游策划和旅游行政管理等，为地方经济和文旅产业发展作出了突出贡献。

二、专业课程思政建设主要做法和成效

以习近平新时代中国特色社会主义思想为指导，贯彻落实全国职教大会精神，落实国家和四川省"职业教育改革实施方案"，对接成都发展新经济培育新动能的重大决策，秉承"成都服务、服务成都"的办学定位，奉行"德行天下、技走人生"的校训精神，践行"知行合一、守正创新、爱国荣校、敬业自强"的办学理念，坚持"学校围绕产业办、专业围绕产业建，教学实践融入企业生产线"的办学思路，突出"产教融合、双创贯通"办学特色，以培养精技致用的旅游业精英为使命，为旅游管理专业建成"思政体系全、示范效果佳、育人效果好"的省级课程思政示范专业奠定了基础。

根据学生认知规律和智慧旅游岗位需求，修订人才培养方案，优化"三对接、四融入"工学结合人才培养模式；层层递进，系统推进课程思政课程体系建设；一二课堂衔接，全过程实施课程思政教学；强师兴学，多措并举提升教师课程思政建设的意识和能力；多维并行，建设全方位课程思政评价体系和教育质量保障体系。到建设期末，将旅游管理专业建成"思政体系全、示范效果佳、育人效果好"的省级课程思政示范专业。

（一）专业课程思政建设主要做法

1. 依据标准，对接岗位，修订人才培养方案和课程标准

结合旅游管理专业有关的国家标准、行业标准和职业技能等级证书标准，旅游营销、导游、旅游咨询员、旅行社计调、研学旅行指导师等岗位需求，

坚持立德树人，通过到天府牧山数字新城、天府新区尖山村智慧旅游园区调研，深挖旅游管理专业的"课程思政"元素，以"培养理想信念坚定，德、智、体、美、劳全面发展，具有一定的科学文化水平，良好的人文素养、职业道德和创新意识，精益求精的工匠精神，较强的就业能力和可持续发展能力，适应世界旅游目的地中心城市、世界文化名城旅游产业发展需求，具有'旅游＋互联网'创新创业思维，熟练掌握一门工作外语，具备较强旅游信息化应用能力，面向智慧旅游营销和管理的高素质技术技能型人才"为目标，将科技创新数字赋能、地方红色旅游、思政元素融入人才培养方案和课程标准中，实现了知识传授、能力培养、价值引领的有机融合，助力当地乡村振兴和社会经济发展。

2. 创新了"344"校企融合人才培养模式

吸收智慧旅游方面的行业或旅行社的人员、思政课程教师，共同制定了"344"人才培养模式，"3"是将学制划分为三个阶段：分别是第一学年的夯实专业基本功阶段、第二学年的培养专业核心能力阶段、第三学年的提升"双创"能力阶段。第一阶段（第1、2学期）开设思想道德与法治、国学、天府文化等公共课程和旅游产业综合认知、旅游大数据分析、中国旅游地理等专业课程，夯实专业基本功，培养学生人文素养，厚植家国情怀、强化社会主义核心价值观；第二阶段（第3、4学期）开设旅游电子商务、旅行社产品设计、文旅项目运用管理等课程，培养学生核心技能，工匠精神和宪法法治意识逐步养成；第三阶段（第5、6学期）开设就业指导、旅游创新创业实务等课程，提升学生"双创"能力，深化职业理想和职业道德教育。第一个"4"是指四对接，即对接1+X职业技能等级标准，对接研学旅行、导游行业标准，对接高职旅游类国家教学标准，对接联合国旅游组织职业教育标准；第二个"4"，是将厚植家国情怀，社会主义核心价值观、工匠精神、宪法法治、职业道德和职业理想融入教学方法，融入教学内容，融入实践和融入生活，从而提升学生的"双创"能力，深化职业理想和职业道德教育，具体见图1。

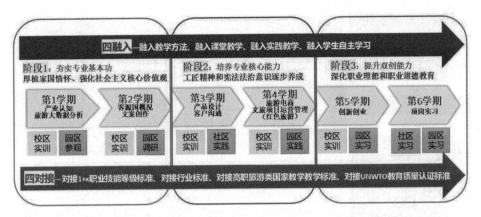

图 1　成都职业技术学院旅游管理专业"344"校企融合人才培养模式

3.层层递进，系统推进，绘制专业课程思政矩阵和课程思政地图

集合旅游管理专业组、教学团队、课程组等基层组织力量，建立课程思政示范专业工作推进小组，专业负责人任工作推进小组组长。按照"顶层设计—分类设计—教学实践—成果检验—反馈修订"的工作思路（见图 2），层层递进，系统化、创新性地开展本专业课程思政建设工作。

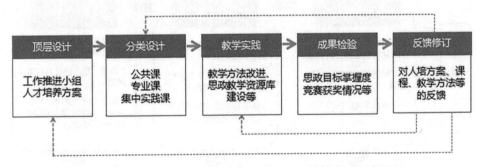

图 2　层层递进、系统推进专业课程思政建设工作思路

在上述课程思政层层递进的基础上，绘制了专业课程思政矩阵和课程思政地图，见图 3、图 4。

分类架构	课程模块	专业基础模块	专业方向模块	专业方向模块	专业方向模块	专业方向模块	专业方向模块	专业方向模块	专业方向模块	专业方向模块	专业拓展模块	专业实训(实习)模块
	课程点	当今旅游业、职业礼仪等	旅游大数据分析	导游基础知识、导游实务	客源国和目的地国概况	旅游政策与法规	旅游文案创作、旅行社产品设计	旅游项目策划、文旅项目运营管理	旅游电子商务、计算机辅助设计	研学旅行指导师	讲解技巧、旅游英语等	专业实训、岗位实习等

统筹规划	专业基础模块课程：以思想熏陶渗透与知识能力启蒙为主 专业方向模块课程：以思想内化于心与知识能力育化为主 专业拓展模块课程：以思想外化于形与知识能力提升为主 专业实训（实习）模块课程：以思想实化于行与知识能力实践为主

分层侧重		专业基础模块	专业方向模块	专业方向模块	专业方向模块	专业方向模块	专业方向模块	专业方向模块	专业方向模块	专业方向模块	专业拓展模块	专业实训(实习)模块
	政治认同	√	√	√	√	√	√	√	√	√	√	√
	理想信念		√	√	√	√	√	√	√	√	√	√
	社会主义核心价值观	√	√	√	√	√	√	√	√	√	√	√
	法治精神	√	√	√	√	√	√	√	√	√	√	√
	职业精神		√	√	√	√	√	√	√	√	√	√
	诚信文化	√	√					√	√			√
	数字素养		√					√	√	√		√
	中华优秀传统	√	√	√		√				√	√	√

图3　成都职业技术学院旅游管理专业课程思政矩阵

旅游大数据分析（任务：熟悉互联网智能数据采集）

教学设计示例

知识点
1. 了解常见数据分析网站
2. 了解后裔采集器的操作流程
3. 了解八爪鱼的操作流程

技能点
1. 能够合理使用常见数据分析网站数据
2. 能够根据需求正确使用后裔采集器采集数据
3. 能够根据需求正确使用八爪鱼采集数据

思政点
1. 坚持数据价值导向，增强德法兼修的职业素养
2. 具备一定的领导力和决策力
3. 具备批判性思维，从多角度、多维度思考问题并解决问题的能力

- 重点：合理使用常用数据分析网站、合理选择常用涉旅网站
- 难点：后裔采集器的操作流程、八爪鱼的操作流程

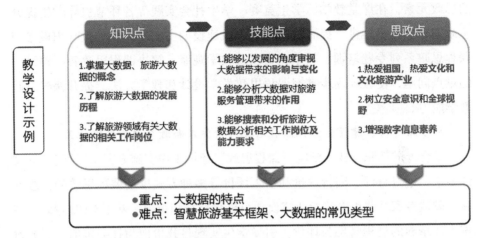

图 4   成都职业技术学院旅游管理专业课程思政地图

3. 一二课堂衔接，课内＋课外全过程育人

综合运用第一、二课堂，将课程思政教学从课内延伸到课外，从校内延伸到校外，确保课堂教学"主渠道"畅通。第一课堂以校内课堂教学为依托，深入推进知识传授、价值引领与能力培养的有机融合，夯实专业基本功，增进政治认同，厚植家国情怀、强化社会主义核心价值观。充分发挥并提升第二课堂育人功能，通过政法实务讲座、学生社团、志愿者活动、社会实践等形式，以知促行、以行求知，进一步增强学生自主学习意识，将社会主义核心价值观内化为精神追求、外化为自觉行动。一二课堂衔接，丰富课程思政教学情境，实现全过程思政贯通。以红色文化和革命精神传承为例，通过红色旅游目的地营销方案设计，引导学生丰富对红色文化的认知，培养学生坚持中国共产党的领导，增强斗争精神和奉献意识。在课外学生实践中，通过"文旅行"学生综合素质展演等项目，重现革命先烈英雄事迹，引导学生进一步领会红色文化和革命精神。

4. 强师兴学，多措并举提升教师课程思政建设的意识和能力

以课程思政示范专业工作推进小组为单位，建立课程思政集体教研制度，每个月 2 次，定期采取多种方式共同讨论，充分发挥省级教书育人名师和省级课程思政示范教学团队的引领作用，共同挖掘各门课程和各个教学环节中的思政元素，在课堂教学、学生竞赛、学生社会实践等各环节引导学生提升思政素养，持续推进、提高教师课程思政建设的主动性。鼓励教师积极参与课程思政系列专题培训、教学竞赛以及教学观摩，解决课程思政各项建设中的难点问题，使教师逐步掌握课程思政教学设计和教学方法，提升课程思政教学能力。

5. 多维并行，建设全方位课程思政评价体系和教育质量保障体系

结合《成都职业技术学院"课程思政"建设工作实施方案（试行）》等文件要求，通过自评、同行评价和学生评价等多种方式推动课程思政的持续发展。邀请专家对课程思政专业建设项目进行检查和指导。基于 OBE 理念，注重人才培养的过程管理与评价，引导学生实现自我价值与社会价值、职业价值相统一。形成由专业评价、课程评价、教师能力评价和学生成才评价共同组成的评价链，全面反馈学校育人目标的达成度，形成评价闭环，持续提升课程思政实效。

（二）专业课程思政建设成效

结合省级课程思政示范专业建设要求，建立课程思政示范专业工作推进小组，分组负责师资培养、课程建设、制度完善等各部分工作；组织教师外出学习，集体交流研讨，提升教师课程思政育人能力，提高教育教学水平；整理完成课程思政教学资源库建设，完善考核评价制度。

1. 标准引领，将思政融入人才培养方案及课程标准

坚持价值塑造、知识传授与能力培养融为一体，明确课程思政建设目标要求和内容，形成全过程融入课程思政的人才培养方案 1 套；修订了 16 门课程的课程标准。

2. 构建体系，将课程思政矩阵图融入专业课程教学各环节

按照课程思政的建设要求，结合课程特点、思维方法和价值理念，将课程思政融入公共课、专业课和所有实践教学环节，形成与传统专业教学相融合的课程思政教学体系。

3. 润物无声，将课程思政教育践行于学生培养各方面

教师精心组织教学，注重思政教育的实际效果。一是致力于营造积极的学习氛围，激发学生对思政教育的兴趣和热情。通过徐霞客"湘江遇盗"，使学生能够积极应对、不畏险阻。二是注重培养学生的思辨能力和批判思维。三是注重将思政教育融入日常生活和实践中。通过引导学生参加成都第31届世界大学生夏季运动会火炬传递志愿者实践活动、暑期"三下乡"活动，让学生将学到的理论知识应用到实际问题中，培养学生的实践能力和社会责任感。

4. 引领带动，将课程思政建设成果作用于专业发展

通过主抓课程建设主体，建成国家级职业教育教师教学创新团队，以省级课程思政示范团队、省级课程思政示范课程以及校级课程思政示范专业、课程思政示范课程为实施载体，每学期组织教师参加课程思政培训或讲座不少于1次，每学期每门课集体备课不少于2次，近年来，指导青年教师课程思政建设、学生社会实践项目共计十余项，学生获得国家级和省级技能竞赛奖项60余人次。

依托课程思政建设形成的其他专业建设成果：旅游管理专业教师赖斌、江舸、吴雪、李炼等获得教育部教学成果二等奖1项，四川省教学成果一等奖2项；旅游管理专业被教育部认定为高等职业教育创新发展行动计划骨干专业；赖斌、朱婕主编国家规划教材1本，获首届全国教材建设奖二等奖；"数旅融合'双师型'教师教学创新团队建设与实践"项目成功入选2023年全国文化艺术职业教育和旅游职业教育提质培优行动计划。

5. 成果显著，课程思政促进师生综合职业能力提升

学生入学后综合素质和专业技能显著提升，具有明确的学习目标和坚定的学习意志，能够在课堂实践训练、技能竞赛备赛中勤练技能、勇攀高峰，本专业2019级杨玲玲、肖冉同学获"成都市技术能手"称号，年均培养5名四川省优秀大学毕业生。用人单位对学生能力、学校人才培养满意度达到98%。

三、专业课程思政建设工作经验

（一）学文件，掌握文件精髓是根本

旅游管理专业组每周定期组织学习专业课程思政相关文件，深刻领会《习近平在全国高校思想政治工作会议上强调：把思想政治工作贯穿教育教学全过程　开创我国高等教育事业发展新局面》《教育部等八部门关于加快构建高校思想政治工作体系的意见》《高等学校课程思政建设指导纲要》《关于深入推进高等学校课程思政建设的实施意见》等文件精神，每学期研讨 10 次，每学期每门课集体备课不少于 2 次。

（二）对接标准、企业调研、修订人才培养方案和课程标准是路径

围绕"培养什么人、怎样培养人、为谁培养人"这一教育根本问题，落实立德树人根本任务，把思想政治教育贯穿旅游管理专业人才培养全过程、各环节，在调研专业教学标准、行业标准、职业技能等级标准、企业实际需求、毕业生思政素养等基础上，修订旅游管理专业人才培养方案，并结合工作实际分步骤推进课程标准修订。

（三）校企共同参与人才培养，制定人才培养模式是保证

联合四川旅游投资集团有限责任公司、成都中科大旗软件股份有限公司等企业共同研讨人才培养，制定人才培养模式。通过建立产业学院、产教融合项目等，进一步加强课程思政与实践的融合，使学生能够将所学的思政内容应用到实践中，更好地培养学生的实践能力、创新能力和社会责任感。

（四）细化育人目标，绘制专业思政矩阵地图和课程思政地图是前提

深刻把握课程思政工作体系的联动性，组织任课教师进一步学习本专业人才培养方案和人才培养目标，将育人目标细化到每门课程中。以专业课程模块进行思政统筹规划，全面梳理专业思政矩阵地图。以每门专业课程每项工作任务为单位，逐一梳理课程思政地图。以专业教学资源库等项目建设为契机，推进专业内课程资源的有机组合，实现专业课程思政总体目标和各门课程协同。

（五）引领带动，推动教师课程思政能力提升和协同创新是方向

旅游管理教师团队系第二批国家级职业教育教师教学创新团队，团队负责人为国家高层次人才、国务院政府特殊津贴获得者，团队成员中有全省高等学校抗震救灾优秀共产党员、成都职业技术学院优秀共产党员等，在专业课程思政建设中具有引领作用。在专业课程思政建设中，坚持党建引领、组织保障、人人参与，团队负责人和所在分院负责人对专业课程实施进行统筹和指导，专业负责人具体落实各门课程的课程思政建设的组织和实施，充分调动专业教师的积极性，发挥教师的作用，以"门门课讲思政、堂堂课育人才"为基础，以课程思政资源库、课程思政课程、课程思政专题项目开发等建设为突破点和协同创新点，推动专业课程思政建设不断深化。

（六）建立双评价机制，使"知识传授、能力培养、价值引领"三位一体落地生根是结果

为了使"知识传授、能力培养、价值引领"三位一体的课程思政理念有效落地生根，建立双评价机制至关重要。在原有的课程评价中加入思政素质考核，倡导正确的人生观、价值观，全面、准确评价学生的学业水平和思想品质，培养具有良好思想品德和创新能力的高素质人才。

以景为媒　讲好新时代中国故事
——景区规划与管理课程思政典型案例

成都职业技术学院　吴　雪　洪光英　向　明

一、课程简介

景区规划与管理是四川省 2020 年高校省级课程思政示范课程，是四川省"双高计划"A 档旅游管理专业的一门专业必修、核心课程，72 学时（4 学分），面向旅游管理、智慧景区开发与管理等专业大二学生（第三学期），以"文旅融合，共创美好生活，讲好新时代中国故事"为价值引领，对接景区规划设计、管理运营等学生就业岗位的能力要求，结合我校景区专业人才培养定位，将课程内容重构为生态游步道规划与管理、游客服务中心规划与管理等六个教学项目（见图1）。培养学生对各类景区的分析、诊断、策划、规划能力，应用国家、行业标准的规范要求对生态停车场、游客中心、景区游览设施等景区核心要素，进行规划与管理的能力。

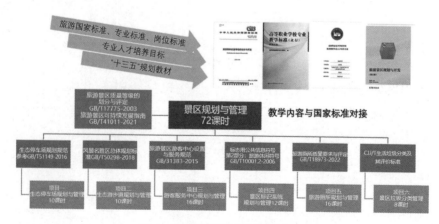

图 1　景区规划与管理课程内容

负责人吴雪为国家级职业教育教师教学创新团队核心成员，文旅部"万名英才计划""双师型"教师，四川省委组织部"2019年科技扶贫万里行活动"文旅专家团成员，近5年获得国家级教学成果二等奖、四川省教学成果一等奖、二等奖3项，在2020—2022年获得四川省职业院校教师教学能力大赛一等奖1项、三等奖2项。

成员包括四川省脱贫攻坚先进个人，全国首届思想政治课理论教学展示活动特等奖获得者、成都市优秀青年教师，共青团中央、人力资源和社会保障部第九届"创青春"中国青年创新创业大赛铜奖获得者等。团队以中青年教师为主体，结构合理。

二、课程思政建设理念与做法

（一）课程思政元素挖掘与分析

1.总体思路

坚持落实立德树人根本任务，以"文旅融合，共创美好生活，讲好新时代中国故事"为价值引领，遵循世界旅游组织全球伦理道德准则，以培养学生文化自信、扎实的专业基础、过硬的专业技能、开阔的国际视野、严谨诚信的职业品质为目标，从旅游资源、旅游利益相关者、旅游景区规划案例等不同视角挖掘思政要素，遵循"学生主体、教师主导"的教学理念，采用线上线下混合教学模式，打造"固知识、强技能、塑匠心"的高校课堂，发挥好课程育人功能，提升人才培养质量。

2.思政元素挖掘与分析

课程贯穿"让景区成为主客共享的美好空间，讲好新时代中国故事"主线，凝练出树立质量文化的规范意识，树立绿色环保、地方文化保护与传承的专精意识，渗透精益、创新的工匠精神，求实、踏实的劳动态度四个维度思政元素，根据项目任务特点，分工细化，逐层渗透实现从项目到任务多个思想政治结合点的全面覆盖。

通过网络、新媒体的案例筛选利用，国内外优秀景区规划设计案例学习比较，学生实地调研、与旅游利益相关者访谈、沟通感受，业内旅游带头人、景区管理者的讲座，课下的参观等方法与路径实现思政元素的挖掘。

（1）从教学内容看，生态停车场、生态游步道等都要遵守国家《旅游规划通则》的总体要求，遵守生态停车场、旅游厕所等国家标准的要求，帮助学生树立尊重国际准则、国家标准、行业标准的质量规范意识。并在提出具体的景区规划管理方案时能将在地文化、乡土文化、传统文化得以体现、传承，在设施规划上、在色彩材质选择上与环境相协调，体现专精意识。

（2）从教学活动实施看，以生态游步道规划与管理为例。根据序化的教学任务，分为以下步骤：①认知标准，学习风景名胜区总体规划、Leed sites 场地规划等规范中对于游步道生态性、安全性等要求，树立质量规范意识；②实地调研环节，感受国家对于项目地经费投入、政策扶持等激发爱国情怀和民族自豪感，与当地居民、旅游从业者等旅游相关者的调研访谈中，学习基层旅游从业者朴实、敬业的工匠精神；③预期规划成果呈现环节：学习小组协作完成调研资料的手记、整理工作，体现学生认真的劳动态度。在规划游步道选线走向、地面铺装材质，沿线垃圾桶、安全卫生警示拍等配套设施的规划点位等具体呈现方案时，体现知识、技能运用的专精意识；④形成游步道管理维护方案环节，学生能结合调研数据，充分考虑人、财、物等现实条件，提出合理的、有针对性的管理维护方案，体现踏实、严谨、精益、专注的素养与劳动态度。

（二）课程思政模式设计

444 课程思政教学设计如图 2 所示，即采用"四大四小四方位育人"进行课程思政教学设计。

四大四小指教师通过立足大时代，实施瞄准小切口；着眼大思辨，巧设小问题；盯准大目标，注重小细节；锻造大情怀，精选小素材的策略。

四方位育人：内容育人是将乡村旅游脱贫攻坚、文创赋能乡村等思政案例融入教学内容；方法育人是在导入、参与式学习等教学环节，讨论、调查等教学活动融入思政元素；环境育人是将课堂拓展到社区、景区；人物育人是把朋辈"三下乡"优秀代表、"大学生村官"、"最美基层高校毕业生"的先进事迹传递给学生。

以项目二生态游步道的规划与管理为例，444课程思政教学设计如表1所示。

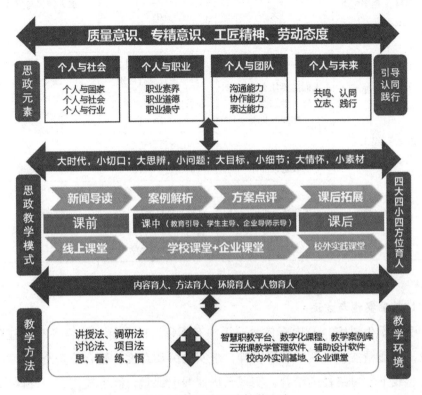

图2　444课程思政教学设计

表1　444课程思政教学设计举例（生态游步道的规划与管理）

教学项目	教学阶段	思政元素		融入路径与方法
		大	小	
项目二 生态游步道的规划与管理	课前	立足大时代	瞄准小切口	方法、环境融入
		让人民生活幸福	为什么要建绿道	
		盯准大目标	注重小细节	社区居民、旅游者调研
		专业技能 服务社会	是否从旅游者需求出发、认真梳理使用者需求	

续表

教学项目	教学阶段	思政元素		融入路径与方法
		大	小	
项目二 生态游步道的规划与管理	课中	着眼大思辨	巧设小问题	内容、方法融入
		人们需要什么样的游步道，生态性、环保性如何实现	城市绿道与景区生态游步道有没有区别	课堂讨论 校企导师方案点评与引导 学生互评
			材料选用是否经济适用	
			出图是否规范	
	课后	锻造大情怀	精选小素材	内容、人物融入
		家国情怀，砥砺学生大我担当	朋辈"三下乡"参与乡村、社区建设纪实	课后拓展 线上学习资源
			挑战杯、"互联网＋"相关设计作品学习	

（三）教学实施与评价

1. 教学实施与方法

引导学生树牢"心中有信念、手中有本领"的目标，结合各教学任务、环节，渗透精益、创新的工匠精神，求实的劳动态度。整合校企资源，通过线上、线下学习路径的结合，实现云班课线上课堂，线下校内、校外课堂三堂联动。任务驱动，将每个教学任务分成"课前—课中—课后"三个阶段，落实"PBAPSP"六个教学步骤，即课前测（P）辨明学情；课中（B）导任务，（A）知任务，（P）参与式学习练技能；（S）评成果；课后测（P），通过第二课堂、校外课堂拓展能力，实现价值塑造、知识传授、能力培养相统一。

以"旅游厕所规划与管理"项目为例，通过"学习强国"App、央视的素材展示中国厕所革命历程，学习国内外典型案例，让学生感受中国旅游厕所革命的成效，激发学生爱国情怀、民族自豪感；通过学习旅游厕所国家标准，培养学生遵纪守法，遵守国家、行业规范的意识；通过对旅游厕所实地调研，培养学生环境保护、居民利益保护意识，增强对绿色、共享发展理念的认识；

通过调研，规划方案的反复实操，与一线工作人员的交流，培养学生踏实肯干的劳动精神、爱岗敬业的职业精神、精益求精的工匠精神；通过课前、课后教学环节的设计，培养学生的自主学习能力；通过小组任务、小组互评等设计，培养学生集体意识和团队合作精神；提出符合不同景区特色与需求的旅游厕所规划与管理方案，培养创新思维（见图3）。

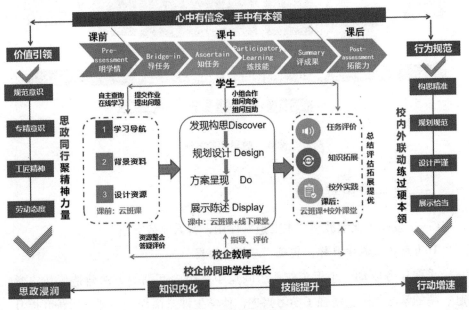

图3　教学实施过程

2. 教学评价

校企合作编制考核标准，采用过程评价（55%）、成果性考核（占45%）相结合的综合性考核方式。通过云班课平台、教师、企业导师、学生自己四方主体，从课内+课外，线上+线下四个维度，综合考虑学习态度、参与意识、团队协作、技能水平、职业能力等多个方面对课程进行评价。问卷分析、小组活动、课后感悟、校外实践活动等方式评价素养目标达成情况。课程思政评价与个人学习、小组任务与技能考核相融合，与知识、技能考核同向同行，综合检验育人效果，具体见图4所示。

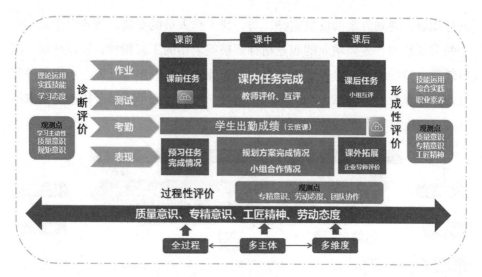

图 4　教学评价方法

三、主要特色与成效

（一）发挥了课堂教学"主渠道"作用，育人成效突出

1. 有效达成教学目标，实现"三维"协同

采取任务驱动、小组合作、组间竞争、组内互助等方法营造了比、学、赶、超的学习氛围，增强了学习兴趣，使学生课堂活动参与度、活跃度提升，知识技能目标达成。

把成都职业技术学院"最美大学生""乡村振兴竞赛"金奖选手引入课堂，帮助学生树立见贤思齐的价值观；重构教学内容、创新教学策略，确保课程思政教学有章法；校企合作，搭建实践平台，确保师生共创有平台，实现德育、教学、科创实践育人"三维"协同。

2. 以景为媒，师生共创，面向境内外讲好了中国故事

学生团队完成文化和旅游部"万名旅游英才计划"实践服务型英才培养项目——成都同心村旅游规划"精准扶贫"志愿服务实践活动（WMYC20183-171），其成果入选国家文化和旅游部《2018 年旅游人才培养项目优秀成果》十五个案例之一，在全国范围内形成一定示范作用。

以"成都绿道"为设计主题的学生作品入围国际数字景观大会（DLA）优秀作品集，向世界讲好了中国故事。

近5年，学生在"发明杯"大学生创新创业大赛、"挑战杯"四川省大学生课外学术科技作品竞赛、四川省农业创意设计大赛、四川省大学生乡村振兴创意设计等省级大学生竞赛中获奖39项，其中一等奖12项、二等奖12项，三等奖15项；形成外观专利等8个，课程赋能学生知识与能力迁移。

通过校企合作，企业导师进课堂，带领学生共创实践。学生2022年参与面向乡村振兴的《新龙村参与式庭院景区改造》获"筑事奖·乡村美学"评选网络最佳人气奖、乡建年度榜样雪鹿奖入围奖；2023年"社区地图"系列项目获成都生活美学大赏——成都新意奖。其成果被中国教育电视台职教频道报道。助力合作企业获得共青团中央、第九届"创青春"中国青年创新创业大赛铜奖。

（二）发挥了课程建设"主战场"作用，强化了"两个融合"

积极发挥课程建设"主战场"作用，强化"两个融合"，将"思政目标""创新创业"在课程目标中贯通；专业、企业导师组成结构化团队指导学生，鼓励基于专业的师生共创项目，促进思政、双创教育与专业教育融合。借助网络课堂，拓展学习空间。产业导师进课堂，以项目驱动等促进第一课堂"思政"教学目标的实现；构建师生实践共同体，开展专利研发、竞赛、"三下乡"等实践，促进专业知识在第二课堂的迁移，全面提升学生的综合素质、专业素质，实现校内外课堂融合。学生先后参与新津区永商镇永兴社区街区改造项目、"垒土行动—低碳社区计划"，"世界环境日"宣传项目等。与大城小村合作的课堂改革成果被中国教育电视台职教频道选用报道。

（三）发挥了教师"主力军"作用，辐射引领强

引导教师真悟真思，将课程育人理念内化于心、外化于行，引导教师以德立身、以德立学、以德施教。团队负责人带领团队获得校级及以上教学成果十余项。在省内开展课程思政示范课专题培训、辅导交流10场次以上。作为省委组织部"2019 年科技扶贫万里行活动"文旅专家团成员，在马尔康、九寨沟等走访乡镇 15 个，转化运用课程思政建设成果，面向民族、乡村地区旅游从业人员开展集中培训十余场，培养技术骨干 17 人，培训从业人员 200 余人，培养了景区急需的实用技能人才。团队教师获得 2021 年四川省脱贫攻坚先进个人、成都市优秀青年教师等 5 人次。

学术论文

"双高计划"背景下旅游类专业课程思政教学设计与实施

成都职业技术学院 薛 佳

[摘 要]高等职业学校应如何抓住"双高计划"发展机遇，培养服务地方区域发展、服务产业转型升级的高素质技术技能人才？构建课程思政一体化育人体系尤为重要。在课程思政理论与方向、实践与应用研究的基础之上，提出"立德树人，以身为范"的教师团队与"项目驱动，服务地方"的建设思路是专业持续发展的内生动力与核心动力。为顺应地方产业发展机遇和数字文旅融合发展对人才培养提出的新要求，构建了"从学校到专业的立德树人培养体系""从专业到课程的课程思政教学体系""从课程到课堂的综合育人课程体系"的旅游专业课程思政一体化育人体系建设路径与举措。

[关键词]"双高计划"；课程思政；育人体系；实证研究

[基金项目]成都市教育局2021年度成都市教育科研规划课题（职业院校课程思政专业教学体系建设研究——以旅游管理专业为例，项目编号：CY2021ZZ01）；成都职业技术学院"双高建设"专项课题（职业院校专业课进行课程思政建设的路径研究，项目编号：SGZX04）。

《国家职业教育改革实施方案》（国发〔2019〕4号）明确指出，高等职业学校在提供社区教育和终身学习服务的同时，要培养三个"服务"的高素质技术技能人才：服务地方区域发展，服务企业技术研发和服务企业产品升级[1]。旅游高等院校不仅肩负着培养上述三个"服务"的行业合格从业人员的责任，更有引导整个旅游行业健康发展的责任。

"大力开展理想信念教育和社会主义核心价值观教育，构建全员全过程全方位育人的思想政治工作格局，实现职业技能和职业精神培养高度融合"[2]，是中国特色高水平高职学校和专业建设计划（以下简称"双高计划"）的重要工作任务，成都职业技术学院如何更好地抓住"双高计划"的发展机遇，积极应对旅游产业变革中的挑战，在专业课程教学中，融入理想信念、职业精神等思想政治教育，引导学生树立正确的价值导向、增强使命担当，探索适合自身发展需求的可行路径与实践应用，并构建起可借鉴、可推广的高职旅游类专业课程思政的一体化育人体系，是值得引起思考与关注的议题。

一、机遇与优势：课程思政为"双高计划"建设扎牢根基

2020年，教育部印发《高等学校课程思政建设指导纲要》（以下简称《纲要》），要求全面推进高校课程思政建设，并将课程思政建设成效作为"双高计划"评价的重要内容[3]。《纲要》中明确指出，"要深入梳理专业课教学内容，结合不同课程特点、思维方法和价值理念，深入挖掘课程思政元素，有机融入课程教学，达到润物无声的育人效果"。[3]

（一）课程思政理论与方向层面的探索

专业课程与思想政治理论课、综合素养课程都是高校思政课程体系的重要组成部分（高德毅，2017；宗爱东，2017；陆道坤，2018；吴月齐，2018），要构建专业课程与思想政治理论课、综合素养课程等其他课程的协同育人工作机制（高锡文，2017；石书臣，2018；赵继伟，2019；王学俭，2020；张莉，2021）。

在课程思政建设过程中，要充分发动和组织教师积极参与（邱伟光，2017；余江涛，2018；刘清生，2018），高校教师要挖掘学科文化中的思想政治教育资源并将其有机融入专业课课堂教学（田鸿芬，2018），打造高质量、集成化的"思政+"专业课程（马亮，2019）。

（二）课程思政实践与应用层面的探索

与具体应用相关的课程思政研究主要集中在理工类、医学类、经管类、艺术类、法学类等（吕玉龙，2017；匡江红，2018；袁颖，2018；朱强，

2019；于歆杰，2019；夏嵩，2020；时显群，2020；张书弟，2021）。

从 2018 年开始，针对具体课程的建设研究逐渐增多，主要涉及大学英语、高等数学、体育等公共基础课（安秀梅，2018；刘晓阳，2018；郑奕，2019；夏文红，2019；杨修平，2020；赵富学，2020；杨祥全，2020；张敬源，2021），以及食品安全学、水力学与泵、土木工程概论、配位化合物、侵权责任法、旅游学概论等专业课具体进行课程思政建设的实践研究（宁喜斌，2017；初文华，2018；彭亚萍，2019；陈晓姣，2020；包姝妹，2020；张琼，2021）。李如占（2018）提出"课程思政"是各类课程与思想政治理论课协同育人的有效路径，但对建设课程思政教学体系没有作出具体阐述。

综上所述，专业课是落实"立德树人成效"的前沿阵地，当前课程思政建设的现实困境和突出问题主要在于探索课程思政育人体系建设的具体实施路径，形成全员、全程、全方位的育人格局。

二、挑战与破局：旅游产业变革对课程思政提出了新要求

2019 年，教育部、财政部公布的《中国特色高水平高职学校和专业建设计划建设单位名单》中，海南经贸职业技术学院以"旅游管理、国际经济与贸易"专业群立项为高水平学校建设单位（详见表 1），浙江旅游职业学院"导游"专业群、陕西职业技术学院"旅游管理"专业群、青岛酒店管理职业技术学院"酒店管理"专业群和长沙商贸旅游职业技术学院"餐饮管理"专业群立项为高水平专业群建设单位（详见表 2）。

表 1　2019 年"高水平学校建设单位"旅游大类专业群设置

高水平学校建设单位	学校名称	专业群名称	所涵专业
A 档	空缺	空缺	空缺
B 档	空缺	空缺	空缺
C 档	海南经贸职业技术学院	旅游管理、国际经济与贸易	旅游管理、酒店管理、烹调工艺与营养、市场营销、体育运营与管理

（资料来源：整理自教育部、财政部公布的《中国特色高水平高职学校和

专业建设计划建设单位名单》及教育部公示的 230 所高职院校"双高计划"
相关申报材料）

表 2　2019 年"高水平专业群建设单位"旅游大类专业群设置

高水平专业群建设单位	学校名称	专业群名称	所涵专业
A 档	空缺	空缺	空缺
B 档	浙江旅游职业学院	导游	导游、景区开发与管理、电子商务、工艺美术品设计、表演技术、旅游外语
	陕西职业技术学院	旅游管理	旅游管理、酒店管理、旅游英语、空中乘务
C 档	青岛酒店管理职业技术学院	酒店管理	酒店管理、烹调工艺与营养、旅游管理、会展策划与管理
	长沙商贸旅游职业技术学院	餐饮管理	餐饮管理、旅游管理、会展策划与管理、烹调工艺与营养、休闲服务与管理

（资料来源：教育部、财政部公布的《中国特色高水平高职学校和专业建设计划建设单位名单》
及教育部公示的 230 所高职院校"双高计划"相关申报材料。）

成都职业技术学院以"软件技术"高水平专业群（B 档）建设为核心，
重点打造了智慧旅游和智慧康养两个省级专业群。2021 年，四川省教育厅、
四川省财政厅公布《四川省高水平高等职业学校（含培育）和高水平专业群
建设计划》，成都职业技术学院立项为高水平高职学校建设单位（A 档），"旅
游管理"立项为高水平专业群建设单位（A 档）。

（一）"双高"建设下，旅游专业持续发展的新动力

秉承成都职业技术学院"成都服务，服务成都"的办学宗旨，旅游管理
专业群依托全国首批示范性职业教育集团（联盟）培育单位、全国高校党建
工作样板党支部建设单位、四川省"三全育人"综合改革试点院（系）等建
设基础，以"党建"引领专业群建设与发展，常抓师德师风建设，建立"黄
大年式教师团队"优秀党小组和"四有好老师"常态化评选机制，形成了
"创先争优、主动作为、担当奉献"的积极氛围。"立德树人，以身为范"的
教师团队，是旅游专业持续发展的内生动力，为关爱学生、风清气正的三全

育人环境营造奠定了基础。

专业群定位需要与区域的主导产业、支柱产业和战略性新兴产业重点领域相对接[4]。2018年开始，为服务成都"5+5+1"产业体系中会展经济和文旅产业重点领域的转型升级，精准对接成都"16+1"产业生态圈中旅游运动、文化创意、会展经济三大产业生态圈[5]，旅游管理专业群坚持专业链对接产业链，以项目促发展，主动对接文旅部门重点工作和重大建设项目，将专业建设发展融入地方文旅产业发展格局，围绕产业、行业、企业需求，强化内涵建设，全面推动"三教"改革。"项目驱动，服务地方"的建设思路，是旅游专业持续发展的核心动力，为机制建设、队伍建设、专业建设、社会服务等指明了方向。

（二）产业变革下，旅游专业人才培养的新要求

2019年，中共四川省委、四川省人民政府出台《关于大力发展文旅经济加快建设文化强省旅游强省的意见》，提出建设成都文旅经济发展核心区的"一核五带"文旅发展布局，扶持一批"文化+""旅游+"融合创新重点产业[6]。2021年，中共中央、国务院印发《成渝地区双城经济圈建设规划纲要》，明确指出要共建巴蜀文化旅游走廊，以文促旅、以旅彰文，打造国际范、中国味、巴蜀韵的世界级休闲旅游胜地[7]。成渝地区双城经济圈建设上升为国家战略，加快建设文化强省、旅游强省，深化文化旅游融合发展，打造世界重要旅游目的地，都为旅游管理专业群的建设发展带来了新的机遇。

旅游直播、旅游带货等线上内容生产新模式，云演艺、云展览、云旅游等沉浸式体验新业态，展现出强大的成长潜力和活力，成为四川文旅产业高质量发展的新引擎。旅游者需求变化和产业转型升级，促使数字文旅融合成为文旅产业高质量发展、驱动经济内循环的新动能。推进文旅产业与数字经济融合发展，人才保障非常重要[8]。适应数字文旅融合发展，需要多元融合的知识结构、跨界复合的能力结构、系统全面的综合素养，都对旅游管理专业群的人才培养提出了新的要求。

三、一体化设计：从专业到课程再到课堂的育人体系构建

紧紧围绕"专业课如何坚持立德树人，弘扬社会主义核心价值观，将职业精神与职业技能融合培养"这一核心议题，结合有建设基础的课程实践经验，构建起从专业到课程再到课堂的育人体系。这里，我们以成都职业技术学院旅游管理专业（《高等职业教育创新发展行动计划（2015—2018 年）》国家级骨干专业）和旅行社产品设计课程（四川省"课程思政"示范课程）为例，进行旅游类专业课程思政一体化教学设计的实践探索。

（一）从学校到专业：打造立德树人培养体系

在主动适应成都"文化＋旅游"产业融合发展新趋势的过程中，成都职业技术学院旅游管理专业秉承学校"成都服务、服务成都"的办学定位，从"产教融合、双创贯通"的办学特色出发，走"四化一引领"（即集团化、国际化、标准化、信息化和创新创意引领）的改革路径，以培养国际化的文化创意特色旅游技术技能人才为目标，坚持立德树人，全面提升人才培养质量和社会服务能力。

旅游管理专业以旅游产品生产的工作流程为主线，从产品设计—开发—销售—推广全流程入手，将"新规范、新业态、新技术"有机融入，构建专业课程群的职业核心能力与素养培育体系。以"游客为本，服务以诚""质量至上，规范操作""思维创新，文化自信"的职业核心素养体系为中心，构建起"思想政治坚定、德技并修、全面发展""'互联网＋旅游'创新创业思维""较强的旅游信息化素养""集体主义观念、大局意识和团队协作精神""终身学习能力""为区域经济和社会发展做出贡献"的六维度专业课程"立德树人"培养体系。

（二）从专业到课程：打造课程思政教学体系

旅游管理专业对标世界旅游组织教育质量认证标准，对原有课程体系进行优化，在六维度立德树人培养体系基础之上，打造了由"专业基础模块课程""专业方向模块课程""专业拓展模块课程""公共选修模块课程"四大模块组成的"职业生涯＋职业使命＋终身学习"专业课程思政教学体系。

1. 专业基础模块课程

包括当今旅游业、旅游市场营销、旅游创新创业实务、职业礼仪与形象塑造等4门课程。课程思政培养目标主要有：坚定理想信念，厚植爱国主义情怀；加强品德修养，增长知识见识；培养奋斗精神，提升综合素质。

2. 专业方向模块课程

包括旅游大数据分析、中国旅游地理、世界旅游地理、旅游文案策划、旅行社产品设计、旅游电子商务、界面设计、旅游网络营销、旅游项目策划等9门课程。课程思政培养目标主要有："互联网＋旅游"创新创业思维，较强的旅游信息化素养；为区域经济和社会发展做出贡献；经世济民、诚信服务、德法兼修的职业素养。

3. 专业拓展模块课程

包括酒店服务综合业务、中西方建筑园林史、导游实务、节事策划与管理、急救、工艺制作、商务谈判等7门课程。课程思政培养目标主要有：自觉传承和弘扬中华优秀传统文化，增强文化自信；创新精神、创造意识和创业能力；终身学习能力。

4. 公共选修模块课程

包括创新思维拓展、财富文化、文化创意与策划、大数据分析实务等课程。课程思政培养目标主要有：增强体质，健全人格，锤炼意志；提升审美素养，陶冶情操，温润心灵；激发创造创新活力。

（三）从课程到课堂：打造综合育人课程体系

立足旅游管理专业培养"互联网＋旅游"创新创业思维人才要求和专业特色，主动适应成都"文化＋旅游"复合型生活场景打造新趋势，旅行社产品设计课程旨在培养"对旅游者、目的地、供应商等多方负责"的新时代旅游策划人，"主动而为、敢于担当"的以旅化人的心灵培育者。

课程根据新时代旅游策划人岗位工作流程与具体要求，重构课程内容，从第一堂课的课程引入进行"职业定位"，到旅行社常规产品、主题产品、定制产品设计和综合实训4个能力阶梯形教学项目，通过品牌实践活动和典型教学资源，将思政教育与专业技能培养深度融合，构建起"专注专业，德技兼修"的"职业成长"轨迹，最后一堂课总结升华"以旅化人的心灵培育者"的"职业理想"。通过品牌实践活动和典型教学资源，努力将课程建设成为学生"真心喜爱、终身受益、毕生难忘"的课程思政示范课程。

（四）从课堂到社会：用心感悟解决现实问题

这里以一堂课"主题旅游产品制作（2 学时）"为例，该堂课选自"项目2 旅行社主题产品设计"，是基于旅行策划岗位工作流程，对照职业技能等级证书和技能竞赛考核要求，以"产品路书和线路行程单制作"为任务内容，以"如何使用新技术工具创意传承中华优秀传统文化"为思政话题，进行课程思政一体化系统设计。

针对旅行社数字化转型过程中消费形态、技术形态和产业生态发生的深刻变化，该堂课以问题导向的方式，重点将基于大数据的产品路书等新技术应用有机融入课程项目化教学。数字技术与文旅场景相结合设计教学项目，数字技术与课程教学相融合完成教学实施，深度挖掘在地文化开发体验式旅行产品。

该堂课的思政育人目标为通过品牌实践活动和典型教学资源，培养学生使用新技术工具，创意传承中华优秀传统文化的能力，并通过团队协作，培养精益求精的大国工匠精神。知识目标为掌握产品路书的制作要点和方法，熟悉线路行程单制作的标准及要求。能力目标为会对旅行社产品各要素资源进行筛选组合，完成产品路书；能使用新技术工具策划、制作旅游线路产品，并制作完整的线路行程单。

1. 课前：小组探究与对比学习

通过引导文教学法，组织学生依据项目任务书完成自学任务和课前任务准备，对照旅游行业标准《旅行社旅游产品质量优化要求》（LB/T 073-2019），自查："你们小组的产品策划过关了吗？"查他："其他小组的产品策划过关了吗？"培养学生自主学习、合作探究的团队协作精神。

2. 课中：示范演示与分组实操

通过案例教学法，引导学生换位思考，了解主题旅游产品制作中存在的主要问题，熟练掌握主题旅游产品制作的方法和技巧；以项目教学法和角色扮演法贯穿课堂始终，结合案例：上海推出五大"非遗"主题旅游线路，引导学生深入分析成都在地文化，进一步做出"弘扬在地文化，旅游温暖人心"的成都游产品；利用云班课采集学生学习过程状态数据，并完成项目任务成果考核，帮助学生树立起质量意识和严格要求自己的做事态度。

学生通过亲子、学生和银发成都游产品制作的具体实操，在应用路书软件和在线地图等新技术工具制作验证线路行程中，团队协作，精益求精，用创意思维传承中华优秀传统文化和天府文化特质。

产品路书制作环节，教师示范演示：高德地图路书制作流程和百度地图资源筛选，组织学生讨论"新技术与传统方法在旅游线路设计中如何融会贯通"完成科技伦理教育，培养游客为本、诚信服务的意识。学生分组实操：制作高德地图路书，利用百度地图筛选资源，按照角色分工，"质量控制"发现流程中有哪些问题，培养信息意识，新技术的运用能力。

线路行程单制作环节，教师示范演示：利用在线表单，制作线路行程单的要求及注意事项，引导学生思考"数字时代，旅行社产品制作如何提升效率与效果"培养信息意识与信息应用能力。学生分组实操：按照角色分工，学生互动、师生互动，通过往届学生优秀作品解析，树立榜样的力量，培养创新意识和劳动精神。

3. 课后：修正完善与考核评价

利用省级精品在线开放课程平台丰富的案例库和素材库资源，学生结合课堂修改意见，再次讨论并修改、提交修改完善后的成都主题游线路行程单，并使用教学平台完成学习任务的教师评价和小组互评。教师在课外提供个性、精准、高质的在线指导，培育学生的创新思维方法能力和独立思考能力，为深度挖掘中华优秀传统文化魅力，走上旅游产品创意开发之路铺好基石。

四、展望与思考：打造有温度有力量的课程思政教学体系

"双高计划"建设要实现人才培养"增值赋能"，应培养"德技并修"的有用人才[9]，以落实立德树人根本任务为统领[10]，立德树人也是"双高计划"背景下"三教"改革的根本所在[11-12]。然而，部分教师对思政元素的理

解泛化，将思政元素在课程中生硬融入[13]，导致课程思政走向形式化的误区。教师应通过学习不断提高自身课程思政教育能力[14]，围绕课程知识传授与思想启迪、价值引领的结合程度[15]，建立科学合理的课程思政评价考核机制。

　　成都职业技术学院旅游管理专业以"双高"建设为契机，构建了以"六维度立德树人"培养体系为引领，"职业生涯＋职业使命＋终身学习"为主线分模块设计的课程思政教学体系，从课程体系设计、课程标准制定、教学内容选取、课堂教学实施、课外实训实践、课程考核评价等多个维度生动融入思政教育，激发学生学习内动力，学生综合素养与专业技能全面提升，为文旅产业高质量发展提供了强有力的人才支撑。接下来，旅游管理专业将深入探究"岗课赛证"融通模式下课程思政建设的具体路径，进一步打造完善有温度有力量的课程思政教学体系。

参考文献

　　［1］国务院．国务院关于印发国家职业教育改革实施方案的通知［EB/OL］．中华人民共和国中央人民政府网站，http：//www.gov.cn/zhengce/content/2019-02/13/content_5365341.htm?wm=9207_0001，2019-02-13.

　　［2］教育部 财政部．教育部 财政部关于实施中国特色高水平高职学校和专业建设计划的意见［EB/OL］．中华人民共和国教育部网站，http：//www.moe.gov.cn/srcsite/A07/moe_737/s3876_qt/201904/t20190402_376471.html，2019-04-01.

　　［3］教育部．教育部关于印发《高等学校课程思政建设指导纲要》的通知［EB/OL］．中华人民共和国教育部网站，http：//www.moe.gov.cn/srcsite/A08/s7056/202006/t20200603_462437.html，2020-06-01.

　　［4］徐春红．"双高计划"建设背景下旅游类专业群建设思路与实践［J］.中国职业技术教育，2019（35）：31-35.

　　［5］宋妍妍，杨彩华．成都攻坚5+5+1重点产业领域［N］.成都日报，2018-07-11（004）.

［6］中共四川省委 四川省人民政府关于大力发展文旅经济 加快建设文化强省旅游强省的意见［N］.四川日报，2019-04-30（001）.

［7］邹祖铭.中共中央 国务院印发《成渝地区双城经济圈建设规划纲要》［N］.中国环境报，2021-10-22（001）.

［8］蔡尚伟，丁锦箫.产业融合视阈下文旅产业与数字经济融合发展现状与对策：基于对成都的考察［J］.广西社会科学，2021（1）：118-123.

［9］杨文杰，李延平.价值追求、现实困境与破解策略："双高计划"背景下西部高职教育发展审思［J］.中国职业技术教育，2021（25）：77-85.

［10］朱善元，李巨银，杨海峰，等.以国家"双高计划"引领高职院校"提质赋能"的路径与举措［J］.江苏高教，2020（12）：144-147.

［11］秦华伟，陈光."双高计划"实施背景下"三教"改革［J］.中国职业技术教育，2019（33）：35-38.

［12］尹颜丽，曹茂庆."三教"改革视域下高职院校"课程思政"实施现状与对策［J］.教育与职业，2021（22）：76-81.

［13］陈磊，沈扬，黄波.课程思政建设的价值方向、现实困境及其实践超越［J］.学校党建与思想教育，2020（14）：51-53.

［14］王春燕.胜任"双高"建设的教师队伍能力图谱与提升路径研究［J］.中国职业技术教育，2020（16）：84-89.

［15］陆道坤.论课程思政的教学设计与实施［J］.思想理论教育，2020（10）：16-22.

全媒体时代下高校思想政治工作的挑战与应对

浙江旅游职业学院　花　卉

［摘　要］思想政治工作是高校各项工作的生命线。全媒体时代下，由于网络信息存在碎片化、去中心化、快速化、专注化、传播情感化、评价两极化等语境特征，在信息的传播过程中具有满足审美体验、推动文化互动和促进价值认同的效应，同时也给高校思想政治工作带来诸多挑战。当前高校思想政治工作存在多元价值冲突失序、隐形渗透风险激增、话语权威弱化消解、师生互动难度加大等问题。基于此，高校要主动适应全媒体潮流积极应对风险挑战，引导鲜明的价值导向，科学研判和精准把控高校思想动态；推动教学管理模式变革，实现网络思政教育提能升级；科学利用新媒体技术，推动显性教育与隐性教育双融共促；建立教育主客体互信关系，提升高校思想政治工作的有效性；完善思政师资人才体系，打造政治过硬业务过硬的教师队伍。

［关键词］全媒体时代；高校；思想政治工作；思想政治教育；信息传播

［基金项目］本文系浙江省教育科学规划党建专项（高校）课题（2023 DJG023）。

思想政治工作是党的优良传统、鲜明特色和突出政治优势，是一切工作的生命线。高校担负着培养人才、发展科学、服务发展、传承文化的重要职能，加强高校思想政治建设是落实党的政治建设在教育领域的具体化。习近平总书记高度重视高校思想政治工作，2016 年 12 月出席全国高校思想政治工作会议并作出重要讲话，强调"高校思想政治工作关系高校培养什么样的人、如何培养人以及为谁培养人"[1]。全媒体时代是媒体无界化、数字化、互动化、多功能化于一体的信息传播新时代。互联网的开放性、多元性使得大学生可以低成本获取海量信息，但是往往很多大学生对海量信息缺乏科学的甄别能力，容易受到错误思想的引导和影响。在学校，教师无法对学生所接受的信息内容进行实时干预的情况下，高校思想政治工作的开展显然存在较大的困难。因此，加强全媒体时代下高校思想政治工作的研究，已经成为高校开展思想政治工作的主要内容之一。

目前，关于全媒体时代下高校思想政治工作的研究成果丰硕，研究者普遍认为思想政治工作面临不少挑战。一方面，意识形态领域面临如何掌握主导权和话语权的问题[2]以及大数据自身潜在风险对育人工作带来挑战的问题[3]；另一方面，对媒介信息接收、处理方式的变化、新闻生产与传播方式的变化以及亚文化的兴起都冲击着大学生的价值观念[4]，媒介素养不足容易导致大学生在全媒体环境中缺乏独立思考和理性判断[5]。对于如何做好全媒体时代思想政治工作，学界提出了相关现实路径。一是从高校思想政治教育的载体出发，结合新媒体的发展趋势，创建特色的网站，搭建社区交流平台[6]，与时俱进地利用微博、微信公众平台以及以短视频、微电影等为代表的新兴媒体[7-8]；二是从思想政治教育的受众出发，要实现受众全覆盖成功转化为思想政治教育对象的有效覆盖，切实提升思政教育的针对性和实效性[9]。总体而言，以往研究重点围绕媒介、受众群体展开，鲜有研究从信息传播的视角进行分析。基于此，本文以全媒体时代下信息传播的语境特征及效应影响为切入口，分析全媒体时代给高校思想政治工作带来的机遇与挑战，并提出全媒体时代大背景下思想政治工作的应对策略，从而助推高校思想政治工作的创新发展。

一、全媒体时代下信息传播的语境特征及效应影响

2023 年 10 月 28 日，中国互联网络信息中心在京发布第 52 次《中国互联网络发展状况统计报告》（以下简称《报告》）。《报告》显示，截至 2023 年 6 月，我国网民规模达 10.79 亿人，互联网普及率达 76.4%。《报告》同时显示，上半年，我国各类互联网应用持续发展，各类应用用户规模获得一定程度的增长。特别是即时通信、网络视频、短视频的用户规模仍稳居前三。截至 2023 年 6 月，即时通信、网络视频、短视频用户规模分别达 10.47 亿人、

10.44 亿人和 10.26 亿人，用户使用率分别为 97.1%、96.8% 和 95.2%[10]。网络是一把"双刃剑"，一方面，开辟了人类生活的新天地、创造了人类生活的新形式；另一方面，通过算法技术精准把控用户信息需求，极大地影响了人类文化情感和思维方式，改变了社会文化的传播生态。因此，做好全媒体时代下的高校思想政治工作，必须全方位认识全媒体时代的信息传播的语境特征，这是准确把握信息传播中的情感要素表达转化和传导的基本前提。

（一）全媒体时代信息传播的语境特征

1. 网络世界的虚拟性导致信息传播的碎片化和去中心化

虚拟性是互联网的本质特征之一。当前，互联网传播信息无处不在、无所不及，但是这些信息存在的空间是虚拟的，存在的形态是无形的。传统媒体时代下，以电视广播、报纸杂志等作为信息传播的主要渠道，其传播方式以自上而下为主，信息传播的关键节点很明确，管控也比较方便，而全媒体时代彻底颠覆了这一模式，每个人都集信息制造者、传播者和接受者于一体，信息流动方式从传统的单向转为多向，每个人在信息流动中都可以成为"主角"，信息在制造、传播和接受过程中往往以碎片化的形式呈现。网络社会中开放式、扁平化、平等性、系统性的结构也带来了网络服务形态的多元化，去中心化成为网络社会中最典型的社会关系。

2. 网络思维的极简性导致信息传播的快速化和专注化

风靡全球的智能手机，无论其外观设计还是操作方式，均体现出对极简的追求：无实体按键、多点触控屏、图标扁平化。微博、抖音等平台通过短文字、短视频改变过去传统纸媒长篇大论的叙事方式，使得信息获取更加快速、简便。在碎片化信息爆炸的时代，极简能够最大限度地提高信息交互的速度，而冗长、烦琐的设计和表达方式，则逐渐被互联网思维所摒弃。因此，全媒体时代提供的产品和服务，只有快速地被用户看到价值，并用简单的语言来描述进而传播，才有发挥作用的可能性。

3. 网络文化的多元性导致信息的传播情感化和评价两极化

网络打破了时空的限制，实现了传播主体间的多向互动，但其中最大的风险就是人人都有发言权所导致的信息真实性问题。尤其是网络社会中情感往往比道理和逻辑更容易影响大众，这就导致可靠性不足的言论能够凭借生动的描述拉拢大多数人。用户在信息的制造、传播中带有明显的情感化倾向，对信息评价缺乏理性标准，往往呈现出极端化的评价。从近年来占据网络平台热搜的热点事件来看，很多信息之所以能在短时间内迅速发酵和传播，一个主要原因就是这些信息迎合了用户的情感和价值需求。热点事件最终往往引发一种"怪象"，就是真相和结果很少得到关注，却引来了海量互联网用户的两极化评价。很多流量博主利用这一特点，巧妙制造话题，让自己持续获得关注，达到信息传播的最佳效果。

（二）全媒体时代下信息传播的效应影响

在传统的大众传播时代，长期占据主体地位的报刊、电视、广播，对各类信息的筛选和议题属性把握具有相对的主导权，而这些媒体往往传播带有明显的公共性、重大性、主流化特点的信息，对个体的情感关照不足。而全媒体时代带来了各种思想文化与大众日常生活、生产消费、人际交往等场景的交汇交融，个人情感需求得到满足，特别是近年来网络热点事件的信息传播中，往往首先引发的是受众情感层面的反应，进而引发其对信息的发散性、"非理性"的反应。因此，全媒体时代信息传播中，个体情感因素日益凸显，用户的情感体验和反应在信息的传播、接受和反应、再传播过程中发挥着越来越重要的作用。具体来说，其影响主要表现在以下三个方面。

1. 以强大的技术优势满足审美体验

纸媒、电视、广播等传统媒体由于其传播载体、技术应用的限制，在迎合用户不断增长的审美和情感需求方面具有局限性。在全媒体时代，日新月异的信息技术得到充分应用，一方面，各类新兴传播媒介通过大数据研究人们的生活体验、审美认知和趣味爱好，提供视、听、VR 动态仿真等多方位、具象化的信息呈现，从而让用户在信息传播中体会到感官和身心的愉悦；另一方面，社交软件、短视频平台、网络购物平台等传播媒介为用户塑造了更加完美的自我虚拟形象的全新体验，提供了带有审美性的情绪缓释和宣泄渠道。

2. 以时空距离的突破推动文化互动

传统媒体的信息传播中，受众是单向接收信息，极少有反馈互动，即使有反馈互动也远滞后于源信息发布时间，更鲜有持续的传播影响。全媒体突破了时空局限，并且能够同步无边界无阻碍进行信息发布和传播互动。近年来，网络直播、线上论坛、线上演唱会等形式异军突起，观众可以使用弹幕进行实时互动，并进行主观指向的交流互动和评价打分，获得了具有"聚会化""仪式感"的参与体验。这些实时性、跨地域性、主题性和社区化的信息互动，为文化的有效传播提供了新的机遇，也成为文化互动传播的重要途径。

3. 以情感理念的交换实现价值认同

网络信息传播中，情感共鸣是拉近传播主体与用户心理距离的捷径。当前，由于传播技术发达，用户对信息的关注点往往不在于事实本身，而更趋向于关注具有趣味性、独特性等情感化内容。有不同诉求的用户在网络社会中都能够找到契合自己需求的信息，从而唤起用户兴趣认同和情感归属，形成网络世界的情感价值共同体，进而在情感价值认同的基础上支持、拥护、再传播信息。所以，网络世界是以情感为表层、理性为深层的传播世界，占据情感的表层成为引导用户注意力进入深层理性世界的前提和基础。

二、全媒体时代下高校思想政治工作面临的挑战

移动端上网设备的高普及率，不仅促进互联网的高速发展，而且为大学生随时随地接受信息知识更新提供了极大便利。与此同时，良莠不齐的网络信息充斥在大学生的生活与学习中，对其造成不良影响。因此，如何让大学生甄别复杂的网络信息，避免受到虚假、负面信息的影响，成为高校思想政治工作面临的重大挑战。

（一）多元价值冲突失序

网络为大学生提供了一个更为广阔开放的交流平台，不同地域、民族和个性化的文化都可以在此充分呈现。随着网络环境的日益开放，国际思想文化的交流、交融、交锋愈加频繁，网上舆论格局日趋复杂，互联网成为舆论斗争的主战场已是大势所趋。相比传统大众传媒，网络世界的去中心化使信

息发布者的层级下降，接收者地位上升，"人人都是通讯社"，"个个都是麦克风"。任何人都可以在网络上发布原创信息，也可以通过转发转载、浏览、下载等方式传播信息，致使信息控制的难度增大，权威声音与网络争鸣已经成为新常态，这也加剧了高校思想政治工作的复杂性。当某一负面事件在网络平台曝光后，可能会在短时间内变成网络热点话题。在官方发布调查结果之前，网络上必然会有人或正向或负面、或有意或无心、或真正关注或蹭热度地发表相关内容，泥沙俱下的网络信息往往会混淆事件的真实原因。大学生热衷于关注网络热点话题，但受制于生活阅历、思辨能力有限等，面对网络众声争鸣的情况会被"带偏"，如何让主流意识形态在众声喧哗中唱好高校"好声音"，正向引导大学生思辨性地看待问题，无疑是摆在高校思想政治工作者面前的重要课题。

（二）隐形渗透风险激增

当今世界，互联网已经成为信息强国推行霸权的重要手段与利器。以美国为首的西方国家长期以来从技术、资源、信息、国际制度等方面建构了维持和支撑西方国家霸权的长效机制，并且通过互联网霸权输出的执政理念、价值观念、生活方式强烈冲击着社会主义意识形态。西方发达国家对互联网的控制和垄断，间接地对我国高校的思想政治工作产生影响。通过互联网获取的信息具有极大的自由性、随意性、自主性，即使网信部门已经通过技术方式封堵了部分负面信息源，但具有较强隐蔽性的负面信息仍充斥在微博、抖音等公共社交平台，呈现"低级红、高级黑"的显著特征，容易对甄别能力不强的大学生产生思想冲击，严重影响高校思想政治工作效果，危害着国家意识形态安全。同时，电影、游戏、书籍等文化产品也存在部分不良信息或思想观念的隐形渗透风险，使得高校在思想政治工作领域对抗西方资产阶级意识形态和文化思潮传播的难度空前加大。

（三）话语权威弱化消解

近年来，社交媒体正在以难以想象的创新力颠覆和改变网络传播生态，社交媒体平台的分层化和用户的分众化成为影响网络信息传播效果的一个重要因素。以抖音为例，抖音以"音乐短视频＋直播＋社区化运营"的模式，在国内短视频平台中占据主导地位，已拥有超过 7 亿用户。抖音成功的原因在于其传播模式既有助于单个社会圈的形成，又可以让不同的朋友圈之间互相联通，实现自媒体与网友的互动，使信息传播呈几何倍数递增。此外，由于全媒体网络传播的情感化特征，由私人或非官方账号发布的视频信息往往会被习惯性地认为已由他人验证的真实观点而被信任、转发，从而强化用户的情感体验和价值认同。特别是大学生群体由于缺乏理性的思考和社会阅历，更容易被带有情感偏向和价值认同的账号信息所误导，形成错误的判断和观念。这种信息传播的分众化特征极易扰乱高校思想政治工作，带来了话语权困境，甚至导致一些大学生群体盲目偏信于网络信息内容而对于学校教育产生怀疑，严重地干扰了话语内容的自觉认同，给高校思想政治工作的正面引导带来挑战。

（四）师生互动难度加大

当前，学校教育已经不再是学生掌握知识和获取信息的唯一渠道，网络已成为重要途径。教师在教学过程中已经不再是学生唯一且最重要的"信息源泉"，在世界百年未有之大变局和中华民族伟大复兴的背景下，一些教师的知识范围和更新速度已经落后于当前形势，未能用彻底的学理帮助学生回应现实问题、答疑解惑。在与学生交流互动的过程中，一些教师对自身专业相关度较低的信息知识不了解，无法对学生关注的问题进行全面细致的解答，可能会引发学生对教师能力的怀疑，并影响教师的传统权威，教师角色面临着前所未有的挑战。另外，网络使得现实社会与虚拟空间的边界日益淡化，这也带来了师生社会交往方式的变化。特别是当代部分大学生在现实社会中的社会交往意愿减弱，而在虚拟空间的社交互动更多。无论是信息传递方式还是师生交往方式的变化，都推动了传统大学教育中的师生关系和交流方式的变革，而高校思想政治工作改变传统的话语交流方式也迫在眉睫。

三、全媒体时代下高校思想政治工作的应对策略

习近平总书记在全国高校思想政治工作会议上指出："做好高校思想政治工作，要因事而化、因时而进、因势而新。""要运用新媒体新技术使工作活

起来，推动思想政治工作传统优势同信息技术高度融合，增强时代感和吸引力。"[1] 这明确了新时代高校思想政治工作的具体要求，也为科学应对全媒体时代高校思想政治工作提供了方法论指导。"因事而化""因时而进""因势而新"，就是要主动适应全媒体发展的趋势和影响，科学研判把控高校思想动向，适势创新体制机制，以全媒体技术赋能高校思想政治工作，真正让思想政治教育发挥铸魂育人的价值功能。

（一）树立鲜明的价值导向，科学研判和精准把控高校思想动向

"培养什么人、怎样培养人、为谁培养人是教育的根本问题。"[11] 做好高校思想政治教育工作是回答好这一根本问题的必由之路。当前，我国正处于迈向第二个百年奋斗目标的起步阶段，大学生是社会主义现代化建设的生力军，夯实大学生的思想根基、提高大学生的政治意识十分重要。要明确认识到，为了在大学生群体中有效传播思想政治教育内容，必须依靠和利用好载体，尤其是"万物皆媒"的时代开展思想政治工作需要主动"触网"，突破传统思想政治工作在时空上的局限，切实提升大学生思想政治工作的时效性与实效性。一方面，要充分利用大数据、云计算等最新的技术手段，对学生的思想特点、行为特征、发展趋势进行分析与评估，抓住当前网络思想政治工作的立足点和突破点，做好网络思想政治工作的"供给侧结构性改革"。面对日趋激烈的意识形态交锋，只有始终坚持马克思主义指导地位不动摇，保持高校思想政治工作的方向不移，重点不变，才能有效应对错误思潮与价值观念的腐蚀和冲击。要及时帮助大学生分析和处理学习和生活中的疑点、难点，引导和激励他们坚持真理、坚守理想、坚定信念，以社会主义核心价值观凝聚大学生的思想共识。另一方面，要着力营造清朗的思想政治工作网络舆论场，为网络思政的开展营造良好的氛围，优化舆论环境。充分发挥全媒体的优势，不仅要主动了解和把握学生所关注的重点、热点和舆论点，还应采取讲授、启发、体验、互动等多元化方式，将知识、技能与价值观通过不同的网络渠道和网络技术传输给学生，尤其是要将最新的理论成果和深刻的理论内容通过不同形式的优化，深入浅出，用学生更易接受的方式进行剖析和阐释，解答学生的思想困惑。加强对学生的全时段、全领域引导和教育，通过课内课外、线上线下等形式让学生多途径感受到理论学习的生动性和深刻性，从而提升思想政治工作的有效性和"到达率"。

（二）推进教育管理模式变革，实现网络思政教育提能升级

党的二十大报告强调："用社会主义核心价值观铸魂育人，完善思想政治工作体系，推进大中小学思想政治教育一体化建设。"[11] 在全媒体时代背景下，高校应该以"推进大思政一体化建设"为目标，抓紧重塑和优化网络思政工作的顶层设计，推动思政工作的系统性变革。要做好网络课程思政的整体规划，将课程思政建设要求融入教育教学的各方面各环节，并纳入各专业人才培养方案和各门课程教学大纲，严格规范教材选用制度，确保高质量教材进课堂。要系统梳理课程思政核心内容，构建以思政课程、师德课程、专业课程、活动课程"四位一体"且相辅相成的思想政治教育教学体系。要充分挖掘各种教育场景所蕴含的思政教育资源，打造思政教育"金课"，增强思政课程的吸引力。特别是要抓住大学生对于全媒体时代的新话语体系和互动交流模式具有极强依赖性的特点，不断创新理论输出方式，充分利用全媒体融合平台，在为青年学生带来广泛的信息选择权的同时，也潜移默化地影响他们的思维认知和价值评判。在师资队伍上要专兼结合，打造大思政教育队伍。除专任教师外，还要充分发挥宣传、组织、学工、团委、马克思主义学院、辅导员和通讯员等作用[12]，做到对大学生的全时全域教育引导。要优化网络思政工作评价机制，将师生在线上及线下参与的思想政治教育活动成果、在各类媒体平台上发表的理论文章等纳入网络思政工作评价体系，鼓励师生共同发挥主观能动性，增加网络优质内容供给与沉淀。通过优化网络课程思政的整体规划、丰富思想政治工作的教学体系、打造思想政治工作的师资队伍，推动大思政一体化建设，从而提高高校思想政治工作的多元引导效果。

（三）科学利用新媒体技术，推动显性教育与隐性教育双融共促

立德树人作为高校的根本任务，决定着思想政治工作需要全员全程全方位参与，显性教育与隐性教育双融共促。习近平总书记在学校思想政治理论课教师座谈会上提出"八个相统一"，强调"坚持显性教育与隐性教育相统一"[13]，这就要求思政课教师要与专业课教师充分履行各自在教育中的职责使命，发挥好思想政治理论课显性教育和其他各门课程隐性教育的作用，以课堂教学的手段对大学生进行思想教育和价值引领，形成协同效应，构建"思政课程"和"课程思政"的最大同心圆。在全媒体时代，运用新媒体技术手段，打造数字化课堂，激活虚拟现实相融合的大思政课新生态，才能开创思想政治工作的新局面。此外，要协调统筹第一课堂和第二课堂在学生思想引领中的作用。一方面，搭建线上线下相结合的学生思想政治教育平台和载体，发挥学生党团组织在引领和推动校园文化建设中的突出作用，以校园活动、社会实践、志愿服务等形式开展思想政治教育工作；另一方面，开辟和运营好网络思想政治教育平台，以微信公众号、微博、抖音等载体构筑隐性教育的阵地，使得新媒体既能够承载宣传校园文化活动的重要使命，也可以传播主流思想和价值观念，增强学生的文化认同，以原创精品牢牢占据网络"育人空间"。作为第二课堂的重要环境育人载体，美丽校园的建设需要重点考量校园环境、校园设施在育人中的作用，并以全媒体的形式呈现和表达，创设更加丰富多元立体化的育人空间，以此构建"全方位、全员、全过程、全课程"的"四全"育人新格局，共同发挥思想政治教育铸魂育人、立德树人的重要作用。

（四）建立教育主客体互信关系，提升高校思想政治工作的有效性

"信任不是一种纯粹的个人或私人的心理行为或心理现象，它是知、情、意、行的统一。"[14]高校思想政治工作是否有效主要取决于思想教育的话语权威性是否强大。对于教育的主客体而言，互信关系的建立则是高校思想政治工作产生话语影响力和辐射力的重要保证。因此，为了更好推动思想政治工作的开展，建立教育主客体正向的互信关系至关重要。第一，要增强教育主客体间信任的内在自觉性。思想政治工作主客体的互信关系建立是以提高教师的个人能力为前提的，要通过提升教师对全媒体时代信息技术的理论与实践能力，依托信息平台开展针对学生思想动态和情感需求的调研，主动了解学生真实的所思所想所念，精准投放思想政治教育内容，实现对学生的个性化思想指导，提高被信任度，进而提升高校思想政治工作效果。要利用能激发学生兴趣的信息化载体，使用学生能"入耳"的话语表达方式，潜移默化地引导学生对各种互信关系、思想观点、教师主体形成是非分辨能力，通过自身判断，预防或者排除非信、伪信或者负信因素，提升自身的思想道德素质。第二，要注重教育主客体间沟通的方式方法。教师要深化"爱"的教育理念，通过"线上线下结合""校内校外协同"的混合关爱教育模式，积极融入大学生的社交媒体，在网络平台上平等对话、双向沟通，激发学生自信心，构建积极的师生关系，为开展思想政治工作打下扎实基础。教师要懂得维护学生的平等权利，既不能区别对待，又要保障学生的提问、质疑等权利，让其获得积极的自我尊重。

（五）完善思政师资人才体系，打造政治过硬业务过硬的教师队伍

做好新时代高校思想政治工作，教师是关键。面向全媒体时代的育人工程，需要提高教师队伍素质，提升教师全方位能力。第一，要注重发挥思政课教师、高校辅导员在大学生思想政治教育中的重要作用，尤其是发挥他们在线上思想引领的作用。"政治要强"是习近平总书记对思政课教师提出的"六个要"[13]要求的首位，加之"高校话语空间的有限性决定了高校马克思主义话语传播的各个环节不容许存在舆论飞地和法外之地"[15]，这就要求教师具备坚定的马克思主义、共产主义信仰，牢牢把住网络信息总闸门，防止有害思想、错误思潮入侵，守正创新地用好全媒体平台传播马克思主义学说，宣传积极正能量案例，共同守望社会主义。第二，要全面提升高校教师的业务能力，加快转变高校教师的教育教学观念，特别是要改变传统的思想政治理论课教学方式方法，构建"大思政课"教学理念，将"思政小课堂"和"社会大课堂"深度融合，充分利用微课、慕课、云课堂等媒介来打破教学空间限制，利用虚拟现实等技术辅助教师突破教学重难点，将思政课讲深讲透讲活，引导学生在理论和实践的结合中把人生抱负落实到脚踏实地的实际行动中来。第三，要着力培养和锻造教师队伍中的"关键少数"，即发挥明星教师、网红教师的"网络意见领袖"作用，在关键时刻、重点事件上主动发声，有效引领舆论走向，引导学生客观、理性地看待时事政治或应对舆情事件，并有重点、有特点地针对不同学生在理想信念、思想品德、行为养成、心理健康、创业就业等方面遇到的问题做好思想引领工作，促进大学生身心健康发展。

四、结语

高校思想政治工作是一项系统工程，其所涉及的不仅仅是某一学校某一门课程的思想政治教育，而是一项"思政课程"与"课程思政"协同推进的育人工程。本研究基于信息传播视角分析了全媒体时代信息传播的语境特征与效应影响，并从思想政治工作的价值导向、教育管理模式、教育主客体互信关系构建、师资人才队伍建设等方面提出了高校思想政治工作风险挑战应对的系统优化路径。然而，人作为一种社会性动物，其思想发展是一个动态变化的过程，特别是全媒体时代意识形态领域面临的潜在风险难以及时精准把握，这也给高校思想政治工作精准识变、科学应变带来极大挑战，当前学界在这方面应对的正反面典型经验研究还较少，相关群体的思想动态变化的跟踪实证研究也不多。这为本研究提供了很多研究空间，也是后期将关注和研究的重点方向。

参考文献

［1］习近平在全国高校思想政治工作会议上强调：把思想政治工作贯穿教育教学全过程 开创我国高等教育事业发展新局面［N］.人民日报，2016-12-09.

［2］布超.全媒体时代提升大学生意识形态教育实效性研究［J］.学校党建与思想教育，2018（10）：53-55.

［3］冯刚.大数据应用于思想政治教育的局限与突破［J］.重庆大学学报（社会科学版），2021，27（2）：1-7.

［4］李厚锐，朱健.媒介融合环境下高校网络思想政治教育创新［J］.思想理论教育，2018（2）：71-75.

［5］韦立立.全媒体时代学生媒介素养培养研究［J］.教育理论与实践，2018，38（23）：20-22.

［6］林沛.新媒体环境下大学生思想政治教育载体研究［J］.领导科学论坛，2019（9）：90-92.

［7］曾丽华．全媒体时代高校思政课教师能力建设探析［J］．学校党建与思想教育，2021（15）：94-96.

［8］金斐，徐仙君．全媒体时代基于高校微信公众平台的思想政治教育路径及对策研究［J］．思想教育研究，2019（6）：123-126.

［9］祝大勇，周颖．全媒体时代受众分析对思想政治教育效果提升的启示［J］．内蒙古师范大学学报（哲学社会科学版），2019，48（5）：10-14.

［10］中国互联网信息中心：《中国互联网络发展状况统计报告》［EB/OL］．（2023-10-26）.https：//www.cnnic.net.cn/n4/2023/0828/c88-10829.html.

［11］习近平．高举中国特色社会主义伟大旗帜 为全面建设社会主义现代化国家而团结奋斗：在中国共产党第二十次全国代表大会上的报告［N］．人民日报，2022-10-26（001）．

［12］姜庆华，张晨晓，马伟娜．高职院校网络育人的现实挑战与增效路径［J］．学校党建与思想教育，2023（2）：69-71.

［13］习近平．思政课是落实立德树人根本任务的关键课程［J］．求是，2020（17）．

［14］丁香桃．变化社会中的信任与秩序：马克思人学理论为视角［M］．杭州：浙江大学出版社，2012：20.

［15］陆林召．全媒体时代高校思想政治教育话语权建构的多维审思［J］．江苏高教，2022（3）：92-96.

职业院校非遗课程思政育人路径思考

苏州旅游与财经高等职业技术学校　臧其林　李　慧

[摘　要] 职业院校将非遗文化融入课程思政建设对传承优秀文化、落实立德树人有重要意义。分析非遗课程思政的内涵和现状，基于"三全育人"理念、"大思政课"理念和多元评价理论，通过构建多主体联动机制、优化管理模式、引入非遗大师合作平台等路径开展非遗课程思政育人，提升育人成效，达成培养职业人才工匠精神的目标。

[关键词] 非遗课程思政；职业院校；育人路径

中共中央办公厅、国务院办公厅《关于实施中华优秀传统文化传承发展工程的意见》提出，要围绕立德树人根本任务，把中华优秀传统文化全方位融入思想道德教育、文化知识教育、艺术体育教育、社会实践教育各环节，贯穿于启蒙教育、基础教育、职业教育、高等教育、继续教育各领域。非物质文化遗产蕴含着中华民族独特的精神价值、思维方式，体现了中华民族的生命力和创造力，是我国优秀民族文化的结晶。如何将非遗文化与课程思政相融合，将非遗的工匠精神贯穿职业教育教学全过程，实现非遗育人，是职业院校面临的重要课题。

一、非遗课程思政的内涵

非遗课程思政，即将思想政治教育的内容融入非遗学习与传承的课程中，构建非遗课程与社会主义核心价值观等思想政治内容同向同行、形成协同效应的非遗课程思政体系，在非遗课程实施的过程中达成立德树人的育人目标[1]。非遗所蕴含的丰富的文化资源能满足职业教育的育人需要，职业院校专业设置与很多非遗项目有关联性，两者紧密结合，能取得育人的最佳效果。

职业院校要聚焦非遗教育中的思政内容，加强育人机制建设，重在培养工匠精神，提升人文素养，实现非遗课程思政育人。

二、非遗课程育人的现状

首先，课程实施机制不健全，缺乏协同联动机制，未形成校企合作育人格局。特别是课程的嵌入与开发、人才培养方案的修订等缺少企业的参与，也没有形成系统，只是零敲碎打，搞一两次企业体验活动，无法落实为常态化的课程实施。其次，课程体系不完善，呈现碎片化、孤岛化，课程设计未能有效遵循学生成长规律，不能发挥价值引导作用。如某个专业课程将非遗项目作为一个小环节嵌入其中，学生对非遗不能全面认知；或者局限在某个专业开设非遗课程，并未推广到整个学校，没有形成完整的非遗课程体系。最后，非遗文化育人实施不到位，路径不清晰，成效不明显，不能发挥全方位育人功效。每一个非遗项目都有深厚的文化内涵，也有感人的传承故事，如何把这些内容与思政内容相融合，如何挖掘出非遗项目中的匠心，通过什么载体去落实，都需要梳理出清晰的路径。

三、非遗课程思政育人的理论依据

（一）"三全育人"理念

构建"全员、全程、全课程"的"三全育人"格局，提炼非遗文化知识、价值观念及精神追求之中的思政元素，将其融入课程之中，与育人同向而行，形成协同效应，潜移默化地对学生的思想观念、行为举止产生影响。在目前较多关注非遗常规课堂和非遗社团活动的研究和实践的基础上，将非遗课程思政延伸至中小学职业体验课堂和中外交流的海外研学课堂，职普融通，打破课内课外、校内校外、国内国外界限，最大限度发挥非遗课程思政作用；并在课程思政语言课堂、专技课堂、职业课堂、文化课堂联动育人机制下，引导学生将人文素养、职业情操、爱国情怀内化于心、外化于行，彰显文化自信，感受大国工匠精神，凸显中国软实力[2]。

（二）"大思政课"视域

遵循"铸魂育人"的价值导向，立足"大思政课"视域构筑多元主体共同参与的育人新格局，使思政课堂更加富有活力和魅力。"大思政课"理念为新时代思政教育守正创新指明了方向，对新时代职业人才质量提出了新要求，要充分挖掘非遗思政内容，融入课程设计与实施，达到润物无声的育人效果。

（三）多元评价理论

结合非遗教学实践，构建师生双主体、非遗专业教学和思政教育双内容、过程性评价和发展性评价双结合的多元评价体系。区别于常规教育评价中以定量评价为主，非遗课程思政考虑思政教育功效隐性化等特点，强调以定性评价为主，从教师和学生两个主体入手，考核非遗知识技能教学和思政教育两个方面目标达成情况，并全程跟踪，实施过程性和发展性评价。

四、非遗课程思政育人的路径

职业院校优化非遗课程思政育人，须研究育人的实施路径。结合非遗思政育人功效，融入专业教学、社团活动，职普融通，国际研学，将非遗课程思政内容融入专业教学，由课内延伸到课外、校外和国外，形成非遗课程思政育人基本路径[3]。在此基础上，形成过程性评价和发展性评价相结合的评价机制，最终形成非遗课程思政在内容、师资、方法和平台方面的构建策略。

（一）建立全面实施非遗课程思政的联动机制

1.完善非遗课程。准确把握学生成长规律，把非遗项目嵌入相关联的专业中，构建非遗知识课、非遗技能课、非遗实践课等完整的非遗课程体系，贯穿专业教育教学全过程。不能全面嵌入系统化课程的专业要把非遗作为该专业必修课，开齐开足，构建非遗项目课程体系。编写非遗项目校本教材，组建包括非遗大师和专业教师的"双导师"师资队伍，将项目课程与专业教学深度融合。实现课程的双向嵌入，一方面，非遗内容嵌入专业课程，用非遗中深刻而丰富的美感染人、启发人；另一方面，开设非遗课程，将课程思政内容嵌入非遗课程，在非遗项目授课中突出所蕴含的思政内容，如工匠精神、创新精神等。

2. 融入社团活动。依托非遗实训教学基地，建立学生非遗活动社团，将非遗社团活动广泛地融入第二课堂以及社会实践。通过常态化的非遗社团活动、校园非遗艺术节、走进非遗诞生地及博物馆等活动，让学生深刻体验精湛高超的传统技艺和精益求精的工匠精神，将热爱中华传统文化、崇尚传统工匠精神、坚持守正创新根植于学生内心深处。

3. 深化职普融通。面向中小学开展职业体验，将非遗课程延伸到校外，建立非遗体验中心，系统化设计适合中小学生的研学式非遗课程菜单。开展职业启蒙教育，引导中小学生拓宽视野，培养劳动精神，厚植家国情怀，坚定民族文化自信，增强传承和弘扬中华优秀传统文化的责任感和使命感。

4. 开展国际教育。开展国际研学活动，将非遗课程实施延伸到国外，搭建国际交流合作载体，设计非遗技艺国际化体验课程包，开发非遗项目游学、研学的双语教材和读物，突出非遗技艺的体验性和非遗教材、读物的趣味性，激发学习者的主动性和积极性，让国际师生在体验中感受到中华优秀传统文化的魅力，彰显中华文化软实力。

（二）优化非遗课程思政育人的管理模式

1. 强化协同配合。积极推进学校治理现代化，学校各部门充分认识到非遗课程思政文化育人的重要性，明确工作职责，密切配合，协同开展非遗课程思政育人工作。勇于改革创新，探索非遗课程思政育人的新途径、新方法，定期开展非遗课程教研活动，提升教师全员育人能力。

2. 完善督导评价。职业院校设立督导部门，加强对非遗进校园、进课堂、进教材、进学生头脑的督导检查，将其作为德育综合考核的重要内容，使之制度化、规范化。将非遗课程思政文化育人工作开展情况纳入优秀德育课教师、优秀班主任、优秀德育工作者和德育工作先进集体的评选中，探索非遗教育教学机制，突出立德树人根本任务。通过主题活动，如"我的中国梦""最美职业人"等活动，评选在非遗课程学习和实践中品学兼优的学生，彰显榜样示范作用，激励青年学生成长为具有时代创新精神、工匠精神，热爱祖国文化的技能人才。

（三）搭建与非遗大师合作的运行平台

按照一个非遗大师工作室配备一个教学工作坊的方式，加强非遗实训实践教学基地的文化建设，形成"一室一坊"非遗技艺实训及职业体验基地，大师工作室和教学工作坊承担非遗项目的教学设计和课程实施。大师工作室由一位非遗大师领衔，成员包括专业骨干教师、思政课教师和优秀班主任。大师工作坊按照项目进行产品研发、课程实施。"一室一坊"的环境文化要符合非遗文化传统，营造浓厚的非遗文化氛围；定期开展非遗体验活动，充分挖掘非遗文化的历史知识和历史趣事。建设"一室一坊"平台，学校积极推动专业统筹，加强对非遗知识课、非遗技能课、非遗实践课的管理和评价，提升综合育人效果。引导非遗课程专业教师依据课程标准和学生实际，设计相应的教学活动，在传授非遗知识和培养非遗技艺的同时，将非遗文化所包含的工匠精神、创新精神等自然融入课程教学全过程。

参考文献

［1］王建林，周琳 . 中华优秀传统文化与高职教育文化育人融合的路径优化［J］. 中国职业技术教育，2020（7）：84.

［2］李丽 . 高职院校文化自信培育探析［J］. 教育与职业，2019（16）：94.

［3］臧其林 . 文化自信背景下职业院校非遗课程思政体系的构建［J］. 职教通讯，2021（6）：90.

（本文刊发于《职教通讯》2023 年 5 月，总第 545 期）

高职旅游管理专业课程思政体系构建策略研究

黑龙江农业经济职业学院　崔　丰　尚明娟　乔海丽

[摘　要] 习近平总书记在全国高校思想政治工作会议上指出："要坚持把立德树人作为中心环节，把思想政治工作贯穿教育教学全过程，实现全程育人、全方位育人，努力开创我国高等教育事业发展新局面。"课程思政是一种全新的育人理念和模式，是各大高校贯彻落实立德树人根本任务的重要举措，是高校思想政治教育工作的重要组成部分。本文从高职旅游管理专业课程思政体系构建的必要性、当前存在的问题及构建路径等方面进行了阐述。

[关键词] 旅游管理专业；课程思政；构建；策略

[基金项目] 本文系黑龙江省教育科学"十四五"规划 2022 年度重点课题：高职旅游管理专业课程思政的教学模式建构研究的阶段性研究成果（课题批准号：ZJB1422109）。

课程思政是指在专业课程教学中融入思想政治教育，是思想政治教育与专业教学相融合的教学方式。高职旅游管理专业课程思政体系构建，要以课程思政理念为指导，以"立德树人"为根本，以"服务地方经济社会发展"为宗旨，以"学生全面发展"为目标。通过挖掘专业课程蕴含的思政元素，构建"课程目标—教学内容—教学方法—评价体系"的体系框架。通过设计多样化的教学活动，将思政元素融入旅游管理专业课堂教学过程中，引导学生树立正确的世界观、人生观和价值观。

一、课程思政概述

（一）课程思政的内涵

课程思政，即在各门课程中深入挖掘与其相关的思想政治教育元素，把思想政治教育贯穿于各门课程教学的全过程，实现全员、全过程、全方位育人。课程思政是"大思政"的重要组成部分，是高职院校落实立德树人根本任务的重要途径，是高等教育实现"三全育人"的必然要求。课程思政的内涵，首先在于课程本身具有思想政治教育功能，这是课程思政与思政课程的本质区别。其次，课程思政强调专业知识传授和价值引领相结合。课程思政建设要以社会主义核心价值观为引领，坚持德育为先、德育为魂、育人为本。通过思政教育元素的融入，把"知识传授"与"价值引领"有机结合起来，达到专业知识与思想政治教育内容相融合、教学方法与教学手段相融合、教师队伍与学生群体相融合的目的。同时要坚持"协同育人"理念，将思政教育贯穿于专业建设、课堂教学和教师队伍建设各个环节中[1]。

（二）构建课程思政体系的目标

课程思政是思想政治教育与课程教学相融合的新模式，其根本目的是通过思想政治教育，引导学生树立正确的世界观、人生观和价值观。从课程思政的本质上看，它是实现高等教育立德树人根本任务的重要举措，是实现高校"三全育人"的重要载体。

当前，高职院校旅游管理专业课程思政体系建设的主要目标包括以下几个方面：一是通过课程思政使学生树立正确的世界观、人生观和价值观，增强其社会责任感和使命感；二是培养学生正确的价值观、职业道德、职业精神和职业能力；三是培养学生良好的行为习惯、道德品质和创新创业精神；四是通过课程思政使学生了解中华优秀传统文化，增强民族自豪感，提升文化自信。因此，课程思政体系建设要以立德树人为根本任务，以职业素养、职业道德、人文精神等培养为核心内容，以提高学生综合素质为目标。在这一过程中，要注意处理好知识传授与价值引领之间的关系，发挥教师和课程的积极性与主动性。

（三）构建课程思政体系的原则

1. 以学生为主体，教师为主导。坚持学生为本，遵循"育人为本、德育为先"的原则，尊重学生的主体性，发挥教师的主导作用，在课程教学中注重对学生进行价值引领、思想引导和道德修养教育。

2. 理论与实践相结合。在实践教学中，注重学生的理论学习与社会实践相结合，激发学生对知识的渴求和探索世界的热情，引导学生将理论知识应用于实践中，使学生形成正确的世界观、人生观和价值观。

3. 隐性课程与显性课程相结合。在开展课程思政教学过程中，既要充分发挥教师在课堂教学中的主导作用，又要重视隐性课程在教学中的作用。通过课堂教学潜移默化地对学生进行价值引领和道德熏陶，实现润物无声。

4. 显性教育与隐性教育相结合。坚持以显性教育为主、隐性教育为辅的原则。要注重对学生进行思想政治教育和价值引领，引导学生树立正确的世界观、人生观、价值观和道德观。同时注重对学生进行行为规范训练和培养良好道德品质，使其养成良好的行为习惯和道德品质。

二、高职旅游管理专业课程思政体系构建的必要性

高职旅游管理专业是旅游行业的重要组成部分，培养具备旅游企业经营管理、旅游服务技能和现代信息技术运用等方面知识与技能的复合型人才。课程思政体系构建是将思想政治教育贯穿于课堂教学和实践教学全过程，充分发挥各类课程在思想政治教育中的作用，实现各类课程与思想政治理论课同向同行、形成协同效应，努力开创高校思想政治教育工作新局面的重要举措。它既是高校课程体系建设的重要组成部分，也是新时代高校立德树人根本任务的具体体现。将课程思政融入旅游管理专业教学体系是培养高素质技术技能人才的迫切需要，是实现高职院校人才培养目标的必然要求，也是构建完善高职院校课程体系和育人体系的必然选择[2]。

（一）有利于实现人才培养目标

课程思政是高职院校落实立德树人根本任务的重要举措，也是解决当前旅游管理专业存在问题的现实需要。课程思政是落实立德树人根本任务的有效途径，它以思想政治教育为主线，通过课程思政将学生思想政治教育融入课程教学中，提升学生的思想觉悟、道德修养、人文素质，实现对学生的价值引领。当前旅游行业企业对从业人员素质要求越来越高，人才培养目标也从单一注重技能和专业知识到综合素养、可持续发展能力、创新能力的转变。

因此，高职院校旅游管理专业教学不仅要培养学生专业知识与技能，还要加强对学生综合素养的培养，使其具备良好的道德素养、人文素养和心理素质。将课程思政融入旅游管理专业教学体系中，可以培养学生的综合素质与能力，让学生在学习专业知识与技能的同时，不断增强对社会主义核心价值观的认同和理解。

（二）有利于提升人才培养质量

人才培养质量是教育教学的根本所在，而课程思政体系建设是提高人才培养质量的重要途径。当前，旅游管理专业课程体系中存在着"重专业知识、轻思想政治"的问题，部分教师在课程教学中只注重对学生专业知识和技能的培养，对学生进行思想政治教育的意识淡薄，导致学生的思想道德水平和综合素质不高。而旅游管理专业课程思政体系构建是将思想政治教育贯穿于各专业课程教学过程中，使各专业课程教学过程中都能发挥育人功能，把思想政治教育元素融入专业教学体系。通过课程思政体系建设，使学生在学习知识的同时能树立正确的人生观、价值观和世界观，有助于培养学生成为德、智、体、美、劳全面发展的高素质技术技能人才。

三、高职旅游管理专业课程思政体系建设存在的问题

旅游管理专业作为一门实践性较强的课程，其课程思政体系建设是一项复杂的系统工程。从微观上来看，我国旅游管理专业课程思政建设仍然处于探索阶段，从中观上来看，当前高职院校旅游管理专业课程思政体系建设还存在一些问题：首先，大部分高职院校旅游管理专业教师对课程思政建设的重要性认识不足，认为课程思政就是对专业课知识的讲授，没有深入理解其内涵和外延，忽视了课程思政体系建设在育人方面的重要作用。其次，多数高职院校旅游管理专业教师不够重视课程思政建设，只注重完成教学任务，忽视了教学过程中融入思想政治教育内容。最后，许多高职院校旅游管理专业教师在开展课程思政建设时没有形成完善的考核机制，仅凭个人主观判断来确定考核指标。此外，大多数高职院校旅游管理专业教师的业务素质有待提高，缺乏系统的理论学习和专业技能训练。

四、高职旅游管理专业课程思政体系构建策略

课程思政建设是一项复杂的系统工程，需要构建科学合理的课程思政体系，明确目标定位，充分挖掘各类课程和教学内容中所蕴含的思想政治教育元素，以此为基础构建专业课程思政体系。在旅游管理专业课程思政建设过程中，要明确课程思政建设目标，在教学内容中有机融入社会主义核心价值观、行业发展理念、优秀传统文化等思想政治教育元素，将思政教育与专业知识学习紧密结合，通过课堂教学和课外活动开展潜移默化的思想政治教育。

（一）完善课程思政体系建设，创新教学理念

首先，在课程思政体系建设中，高职旅游管理专业要创新教学理念，通过完善课程思政体系建设来全面推进课程思政建设，将学生作为核心主体，教师作为引导者，共同推动课程思政教育目标的实现。其次，在课程思政体系建设中，要注重学生的主体地位和主体作用发挥。教师要积极发挥自身主导作用和引领作用，根据学生的实际需求和职业特点制订教学计划，并结合不同阶段的发展目标开展教学活动，从而更好地激发学生学习兴趣，促进学生全面发展。最后，在课程思政体系建设中，要坚持"育人为本"的教学理念。教师在开展教学活动时要深入挖掘专业课程中的思政元素，并将其融入日常教学当中去，从而实现在专业知识学习过程中对学生进行思想政治教育的目的。

（二）明确专业教学目标，突出人才培养特色

课程思政是当前我国高职旅游管理专业开展课程思政建设的重要手段，通过课程思政可以帮助学生形成正确的价值观，培养学生的爱国主义情怀和民族精神。在课程思政体系构建中，教师应该明确教学目标，突出人才培养特色，为学生树立正确的价值观。在进行课程思政体系构建过程中，教师要结合学生的实际情况和特点，制定相应的教学目标，通过多样化的教学方式来实现课程思政体系构建的目标。与此同时，教师还要针对高职旅游管理专业开展课程思政教育具有一定困难性，因此需要进行合理设计。在此基础上，教师要结合学生实际情况和专业特点制定出有针对性的教学目标和教学内容，

从而有效提升学生的学习兴趣和专业水平[3]。

（三）深入挖掘思政元素，注重专业知识与思政教育的结合

在高职旅游管理专业课程思政体系构建中，首先要充分挖掘思政元素，注重专业知识与思政教育的结合，通过合理融入思政元素，培养学生良好的职业道德和职业精神。比如在进行导游服务礼仪课程教学时，要注重对学生进行职业理想教育、职业道德教育和价值观教育，引导学生树立正确的人生观、价值观和世界观。其次要注重对学生进行社会主义核心价值观的培养。在课程教学过程中，教师要以教材内容为基础，结合学生特点和实际情况，灵活运用多种教学方法和手段进行思政教学。同时教师要注重发挥榜样作用，在实际教学过程中通过榜样的力量感染学生、熏陶学生，不断提升高职旅游管理专业课程思政体系构建的效果。

（四）加强教材建设，提升课程思政教学资源质量

在课程思政体系构建过程中，需要对教学内容进行适当的调整和优化，这也是保证课程思政体系构建有效性的重要途径。在高职旅游管理专业中，教师需要积极对教学内容进行分析和研究，确定合适的教学内容。同时要结合旅游管理专业学生的实际情况和特点，对其进行合理分析。通过对教学内容的分析，可以更好地突出课程思政教育的重点内容，同时也可以有效地提升教学效果。此外，在教学内容的确定过程中，要充分考虑到高职学生的特点和思想实际情况，从而更好地对教学内容进行选择和设计。通过对课程思政体系构建中教学资源质量的提升，可以更好地增强教师开展课程思政建设的积极性和主动性[4]。在此过程中，要将教师作为课程思政建设的主体，通过对其进行相关培训和指导，从而更好地提升教师开展课程思政建设的积极性和主动性。

（五）加强教师队伍建设，提升教师思政水平

教师是课程思政教学的主体，因此，要加强教师队伍建设，提升教师思政水平，才能更好地推动课程思政体系的构建。首先，高职院校可以通过开展专题讲座、培训班、研讨会等形式加强对教师的思想政治教育培训，提高教师的思政水平。其次，学校可以通过开展专业知识讲座、课堂教学比赛等

形式不断提升教师的专业素养和教学水平，并积极组织教师参与到课程思政建设中。此外，学校还可以通过组建团队的方式进行教学研究和教学改革，充分发挥团队力量，从而更好地推动课程思政体系的构建。最后，学校还可以通过开展师德师风建设活动等形式不断提升教师的师德素养和职业素养。通过加强师资队伍建设和提升教师思政水平可以更好地推动课程思政体系的构建，并为学生提供更好的思想政治教育。在课程思政体系构建过程中，师资力量是非常重要的内容。

（六）建立考核评价体系，保证课程思政效果

在高职旅游管理专业课程思政教学中，为了有效提高课程思政效果，还需要建立考核评价体系，这对于高职旅游管理专业课程思政效果的提升具有重要意义。因此，在实际教学中，需要结合高职旅游管理专业课程思政教学的实际情况，建立科学合理的考核评价体系。比如，在旅游管理专业课程思政教学中，可以采用考试和考核相结合的方式进行评价。教师在开展旅游管理专业课程教学的过程中，可以将考核评价体系和学生的日常表现相结合，通过这种方式来有效提高学生的思想道德素质和职业素养。除此之外，还可以采用过程性考核和终结性考核相结合的方式来进行评价，这样不仅可以更好地反映学生的思想道德素质和职业素养，还可以更好地保证课程思政教学效果。

五、结语

课程思政的建设，对专业课程建设提出了更高的要求，专业课程教师在教学过程中要树立起课程思政意识，将思政元素融入教学全过程。高职院校旅游管理专业教师要在专业知识传授的同时，注重对学生的理想信念、职业道德、职业精神、法治意识、创新能力等方面的培养，将思政元素融入课堂教学和实训实习中，实现专业课程与思政教育有机融合。通过"三全育人"的目标要求，在旅游管理专业教学过程中切实提高学生的思想政治素养和文化道德素质，为学生构建良好的学习环境和生活氛围。

参考文献

［1］李冉.高职旅游管理专业课程思政项目化教学改革的实践与探讨［J］.明日，2021（3）：1.

［2］鲁红春."双高"背景下高职院校旅游管理专业课程思政实施路径［J］.陕西教育（高教版），2022（5）：2.

［3］王建蕊.高职院校旅游管理专业课程思政融入途径研究［J］.张家口职业技术学院学报，2022，35（3）：4.

［4］杨帆.中职学校旅游管理专业"课程思政"建设研究［J］.亚太教育，2023（3）：3.

（该论文已经在《漫旅》2023年第10卷第7期发表）

创新团队篇

典型案例

教师教学创新团队数字化转型升级建设典型案例

海南经贸职业技术学院旅游管理专业教师教学创新团队

一、建设背景

（一）数字经济成为构建现代化经济体系的重要引擎

"十四五"时期，我国进入高质量发展阶段，以数字经济、智能经济为代表的新经济成为经济增长的重要引擎，新一代信息技术集成创新，对人才的素质结构、能力结构、技能结构提出全新要求。

（二）数字化转型推动职业教育的创新发展

我国职业教育当前站在新的时代方位和历史起点上，以数字化转型推动职业教育的创新发展是新时代赋予职业院校的历史使命，也是职业教育主动贯彻国家战略，服务经济社会数字化转型的必然选择。

（三）旅游行业数字化转型对专业数字化升级的新要求

随着旅游企业数字化转型的持续深入，企业对数字化人才的需求也出现爆发式增长，而旅游企业所需的人才不仅要精通数字技术，同时还需要通晓旅游业行业情况，数字化赋能新业态的出现对旅游业的人才培养提出新的要求，迫切需要对旅游管理专业实现数字化升级。

二、数字化转型建设经验

（一）创新人才培养模式

旅游管理专业秉承学校"办脊梁教育、育脊梁人才、建脊梁大学"的办学理念，人才培养方案更多强调现代服务体系理念在人才培养中的核心地位，突出服务科学理念包括旅游在现代服务业中的重要性，培养学生人文修养、科学素养、职业素养与数字化素质相结合的现代服务业人才的综合能力，使学生更能适应旅游行业的需要，成为旅游行业持续发展的后备力量，为海南自由贸易港的建设提供高水平的技术技能服务与专业人才。

（二）升级传统课程，重构课程体系

1. 升级传统课程，增设"互联网＋旅游"课程

旅游管理专业升级后，数字化运营相关内容在专业占比中需要大幅提高，针对新兴技术和旅游业发展需求，升级传统核心课程，将旅行社管理与实务升级为智慧旅行社管理实务，旅游市场营销升级为直播＋旅游产品营销，旅行管家实务升级为智慧旅行管家，旅游消费者行为升级为网络消费者行为与管理。在原有的课程中新增开设"互联网＋旅游"的专业课程，比如旅游制图设计、旅游大数据分析和应用、在线旅游运营与管理、旅游地理信息系统、旅游管理信息系统、智慧旅游概论，课程设计结合业务与数字技术，通过模拟教学实践实施。

2. 传统课程中融入数字化板块内容

在一些传统课程中，比如旅游目的地管理、旅游策划实务、旅游规划与开发、旅游线路定制、旅游人力资源管理等课程相应板块融入数字化板块内容，推动专业课程的数字化转型，比如旅游目的地管理课程相应板块融入了旅游目的地信息化管理和智慧旅游在旅游目的地管理中的应用等，旅游人力资源管理课程中融入了数字化的人力资源管理技术和人力资源数字化转型等，通过融入数字化板块内容，推动专业课程的数字化转型，在课程中大幅度增加智慧旅游和人工智能数字化有关内容，形成数字化专业课程。通过引入数字化的课程资源，将涉及旅游业真实数据和运营任务分解到课程中，培养学生数字化操作技能和数据资源跨界整合的能力。

3. 共建共享在线课程，完善数字化课程资源

为进一步加强课程建设，丰富完善精品课程资源，深化在线教学模式和教学方法的革新，推进课堂教学过程信息化，旅游管理专业目前共建设旅游服务礼仪、旅游策划实务、旅游政策与法规等27门在线课程，已上线运行的

课程有市场调研与分析、旅游市场营销。云教材、数字化教材作为智能化新形态教材，是数字化教学发展的趋势，也是促进教育教学改革，提高数字化课程资源建设质量的重要手段。目前旅游管理专业出版云教材、数字化教材有《旅游企业人力资源管理》《旅游经济学》《旅游市场营销》等共计8本。

（三）完善数字化资源建设，打造技术技能创新平台

旅游管理专业依托智慧校园的建设，调整系统安全策略实施及应急演练方案，每间教室增设了人脸识别技术，已完成"校园大脑"方案，升级科研创新服务数字平台。

如在旅游酒店综合实训室数字化平台的建设中（见图1），搭建数字化资源平台，通过虚实结合的方式，再现旅游酒店管理的真实情境，并且对接星级酒店管理实际，便于学生"身临其境"地学习和了解职业岗位知识，在实训中获得相应技能。结合不同岗位，给学生设定不同角色，利用虚拟仿真实训平台，通过语音、视觉、可穿戴等设备，设计相应的实训任务，增强学生的岗位胜任力。

如在旅行社模拟实训室搭建实战系统平台（见图2），OTA运营实战教学系统为培养和提高旅游专业学生从事我国旅游电商代表型企业（OTA）的不同岗位工作而开发的实战教学模拟平台。以每个学校独立生成一个类似于"去哪儿"的旅游电商平台，每个学生在平台拥有属于自己的店铺，学生学习如何在平台后台维护自己的店铺旅游商品，如线路、签证、门票、酒店客房等。同时学生也可以用买家账号在平台上进行浏览、搜索、购买等操作。整个系统体系模式和操作流程以及商品的标准化录入格式均参考主流旅游电商平台，学生可在学习的过程中对线上旅游店铺的运作有较全面的了解，并通过模拟交易的形式体验到完整的商业闭环。

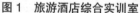

图 1　旅游酒店综合实训室　　　　图 2　旅行社模拟实训室

（四）完善课堂教学信息化软件、硬件设施建设

学校有限网络与无线局域网络相结合，校园网络覆盖率 100%；每间班级教室都配备交互式电子白板、电脑，多媒体设备配置率达到 100%，有效保证了课堂信息化教学的网络需求。改变以往传统的教学模式，通过信息化的教学手段，建立以学生为中心，贯穿 OBE 的理念，利用 QQ、微信、直播等新媒体交流平台组建课程学习交流群，或使用"超星泛雅""蓝墨云班课"等区别以往传统课堂模式的教学软件辅助课堂教学，信息化技术融入成果导向教育，对课堂教学改革具有重要的现实意义。

三、标志性成果

（一）旅游管理专业综合实力显著增强

旅游管理专业通过数字化转型升级，创新人才培养模式，"数字技术＋旅游专业"特色更加明显，综合实力显著增强。在金平果评价网（中国科教评价网）发布的"2022—2023 高职分专业竞争力排行榜"中，全国 690 所开设旅游管理专业的高职院校中，海南经贸职业技术学院旅游管理专业位居全国第 2 位、海南省第 1 位，充分展示了旅游管理专业扎实推进"双高"校建设，打造数字化转型升级所取得的显著成效。

（二）数字化教育教学成果显著突出

通过数字化资源的整合与构建，以"互联网＋"为背景，引入先进信息技术平台，可以为课程教学提供多样化、互动式资源，满足旅游管理专业运营策划、系统操作、数据分析等需求，教学效果提质增效，使得教育教学成果显著突出。共建设 8 本数字化教材、云教材；完成 27 门精品在线课程建设，其中建成 2 门国家级精品在线开放课程（《大学生创新创业》《大学生心理健康教育》），省级精品在线课程 2 门（《管理心理学》《中餐服务与管理》）。教师获国家、省级数字化教学能力比赛奖项分别为 9 项、6 项（见表 1）。由吉家文教授主持的基于"三教改革"的"三阶递进、四位一体、五维融合"创新创业人才培养体系项目获 2022 年职业教育国家级教学成果奖二等奖，不仅实现了"双高"建设国家级标志性成果的新突破，也是贯彻数字化转型升级的重要成果标志。此外，学生在"互联网＋"大学生创新创业大赛海南赛区中斩获两银一铜的好成绩。

表 1 教师获国家、省级数字化教学能力比赛奖项

成果名称	奖项	获奖人	级别
基于"三教"改革的"三师四课五融通"高职创新创业教育模式探索与实践	二等奖	吉家文	国家级
《海南海洋旅游资源》获第三届智慧树杯的课程思政示范案例教学大赛高职赛道	一等奖	傅晓、陈红颖、马天瑞	国家级
海南海洋旅游资源课程案例《乘风破浪，旅创新篇》入选国家文旅部"全国旅游职业院校课程思政案例"		傅晓、吉家文、王晓明、吴贤贤、李飞	国家级
2022 年全国职业院校技能大赛教学能力比赛	二等奖	李佩锱、陈松、陈燕妮、吉家文	国家级
全国商科教育微课教学大赛	一等奖	陈松	国家级
全国商科教育微课教学大赛	二等奖	李佩锱	国家级
2021 全国文化艺术职业院校和旅游职业院校"学党史 迎百年"课程思政展示活动	入选案例	吴贤贤	国家级
2022 年海南省高等职业院校教学能力比赛	一等奖	李佩锱、陈松、陈燕妮、吉家文	省级
2022 年海南省高等职业院校教学能力比赛	三等奖	赵福振、邰怡菡、贺贞云	省级

续表

成果名称	奖项	获奖人	级别
"畅享杯"全国财经商贸类专业教师数字技术技能大赛	二等奖	周浩	省级
2022 年海南省高等职业院校教学能力比赛	一等奖	吴贤贤、刘萍男、郑伟、刘纬华	省级
2021 年海南省高等职业院校技能大赛教学能力比赛	一等奖	吴贤贤、刘萍男、周媛	省级
2021 年海南省高等职业院校技能大赛教学能力比赛	一等奖	吉家文	省级
2021 年第七届移动互联网创新大赛华南赛区高校组金奖指导老师	一等奖	吉家文	国家级
2021 年第七届移动互联网创新大赛决赛高校高职组三等奖指导老师	三等奖	吉家文	国家级

（三）促进实训教学提质增效

旅游管理专业通过改造已有校内实训基地和新建实训场所，实现了由技能教室、创新型实训基地与生产性实训基地组成的"三位一体"校内实训基地的全面升级，建成已有实训室 5 间，计划投入升级改造或新建实训室 7 间（见表 2），为信息化教学提供了真实的职场环境。

表 2　旅游管理专业仿真实训室统计

教室名称	数量（间）	预计资金投入（万元）
旅游酒店综合实训室（改造）	1	150
旅游形象展示实训室	1	32.84
形象设计实训室	1	建成
旅游酒店模拟仿真实训室	1	建成
模拟导游实训室	1	建成
旅行社实训室	1	70
旅游产品研发实训室	1	159.09
旅游综合体实训平台	1	0.5

教室名称	数量（间）	预计资金投入（万元）
免税品营销实训室	1	建成
旅游营销中心策划实训室	1	建成
VR 智能营销中心实训室	1	87.41
直播间实践教学基地	1	48

四、总结与展望

教师教学创新团队结合数字化转型升级建设发展历程，提出了迎合时代需求、顺应发展趋势，破解发展困局，走行业特色化的专业转型升级发展思路。秉持"以人才培养为根本、以开放融合为途径、以质量特色为核心、以社会评价为标准"的理念，以双高建设为契机，主动担当作为，以成绩为导向，内抓质量外塑形象。志存高远、坚守情怀，努力培养具有鲜明的经贸特色、具备高品质高层次高素质技术技能人才，努力推进学院持续健康高质量发展。

全方位对接自贸港　高标准提升适应性：
"三化一型"发展模式

海南经贸职业技术学院旅游管理专业教师教学创新团队

一、基本情况

在学校党委的指导下，教师教学创新团队秉持"以党建促教学育人、以党建促科研社会服务"理念，进一步强化支部为社会贡献智慧的使命担当，结合旅游管理专业群的学科优势，以海南自贸港国际旅游消费中心的建设为契机，精准匹配海南经济社会发展需求，开展与海南旅游产业新形势相适应的人才培养、校企协同、社会服务、技能培训、智库咨询等社会服务，以"三化一型"的社会服务发展模式，用实际行动践行服务社会的担当与使命。

二、主要做法

（一）发展模式

全方位对接海南自由贸易港建设战略需求，重点围绕海南国际旅游消费中心建设，聚焦海南区域旅游产业链组群，聚力打造旅游管理专业人才高地，深入实施"三化一型"社会服务发展模式，精准匹配海南经济社会发展需求，系统构建旅游管理专业群社会服务体系，高标准提升旅游管理专业群适应性。

1. 党政引领，联学共建

教师教学创新团队始终秉持"党政引领，联学共建"的思路，精准对接海南旅游产业链，围绕旅游业新业态聚焦消费打造旅游业全产业链。基于旅游业中的"吃""住""行""游""购""娱"六大要素，对应旅游产业链中的"旅游游览""旅游购物""旅游住宿""旅游餐饮""旅游娱乐"和"旅游综合服务"环节。结合海南地域特色，紧紧围绕"一中心"（海南国际旅游消费中心）建设，专业群将旅游、酒店、烹调、营销四个模块有机组合在一起，合理而高效地对接旅游产业链（见图1）。

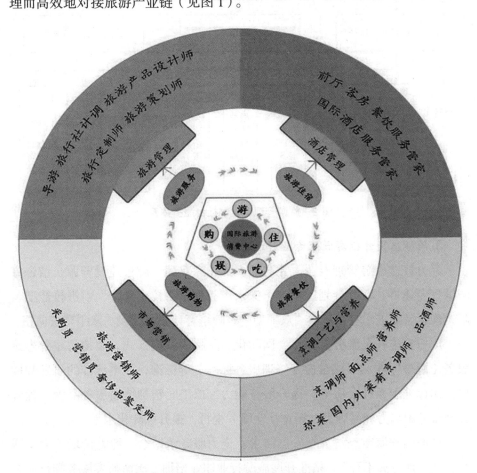

图1 旅游管理专业群逻辑图

2. 系统构建旅游管理专业群服务体系

旅游管理专业群结合海南特色，围绕海南"一中心"建设，构建"三大服务体系"，即志愿者服务体系、培训服务体系和行业服务体系（见图2），服务技能型社会建设。切实把党建工作与学院专业群的建设、实习实践、产教融合建设进行有机整合，着力打造具有鲜明特色的党建新风向。

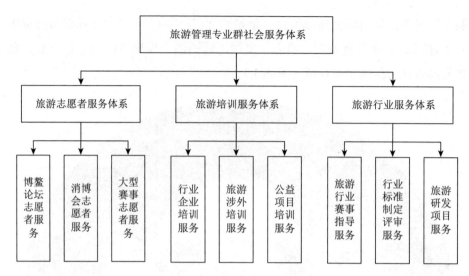

图2　旅游管理专业群社会服务体系

3.高标准提升旅游管理专业群适应性

聚力打造旅游管理专业人才高地。依托"双高"院校建设资源，结合旅游管理专业群"双高计划"实施，深入产教融合、校企合作，引进技能型名师，创建名师工作室，实施"双师型"教师培育计划，建设高水平师资队伍。

创新实施社会服务标准化、国际化、品牌化发展模式。制定《旅游志愿服务（博鳌标准）》《旅游援外培训服务标准》等标准，注重标准的研发和推广，用标准引领社会服务，提升服务能力，以工匠精神铸造服务品牌，提升社会服务影响力和品牌力。拓宽社会服务视野，提升国际化水平。

精准匹配海南经济社会发展需求。全力服务消博会、博鳌论坛等大型展会，使"地方离不开"；精准开展旅游行业职业培训、旅游研发服务和行业企业比赛指导服务，解决企业痛点难点，使"企业离不开"；扎实推进乡村旅游服务，使"基层离不开"。积极发挥学院党员教师的先锋模范作用，充分利用高校平台资源，发挥资源优势，服务当地经济社会发展，赋能社会服务工作高质量发展（见图3）。

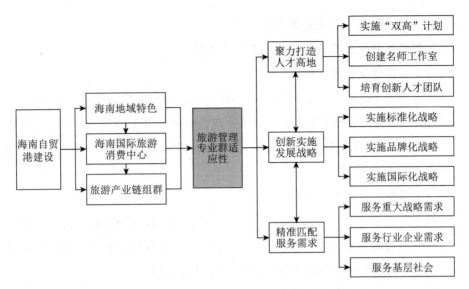

图3　提升旅游管理专业群适应性体系图

（二）具体做法

1. 聚力打造旅游管理专业人才高地

（1）实施"双高计划"

海南经贸职业技术学院成功入选中国特色高水平高职学校和专业建设计划（"双高计划"）首轮建设单位，成为海南唯一入选的高职院校。其中，旅游管理专业群被列为国家"双高"专业群重点建设对象，致力于打造旅游管理专业人才高地。

（2）创建名师工作室

深入产教融合、校企合作，引进校外行业顶尖技能型名师，为杨铭铎、王昆欣、郑向敏、郝文亭四位特聘教授创建名师工作室，与校内名师团队共同致力旅游管理专业群建设，实现名师引领、服务育人的发展格局。

（3）建设高水平师资队伍

实施"双师型"教师培育计划，创建省级、国家级"双师型"教师培养培训基地。创新校企"互聘共用"团队建设模式，引领全国旅游职业教育教师教学创新团队建设。创新"政校企外用"与"产学研训育"结合的合作育人模式，引领全国旅游职业教育人才高地。

2. 创新实施社会服务"三化一型"发展模式

（1）实施标准化发展模式

结合海南特色，总结服务经验，深入产教融合、校企合作，探索制定《旅游志愿服务（博鳌标准）》《旅游援外培训服务标准》等服务标准，积极推广并实施标准应用，通过项目合作、服务输出、经验交流，不断充实完善服务标准。

（2）实施品牌化发展模式

结合专业特色，依托海南省商务厅培训中心、海南省职业教育师资培训中心、海南省高技能人才培训基地等旅游管理专业群社会服务平台，积极扩大社会服务品牌知名度和影响力，走品牌化发展道路。

（3）实施国际化发展模式

顺应国际化发展趋势，依托大型展会、援外培训等实践经验，面向全球拓宽社会服务视野，加强与国际旅游企业合作，进一步强化社会服务品牌，为海南自由贸易港提供国际化的旅游服务。

（4）实施创新型发展模式

深入校企合作，推进国际合作，在标准制定、品牌建设、国际化服务等方面，不断创新服务项目模式、类型、标准、技术等，推进专业服务创新型发展。

3. 精准匹配海南经济社会发展需求

（1）推动学院基层党建与志愿服务相结合

高水平服务博鳌亚洲论坛、中国首届消博会等大型展会，打造海南国际化展会服务品牌。连续十二年为博鳌亚洲论坛年会提供志愿服务及礼仪培训服务，赢得各界一致好评，打造"地方离不开"的服务品牌。

2022 年暑假期间，教师组织多个暑期"三下乡"社会实践学生团队，以"喜迎二十大 永远跟党走 奋进新征程"为主题，围绕党史学习教育、促进乡村振兴、发展成就观察、助力海南自贸港建设等方向，组织学生于海南各个市县开展暑期"三下乡"社会实践活动，把大学学习的青春课堂延伸到了乡村社区，在实践中奉献社会，提升觉悟、增长才干。

依托国家商务部援外培训（海南）基地，面向"一带一路"国家公务群体，形成以多边国家研修班、双边国家研修班和境外研修班三大项目为主干的旅游援外培训服务体系，打造旅游援外培训品牌，培养国际化旅游人才。

依托国家体育旅游示范基地及体育特色小镇建设，形成"环海南岛国际公路自行车赛""环海南岛国际大帆船赛""海南高尔夫球公开赛""海南马拉松"及其他大型体育赛事和滨海休闲体育活动的志愿服务体系，涵盖咨询、双语、急救医疗、赛后恢复服务、安全保障服务等赛场服务和活动策划、创意周边产品设计、公关宣传服务等衍生服务。

（2）树立行业企业培训标杆

依托旅游职业培训服务团队，打造旅游行业企业培训服务体系，面向旅游行业企业的一线服务人员，提供服务礼仪、服务意识等培训服务；面向旅游行业的中层管理人员，提供沟通技巧、投诉处理等培训服务；面向旅游行业的高层管理者，提供绩效管理、时间管理、团队建设等培训服务。

依托旅游研究所，精准开展旅游研发服务，针对旅游行业企业发展存在问题，深入开展校企合作，共同实施横向课题、标准制定、成果转化等研发项目，助推双方实现资源共享、信息互换、共同发展。

依托团队师资优势，为行业企业比赛提供指导及评审服务，具体为导游讲解类，如景区讲解员大赛，导游大赛等；酒店服务类，如中餐宴会设计，西餐服务等；烹饪类，如烹调厨艺大赛等。精准解决企业痛点难点，打造"企业离不开"的服务品牌。

（3）扎实推进乡村旅游服务

积极响应乡村振兴战略实施，致力提升乡村旅游服务水平和服务意识，针对海南省内的乡村旅游景点、民宿、农家乐等积极开展"百场公益旅游服务技能培训"公益培训活动，培训内容包括服务人员礼仪知识、餐饮服务与技能、民宿客房服务与技能、旅游策划、营销推广等，有效引导乡村旅游发展，打造"基层离不开"的服务品牌。

三、工作成效

（一）志愿服务品牌突出

高水平服务博鳌亚洲论坛、中国首届消博会、大型赛事等大型展会。连续十二年为博鳌亚洲论坛年会提供志愿服务及礼仪培训服务，累计提供志愿服务 2000 多人次，海南经贸职业技术学院旅游志愿服务品牌影响力不断提升，赢得各界一致好评。

（二）行业培训效果显著

2019—2023 年，共完成行业培训提供 40000 多人次，其中援外培训进行了 73 场，共为 40 余个国家和地区进行了 7074 人次的培训，打造旅游援外培训品牌，培养国际化旅游人才。2022 年获得省商务厅商务培训中心的感谢信；"百场公益旅游服务技能培训" 80 场，累计培训人数 2800 余人次；行业职业培训 81 场，共 33000 余人次，行业培训服务影响力大，有效提升从业人员技术技能，助力旅游产业发展提质增速，深入服务技能型社会建设，成效显著。

（三）行业服务高质发展

2019—2023 年，旅游研发服务累计完成申报专利 48 项，横向课题 18 个，完成申报国家文旅部 "万名旅游英才计划" 课题 10 项，完成行业发展报告 2 份，提供行业企业竞赛指导达 50 余次。行业服务不断深入，为旅游行业企业高质量发展提供强大智力支撑。

四、经验启示

（一）坚持做有温度、有深度的服务工作

坚持教学、实践、科研和社会四项服务并举，努力提升本支部的示范引领作用，形成具有学院特色的团队文化，助推学院育人工作稳步向前。

（二）坚持做有情怀、有担当的育人工作

立德树人是高等教育的根本任务，热爱自己的学生、事业、学校和国家，实现党建工作和社会的有机融合和良性互动，铸造社会服务品牌，创建国际

旅游学院服务品牌，弘扬工匠精神，实施服务标准化、国际化战略，提高服务能力，增强品牌知名度和影响力。使教师教学创新团队始终充满积极向上的正能量，展现改革创新的时代风采。

健全教师培养培训体系　精准培育德能双优"双师型"教师

青岛酒店管理职业技术学院　于进亮

"所谓大学者，非谓有大楼之谓也，有大师之谓也"，教师承担着最庄严、最神圣的使命，过硬的师德修养、扎实的教育教学能力和良好的专业实践能力是职业院校教师必备的能力特质。长期以来，"双师型"教师培养一直是职业教育师资队伍建设的重点和难点，"双师型"教师数量不足、水平不高极大影响了职业教育高质量发展。针对"双师型"教师能力标准不清晰、培养路径不系统、考核评价单一化等突出问题，青岛酒店管理职业技术学院科学构建了"分层进阶分类发展"培养体系，为旅游类专业"双师型"教师培养提供了范式。

一、基本情况

学校以旅游类专业为试点，聚焦专业课教师，依托省级课题及优质校、双高校师资队伍建设项目，明确提出"标准引领、校企协同、聚焦专业、精准培育"的培养理念，确定"师德修养为先、教育教学为本、专业实践为根、文化交流为要、服务精神为魂"的德能双优培养目标，坚持产业、学校和教师发展深度融合，实施新进教师达标、普通教师成长、骨干教师培育和大师名师造就四大工程，坚持激励与约束并重，通过开发标准、完善内容、搭建平台、创新模式、健全机制等，逐步构建并实施了"分层进阶 分类发展"培养体系，系统培育了一大批德能双优的"双师型"教师，相关经验成果荣获2022 年职业教育国家教学成果二等奖。

二、经验与做法

（一）标准引领：开发"双师型"教师认定标准

"没有标准，就没有质量。"学校借鉴系统论和教师职业生命周期阶段理论，结合教师素质共性和旅游类专业特性，强化师德第一标准，从师德修养、教育教学、专业实践三个维度，聚焦课程设计、技术研发等通用能力，突出服务精神、文化交流等专业特色能力，厘定了 7 方面 21 项素质能力要素，并设置相应观测点。根据教师成长规律设普通教师、骨干教师、大师名师 3 个层级；根据教师多元发展需求，结合高校教师分类和职教特点，设突出教学本位的教学为主型、兼顾应用研究能力的教学科研型、侧重应用研究和社会服务能力的科研服务型 3 种类型。系统开发分层分类认定标准，形成素质能力对应矩阵，明晰教师多元成长路径。

（二）需求导向：完善"双师型"教师培养内容

学校以满足教师个性化发展需求为导向，系统构建专业特色鲜明的"双师型"教师培养模型，一体化、分模块设计由 10 个课程包组成的培养内容体系，涵盖以理论学习为主的课程和以实践研修为主的项目，服务教师进阶或转型。针对新入职教师定制开发基础综合课程包，设计以提升教师岗位胜任基本能力为主的项目，配备业务导师，开展为期 1 年的基本能力达标工程，教师通过考核后自主选类。依据素质能力对应矩阵，根据类型由低到高分层级开发 9 个进阶课程包，实施普通教师成长工程，助力教师夯实育人根基；实施骨干教师培育工程，培育课程团队带头人；实施大师名师造就工程，培养专业团队引领者。

（三）校企协同：搭建"双师型"教师培养平台

好平台是"双师型"教师的"孵化器"。学校全面深化校企合作，与华住等头部企业协同，共建校内生产实训中心，依托科技部众创空间项目，"筑巢引凤"，孵化"如家"校园酒店等运营实体，搭建教师教学实践轮岗平台；依托全国研学旅行职教集团、山东省现代酒店业职教集团等，"借船出海"，建立企业研修中心，打造教师岗位实战平台；依托省级名师工作室、技艺技能传承创新平台等，组建旅游研究中心，打造应用技术服务平台。设立教师发展中心，组织师德考核、课程培训等工作，统筹各平台联动式支撑教师培养。通过搭建协同培养平台，构建"理论—实践—创新"梯度循环系统，实现"产、学、研、训"一体化。

（四）项目驱动：创新"双师型"教师培养模式

学校与洲际集团等共建国内首个旅游类教师企业实践流动站，校企共同选聘名师大师，共同开发实战项目，共同搭建高端平台，共同实施考核评价，支持教师依据所在层级和所选类别分批进站，驻站流动培养。组建"学校名师＋企业导师＋行业大师"导师团队，大师引领，发挥"传帮带"优势。根据教师发展需求，依托一体化课程包，量身设计、引入不同实战项目，为每位教师定制培养路径，服务教师多元成长。实施教师发展学分制，引导教师根据个人发展规划，制订驻站学习计划，接受相应大师团队指导，依托联动培养平台，必修、选修不同课程和项目，获取流动培养学分，形成发展成绩单，计入个人成长档案。教师修满学分后出站，申请相应"双师型"教师认定。

（五）机制保障：构建"双师型"教师考评机制

学校依托教师发展大数据中心，综合教师教学、研究、服务等数据，形成教师个体成长精准画像，服务教师对照标准开展自我诊改，增强教师成长获得感。明确不同层级、不同类型"双师型"教师教学、科研和社会服务等的业绩范畴与权重，实施以学生、教师、督导、行政、企业等为主体的多元评价，以年度为周期开展绩效评价。组建多元化专家评议认定委员会，明确破格条件，以三年为周期，开展"双师型"教师认定或复核。认定结果作为绩效工资分配、职称评聘和评优推先的重要参考，有效激发教师发展内生动力。

三、主要成效

（一）教师结构持续优化，结构化教学团队建设效果明显

改革实施以来，累计组织了 2 轮次认定工作，139 人次教师参与认定，

73 人次教师完成了进阶。从分层情况看，普通教师、骨干教师、大师名师占专业课教师比例分别为 51.8%、29.5%、8.9%，呈现典型的"金字塔"结构。从分类情况看，教学为主型、教学科研型、科研服务型占比分别为 72.3%、19.8%、7.9%，教师分类发展有力支撑了学校高素质技术技能人才培养需要。

（二）教师"双师"素质大幅提升，名师大师培养成效明显

扎实落实教师企业深度实践制度，全员完成 4 轮次企业挂职锻炼，"双师型"教师占比由 62% 上升到 90%。获评首批旅游类国家职业教育教师教学创新团队，获批首个旅游类国家教师企业实践流动站。获评国家课程思政教学团队，4 名教师入选全国行指委，累计培育全国技术能手 3 人、全国青年岗位能手 3 人、国家课程思政教学名师 8 人、中国烹饪大师 8 人、全国旅游教育名师等 3 人，省级及以上教师比赛获奖 77 人次，种类和数量居全国同类院校首位。学校教师王桂云先后担任博鳌亚洲论坛、上合组织峰会面食主理，服务中国、俄罗斯等十余个国家的领导人，其研发产品登上央视《舌尖上的中国》，获评中国海鲜水饺第一品牌。

（三）教科研成果丰硕，服务能力明显增强

酒店管理专业群成为国家 5 个旅游类"双高"专业群之一。培育全国职业院校旅游类示范专业点、国家级骨干专业 6 个、国家在线开放课程 2 门、国家课程思政示范课程 1 门、国家规划教材 6 部，牵头旅游类专业教学标准 2 项、国赛标准 1 项，国家级质量工程项目数稳居全国同类院校前列。教师主持国家级课题 3 项，发表核心及以上层次论文 148 篇，其中 SSCI 一区 2 篇。承担政府委托项目 56 项，解决企业技术难题 123 项；市校共建青岛旅游发展智库、旅游大数据中心，服务政务决策；联合海尔、海信研发智能厨电，实现"一键式智能烹饪"；中国海军护航编队专门委托学校就亚丁湾护航任务定制化研发食谱和菜品。

（四）育人效果突出，人才培养质量显著提升

学生累计获得全国职业院校技能大赛牌金牌 31 枚，"挑战杯""互联网＋"等国家级奖项 7 项。毕业生就业专业对口率升至 93%，实习离职率降至 4%，5 年升迁率提高 15%，用人单位满意度高达 96%。36 名毕业生成为职业院校教师，400 余名毕业生实现境外高质量就业，128 名学生成长为高星级酒店中高级管理人员。学生服务上合峰会、中国海军成立 70 周年多国海军活动等 2 万余人次。《人民日报》报道的学校毕业生、"扫地武警"纪露钢的光荣事迹生动诠释了学生内化于心的服务精神。

（五）示范效应突出，推广应用效果显著

与 76 所院校分享教师培养经验，深圳职业技术学院等 25 所院校借鉴学校范式开展教师培养。典型经验做法入围世界职业技术教育发展大会职业教育改革发展特色案例，在 123 个国家的代表中广泛宣传。教师受联合国教科文组织邀请交流典型经验，在"素提计划"项目中专题分享 30 余次。2019 年教育部"落实全教会奋进迎华诞""1+1"发布采访活动首站选择我校。《光明日报》《人民政协报》《工人日报》《中国教育报》及中国教育电视台等主流媒体 15 次专题报道学校教师培养经验做法。

职业教育发展关键看教师。服务教师发展和精神成长多维需要，学校科学构建了分层进阶、分类发展"双师型"教师培养体系，有效解决了"双师型"教师培养的关键问题，实践取得显著成效，为职业院校"双师型"教师培养和高水平结构化教学团队建设提供了有益参考。当前，职业教育进入了"大改革、大发展、大作为"的系统推进阶段，学校将抓实抓好教师发展这个职教改革"牛鼻子"，以"双师型"教师国家标准为遵循，系统优化教师培养培训体系，切实提升教师教书育人本领，为国家职业教育改革发展贡献更多实践"样板"。

研究报告

高职教师综合数字素养内涵、现状及提升研究
——以旅游大类专业教师为例

浙江旅游职业学院　　史庆滨

随着新一轮科技革命持续推进，人类社会生产生活方式和经济结构正在发生系统性变革，数字经济成为我国经济转型升级的重要引擎和强劲动力。职业教育是与经济社会联系最密切的教育类型，依存于社会需求，依赖于产业支撑。在数字产业化和产业数字化背景下，高职院校应瞄准技术变革和产业优化升级方向，加强校企合作、推进产教融合，促进教育链、人才链与产业链、创新链有效衔接，培养具备数字素养、服务一线的技术技能型人才，并通过自身技术研发推动相关技术、产品与工艺创新，直接服务行业企业发展[1]。

教师是高职院校教育教学和社会服务等工作的主要实施者。随着 2023 年《数字中国建设整体布局规划》发布，中国数字化发展进入全新阶段，职业教育在环境、内容和方式等方面发生了深刻变革，对高职教师数字素养提出了全新的要求与挑战。2019 年，教育部、财政部发布的《关于实施中国特色高水平高职学校和专业建设计划的意见》中强调，"以'信息技术＋'升级传统专业，及时发展数字经济催生的新兴专业""提升师生信息素养""着力培养一批能够改进企业产品工艺、解决生产技术难题的骨干教师""提升教师教学和科研能力"。可见，国家对职业教育助力数字经济发展、提升高职教师数字素养早有布局。

2022 年，教育部发布《教师数字素养》行业标准，规定了数字化意识、

数字技术知识与技能、数字化应用、数字社会责任、专业发展五个维度的要求。该标准是对国内外教师数字素养研究的高度提炼，紧贴教育教学实际，给出了教师通用数字素养提升、评价框架。就高职教师而言，应对照这一标准努力，但也该认识到，该标准与国内外为数不多的对高职教师数字素养的研究成果一致，大多聚焦在教师教书育人职责上，主要围绕教育教学的职能展开，并未涉及高职教师"高等"和"职业"两个特征，前者要求高职教师要具备科研能力，后者要求高职教师要具备行业服务能力。基于高职教师的多重社会职责特性，其数字素养必然要突破教育教学的范畴，实现教学、科研和社会服务的三者统一，因此，本文提出高职教师综合数字素养的概念，并在此基础上展开研究。

一、高职教师综合数字素养内涵

由于高职教师数字素养应覆盖人才培养相关的教育教学、助力企业工艺改进相关的产业服务和解决生产技术难题相关的应用研究等维度，经归纳梳理，本文认为高职教师综合数字素养是其所具备的运用数字技术完成人才培养、社会服务、科学研究等工作的认知、意愿和能力的综合反映，包含五个维度：数字意识与思维、数字教学与组织、学生数字素养培养、产教融合数字化和科研创新数字化。

（一）数字意识与思维

高职教师作为培养新形态社会下实用型人才的直接主导者，自身数字素养不仅决定自己能否适应新时代，更决定着是否能够培养具备数字素养的职教人才，培养的人才能否为时代所接受，为新时代产业发展提供助力。

高职教师的数字意识与思维是指对数字社会、对职业教育数字化转型的认知，对数字信息的敏感，以及运用工具主动获取信息、评估信息、处理信息的能力。包括但不限于对数字社会的主动拥抱和对数字伦理的理解，对教育数字化战略意义和价值的明晰，对数字技术赋能教学科研和社会实践的认同，对数字化生活和工作环境的创设等。

（二）数字教学与组织

数字技术的发展正在打破原有"先物后数"的数字后生传统路径[2]，随着产业数字化逐步深入，"物数同步""先数后物"的发展路径成为主流。随着专业教学资源库、虚拟仿真实训基地等项目的建设应用，虚实结合的教学模式有力推动了职教领域数字化转型的深入，并深刻影响着职业教育的课堂及实践教学。

高职教师数字教学与组织是对新形态教学认知与掌控的综合，包含对数字化教学概念的理解，对数字教学工具的掌握和运用能力，对教学数字化组织的实施能力，对数字化教学资源的选择与开发能力，对数字化教学环境的创设和使用能力等。

（三）学生数字素养培养

职业教育的核心目标是培养具备特定职业技能和实际工作能力的学生。我国进入社会主义新时代，急需培养大批具备良好数字素养与技能的高素质人才。高职教师在学生培养中将数字素养提到一定的高度是国家经济社会发展、培养数字工匠的需要，更是职业教育数字化转型的需要。

高职教师培养学生数字素养是职业教育数字化转型的核心内容，是时代使命，是对接数字经济发展的现实要求，其内容应包括但不限于对学生数字意识和思维养成的引导，对学生专业领域数字知识和技能的传授，对学生数字伦理生成的指导等。

（四）产教融合数字化

经济社会变革在数字时代迭代速度远超从前，高职教师不仅承担着将行业业务内容和岗位操作技能抽象、梳理、整合，形成教育话语体系，传授给学生和学习者的职责，还承担着助力企业技术进步、业务整合和模式创新，服务行业发展的职责。

高职教师在产教融合数字化方面，要有将产业数字业态转化为教学科研内容和推动产业数字化发展双向互促的意愿和能力，包括但不限于主动了解和掌握本专业领域数字化发展的意识和行动，将企业数字化岗位知识技能转化为教学内容和科研项目的能力，为企业数字化转型、改造提供思路方法及推进实施的能力等。

（五）科研创新数字化

高等职业教育的"高等性"要求科研应成为高职教师专业发展的重要内容[3]，"职业性"要求高职教师的科研从学术导向转向应用导向，紧贴市场需求和社会变革，数字化则为教师科研提供了资源和工具的支持。

高职教师在科研创新数字化方面，要对专业所涉及行业领域的数字化发展方向、数字化突破重难点有所了解，并有开拓创新的精神和毅力，包括但不限于对科研数字化主动拥抱的意愿，对科研数字资料整理和数字工具运用的能力，对科研工作交流协作运用数字化手段的能力等。

二、旅游大类专业教师数字素养分析

职业教育以产业分类为主要依据划分为 19 个专业大类，不同专业大类人才培养目标、知识技能素养和教学实践内容各不相同，同时，教师从事产教融合、科学研究的内容和方向一般聚焦所任教专业领域，这些都要求不同专业的教师综合数字素养的评价培养体系应有所差别。因此，在做高职教师综合数字素养评价研究的时候，须有所区别。本研究在调查研究中针对旅游大类专业教师进行问卷分析，以此为例，做深入探索。

（一）问卷总体设计

本研究设计的高职旅游大类专业教师数字素养自评问卷主要由两部分内容构成，第一部分内容是基本信息项，主要包括性别、学历、学科背景、职称、任教年限等背景信息和参加培训、服务企业、参与科研等业务信息；第二部分内容为问题项，根据高职教师综合数字素养内涵划分的五个维度设计问卷内容，每个维度设计 6—8 个题项，共 35 个题项。问卷采用利克特 5 级量表的计分方式。

（二）数据采集分析

本研究的问卷调研面向全国高职院校旅游大类专业教师，通过问卷星平台发出答题邀请。共收回完整问卷 699 份，主要覆盖浙江、江苏、山东、山西、河南、河北、湖南、北京等 19 个省（自治区、直辖市），缺乏东北、西北等区域的数据。对于 35 项问卷数据运用 SPSS 20.0 进行统计学分析，从分析结果看，信度系数为 0.981，说明本问卷设计的信度可靠。

对数据从五个维度进行总体分析，高职旅游大类专业教师综合数字素养自评平均分为 3.91 分（满分 5 分），整体情况良好，但各维度平均分存在明显差别（见图 1）。数字意识与思维高达 4.17 分，表明参与调研的教师对数字化具有较高认识，都意识到了数字素养的重要性，并具备了相应的理念和思维，鉴于其他维度自评分均低于该维度，则说明在具体数字化运用方面存在落地实施不充分的情况；产教融合数字化低至 3.73 分，表明参与调研的教师认为职业教育最重要的产教融合这一特征在数字化素养这一维度相对薄弱；学生数字素养培养维度自评分 3.93 分，相对较高，表明教师对专业培养目标的理解及数字时代人才需求的了解以及培养方式上有较高的认识，且有较强的实践能力；数字教学与组织和科研创新数字化两个维度自评分分别为 3.89 分和 3.85 分，这两个维度都是教师自我实现的视角，说明参与调研的教师对相关业务内容数字化素养持保守态度。

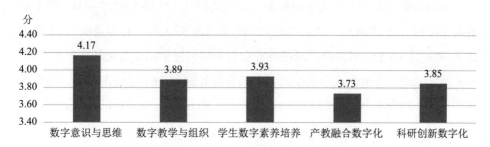

图 1　高职旅游类专业教师数字素养维度分析

（三）教师背景相关数据分析

按教师的学历、学科背景、职称、任教年限、是否双师等背景信息，对自评问卷的五个维度进行统计分析。

1. 数字素养与学历相关分析

不同学历背景的教师数字素养呈现明显差别，学历层次越高综合数字素养自评分越高，大学本科及以下学历综合自评分为 3.75 分，硕士研究生为

3.93分，博士研究生为4.05分，不同维度上与综合自评排序一致（见图2）。维度细分中，在科研创新数字化维度体现最为明显；在数字教学与组织维度，硕士研究生和博士研究生差别较小，但明显高于本科及以下学历背景的教师。

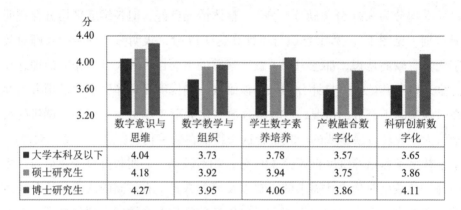

	数字意识与思维	数字教学与组织	学生数字素养培养	产教融合数字化	科研创新数字化
■ 大学本科及以下	4.04	3.73	3.78	3.57	3.65
■ 硕士研究生	4.18	3.92	3.94	3.75	3.86
■ 博士研究生	4.27	3.95	4.06	3.86	4.11

图2　按学历统计教师数字素养自评分

2.数字素养与学科背景相关分析

在回收的问卷中，教师学科背景为文史类的共179份占比25.61%、理工类的共138份占比19.46%、经管类的共353份占比50.50%、其他类的共31份占比4.43%（见图3），可见高职旅游类专业教师学科背景以经管类和文史类为主。分析数字素养自评分，这两类学科背景的教师分别为3.89分和3.82分，均低于理工类的4.06分和其他类的4.02分，不同维度的分析中，也同样遵循这一规律。

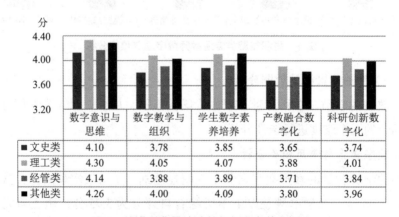

	数字意识与思维	数字教学与组织	学生数字素养培养	产教融合数字化	科研创新数字化
■ 文史类	4.10	3.78	3.85	3.65	3.74
■ 理工类	4.30	4.05	4.07	3.88	4.01
■ 经管类	4.14	3.88	3.89	3.71	3.84
■ 其他类	4.26	4.00	4.09	3.80	3.96

图3　按学科背景统计教师数字素养自评分

3.数字素养与职称相关分析

不同职称背景的教师中，正高级教师的综合数字素养自评分4.07分为最高，初级或未评定职称教师和中级职称教师的综合数字素养自评分分别为3.92分和3.94分，相差不大，副高职称教师的综合数字素养自评分为3.85分，在不同层次的职称类别中排名最低。在五个维度上的评分中，分值排序均与综合评分一致（见图4）。

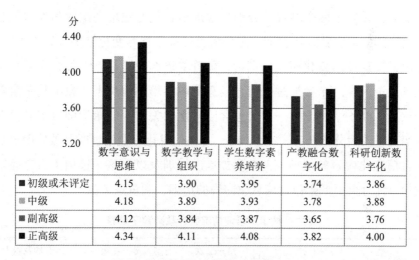

分

	数字意识与思维	数字教学与组织	学生数字素养培养	产教融合数字化	科研创新数字化
■ 初级或未评定	4.15	3.90	3.95	3.74	3.86
■ 中级	4.18	3.89	3.93	3.78	3.88
■ 副高级	4.12	3.84	3.87	3.65	3.76
■ 正高级	4.34	4.11	4.08	3.82	4.00

图4 按职称统计教师数字素养自评分

4.数字素养与任教年限及"双师"相关分析

任教年限为4—10年的教师综合数字素养自评分4.04分为最高，其次是任教年限为1—3年和21年以上的教师，自评分均为3.94分，自评分最低的3.85分是任教年限在11—20年的教师；同时，双师教师综合数字素养自评分3.94分，高于非双师的3.79分。各维度分析的排序情况与综合分析一致，不再赘述。

5.相关分析小结

通过以上分析可以看出，高职旅游大类专业教师综合数字素养与学历呈正向相关，学历越高自评分越高；与学科背景明显相关，理工类背景的教师自评分最高；与是否为双师关系较大，双师型教师自评分高于非双师型教师；教师在任教 4—10 年、职称为副高级时数字素养的综合自评分低于其他分类情况。

（四）教师业务相关数据分析

从参加培训、产教融合和科学研究等几个维度，根据教师在日常工作中参与业务进行统计分析。

1. 数字素养与参与培训相关分析

本部分设置了两个题项，分别为参加信息化专题培训次数和参加包含信息化内容的培训次数，从参训情况分析教师数字素养变化结果（见表 1）。可以看出，参加过信息化相关培训后，随着参培次数增加，教师数字素养综合自评分逐渐升高。未参加过任何含信息化内容培训情况下，教师数字素养自评分仅为 3.48 分，参加 1—2 次包含信息化相关内容的培训即可提升至 3.91 分，实现了较大分值跃升，在参加 3—4 次信息化专题培训时，效果明显好于仅包含信息化内容的培训，但在参加 5 次培训及以上这一选项下，专题培训下教师自评分反而低于包含信息化内容的培训，须重点关注。

表 1　按参加培训情况统计教师数字素养

项目 次数	0 次		1—2 次		3—4 次		5 次及以上	
	问卷人数 / 人	自评分 / 分	问卷人数 / 人	自评分 / 分	问卷人数 / 人	自评分 / 分	问卷人数 / 人	自评分 / 分
参加过信息化专题培训班	102	3.55	436	3.91	107	4.10	54	4.29
参加过包含信息化内容的培训班	83	3.48	447	3.91	114	4.02	55	4.37

2. 数字素养与参加校企合作相关分析

本部分设置了三个题项，分别为赴行业企业调研交流的次数、为行业企业提供各类服务（授课、咨询、承担横向课题等）次数和为企业提供的各类服务（授课、咨询、承担横向课题等）中包含信息化相关内容的次数。

在教师赴企业调研次数相关统计中，调研次数为 0 次的有 88 人占 12.59%，教师数字素养综合自评分为 3.61 分；调研次数为 1—2 次时自评分为3.88分，调研次数为3—4次时自评分为4.05分，调研次数为5次及以上时，自评分为4.24分。各维度自评分与综合自评分变化趋势一致（见图5），其中，企业调研对产教融合数字化维度的影响最大，开展0次调研和开展5次及以上调研的自评分相差0.92分，差别显著。

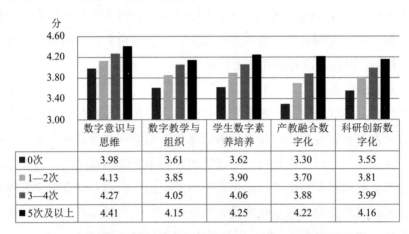

分	数字意识与 思维	数字教学与 组织	学生数字素 养培养	产教融合数 字化	科研创新数 字化
■ 0次	3.98	3.61	3.62	3.30	3.55
■ 1—2次	4.13	3.85	3.90	3.70	3.81
■ 3—4次	4.27	4.05	4.06	3.88	3.99
■ 5次及以上	4.41	4.15	4.25	4.22	4.16

图5 按赴行业企业调研次数统计教师数字素养自评分

教师通过多种形式服务行业企业的经历对数字素养影响同样明显，服务次数越多，综合数字素养自评分越高。对比服务次数0次和5次及以上两种情况，如果行业企业服务中包含信息化相关内容的话，其自评分差值为0.86，大于不包含信息化相关内容时自评分差值0.71（见表2）。

表2 按参与企业服务情况统计教师数字素养

项目 人数、次数	0次		1—2次		3—4次		5次及以上	
	问卷人 数/人	自评分 /分	问卷人 数/人	自评分 /分	问卷人 数/人	自评分 /分	问卷人 数/人	自评分 /分
为行业企业服务 次数	202	3.67	348	3.95	102	4.07	47	4.38
为企业服务包含 信息化相关内容 次数	280	3.65	312	4.03	70	4.16	37	4.51

3.数字素养与科研项目相关分析

高职教师开展的科研项目是否涉及信息化内容对综合数字素养自评分有明显影响，科研项目不涉及信息化内容的问卷数为 133 人占 19.03%，包含信息化相关内容的问卷数为 398 人占 56.94%，有信息专题项目的问卷数为 168 人占 24.03%，综合数字素养自评分分别为 3.46、3.96 和 4.17，科研项目是否涉及信息化内容对综合数字素养影响较大，是否有信息化专项对综合数字素养存在影响，但差别没有前者情况显著。

4. 相关分析小结

教师参与各种培训、产教融合和科研项目中是否涉及信息化相关内容对综合数字素养有明显影响。是否参加信息化专题培训对综合数字素养影响较大，但参加 5 次及以上次数后，专题培训影响小于含信息化内容的非专题培训；参与企业调研和在服务行业企业中涉及信息化内容对综合数字素养影响显著，尤其对产教融合数字化维度影响巨大；科研项目是否涉及信息化内容对综合数字素养影响明显，但从事信息化专项科研的影响趋势变小。

三、高职教师数字素养提升建议

（一）现实困境

高职教师综合数字素养五个维度间不平衡，整体仍有较大提升空间，究其原因，首先是由于高职教师主要来源为中职教师随院校升格继续任教、普通高校硕博士研究生引进和行业企业技能专家引进等，鉴于产业数字化发展迅猛，各种背景的教师在前期学习与工作中一般不具备综合数字素养养成的完整体系；其次是由于信息传导的牛鞭效应，高职教师在领悟和执行国家职业教育信息化 2.0、教育数字化等顶层设计过程中存在延迟，对自身数字素养的意义理解不深刻不及时，且各项教师评定体系中缺乏数字素养相关指标和激励政策，导致教师主动拥抱数字化的主观意愿不强烈；最后是教师数字素养相关研究尚未达成共识，融合产业与教育两个方面的高职教师数字素养框架和评价体系尚未建立，对接职业教育的行业数字业务内容尚未梳理成型，相关培训组织、资源和环境也尚不完善，致使培养教师综合数字素养的客观环境不健全。

（二）应对策略

高职教师综合数字素养提升，要创设各种环境、激发教师主观能动性。一是开展政策宣贯，将数字中国、职业教育数字化战略等国家顶层设计理念和思想传导到专业教师，使教师充分认识到数字化在职教领域的重要意义和价值，认识到自身数字素养提升对人才培养、教学科研和社会服务的价值和意义，从而激发教师的热情；二是要制定相关标准，针对区域经济发展特色和职业教育发展规划，构建具有当地特色的高职教师数字素养框架、标准及其评价体系，梳理相应行业高职教师数字运用能力清单，确定教师学习提升的具体内容；三是要加强业务培训，依托国家和省级两级行指委、两级职业教育师资培训基地等，结合产业发展数字化融合特征，供给针对性培训课程和学习机会，积极组织教师进行系统性、全员性、定期性培训，为教师综合数字素养提升提供保障；四是要健全激励机制，合理分析高职教师综合数字素养内涵和外延，将相关指标纳入教师评价激励体系，丰富教师评价维度，畅通教师职业发展通道。

（三）实施路径

高职教师综合数字素养发展需要不断适应教学数字化和产业数字化要求，进行产、学、研的多维转化，要在专业教学和企业实践两条路径上共同发力，实现相互促进、螺旋上升的最终格局。因而，高职教师数字素养提升一般路径可设计为：以接受行业数字知识和数字教学技能培训为起点，通过主动学习、积极参与、不断转化，最终实现综合数字素养提升的目标（见图6）。

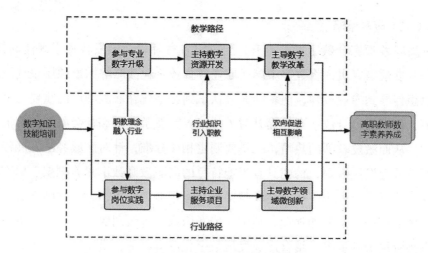

图6　高职教师综合数字素养提升路径

教学路径上，先是参与专业数字化转型和升级，再是主持专业教学资源
开发和数字教学环境建设等项目，最后是主导教学数字化改革，直至教学数
字能力培养完成；行业路径上，先是参与企业数字化岗位实践，将专业数字
化升级理念融入服务内容，再是主持企业服务项目，将相关知识引入教学资
源开发与数字环境建设，最后是主导企业生产经营数字领域技术改进和微创
新，与专业教学改革相互影响、相互促进，最后使教师综合数字素养培养完
善。

参考文献

［1］李永生.有组织科研：高职院校发展新动能［N］.中国教育报，
2022-09-25（5）.

［2］陈锋.数字化时代高等教育和职业教育的未来图景［J］.中国职业技
术教育，2021（9）：5-10.

［3］李政.高职院校教师专业发展的三维模型及其应用［J］.中国高教研
究，2020（2）：98-102.

智慧景区开发与管理专业教师素质能力要求调研报告

浙江旅游职业学院智慧景区开发与管理专业教师教学创新团队

一、调研基本情况

（一）行业市场发展前景可观，专业发展注重跨学科融合

近年来，在国家政策的大力推动下，各景区积极开展智慧旅游建设工作，智慧旅游城市、智慧景区成为热门选择，智慧景区也将成为 4A 级景区晋升为 5A 级景区的硬性指标之一，2022 年中国智慧景区行业投资规模达 484 亿元，未来中国智慧景区市场发展前景十分可观。

随着先进技术的不断涌现，如大数据、人工智能、物联网等技术正在融入景区的日常运营中，使得景区管理效率和游客体验质量得到显著提升。同时，可持续发展的理念贯穿其中，倡导在景区开发中注重生态保护与文化遗产的保留，将绿色建筑和环境友好型设计作为基本准则。此外，体验经济的理念也在景区开发中占据了重要位置，追求为游客提供更加个性化和情感化的旅游体验。智慧景区开发与管理专业整合了商业管理和现代营销理论，致力于培育了具备市场分析和品牌建设能力的复合型人才；景区专业与创意产业的融合推动了地方特色和文化资源的创新性利用，进一步丰富了旅游景区产品的内涵。在法规与伦理方面，景区专业教育强调对旅游法律法规和道德问题的理解，以促进行业健康有序发展。最后，全球化视野的拓展成为必然，培养学生的国际交流能力和全球市场的应对策略，为他们在日益一体化的世界中找到自身的定位和发展空间。

智慧景区开发与管理专业正在向一个多元融合、技术驱动、可持续和国

际化的方向发展，旨在培养能够适应未来旅游业挑战的高素质专业人才。

（二）景区行业对人才需求强烈，教师的专业背景逐步多元化

旅游景区行业是旅游中专业运营和管理自然类景区、文化类景区、主题公园等旅游目的地的行业。当前景区行业正在智慧设施、市场营销、品牌设计等方面逐步发力，对于行业人才的需求也逐渐从单一运营岗拓展成文创设计岗、品牌设计岗、活动策划岗、新媒体创意设计岗、品牌公关岗等岗位。

从行业数据显示，景区当前缺少战略性人才、高技能人才和复合型人才，景区行业的多元化发展对于景区管理人才也提出了更高的要求。景区专业教师不仅需要具备运营、管理、营销、策划以及应急处理突发事件的能力，还需要具备较强的景区实际运营操作能力和多语种沟通能力。因此在景区管理专业的教师队伍中，不仅有来自传媒、自然地理、风景园林、环境规划、建筑设计、创意设计、心理学等专业的专任教师，还包括具有景区相关行业经验的实战型教师，景区专业教师的专业背景逐步多元化。通过以上不同专业背景教师的融合教学，学生可以获得更全面的知识体系和实践技能。此外，景区专任教师的多样化背景可以保障景区专业教学内容的丰富性和实用性，这为学生的职业生涯发展打下了坚实的理论和实践基础，从而更好地服务不同类型景区的未来发展。

二、景区行业调研大数据分析

（一）数据来源

根据研究 2022—2023 年在线招聘求职行业洞察报告显示，前程无忧 51Job 在行业内不仅规模领先，其用户黏性、留存、独占等 APP 运营数据也位居第一。研究团队还在 BOSS 直聘、智联招聘等官网上进行浏览和比对，结合本研究的核心内容，最后确定在前程无忧 51Job 网站进行数据抓取。

以"景区"作为关键词，行业选择确定在餐饮业、酒店 / 旅游、娱乐 / 休闲 / 体育，在前程无忧 51Job 官网上进行搜索，共发现有 2403 条数据。通过前期的数据整理可以发现，岗位既有产品渠道经理、景区拓展专员（BD）、策划研发主管、创意短视频编导、高端定制旅游顾问、抖音带货主播等新岗位，也有景区讲解员、安全管理经理、市场营销总监、景点设备领班等传统岗位。

（二）景区相关行业人才需求岗位可视化云图

景区行业的发展驱动相关人才需求，景区行业人才的素质对于景区的产品策划水平、运营效率和市场竞争力会有直接的影响，具体主要体现在技术应用与创新、数据驱动决策、客户体验优化、创新市场营销、安全预案设计等方面。

通过对样本数据进行整理与分析，管理岗位出现 1502 次，酒店相关岗位出现 729 次，市场销售岗位出现 628 次，运营相关岗位出现 602 次，策划相关岗位出现了 278 次，团队建设与管理相关岗位 224 次，服务相关岗位 212 次，项目主题类岗位出现 202 次，安全生产和管理等岗位出现 180 次，后期和秩序维护类岗位出现 161 次，渠道拓展类岗位出现 158 次，分析类岗位出现 157 次，开发类岗位 150 次（见图 1）。

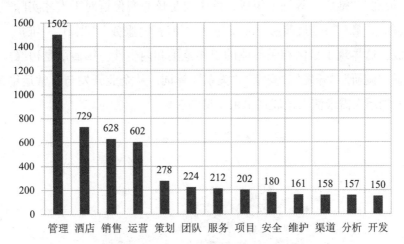

图 1　旅游景区行业人才需求岗位高频词（单位：次）

根据企业对人才需求基本的定位与要求，通过对数据进行清洗与分析，我们绘制旅游景区行业人才需求的可视化云图（见图 2）。

图2　景区相关行业人才需求模型词

通过对岗位职责和岗位需求进行社会网络文本分析，具体说明如下：第一层是核心层，核心层主要是围绕着管理展开，由"管理""团队""营销""运营"等词汇构成，这样与实际的景区管理运营工作的分类相契合。第二层为次核心层，是对核心层感知的进一步拓展，主要由"项目""分析""策划""推广"等词汇组成，这主要是核心岗位群对于人才实际需求的精准提炼。第三层是过渡层，主要包括"旅游""服务""项目""维护"等词汇组成，这体现了景区相关行业的工作范围和内生性。第四层是边缘层，主要包括"调研""开发""安全""关系"等词，从企业开发与日常运维角度，将企业的用人需求清晰地展现出来（见图3）。

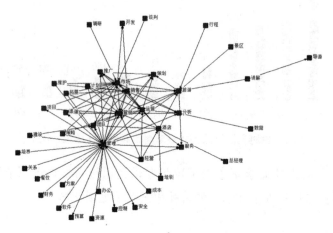

图3　语义网络和社会网络

（三）当前旅游景区行业人才分析

1. 行业用人学历需求分布

在景区行业人才市场中，用人单位对于聘用员工的学历要求主要分为七个类型：暂无要求、初中及以下、中技/中专、高中及以上学历、大专及以上学历、本科、硕士。从具体数据分析上来看，对于招聘员工学历不做要求的岗位占比为 6.95%，学历要求为初中及以下的岗位占比为 0.71%，学历要求为中技/中专的岗位占比为 6.74%，学历要求为高中及以上学历的岗位占比为 5.54%，学历要求为大专及以上学历的岗位占比为 57.34%，学历要求为本科的岗位占比为 22.60%，学历要求为硕士的岗位占比为 0.12%（见图 4）。

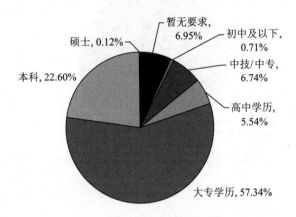

图 4　行业用人学历需求分布

大专和本科学历的人才成为景区行业人才需求的主流，这主要是因为这部分人才在接受高等教育的过程中，比较注重行业理论、服务与管理经验的积累，这种能力对于景区行业的提质升级具有重要的意义。再加上，景区行业涉及的旅游板块是非常多元的，例如由乡村旅游景区、红色旅游景区、文化遗产景区、自然遗产景区、森林公园景区等不同细分领域，大专和本科学历人才能够将自己的专业优势发挥出来。

2. 2023 年度对景区人才需求旺盛的热门省份和城市

从区域分布上来看，根据国家统计局的统计制度及分类标准，将全国经济地带分为东部地区、中部地区、西部地区、东北地区，其中，东部地区对于景区人才需求占比为 53.87%，中部地区对于景区人才需求占比为 14.63%，西部地区对于景区人才需求占比为 28.94%，东北地区对于景区人才需求占比为 2.56%（见图 5）。

此外，对景区人才的需求排名前十的省份进行统计分析可知，其人才需求总量占总需求的 67.21%，其中，广东省、湖北省、江苏省、四川省、云南省的人才需求总量占比为 54.93%，占比超过半数，可以反映出人才需求的集中化程度较高（见图 6）。

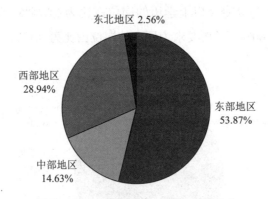

图 5　2023 年度景区人才需求区域分布

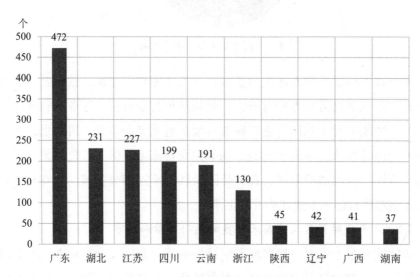

图 6　2023 年度对景区人才需求旺盛的 TOP10 省份

通过对 2023 年度全国各大城市对于景区人才的需求进行分析可知，广州对于景区人才需求的频次数据为 338，处于领先地位；上海为 232，武汉为 165，深圳为 130，昆明为 116，成都为 105，重庆为 73，北京为 65，常州为 60，杭州为 58，各城市的数据存在一定的差距，广州市的人才需求比杭州市要高出 4.8 倍（见图 7）。

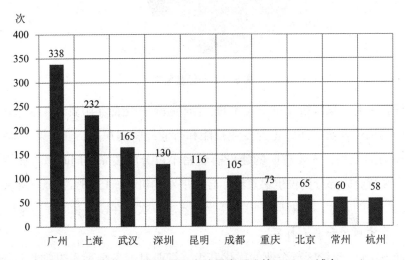

图 7　2023 年度对景区人才需求旺盛的 TOP10 城市

3. 工作经验要求

从工作经验要求来看，景区相关岗位对景区人才的经验要求为 3—5 年经验的占比最大，为 26.66%；对于拥有 5 年及以上经验人才的需求，占比 26.25%；对于拥有 1—2 年工作经验的人才需求占比为 2.37%，对于拥有 2—3 年工作经验的人才需求占比为 13.60%，部分 12.98% 的景区相关岗位对于招聘者的工作经验无特别要求，仅有 2.37% 的景区相关岗位对于在校生／应届生有招聘需求。

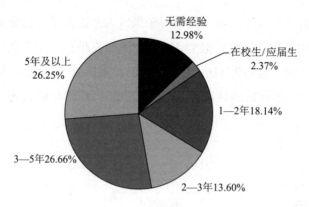

图 8　工作经验要求

　　综合来看，景区行业对于人才的工作经验有一定的年限要求，这主要是与其对应的岗位职责有关，也与专业技能和行业经验的积累、资源渠道的拓展、创新能力的挖掘、人才梯队的建设有着密不可分的关系。同时，本研究也发现，景区行业的部分岗位也愿意给年轻人展示的机会，15.35% 的景区相关岗位对于所招聘的人才，不做拥有相关经验的要求，欢迎在校生和应届生来应聘。

4. 薪资水平和福利标签

　　随着 2023 年景区行企业的优化升级，行业对于高端人才的需求上涨，这点可以从薪资水平上得到体现。在前程无忧 51Job 官网显示月薪超过 10000 元的景区相关岗位占比为 46.38%，这部分岗位主要是新媒体运营、部门经理、研学项目主管、运营总监、项目经理、首席执行官、宾馆经理、拓展经理、艺术 / 设计总监、翻译、总裁助理等管理类岗位，工作经验要求是集中在 5—10 年，学历一般都需要达到大专及以上；月薪在 7000—10000 元区间的岗位占比为 28.04%，主要包括景区管家、财务总监、民宿经理、品牌策划经理、平面设计师等技术型和专业型岗位；月薪在 5000—7000 元区间的岗位占比为 12.62%，主要包括英文旅游顾问、安全管理经理、景区媒介专员、游乐租赁主管、水上项目运营专员等一线执行岗位；月薪在 3000—5000 元区间的岗位占比为 11.55%，主要包括票务专员、乐园领班、温泉主管、景区讲解员、景区咨询台客服、景区检票员、研学事业部专员等岗位。月薪在 3000 元以下的岗位占比为 1.41%，主要包括假期临时工、兼职岗位等（见图 9）。

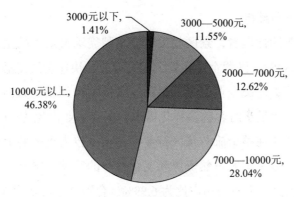

图 9　薪资水平

从福利标签数据来看，26.12% 的岗位提供"五险一金"，25% 的岗位提供员工旅游 / 疗养；18.05% 的岗位提供绩效奖金，16.60% 的岗位提供专业培训，14.27% 的岗位提供年终奖金，13.94% 的岗位提供定期体检，12.15% 的岗位提供餐饮补贴，9.98% 的岗位提供交通 / 通信补贴，8.40% 的员工提供带薪年假，6.66% 的岗位提供节日福利，6.57% 的岗位可以弹性工作，3.20% 的岗位包吃包住，1.71% 的岗位提供免费班车，0.17% 的岗位提供住房补贴，0.08% 的岗位提供股权激励（见图 10）。

综上所述，景区行业的高薪资和高福利待遇岗位主要集中在管理、拓展、运营岗位。随着景区行业的发展，行业薪资和福利等人事保障也逐步规范和健全，良好的薪资和福利待遇能够吸引更多的专业人才的加入，从而提高整个景区行业的服务质量和游客满意度。

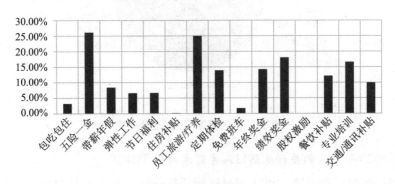

图 10　福利标签

5. 企业性质和规模

从招聘企业的性质看，景区相关行业招聘需求量最大的是民营企业，民营企业占比 62.80%，民营企业在景区相关行业的快速发展得益于景区行业市场的驱动，民营景区类企业通过灵活的运营机制和创新能力，快速响应景区行业市场变化，满足了游客的多样化需求；国有企业占比为 21.18%，占比较大，国有景区企业在整个旅游景区行业中占据了较为重要的地位，主要是因为旅游景区往往涉及国家自然资源和文化遗产的管理，国有景区能够在这方面发挥特有的优势；上市公司占比为 6.99%，合资企业占比为 5.49%，创业公司占比为 1%，外资（非欧美）占比为 2.08%，外资（欧美）占比为 0.42%，非营利组织占比 0.04%。

从招聘企业的规模来看，少于 50 人的企业占比最高，为 21.14%，50—150 人的企业占比位居第二，为 20.47%；150—500 人的企业占比为 18.40%，占比位居第三；500—1000 人的企业占比与 1000—5000 人的企业占比相当，分别为 14.27%、14.19%；10000 人以上的企业占比为 9.45%，5000—10000 人的企业占比为 2.08%（见图 11）。

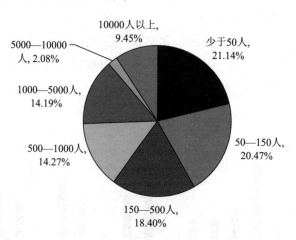

图 11　景区相关行业的企业规模

6. 2023 年景区相关行业热门人才需求岗位 TOP10

通过数据分析可知，2023 年景区相关行业热门人才需求 TOP10 包括：酒店运维、拓展推广、景区运营、导游讲解、活动策划、乐园主管、餐饮运营、产品经理、景观设计、旅游主播（见图12）。具体来说，酒店运维岗位主要是负责酒店的日常运营管理，确保酒店设施和服务的正常运作；拓展推广岗位主要负责景区的市场拓展和推广工作，吸引更多游客前来参观；景区运营岗位主要负责旅游景区的运营管理，包括游客服务、景区维护、市场营销等；导游讲解岗位主要负责为游客提供专业的导游讲解服务，增强游客的旅游体验；活动策划岗位主要负责策划和组织各种旅游活动，提升景区的吸引力和知名度；乐园主管岗位负责主题乐园或游乐园的整体运营管理，确保乐园的安全、服务和娱乐质量；餐饮运营岗位主要负责景区内餐饮业务的运营管理，提供高品质的餐饮服务；产品经理岗位主要负责景区产品的设计、开发和管理，满足不同游客的需求；景观设计岗位主要负责景区的景观规划和设计，创造美丽、舒适的旅游环境；旅游主播岗位是通过直播平台向观众展示旅游景点和特色活动，吸引潜在游客。

这些职位反映了景区相关行业在运营管理、市场营销、产品设计、服务提升等方面的人才需求。随着旅游业的不断发展，这些职位将继续保持热门，并为从业者提供广阔的职业发展空间。

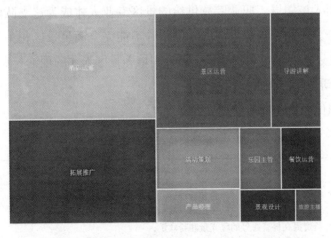

● 酒店运维　● 拓展推广　● 景区运营　● 导游讲解　● 活动策划
● 产品经理　● 乐园主管　● 餐饮运营　● 景观设计　● 旅游主播

图12　2023年景区相关行业热门人才需求岗位

三、景区相关行业人才需求现状

（一）市场竞争激烈，人才储备已纳入企业的战略规划

在景区相关行业市场竞争激烈的背景下，景区相关企业已经认识到高素质人才是推动企业发展的关键因素。因此，许多景区企业开始将人才储备作为其企业战略规划的核心内容。这些人才需要具备良好的专业素养、创新思维和团队协作能力，能够推动景区的可持续发展。在具体的战略展开环节，企业会采用校园招聘、内外部培训、员工职业规划指导、规范薪酬福利、提供完善的晋升机制，通过这些环节的实施，企业在吸引、培养、留住人才方面有较大的提升。

（二）行业发展迅速，新兴领域成为人才需求的缺口

在现有的景区相关行业人才结构中，中高层次的人才稀缺，尤其是缺少兼具技术技能和管理经验、能力的人才。在新兴的景区相关行业细分领域，例如旅游项目运营、短视频策划、康养休闲管理、智慧旅游设施运维等方面的人才已经成为景区相关行业市场人才需求的新缺口。同时，本研究也发现景区相关行业人才需求的现状也在快速变化，随着景区相关行业的优化升级，人才逐渐涌入该领域，职业院校供给的景区专业人才成为这支队伍当中的重要组成部分。然而，当前景区人才供给并不能完全满足景区相关行业发展的需求，行业还需要通过多种途径来提升和培养景区人才的理论与实践水平。

（三）新型岗位职责和技能要求

新型岗位职责和职能类别见表1。

表 1　新型岗位职责和职能类别

岗位	岗位职责	职能类别
景区直播主播	1. 负责景区抖音账号的运营和管理； 2. 负责短视频的策划，结合拍摄、剪辑团队共同制作出优质作品； 3. 负责提高抖音账号的曝光量和粉丝量； 4. 负责合作单位现场直播	主播／主持人

续表

岗位	岗位职责	职能类别
短视频策划负责人	1.负责公司旗下景区和酒店各项目媒体平台的账号搭建、内容撰写、策划、发布和维护,具有文案编辑与创作能力,有独特的美学鉴赏力,有自主选题、创意、活动策划的能力; 2.擅长抖音平台运营,挖掘景区和酒店特色搭建项目员工账号矩阵,根据员工个人性格匹配账号方向和拍摄内容,内容规划,分析账号运营情况并及时调整运营方向,打造出圈员工账号	新媒体运营
露营营地运营经理	1.负责营地的产品规划及运营管理工作,根据经营计划分解目标并贯彻实施; 2.负责营地外部活动资源及合作资源的开拓,拓展经营模式; 3.负责媒体规划及新媒体管理,塑造并维护营地品牌形象; 4.负责完善营地运营机制,打造专业团队,提升团队凝聚力,全面提高营地运营管理水平,提升客户体验	部门经理
策划研发专员	1.独立/协助制定景区全年品牌活动的策划执行与宣传推广工作; 2.独立/协助部门日常文案撰写、更新相关品牌介绍等; 3.执行月度、季度、年度活动策划工作; 4.接受不定期下沉市场的工作安排(能接受出差); 5.协助部门完成其他应尽事宜的工作安排	策划经理
生活方式运营专员	1.负责园区日常参观接待工作; 2.负责相关活动、产品的接待讲解引领工作; 3.协助相关活动策划、执行工作; 4.协助部门负责人开展部门工作	导游/旅行顾问
社群运营专员	1.创造、引导、孵化新社群; 2.通过线上运营活动,提升社群好友人数,以及活跃参与人数; 3.负责公司私域/微信群业务,负责线上私域社群运营,建立有效的运营机制,包括但不限于社群的运营,活动策划,活跃群内气氛,解决群内用户提出的问题,提高用户体验和转化	社区/社群运营
高级解决方案经理	1.调研行业市场环境、潜力和竞争情况,了解行业发展动态和趋势,进行可行性分析; 2.整合相关要素,根据景区客户需求结合场景输出解决方案; 3.进行需求调研和分析,针对客户痛点,输出相应的咨询方案; 4.制定顶层解决方案框架,形成公司标准方案,及时建设、更新、维护方案库	解决方案经理
房车旅游顾问	1.了解旅游目的地知识,熟悉公司房车旅游产品线路及常规国内、出境线路,为客户出游匹配对应旅游产品,具有一定的线路定制能力,为客户出游提供全程服务; 2.维护公司会员,挖掘客户潜在旅游需求,为客户出游创造价值	旅游顾问

（四）智慧景区专业教师素质能力新要求解读

通过上述对景区行业人才需求的可视化分析可知，2023 年，景区行业对于人才的需求旺盛，数字化变革和智慧景区行业升级催生了智慧景区运维、景区短视频策划等新兴职位需求的持续上涨，伴随而来的是，行业岗位对于人才发展提出的新要求与新发展目标也在逐渐多样化、个性化。

对于智慧景区专业教师来说，要适应这些新变化和新需求，就需要加快相关知识的更新、优化所需知识的结构、拓宽景区相关行业眼界和视野保持终身学习的能力，具体内容如表 2 所示。

表 2　行业需求和教师能力素质对应解读表

序号	行业技能需求	教师能力素质	解读
1	景区环境管理技能	环境检测和评估能力 / 生态保护能力 / 资源利用和节能减排能力 / 环境承载量测算能力	教师可以深入学习环境管的理论知识，并且需要参与实际的景区环境管理工作
2	景区应急管理技能	危机应对能力 / 决策能力 / 教育引导能力 / 应急预案制定与执行能力	教师需要具备扎实的景区管理、旅游法规、公共安全等方面的知识。同时，还需要具备实际操作能力，能够在实际情况下进行有效的应急处理
3	新媒体营销技能	文案创作能力 / 新媒体工具使用能力 / 创新思维 / 数据分析能力	教师需要具备丰富的新媒体营销理论知识和实践经验，持续学习和关注新媒体技术在景区相关行业中的应用
4	景区运营实战技能	景区规划和管理能力 / 品牌管理能力 / 资源整合和利用能力 / 组织协调能力 / 危机管理能力	教师可以深入了解景区运营流程、深化景区市场营销知识的学习，参与景区管理培训和交流活动，探索多元化的教学方法
5	活动策划技能	创意策划能力 / 营销推广能力 / 沟通能力	教师可以通过理论学习、实践操作、案例分析、参与研讨等方式进行系统学习策划技能和积累活动策划经验
6	大数据分析技能	数据处理能力 / 数据可视化能力 / 统计分析能力	教师可以通过理论学习、大数据技术掌握、大数据实践操作、大数据报告分析等方式进行系统学习
7	景观设计技能	绘画和表现能力 / 景观工程管理能力 / 空间感知能力	教师可以通过理论学习、作品集制作、景观案例设计等方式深入景观设计行业去更新知识和技能

续表

序号	行业技能需求	教师能力素质	解读
8	市场拓展技能	市场调研能力 / 营销策划能力 / 公共关系能力 / 客户管理能力	教师可以通过跨学科学习等方式学习市场拓展涉及的不同领域的知识和技能，并且积极参与景区实际的营销项目
9	知识创作技能	知识梳理能力 / 观察能力 / 语言表达能力 / 技术应用能力 / 研究能力	教师可以通过阅读、知识研讨等方式逐步总结景区相关知识，并且进行创意写作

学术论文

教学创新团队赋能高职教师专业发展：理论逻辑与路径选择

广西师范大学　邓小华　黄婷婷

[摘　要] 职业教育教师教学创新团队作为教育行政部门推动建设的制度化专业共同体，是促进高职教师专业发展的重要平台和载体。在高职教育教学改革创新的具体情境中赋能教师专业发展是教学创新团队建设的根本目的，其本质在于通过平台和机制建设激发高职教师自主发展的能动性，提高教师的教育专业能力、学科专业能力和技术研发能力，造就"双师型"教师能手，从而实现团队与个人发展的互惠共生。在路径选择上，教学创新团队赋能高职教师专业发展应以价值共生为基本理念，以组织学习为核心机制，以知识治理为关键举措，以多维协同为根本保障。

[关键词] 职业教育；教学创新团队；教师专业发展；"双师型"教师；共同体

[基金项目] 2019 年度广西高等教育本科教学改革工程项目一般项目 A 类"'理实一体、双元融合'：面向卓越双师型教师培养的职教师范本科专业课程教学改革探索与实践"（项目编号：2019JGA131，主持人：邓小华）；2021 年度广西职业教育教学改革研究重点项目"面向课程、四位一体"的职教师范教育教师评价与发展机制探索（项目编号：GXGZJG2021A022，主持人：潘芳）。

高水平"双师型"教师群体是推动我国高等职业教育高质量发展，促进"双高"建设提质增效的关键力量。党的十八大以来，我国职教教师队伍建设取得了巨大成就。2012—2022 年 11 年间，职业学校专任教师规模从 111 万人增至 129 万人，增长 17%，"双师型"教师占专业课教师比例超过 50%[1]。相对于扩大高职教师规模，更重要的是提升高职教师专业素质和能力。当前，我国高职教师队伍建设依然面临教师专业发展能动性不足、专业实践能力不强、具备理论教学和实践教学能力的"双师型"教师短缺等现实困境。为提高高职院校"双师型"教师队伍建设质量，教育部和地方各级教育行政部门组织实施职业教育教师教学创新团队建设项目，为高职教师专业发展提供了新载体和新平台，也为高职院校教师教学创新团队建设在教师的教学理论探索、教学实践创新和专业发展之间提供协同发展的路径[2]。从教学创新团队视角来拓展高职教师专业发展路径具有重要的理论和实践价值。

一、共同体视域下的高职教师专业发展

职业教育教师教学创新团队作为一个人为构建的社会系统，是由若干具有主体意识和适应能力的教师个人（含学校专职教师和行业企业兼职教师）组成。社会系统主要由具有目的性与主动性的适应性主体构成，适应性主体及其与环境相互作用，构成了社会发展和演化的基本动因[3]。作为适应性主体，高职教师个人之间，以及与所处环境之间的相互作用，构成了教学创新团队发展的基本动因。反过来，研究者和实践者应将教学创新团队建设视为推动高职教师专业发展的重要力量。

（一）真正共同体：高职教师专业发展的必要前提

高职教师专业发展主要是指教师个人的发展，但这种发展只有在共同体中才能实现。学术界一般将"共同体"思想追溯到德国古典社会学家斐迪南·滕尼斯（Ferdinand Tönnies）于 1887 年出版的成名作《共同体与社会：纯粹社会学的基本概念》。滕尼斯在该书中以"共同体"和"社会"为基本概念构建了社会学的二元理论框架。在滕尼斯的社会学体系中，"共同体"是自然形成的小范围组织，血缘和自然意志作为其联结的纽带，"以最直接的方式表现出人的共同意志的可能性"[4]，体现了"整体本位"的思想；而"社会"是人为构建的，以基于理性的思想、契约和法律等要素为纽带，是"文化的

或人为的联合体"[5]，体现了"个人本位"的理念。置于传统与现代的分类框架中，"共同体"既是传统和古老的，也是自然和有机的，而"社会"则是现代和新兴的，也是人为和机械的。显然，滕尼斯的共同体思想并不适合用来阐释人为构建的教师专业发展共同体，但其"有机"的观念不无启发意义。

其实，马克思先于滕尼斯提出了"共同体"思想。在马克思看来，"共同体"是人为建构的，在很大程度上也可以理解为社会。"人是最名副其实的政治动物，不仅是一种合群的动物，而且是只有在社会中才能独立的动物。"[6]一方面，只有在社会即共同体中，个人才能获得自身发展的条件，只有在共同体中，个人才能获得全面发展其才能的手段，也就是说，只有在共同体中才可能有个人自由[7]。另一方面，共同体建设的最终目标是促进个人自由而全面地发展。"每个人的自由发展是一切人自由发展的条件"是马克思共同体思想的核心理念，它辩证地揭示了个人发展和共同体发展的内在联系。

马克思进一步区分了"真正的共同体"和"虚假的共同体"。真正的共同体是自由人的联合体，为个人自由全面发展提供充分的条件，"在真正的共同体的条件下，各个人在自己的联合中并通过这种联合获得自己的自由"[8]；虚假的共同体则将一部分人凌驾于另一部分人之上，是个人自由全面发展的桎梏。共同体的本质体现为存在于其中的人的实践活动，它决定了人性和人的生存发展境遇[9]。马克思的共同体思想超越"主观理性"和"客观理性"的二元对立，以"关系理性"为统领，为"个人"与"团队"的分离和矛盾提供了独特的解决思路，是考察高职教师专业发展的重要理论基础。在"真正共同体"的范畴内，高职教师的个人发展取决于和他直接或间接进行交往的其他所有个人的发展。也就是说，高职教师的专业发展只有在真正的共同体中，通过人与人之间的实践交往和社会交往才能实现，即在高职教育教学改革与创新的实践活动中，与他人进行知识、技术、思想、生活、文化和情感上的互动与交往，继而实现自身作为高职教师的专业本质。

从组织行为学视角看，个人的创新行为不仅受其本身特质的影响，还会受其所处的社会情境的影响，而"团队因素作为重要的情境变量，也会对创新行为的过程产生影响"。[10]因此，有必要依托教学创新团队，探索以"教学创新"为高阶目标的高职教师专业发展路径。有实证研究表明，自身经验与反思、同事之间的交流是教师专业知识的最重要来源[11]。无论是自身的经验，还是同事之间的交流，都离不开团队的作用。"竞争性个人主义"在高职教师专业发展中越来越没有市场，高等职业教育高质量发展越来越强调教师之间的合作共事。作为专业发展的必要前提，高职教师共同体是由不同需求、层次的专业教师形成的利益共同体、价值共同体和命运共同体，教师个人通过以发展为目的的联合而获得专业发展的空间、资源、方法和手段。

（二）教学创新团队：促进高职教师专业发展的制度化共同体

共同体仍然是一个比较抽象的概念，只有制度化、具象化的共同体才能为经验所把握，并产生实践的力量。高职院校的专业系部、教研室等都可视为共同体，对教师专业发展均有某种促进作用，但其制度化程度不高（仅为学校内设机构），结构比较松散，主要承担基层教学管理职能，而非专业发展职能。2019 年启动建设的国家级职业教育教师教学创新团队则是更加制度化、目标更加聚焦、指向更加明确的专业性共同体，为高职教师专业发展提供了新的契机和平台。《全国职业院校教师教学创新团队建设方案》阐明了打造一批高水平教师教学创新团队的建设目标和建设要求，提出要"打造一批高水平职业院校教师教学创新团队，示范引领高素质'双师型'教师队伍建设"。同年 9 月，教育部等四部门印发的《深化新时代职业教育"双师型"教师队伍建设改革实施方案》再次强调要"打造高素质'双师型'教师教学创新团队，突出'双师型'教师个人成长和'双师型'教学团队建设相结合"。作为制度设计的教学创新团队强化了其与"双师型"教师个人专业发展的内在关联，更有利于实现"经验较为丰富的教师对于经验较少教师的支持"[12]，也更有可能成为支持高职教师专业发展的真正共同体。

从高职教师专业发展的角度出发，可将教学创新团队界定为以职业教育专业建设、人才培养模式、教学模式等重点领域改革创新为目标任务，以促进高职教师专业发展为根本目的的教师合作组织。作为高职教师专业发展共同体，教学创新团队应"支持和帮助教师改进和完善自身的教学实践，帮助他们解决由于学校的改革和变化而出现的危机感和不确定性，从而使教师能应对变化的环境和新的挑战"[13]。高职教师以教学创新团队为新平台和新载体，将个人专业发展目标嵌入团队建设任务之中，不断深化自我与他者、个人与团队的主体间交互关系，在教学创新实践中提升自己的专业能力和专业自信。

在促进"双师型"教师专业发展的举措方面，大部分教学创新团队聚焦培训研修和企业实践两个方面。前者如安排教师参加国培、省培、校本培训等各级各类培训、访学进修、项目合作等，让教师吸收先进的职业教育理念、跟踪前沿的职业教育政策、学习新兴的职业教育教学方法，从而开阔教师专业视野、提高教师教学能力；后者则安排教师到行业企业一线实践锻炼，学习行业企业新技术、新工艺和新方法，开展产学研合作，服务行业企业技术更新，从而提升教师专业实践能力等。毫无疑问，这些举措对促进"双师型"教师专业发展产生了积极作用，但并未完全彰显出教学创新团队的专业共同体特色，因为高职院校教务部门、专业系部、教研室等组织均可做出类似安排，取得相应效果。作为真正的共同体，教学创新团队应在高职教师专业发展上发挥更加突出的作用，取得更加显著的效益。

二、教学创新团队赋能高职教师专业发展的逻辑阐释

"赋能"一词广泛应用于团队管理领域，其目的在于通过创设新的组织环境，给予团队成员新的成长平台和发展机制，激发个人的自主发展能力和自我驱动力。教学创新团队赋能高职教师专业发展的本质在于通过团队及其活动激发高职教师自主发展的能动性，提高其专业能力，进而造就"双师型"教师能手，最终实现团队与个人互惠共生发展。

（一）"三能"递进：高职教师专业发展的内在逻辑

学术界对高职教师专业发展的内涵还未有统一的认识，国内学者倾向于从"双师型"教师的素质能力结构来阐释高职教师专业发展内涵。要厘清高职教师专业发展的内涵，首先要区别职业教育教师"专业化"和职业教育教师"专业发展"；其次要界定高职教师的素质能力结构。教师专业化是指教师职业专业化的过程，教师专业发展则是指教师个人由新手逐渐成长为专家

型教师的过程[14]。职业教育教师专业化是教师群体有专门的认定标准和管理制度、专门准入评定制度、专门的资格认定机构、专门培训培养的基地等，并且获得相应的社会地位。教师专业发展是教师个人从各种平台和途径获取资源，提升自身专业知识和专业能力的成长过程，最终目的是达到教师专业层面的自我实现。

国内学者对于高职教师专业发展存在不同的解读。有学者认为高职教师专业发展包括通用基础能力、专业实践能力、科研发展能力、管理与交往能力、教育技术应用能力和持续发展能力等六项能力的发展[15]。有学者则认为职业院校教师的专业发展主要围绕专业知识、专业技能和专业素养三个维度展开[16]。无论是聚焦专业能力，还是划分为知识、技能和素养，均是横向视角来看教师专业发展，即基于多维度能力结构来考察教师专业发展，而忽视了高职教师专业发展的自主能动性，以及教师专业发展的整体性目标。从横向和纵向相结合出发，本研究认为高职教师专业发展是以激发教师专业发展能动性为起点，以提升专业能力为核心，以成为专业能手为目标，且呈现"三能"递进的行动过程。

首先，激发能动性是高职教师专业发展的起点。能动性不仅是高职教师专业发展的有机构成，还是其实现的重要前提。高职教师专业发展是"在教师主体内在动机的激发下，通过自身的主体实践活动来实现的"[17]。从哲学意义上讲，人的本质只有作为人的能动建构的活动之产物才是可能的[18]。离开了能动性原则，高职教师就无法积极实现自己的专业发展，继而实现作为教师的本质。从心理学意义上讲，能动性是在专业发展实践过程中，教师个人积极主动地为改变自身的专业发展境遇及其所处的专业发展环境做出的选择，并朝着选择的方向施加影响的个人品质[19]。能动性的实质就是由内在动机驱动的自觉性和主动性，并展现出强大的专业思考力和任务执行力，其价值在于端正高职教师的专业发展态度，强化专业发展意愿，继而增强自身融入职教发展事业的专业自信和专业承诺。

其次，能力提升是高职教师专业发展的核心。教学本身作为一项专业实践活动具有复杂的专业性，从而使高职教师专业能力具有明显的复合性。一方面，这里的"专业"既包括高职教师的专业背景，如旅游管理、计算机网络工程、电子商务、工艺美术等具体专业所规定的专业理论知识、实践知识和相关研究，也包括由课堂教学、课程开发、专业建设、学生管理和教研活动所规定的教学理论知识、实践知识和相关研究。另一方面，这里的"能力"包括知识、技能、经验和价值观等不同表征形态，是专业知识、专业技能、专业经验和专业精神在专业教学、科学研究、学生管理和校企合作等典型场景中的综合集成。

最后，成为能手是高职教师专业发展的目标。一般认为教师专业发展要经历从新手到熟手，再到骨干和专家的过程，呈现了教师工作熟练程度和专业能力水平的递进式发展。其实，无论是熟手、骨干还是专家，只要扎根专业、在某一方面有专长且工作专注的教师都可以称之为"能手"，他们之间的差异只不过是能力的范围和水平不同而已。比如，熟手教师可能只是课堂教学能手；骨干教师不仅是课堂教学能手，也是课程开发能手；而专家型教师则更进一步，还是专业建设和教学研究能手。"双师型"教师语境下的"能手"包含双重含义：其一，从共时性角度看，"能手"既指专业技术能手也指教学技术能手，只有当教师的专业技术和教学技术均达到一定水准时，才可称之为"双师型"教师专业发展视域中的"能手"。其二，从历时性角度看，"能手"形成 是一个动态演化过程，且不同能力发展具有不均衡性。比如在某个阶段，更侧重专业实践能力，而另一个阶段则更侧重教学研究能力。

（二）互惠共生：教学创新团队赋能高职教师专业发展的分析框架

不少职业教育教师教学创新团队将建设重点放在专业改造升级、"三教"改革创新、人才培养模式创新等教学业务方面，更看重团队所产出的项目、论文、专利、称号和奖励等显性成果，在规划设计和具体实施中相对忽略了团队中每个教师的专业发展。对教学创新团队建设的理解缺乏个人关照，要么强调教学创新团队"以引领教育教学模式改革创新、推进人才培养质量 持续提升为目标"。[20]要么使教学创新团队聚焦"服务职业教育高质量发展和 1+X 证书制度试点需要"。[21]而教师个人只在团队构成上被关注，即强调由结构化的专兼职教师组成教学创新团队。在很大程度上，教师个人是作为资源和条件而存在于教学创新团队之中，而非作为教学创新团队发展的主要目标之一。如果我们的目标是让组织变得和身在其中的人一样能干，那么我们必须从头开始。我们需要新的组织范式——一种不再把人视为"资源"或"资本"的新范式[22]。这种新范式坚持以人为中心的组织原则，致力于激发组织中每个人的创造力。

职业教育教学创新团队建设应坚持以人为中心的组织原则，着力打破挫伤教师教学创新积极性的官僚主义体系，以解锁每位教师的创造力为根本价值追求。基于此，赋能教师个人专业发展就成为职业教育教师教学创新团队建设的必然使命。从个人与组织共生的视角看，教学创新团队赋能高职教师专业发展既是激发教师个人能动性、提升专业能力，使其成为专业能手的过程，也是教学创新团队实现其教学改革目标、人才培养目标和专业建设目标等绩效目标的过程，即团队与个人的互惠共生过程。"赋能"实现了教师教学创新团队绩效和高职教师个人发展的双赢，如图1所示。

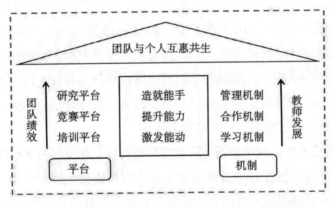

图1　教学创新团队赋能高职教师专业发展的分析框架

教学创新团队通过创设一定的平台和机制促进高职教师专业发展。一方面，教学创新团队通过"平台"赋能高职教师专业发展。教学创新团队本身是一个发展平台，无论进入国家级还是省级、校级职业教育教师教学创新团队，对于教师而言，就拥有了更多发展的机会、资源和途径。首先，教学创新团队能为高职教师提供更多的针对性、系统性和专业化培训，包括在企业情境中的培训和实践，提高自身的专业能力；其次，教学创新团队更有条件支持高职教师参加各级教学能力竞赛和专业技能竞赛，提高自身的"双师素质"；最后，教学创新团队使高职教师有更多接触职教教改前沿，继而开展系统化教研、科研的机会，提高自身的研究创新能力。另一方面，教学创新团队通过"机制"赋能高职教师专业发展。教学创新团队建设本身也是一种发展机制，它作为纽带和中介将不同知识背景、专业水平的教师汇聚在一起，开展指向职教教学改革创新的集体行动。首先，教学创新团队提供学习机制，组织教师面向行业发展前沿和教学改革前沿进行团队学习，提高团队的知识增量；其次，教学创新团队鼓励教师个人之间围绕教学创新中的问题解决开展深度合作，提高知识创新的效率和质量；最后，教学创新团队通过管理机制，平衡高职教师个人之间的利益分配，并对其教学改革与创新行为进行道德规范。

三、教学创新团队赋能高职教师专业发展的路径选择

在教学创新团队赋能高职教师专业发展的分析框架内，应以"价值共生"理念凝聚团队中各教师的价值共识，提高教师专业发展的能动性；以组织学习提高教师的专业能力，增强教学创新团队认知的多样性；以对教师之间知识交往过程的有效治理促进知识的共享、转移、整合与创新；通过多维度协同的支持机制保障"赋能"过程的顺利实现。

（一）价值共生：教学创新团队赋能高职教师专业发展的基本理念

教学创新团队赋能高职教师专业发展应以价值共生理念为引领。本质上看，教学创新团队是对传统的专业系部、教研室等教学基层组织的价值重构。与后者最大的不同在于，教学创新团队的功能定位由管控转向赋能，重在构建个人与团队的价值共生网络，旨在实现团队与个人成员之间的价值共生、共创和共享，继而提高教师专业发展的能动性。首先，将高职教师专业发展与创新高素质技术技能人才培养模式、推动"三教"改革、开拓社会服务，以及促进职业教育高质量发展等组织目标有机融合，既要确立通过教学创新团队建设助推职业教育高质量发展的使命和愿景，也要形成教学创新团队与

教师个人共生共荣的价值共识，通过团队为教师个人赋权，使团队成员在平等对话中自我设定发展目标，建立起真正的专业自信和发展自觉，提高专业发展的内生力、能动性和效能感。其次，教师个人在团队中应被公平对待。有实证研究表明，教师在专业发展层面的公平感知对职业认知幸福感有显著的正向预测作用[23]。教学创新团队应尽可能让每位团队成员感受到在发展机会、资源配置和结果评价等方面的公平性，从而提高教师对该团队价值的认同感和职业幸福感，提振教师参与团队建设工作的精神状态。最后，教学创新团队要建立成果和利益共享的价值分配机制，让教师充分享有教学创新团队建设成果和利益，并将这些成果和利益转化为自身专业发展的内在动力。

（二）组织学习：教学创新团队赋能高职教师专业发展的核心机制

组织学习是提高高职教师专业能力，加速其成为"双师型"能手的重要途径。作为典型的知识型组织，知识是教学创新团队创造价值的主要因素，也是打造其核心竞争力和产出标志性成果的最重要战略资源。团队及教师个人必须不断地进行知识的动态更新，以便对高等职业教育改革目标与形势的各种变化做出敏捷的反应，而组织学习是团队与个人适应变化的基本手段。单一认知无法有效积累新知识，而对同一事物多样化的认识，可以加深对该事物的认知，从而促进对该事物新的理解[24]。组织学习还可以使团队中的教师从多种角度看待职业教育教学创新，继而增加已知信息激发知识创新的可能性。

教学创新团队应将学习目标化、任务化和情景化，让教师在高等职业教育教学改革与创新的总体目标、具体任务和工作情境中学习，具体可从个人、团队和组织三个层面展开。首先，个人层面的学习应聚焦于教师个人在高素质技术技能人才培养模式创新、专业群建设、"三教"改革等具体情境中所产生新的观念，以及教师对这些观念的个人阐释，打破已经固化了的心智模式，同时提升教师从不同视角认知和实践高职教育教学改革与创新的能力。其次，教学创新团队牵头人可按照本团队建设的若干重点任务组建次级团队，如数字化教学模式创新团队、新形态教材开发团队等。鼓励次级团队中各教师从不同的角度来探究所研究的复杂问题，并保持教师之间开放的、持续的和深度的对话，从而实现知识从个人到群体的共享与整合，形成特定教学研究主题的集体心智。最后，深化组织层面的学习，即教学创新团队作为正式组织的整体性学习。组织层面的学习聚焦教学创新团队建设本身，鼓励整个团队教师在更大的范围内搜索知识，对战略定位、建设目标、重点任务、组织策略、文化积淀与绩效评价等教学创新团队建设的多元问题进行集体思考，探索独特的团队建设和教师专业发展路径。

个人、团队和组织层面的学习存在多重嵌套的结构性关系。教师在由教学创新团队激发且持续发生的学习活动中实现了专业能力发展以及不同能力之间的有机衔接。教师个人的学习活动和专业能力发展在上述三个层面相互影响、相互转化，实质上是教师在有组织的教学创新中个人与团队、问题与情境、能动与能力相互嵌入及相互作用的专业实践过程。通过有组织的、嵌入工作情境和创新任务的学习活动，不仅使高职教师的发展能动性、专业能力和"能手"身份三者之间发生了横向关联，也体现了教师专业发展的历时性过程。

（三）知识治理：教学创新团队赋能高职教师专业发展的关键举措

组织学习主要解决知识习得问题，提高了教学创新团队的知识增量，而知识治理旨在形成团队信息交换和知识共享系统，通过促进团队内各教师积极贡献知识，从而实现"知识获取、共享和分配等知识活动最优化"。[25] 作为一种制度设计，知识治理通过组织结构或治理机制的安排来引导、激励和约束教学创新团队内各成员的教学实践和创新行为，继而实现知识资源在团队内的高效配置，促进教师专业发展成果的有效显现。

首先，教学创新团队搭建高度联结的网络结构。一是教学创新团队根据"人岗匹配"原则 对团队成员进行适度的动态调整，始终保持团队的结构性和高水平两个根本特征；同时打破科层式分级管理，通过扁平化治理和自我管理激发教师个人参与团队建设的积极性，打造柔性团队；二是强化团队中各主体之间的社会关系，增强彼此的情感联系。强联结的网络结构不仅能使"组织内成员在知识找寻上能更快速地识别所需的知识"[26]，而且能够使组织中成员，尤其是行业企业兼职教师更愿意分享自己的知识，从而加速知识资源的自由流动，提高知识整合和创新的效率。

其次，构建团队成员信任机制。信任是引发教学创新团队中各主体知识共享的主要因素，有研究表明，具备信任氛围的关系认同体对于获取异质性知识资源效果更显著[27]。充分的信任使得教学创新团队的组织结构关系个人化，而这种个人化的关系为团队建设埋下团队负责人与教师以及教师之间彼此承诺的种子。一方面，教学创新团队应通过与成员签订任务书而建立基于制度的信任。任务书需约定团队建设期间各成员完成的任务、享有的权利、违约的责任以及团队给予的条件保障等细节，从而最大限度规避团队合作中的机会主义行为；另一方面，教学创新团队应通过开展能体现深度交流和情感体验的文化活动，建立以爱与关怀为主题的人际信任，引发教师分享内隐性知识、策略性知识的愿望，从而提高彼此间知识交换频率。

最后，建立清晰的知识产权制度。尽管职业教育教学创新是一项需要集体智慧的集体行动，但知识创新成果必须有明确的产权归属。一方面，每位教师的知识贡献必须得到正式且公正的认可，为真正的创新者从事教学创新活动中获益提供保障；另一方面，对教学创新没有贡献的团队成员不能享有创新成果署名权利，防止搭便车的行为，营造风清气正、干事创业的团队氛围。

（四）多维协同：教学创新团队赋能高职教师专业发展的根本保障

教学创新团队赋能高职教师专业发展的根本保障是主体、组织、平台、制度、文化等要素的多维协同，它们构成了"赋能"过程的支持机制。首先，要促进规划层面的协同。教学创新团队应瞄准国家职业教育改革发展中的热点、痛点和堵点问题，做好团队建设与发展规划，并有意识地推动教师个人发展规划与团队规划、团队中各教师个人发展规划之间的协同，确保教师专业发展与教学创新团队建设在目标和任务上的一致性，同时应保证团队内不同教师在专业发展规划上的错位性和个性化。其次，要促进组织层面的协同。教师既属于教学创新团队，同时也属于某一专业系部、教研室或企业部门，应确保不同组织在对教师专业发展的资源支持、过程监管和效能评价等方面的协同，避免因组织间的管理冲突而让团队成员无所适从。最后，要促进平台层面的协同。教学创新团队搭建的培训、竞赛和研究平台应保持目标的协同性，要使教师参加的培训、竞赛和研究形成统一性的力量，有效支撑教师专业发展。教学创新团队负责人应与团队教师在充分协商的基础上合理有序安排教师的能力培训、专业竞赛与教学研究，通过培训、竞赛与研究的一体化，使教师能在有限时间内做效益最大化的事情——充分发展自己的专长。

除了以上三个层面的协同机制，还应促进教学创新团队制度供给与文化创造的协同。学校应将教学创新团队建设纳入学校整体规划，在资源配置、经费使用、科研与人事管理等方面为团队建设发展提供政策便利，甚至"政策特区"。教学创新团队则应将制度优势转化为治理效能，完善有利于激发教师个人专业发展能动性、提高教师专业能力的制度体系，如教研成果奖励制度、利益分配制度、培训进修制度、企业实践制度等；同时，应营造团队的信任文化、情感文化和创新文化，尤其要形成鼓励自由探索、自主创新的文化氛围。标准化的改革亦剥夺了反思的时间，使教师不得不承担更多外来的责任和压力，顺从一些外在强加的要求，从而减少了教师的创造性和自主权。[28]而教学创新团队应有效防范标准化改革对高职教师专业发展的负面影响，保障教师在团队建设目标框架下进行自由探索和自主创新。

教学创新团队聚焦职业教育人才培养模式、课程教材、教学模式等领域的改革创新，是典型的知识创新系统。系统之所以会有适应力，是因为系统内部结构存在很多相互影响的反馈回路，正是这些回路相互支撑，即使在系统遭受巨大的扰动时仍然能够以多种不同的方式使系统恢复至原有状态。[29]教学创新团队内各教师之间、团队与教师个人之间形成了多种相互影响的反馈回路，教学创新团队赋能高职教师专业发展便是其中最重要的反馈回路之一。本研究以马克思共同体思想为指导，从共同体与个人的辩证关系出发，分析了教学创新团队赋能高职教师专业发展的必要性和可能性，构建了教学创新团队赋能高职教师专业发展的分析框架和实施路径，既有利于从个人发展视角去审视教学创新团队建设，也有利于从团队建设视角去考察高职教师专业发展，从而更好地实现团队与个人的互惠共生。

参考文献

［1］教育部.中国职业教育发展报告（2012—2022 年）［M］.北京：高等教育出版社，2023：10-11.

［2］邓小华，王晞.职业教育教师教学创新团队建设路径［J］.职业技术教育，2022（7）：41-46.

［3］范如国.复杂网络结构范型下的社会治理协同创新［J］.中国社会科学，2014（4）：98-120，206.

［4］［5］滕尼斯.共同体与社会：纯粹社会学的基本概念［M］.林荣远，译.北京：商务印书馆，1999：79，29.

［6］马克思恩格斯选集（第 2 卷）［M］.北京：人民出版社，1995：2.

［7］马克思恩格斯文集（第 1 卷）［M］.北京：人民出版社，2009：571.

［8］马克思恩格斯选集（第 1 卷）［M］.北京：人民出版社，2012：119.

［9］徐斌，巩永丹.马克思共同体理论的历史逻辑及其当代表现［J］.马克思主义与现实，2019（2）：62-68.

［10］张文勤，石金涛，刘云.团队成员创新行为的两层影响因素：个人目标取向与团队创新气氛［J］.南开管理评论，2010（5）：22-30.

［11］赵冬臣，范良火.什么是教师知识发展的最有用来源：对 27 项教师知识来源实证研究的元分析［J］.湖南师范大学教育科学学报，2020（6）：68-76.

［12］李阳杰.教师专业发展中的师徒带教：国际比较与政策建议——基于 TALIS 数据的分析［J］.教育与经济，2020（3）：67-74.

［13］MCLAUGHLINM，TALBERT J.Building school-based teacher learning communities：professional strategies to improve student achievement［M］.New York：Teachers College Press，2006：78.

［14］宋广文，魏淑华.论教师专业发展［J］.教育研究，2005（7）：71-74.

［15］焦晓骏.高质量发展视野下高职教师专业能力发展实证研究：基于
江苏 422 名高职院校教师的调查［J］.江苏高教，2023（1）：111-117.

［16］庄西真.职业院校教师的专业发展：内涵特征、阶段划分与实现路
径［J］.中国高教研究，2022（4）：97-102.

［17］张忠华，宦婧.论教师专业发展由外塑到内修的路径转向［J］.河
北师范大学学报（教育科学版），2016（5）：80-84.

［18］何中华.马克思哲学的"能动原则"及其历史意蕴［J］.山东大学
学报（哲学社会科学版），2021（3）：18-40.

［19］张娜，申继亮.教师专业发展：能动性的视角［J］.教育理论与实
践，2012（19）：35-38.

［20］庄曼丽.职业教育教师教学创新团队建设：逻辑、使命、目标与保
障［J］.职教通讯，2022（4）：75-81.

［21］白星良，牛同训.职业教育教师教学创新团队建设研究［J］.高等
职业教育探索，2020（3）：45-50.

［22］梁红梅，高梦解.专业发展公平感对教师职业认知幸福感影响的实
证研究［J］.现代教育管理，2021（9）：90-98.

［23］加里·哈默，米凯尔·贾尼尼.组织的未来［M］.陈劲，姜智勇，
译.北京：中信出版集团，2021：129.

［24］汤敏慧，郑石，严鸣，等.团队认知多样性对创新绩效的影响机制
［J］.管理评论，2023，35（3）：71-82.

［25］郑少芳，唐方成，葛安茹，等.高新技术企业间知识治理对协同创
新绩效的影响［J］.科技进步与对策，2020（15）：107-115.

［26］LEANA C R，VAN BUREN H J.Organizational social capital and
employment practices［J］.Academy Of Management Review，1999（3）：538-
555.

［27］李宇，刘乐乐.创新生态系统的知识治理机制与知识共创研究［J］.
科学研究，2022（8）：1505-1515.

［28］卢乃桂，钟亚妮.教师专业发展理论基础的探讨［J］.教育研究，

2007（3）：17-22.

[29] 德内拉·梅多斯. 系统之美：决策者的系统思考 [M]. 邱昭良，译. 杭州：浙江人民出版社，2012：105.

（该论文发表于《中国职业技术教育》2023年第23期）

"双师型"教师素质与能力的内涵结构模型研究

无锡商业职业技术学院　赵　刘　程　琦　李慰隽

［摘　要］高职院校"双师型"教师队伍建设的政策实践与理论进展表明，双师素质与能力的内涵结构研究对理论深化和实践应用十分重要。本研究采用修正式德尔菲法和 SPSS 20.0 对专家调研结果进行实证探讨。根据数据分析，提出"双师型"教师素质与能力的内涵结构钻石模型——包括专业知识、专业道德、能力、理念 4 个维度，含 32 个细分项。"双师型"教师需要有扎实的专业知识、系统的教学知识和丰富的职业知识；先进的教育理念和较高的专业道德；具备专业理论的教学能力和指导专业实践的能力。其中教学能力中的专业理论并不是抽象的书本理论，而是面向工作世界、反映职业实践活动的"真实"理论；指导实践的能力应行业领先，能在实践教学中进行完整演示并指导学生科学训练。本研究在理论上明确了"双师型"教师素质和能力的内涵结构并构建了理论框架，实践上有利于推进"双师型"教师的标准认定和评测培养。

［关键词］"双师型"；内涵结构；模型构建

随着我国社会经济的快速发展和产业结构的转型升级，职业教育在推动经济发展中的重要作用以及在国民教育体系中的重要地位也愈加凸显。从1995 年到 2022 年，国家关于职业教育并涉及教师培养问题的文件印发了 40多份，从最初在文件中提到"双师型"教师的培养问题，到 2022 年专门出台《关于做好职业教育"双师型"教师认定工作的通知》，从国家层面启动双师认定，充分体现了党和国家对于"双师型"教师队伍建设的高度重视。学界普遍认同高水平"双师型"教师队伍是发展职业教育和提升人才培养质量的关键，也是各职业院校发展的难题、痛点和短板，构建现代职业教育体系首先需要解决的就是教师队伍建设问题。"双师型"教师素质与能力的内涵结构反映了学界对"双师"的本质认识，也从某种层面决定了实践上如何进行标准认定和师资培养。本文力图通过实证研究来进一步探究"双师"能力与素质的内涵结构，以期对"双师"理论研究和实践培养有所启迪。

一、"双师型"教师队伍建设的政策实践与理论进展

1. "双师"政策实践

为促进职业院校师资队伍发展，国家出台了一系列政策制度文件，极大地推动了双师队伍建设和职业教育发展。鉴于政策制度对于双师队伍建设具有的风向标作用，可以从政策发布时间、政策文本内容、政策文本类型三个方面予以梳理。一是从政策发布的时间维度来看，我国从1995年提出"双师"概念到2022年密集出台相关政策，围绕"双师型"职教教师政策可分为概念提出、概念解读、内涵深入、培养体系构建和培养深化发展5个时期[1]，政策机制越来越全面。如2004年教育部提出"双师型"教师素质能力和简单认定标准，2022年教育部在《关于做好职业教育"双师型"教师认定工作的通知》中系统化地提出"双师型"教师的认定主体、范围、条件、标准以及配套福利和激励制度，同期发布的《职业教育"双师型"教师基本标准（试行）》将"双师型"教师分为中职、高职两类和初、中、高三级，为全国范围内的双师认定提供了基本标准和制度遵循。二是从政策文本的内容角度来看，相关"双师"政策文本主要集中在标准界定、建设路径、招聘聘用、保障制度和考核评价等方面，政策内容越来越系统化。如2022年12月21日，中共中央办公厅、国务院办公厅印发《关于深化现代职业教育体系建设改革的意见》，提出加强"双师型"教师队伍建设、区域产教融合实践中心建设等5个方面的重点工作和4个方面的条件保障工作。同时教育部公布国家级职业教育"双师型"教师培训基地（2023—2025年），将国家级双师培训基地作为加强师资队伍建设的又一重要支撑。如果考虑到当前力推的产教融合型企业和国家级职业教育教师创新团队等项目建设，可以发现有关双师队伍建设的政策机制更加注重体系完备和系统发力。三是从政策文本的类型角度

来看，相关"双师"政策文本可分为"意见""计划""方案""通知""工作要点""法"等十大类，政策类型越来越高阶化。之前发布的《意见》或《方案》等一般是在文件的某些部分涉及"双师"建设，或是对"双师"工作提出建设倡议和总体指导。但 2022 年 5 月 1 日，新修订并正式施行的集重要政策文件、学术研究成果和实践探索经验之大成的《中华人民共和国职业教育法》则具有非常重要的意义，弥补了职业院校"双师型"教师队伍建设在高位阶法律法规制度方面的缺失，极大增强了政策的稳定性与强制性。

2."双师"理论进展

学术界关于"双师型"教师的研究主要可分为五个方面。（1）"双师型"概念研究。"双师型"教师是我国职业教育的一个特有概念，国外没有明确地提出"双师型"教师的概念，与之相类似的称谓是"职业教师"或"职业技能教师"。国内研究成果主要分为四类：一是"教师资格证书 + 职业资格证书"的"双证书说"；二是"理论教学能力 + 实践教学能力"的"双能力说"；三是"双证书 + 双能力"的"叠加说"；四是师资来源于职业院校和企业的"双来源说"。（2）关于"双师型"教师的培养途径研究。发达国家对于如何建设"职业教师（双师）"形成了不少特色模式。澳大利亚通过 TAFE 模式严格实施职业教师等级证书制，德国"双元制"职业教育教师主要由职业院校的专职师资与实训指导教师共同组成，日本实行"职业训练指导员模式"等。以德国双元制为例，其职业教育教师的培养不仅包含理论知识教学项目，也涵盖 42—48 周的行业实践。理论知识教学部分主要包括教学方法、职业教育发展历史、职业教育过程评估和学习结果诊断、职业教育研究方法教学；职业教师要求既要掌握职业教育相关的教学方法、学情诊断、也要有行业实践经验等。国内学界针对"双师型"师资存在的培训体系不完善、来源单一、科研服务水平低等主要问题，从构建"双师"资格认证标准[2]、健全准入机制、开辟来源渠道；加强校企协同育人[3]；实施统一的专业能力标准体系、创建"点—链—面"式育训格局[4]等方面提出建设路径。（3）"双师型"教师培养机制研究。学界认为完善"双师型"教师的管理、考核、激励与评价机制更为重要，包括考核体系[5]（陈莉鉴，2020）；资格准入制度[6]；建设规划[7]；聘用、晋升、薪酬激励、保障机制[3]等。（4）"双师"认定标准。当前关于"双师型"教师认定的标准分为行政标准、校本标准和学者标准三类。我国高职院校一般依据省级"双师型"教师认定标准进行认定，或依据"校级"双师型认定标准进行认定。其具体差异主要体现在认定主体、认定范围和认定条件。目前认定主体多为学校而非行业企业或者第三方组织。在认定范围中，尽管都是以专任老师为主，但有的省份并未明确规定工作年限和年龄要求，这样的认定容易出现标准不统一的情况。在认定条件方面，大多侧重可操作的硬性指标，如竞赛获奖、技能证书、科研成果等，但是仍然缺乏教师思想、道德、心理、教学素养等方面的"软性条件"作为认定条件[8]。

值得注意的是，关于"双师"的素质与能力的内涵结构方面的研究居于承上启下的重要地位，它既是概念研究的深化，又在很大程度上决定了"双师"队伍的建设路径机制或评价标准测评。（5）在"双师"素质与能力的内涵结构研究方面。德国"双元制"职业教育系统提出了教师能力标准和能力模型，该模型除了专业知识以外，还强调教学知识、组织能力方面的知识、能够提供咨询方面的知识等。国内学者提出"双师型"教师应同时具备所教授学科或从事领域理论知识与实践能力[9]。有学者提出"双师型"教师胜任力标准由职业精神、知识素养、资源开发、教学实施、人际管理、自我发展等六个维度构成[10]。教师胜任力结构更多侧重教学能力、开发能力和教学素养，在实践能力方面有所欠缺。刁均峰[11]提出了基于信息时代职业教育"双师型"教师教学能力标准框架来搭建职业教育"双师型"教师教学能力评价指标体系。该框架重点测量基于信息背景的教学能力，主要包含课程开发、课程教学、专业知识、行业能力、信息素养、研究与发展等，但在完整性和全面性上有一定欠缺。

高职院校"双师型"教师队伍建设的政策实践与理论进展表明，学界和社会各方对"双师型"教师的认识不断深化。其中"双师型"教师素质与能力的内涵结构反映了人们对于"双师"的本质认识，也影响着实践上如何更好地进行标准认定和培养建设，十分重要。当前比较欠缺关于"双师"素质与能力的实证研究，对于结构假设或标准体系的验证并不多见，关于"双师型"教师到底应具备哪些素质和能力仍然缺乏统一标准[12]，这将直接制约实践中的双师标准认定和培养体系构建。双师型教师其实并非就是简单的理论课教师和实践课教师的相加，它指的是从一个整体和系统的角度去整合理论与实践技能的知识并具有高度双向水平的教师，因此对于"双师"素质与能力的内涵结构研究并不是一个简单的问题。以往理论假设尚需实证验证，如何通过实证研究来进一步探究"双师"素质与能力的关键结构和维度，以及构建指标体系来量化"双师"素能有待深化。

二、研究方法与数据分析

1. 研究设计

围绕"双师"素能的内涵结构研究目的，本研究主要采用修正式德尔菲法，获取专家观点并构建"双师型"教师素质与能力的内涵框架。传统的德尔菲法侧重于让特定主体制定开放式问卷并广泛征集专家意见，时间长、操作步骤烦琐。修正式德尔菲法可以基于研究者初步制定的框架并进行多轮问卷，更有助于提高数据采集的效率并提高专家参与的积极性。

本研究的具体步骤主要包含问题界定、建立专家组、专家组意见征集和评分，德尔菲法并没有明确具体的专家人数，但是通常维持在 15—30 人。本研究共邀请 16 名专家进行测试，且为了保证成员的异质性，在建立专家组的同时也考虑到专家的性别、学历、职称和教龄等方面（见图 1）。

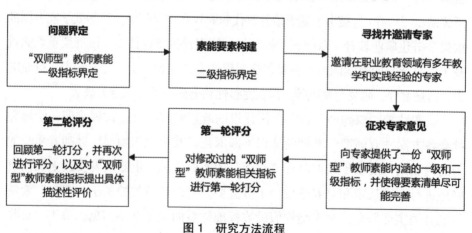

图 1　研究方法流程

2. "双师型" 教师素能体系构建

本研究问卷共包含 2 个部分：①个人信息（包括：年龄、最高学历、职称等）；②指标表述有需要修改之处。本研究从高职院校的旅游管理专业教师中选出 16 名专家进行专家咨询。选择专家的标准是：①对高职教育有一定的了解或研究；②对旅游管理专业的高职学生有一定的了解或研究；③具有中级及以上职称或硕士及以上学位；④对这项研究非常感兴趣，并有时间参与整个咨询过程。共有 16 名专家完成了两轮咨询，年龄大多在 40 岁至 59 岁之间。其中 56.52% 的受访者具有高级职称，43.75% 的受访者具有中级职称。所有参与者获得了硕士或博士学位，81.25% 的受访者其工作年限在 10 年及以上，详见表 1。

表 1　德尔菲小组的人口统计学特征（n=16）

特征	项目	n（%）
性别	男	4（25%）
	女	12（75%）
年龄段	31—40 岁	1（6.25%）
	41—50 岁	11（68.75%）
	≥ 50 岁	4（25%）
学位	硕士	14（87.5%）
	博士	2（12.5%）
职称	中级职称	7（43.75%）
	高级职称	9（56.25%）
工作年限	10—20 年	62.5%
	20 年以上	37.5%

3. 德尔菲问卷调查及回应率

研究表明，专家咨询的次数越多，获得的答复率越低[13]。通常情况下，两轮德尔菲咨询在答复方面会获得更高的准确性，这主要是因为通常受访者在两次迭代后会退出[14]。本研究于 2022 年 6 月到 10 月进行两轮在线专家咨询。在第一轮中，通过访谈的形式，了解到专家对职教体系双师的理解，并形成相应问卷题项（见附录1），并允许专家对题项进行删除、添加和修改。在第二轮中，受访者们按照以下标准对每个指标的重要性进行评分。指标的重要性从最不重要到最重要分为7个等级，为 1-7 Likert（1= 最不重要，7=最重要）。此外，在第二轮中，将向专家们提供第一轮结果的匿名摘要，以便他们将这些结果与自己的观点进行比较，并要求对修改后的指标的重要性进行评分。

通常，专家的回答率可以用问题的回复率来代替，回复率越高，专家在这项研究中就越积极和支持。在第一轮调查中，共发放了 18 份问卷，得到了 16 份有效答复，这意味着问卷的回收率为90%。在第二轮调查中，共发出了 16 份问卷，所有问卷均以 100% 的比率收回，这表明专家们对该项目表现出极大的兴趣和支持。

4. 数据结果及分析

（1）第一轮问卷的结果

将第一轮的问卷结果导入 SPSS 中进行信度测试。根据克朗巴赫系数数值在 0.7 以上才能确保问卷内在信度。本研究问卷对应朗巴赫系数数值均大于0.7（见表2），说明该调查问卷信度可接受，满足研究要求。

表 2　调查问卷信度分析

	维度	题项数	α 系数
"双师型" 教师素能	一级指标	5	0.931
	二级指标	32	0.963

（2）指标修改

两轮咨询结果的数据通过 SPSS 20 进行分析。将计算专家响应率、每个指标重要性得分的平均值（M）、标准差（SD）、四分位数范围（IQR）和变异系数（CV），用于分析和筛选指标。其中四分位数（IQR）可以反映第三四分位数和第一四分位数的差值，体现了专家观点的差异程度。变异系数（CV）体现了专家意见的协调性。

判断专家共识程度或者一致性的最可靠的方法是四分位数距（IQR）指数[15]。由于本研究使用的是 Likert 7 量表，IQR 应当≤2，则该题项才能被接受（0 对应于最强值，而 IQR 越大，则表示受访者对题项的差异程度越大）。经过去除 IQR＞2 的指标，"双师型"教师素能相关指标见表 3，"教育理念"中的"赞同传统的高职教育观"题项 IQR 数值为 3，表明受访者之间的差异较大，需要从框架中剔除。"教育理念"中的"赞同高职'双师型'教师的职业性和独特性"，以及"专业实践能力"中的"能够为社会提供一定的高品质服务"和"指导学生参加过本专业的相关行业技能大赛"，"专业知识水平"中的"有关工作过程、工具的使用、工艺流程优化等"以及"有关工作场所学习、工作实践反思、跨界协作"的 IQR 值为 2，其共识程度也达到可以接受的水平。表 3 也表明，受访者在"教育理念"中的"坚信'每一个高职院校学生都能成为有用之才'"和"能够做到'平等对待每一个学生、促进学生的发展'""专业实践能力"的"指导学生参加实践"和"专业道德"的"热爱高职院校的在校学生"中一致程度最高。因此，本研究目前得到的共识程度可以接受，不需要再进行下一轮问卷的发放。

表 3 "双师型"教师素质与能力内涵细分题项评分

一级指标	二级指标	平均值（M）	标准差（SD）	变异系数（CV）	四分位距（IQR）
教育理念	1-1 赞同开放合作的现代高职教育观	6.56	0.727	0.03	1
	1-2 赞同传统的高职教育观	4.50	1.673	0.18	3
	1-3 赞同高职"双师型"教师的职业性和独特性	6.75	0.577	0.02	2
	1-4 赞同要形成终身高职教育观	6.69	0.602	0.02	1
	1-5 赞同形成创新创业高职教育观	6.50	0.894	0.05	1
	1-6 坚信每一个高职院校学生都能成为有用之才	6.50	1.095	0.08	0
	1-7 能够做到平等对待每一个学生、促进学生的自主发展	6.75	0.683	0.03	0

续表

一级指标	二级指标	平均值（M）	标准差（SD）	变异系数（CV）	四分位距（IQR）
专业实践能力	2-1 能够为社会提供一定的高品质服务	6.12	0.806	0.04	2
	2-2 指导学生参加实践	6.69	0.704	0.03	0
	2-3 指导学生参加过本专业的相关行业技能大赛	5.88	1.360	0.12	2
	2-4 了解所教专业实践技术技能前沿水平	6.44	0.814	0.04	1
	2-5 面向一线生产的应用型科研能力	6.00	1.095	0.08	2
	2-6 实现职业持续发展的能力	6.38	0.885	0.05	1
	2-7 拥有中高级证书（职业技能等级）	6.06	0.998	0.06	1
专业知识水平	3-1 有一般教育理论、职业教育理论、任教专业的学科理论知识	6.63	0.619	0.02	1
	3-2 有一般教学法知识、职业教育教学法知识、任教专业的专业实践知识	6.44	0.814	0.04	1
	3-3 促使理论知识和实践性知识持续更新、优化的发展性知识（如反思性知识）	6.69	0.602	0.02	1
	3-4 有支撑职业工作顺利完成的相关专业理论以及有关某一职业领域的标准、规范、制度等职业理论知识	6.56	0.629	0.02	1
	3-5 有关工作过程、工具的使用、工艺流程优化等方面的职业实践知识	6.19	0.834	0.04	2
	3-6 有关工作场所学习、工作实践反思、跨界协作等方面的职业发展知识	6.00	0.894	0.05	2
	3-7 拥有学历证书、教师资格证	6.37	0.885	0.05	1
教学传达能力艺术	4-1 具有适应教育现代化的信息技术	6.31	0.946	0.06	1
	4-2 具有娴熟的教学设计能力、实施能力和评价能力	6.38	0.806	0.04	1

续表

一级指标	二级指标	平均值（M）	标准差（SD）	变异系数（CV）	四分位距（IQR）
教学传达能力艺术	4-3 具备一定的课后反思能力	6.31	0.873	0.05	1
	4-4 具备一定的班级组织管理能力	6.31	0.946	0.06	1
	4-5 具备校本课程开发能力	6.19	1.047	0.07	1
	4-6 具备放眼全球的能力、多元沟通与合作能力	6.19	1.047	0.07	1
专业道德	5-1 热爱高职教育事业，富有献身精神	6.56	0.814	0.04	1
	5-2 热爱高职院校的在校学生	6.75	0.775	0.04	0
	5-3 热爱所处的教师团体	6.50	0.816	0.04	1
	5-4 在教学过程中，注重与团队合作、与同事积极开展协作与交流	6.44	0.814	0.04	1
	5-5 注意提高教师个人修养	6.63	0.619	0.02	1

三、"双师型"教师素质与能力内涵结构的模型构建及分析

"双师型"教师是职业教育师资队伍建设方面的关键环节。专业化的"双师型"教师可以确保高职院校培养出经济社会发展所需要的复合型、高素质、创新性技术技能人才。界定高职院校"双师型"教师内涵结构可以推进"双师"理论研究并有助于完善双师认定标准和培养路径。

表 4 "双师型"教师素质与能力内涵基本构面评分

	个案数	最小值	最大值	均值	标准偏差
教育理念	16	4.71	7.00	6.3214	0.5959
专业实践能力	16	4.57	7.00	6.2232	0.7523
专业知识水平	16	4.86	7.00	6.4107	0.5758
教学传达能力艺术	16	4.17	7.00	6.2813	0.84266
专业道德	16	4.40	7.00	6.5750	0.6767

1.**"双师型"教师素质与能力内涵结构的钻石模型**

双师素质与能力内涵维度中（见表 3 和表 4），"专业道德"（M=6.5750）是受访者认为最重要的维度（M=6.5750）。其中热爱高职院校的在校学生（M=6.75）和注意提高教师个人修养（M=6.63）是中间最为重要的因素。其次是"专业知识水平"（M=6.4107），且受访者认为"有一般教育理论、职业教育理论、任教专业的学科理论知识"（M=6.63）和"促使理论知识和实践性知识持续更新、优化的发展性知识（如反思性知识）（M=6.69）"等非常重要。除此以外，"专业知识实践能力""教学传达能力艺术"和"教育理念"也是受访者认为颇为重要的因素。

根据数据结果，本研究认为"双师型"教师素质与能力内涵主要包括专业知识、专业道德、能力、理念四个方面，据此提出"双师型"教师素质与能力内涵结构的钻石模型（见图 2）。

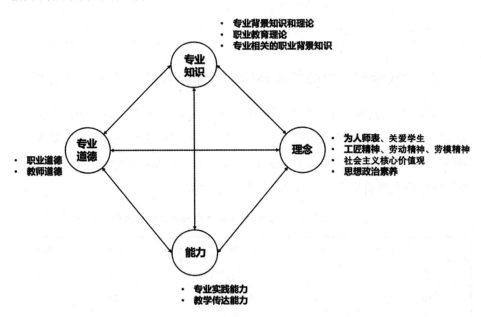

图 2 "双师型"教师素质与能力内涵结构的钻石模型

2.**理论和实践能力相结合**

本研究调查发现，"双师型"教师关键应具备两个方面的能力，即能够完成专业理论的教学能力，以及指导专业实践的能力。这与目前学界主流意见一致，并且也符合当前最新政策要求。《中共中央　国务院关于全面深化新时代教师队伍建设改革的意见》提出"双师型教师考核评价要充分体现技能水平和专业教学能力"。在当前高职院校"双师型"教师队伍中，有的老师更擅长理论教学，具体体现在专业基础理论知识十分扎实、理论教学经验丰富，往往具有从高校到高校的学习工作经历；也有的老师更擅长实践操作和实践活动，其特点是专业实践经验丰富，属于"技能型"实用人才，往往具有长期的企业一线工作经历。理想的"双师型"教师应该在两种类型的能力上都达到较高水平，称之为"高水平双师"。然而现实中具备单方面特长的教师更多，比如有的兼职教师虽然懂得生产技能，了解一线的生产现状，但是却没有学习过专业教学方法或者先进教育理念，不知道如何更好地把自己精湛的技艺传授给学生；而有的理论型教师虽具有专业的教学方法和理念，但是缺乏实践操作技能和经验等，教学往往流于抽象，教学效果大打折扣。

从能力的具体内容来看，理论教学能力方面要求"双师型"教师全面理解专业人才培养方案、授课标准和授课计划，扎实掌握专业基础理论知识、本工作领域的最新动态和技术应用，不断学习更新自己的教学理念和教学方法，将新知识、新技术和新理念应用于教学中。值得注意的是，在深度访谈过程中，调研对象提出，"双师型"教师需掌握的专业理论并不是抽象的书本理论，而是面向工作世界、反映职业实践活动的"真实"专业理论知识。在教学传达能力方面，"双师型"教师应当掌握适应教育现代化的信息技术、娴熟的教学设计能力、实施能力和评价能力，具备一定的课后反思能力和班级组织管理能力。这就要求"双师型"教师在掌握教育教学理论的同时，能够根据教育规律来解决教学过程中的实践问题，通过其高超的驾驭教材和语言表达能力，按照教学计划和课程标准具体实施教学方案来达成教育目标，并正确评价教学效果。除了基本教学能力外，"双师型"教师还需要具备校本课程开发能力和多元沟通与合作能力等。

在专业实践能力方面，"双师型"教师不仅需持有中高级职业技能等级证书，更需要实质掌握行业领先的实践技术技能，能够在实践教学中进行完整演示并指导学生科学训练，为学生提供达到高等级技术技能的发展路径和训练方法。在日常教学中，"双师型"教师的专业实践能力还体现在指导学生参加社会实践和本专业的各级别行业技能大赛中。从实践能力的可持续角度来看，"双师型"教师应具备职业持续发展的能力，了解所教授专业实践技术技能前沿进展，因此往往承担了高水平的横向课题或具备较强的技术技能转化能力，能够为行业企业提供高品质的应用服务。"双师型"教师不但需要系统掌握专业理论知识，更需要对专业发展趋势与技术技能更新保持高度敏感，能够追踪专业前沿性问题，具有较强的技术创新和产品开发能力，能够在专业领域内从事试验、生产、技术开发和科研等工作，并且可以将自己的实践研究成果展现在教学环节中。

3. 知识结构的多样性

不同于传统的理论知识教学或技能的传授，"双师型"教师需要有扎实的专业知识、系统的教学知识和丰富的职业知识。专业知识储备是"双师型"教师作为专业核心师资地位的基础，丰富的专业理论知识可以帮助"双师型"教师在备课和授课中建立本学科与其他学科之间的联系，激发学生探索专业领域的积极性，提升学生的专业学习能力。教育知识包含教育理论知识和教育实践知识，教育理论知识主要涉及高职教育的教育特征、规律以及相互关系等理论知识（如教育学、心理学、管理学等）；教育理论实践知识是教师通过归纳总结自身人生经历、社会经验以及人生理念等，再通过教学形式将其传授给学生。职业知识主要包括本专业岗位的职业价值观、职业文化、职业制度等，以及在从事某一职业时的实践操作知识。

4. 教育理念和专业道德的融合

"双师型"教师应该具有先进的教育理念和较高的专业道德。在教育理念方面，"双师型"教师对于职业教育的认同感，不仅会影响到教师自身的成长发展和教学效果，更会影响到学生的自我认同以及成长。"双师型"教师需要赞同开放合作的现代高职教育观，认同高职"双师型"教师的职业性和独特性。赞同终身学习和创新创业的高职教育观，即认可通过职业教育传达出终身学习的观念和创新创业的重要性，提升学生在学校期间以及未来工作期间的持续学习意识。当下的高职教育需要坚持自主与开放相促进原则，立足中国客观实际，实施中国特色、现代水平和国际标准的系统性变革。因此，"双师型"教师在教学当中，需要不断强化问题意识和创新意识，不断激发学生的自主创新思维，坚信每一个高职院校学生都能成为有用之才。"双师型"教师对职业教育理念的认同感会积极影响学生的学习效果，并促进学生的自主持续发展。在专业道德方面，专业教师应不断提高个人修养，热爱高职教育事业，富有献身精神，热爱高职院校的学生、热爱教师团体、注重团队合作、与同事积极开展协作与交流。高尚的师德是教师从事教育活动的基本前提，教师正确的政治信念、较高政治理论水平以及严谨治学、爱岗敬业等诸多品行，都会对学生的世界观、人生观、价值观的形成产生至关重要的影响。

四、讨论与建议

1. "双师型"教师素质与能力内涵结构的是双师研究的基础

本研究以修正性德尔菲法为主，在前期研究基础上提出"双师型"教师素质与能力内涵选项并进行两轮研讨和细项评分，最终形成达成共识的"双师"素能内涵结构钻石模型。不但提出内涵模型由专业知识、专业道德、能力、理念四个维度组成，更提出 32 个细分项。这一模型是对当前双师理论研究的进一步深化，有利于更好地认识双师内涵。作为我国职业教育的特有概念，"双师型"教师队伍建设是建设中国特色、世界水平职业教育的关键环节，肩负着为国民经济转型发展培养高素质技能型人才的重任。如何更全面深刻地认识"双师"的内涵，更科学地建设好高水平"双师"队伍是今后一段时期职业教育的重要任务。本研究在理论上明确并拓展了"双师型"教师素质和能力的内涵结构并构建理论框架，提出的"双师"素能的钻石模型，是对以往研究的深化和补充，为学界更全面地认知"双师"内涵提供了实证研究的支持。

2. 基于"双师"素能结构模型的标准认定与素能评测

2022 年教育部发布的《职业教育"双师型"教师基本标准（试行）》为全国范围内的双师认定提供了基本标准和制度遵循，后期各地各高校将依据总体标准进行具体认定和落地实施。本研究将"双师"内涵分为32个细分项，实质上是对双师内涵的进一步细化和凝练，有利于实践上对"双师型"教师进行标准制定和具体认定。比如双师要求具备理论教学能力与实践教学能力，简单地说这两种能力必要性是可以的，但是到底具备什么样的操作细分能力才可以合格地完成理论与实践教学则是需要进一步深化研究的。在具体的认定环节，应结合不同层次学校、不同专业对内涵要素细分项进行筛选或重组，以达到既坚持本质又突出个性的科学合理认定的目的。后期各高校或管理部门可以依照该素能模型进一步编制职业教育"双师型"教师素能评测工具，管理部门可以依据职业教育教师所处的不同阶段，对教师素能的不同维度进行量化，为"双师型"教师素能的培训和提高提供更有针对性的方案。

参考文献

［1］王昊．我国职业教育"双师型"教师文件综述及政策演进分析［J］.中国成人教育，2021（3）：60-66.

［2］徐芳，陶宇．欧美职教"双师型"教师培养的成效、经验及启示［J］.教育与职业，2021（9）：68-75.

［3］张莉．本科层次职业教育试点院校师资队伍建设的困境及优化路径［J］.中国职业技术教育，2020（32）：43-48.

［4］尹克寒．高职院校"双师型"教师专业能力建设研究［J］.教育与职业，2022（11）：57-61.

［5］陈莉鋆．新时代高职院校"双师型"教师建设策略研究：基于继续教育视角［J］.现代职业教育，2020（52）：76-77.

［6］李梦卿，张碧竹．"双师型"教师队伍建设制度的回顾与思考［J］.教育与职业，2012（6）：15-18.

［7］任君庆，胡晓霞．打造高水平双师队伍高质量实施"双高"建设［J］.职教论坛，2019（4）：30-32.

［8］张红，王海英．我国高职院校"双师型"教师认定标准建设及应用分析：基于全国23个省份153所高职院校的调查分析［J］.中国高教研究，

2022（7）：103-108.

　　［9］宋明江．高职院校"双师型"教师教学能力发展研究［D］．重庆：西南大学，2015.

　　［10］王琴．职业院校"双师型"教师胜任力结构探析［J］．教师教育研究，2022，34（2）：53-60.

　　［11］刁均峰，韩锡斌．职业教育"双师型"教师教学能力评价指标体系构建［J］．现代远距离教育，2021（6）：13-20.

　　［12］李晓东．基于岗位能力视角的高职"双师型"教师 认定标准及培养路径研究［J］．现代教育管理，2019（8）：77.

　　［13］KEENEY S，HASSON F，MCKENNA H P. A critical review of the delphi technique as a research methodology for nursing［J］. International Journal of Nurs ing Studies，38，195-200.

　　［14］MERTENS A C，COTTER K L，FOSTER B M，et al. Improving health care for adult survivors of childhood cancer：Recommendations from a delphi panel of health policy experts［J］. Health Policy，69，169-178.

　　［15］MURPHY M，BLACK，N，LAMPING D，et al. Consensus development methods and their use in clinical guideline development［J］. Health Technology Assessment，2.

教学改革篇

典型案例

知识图谱引领　虚拟教研室助力
——浙江旅游职业学院模块化教学模式改革

浙江旅游职业学院　吴雪飞　袁子薇

一、案例简述

学校注重全校旅游大类基础能力的培养，针对旅游大类专业如酒店管理与数字化运营、智慧景区开发与管理等，开设了一系列基础课程，包括新媒体运营、市场营销等，为学生未来的职业发展奠定了坚实的基础。2023 年 5 月学校开展了一系列深度的模块化教学改革措施。首先，对基层教学组织进行了探索和创新。通过立项虚拟教研室，实施了新的课程模块化教学方式。不仅创新了教研模式，还强化了课改研究，实现了教学教师资源的共建共享。有助于切实解决我校教学中存在的共性问题，提高教学质量和学生的学习效果。随后，依托课程知识图谱建设，各虚拟教研室根据实际需求重新整理并细化了知识点教学资源使得教学过程更加系统化和精细化。利用知识图谱技术，将整个教学过程有机地串联起来，从而提高了教学质量和学生的学习效果。此外，通过虚拟教研室平台，形成了一套基于职业能力的模块化课程设置方案。在培养学生的实际操作能力和职业技能时，可以使他们更好地适应未来的工作需求。通过搭建多层次的模块化课程结构体系，探索了分工协作的模块化教学组织方式。不仅提高了教学效率，还促进了教师之间的交流与合作。

二、[关键词]

旅游职业教育；模块化教学改革；知识图谱建设；虚拟教研室

三、主要做法

（一）构建"四转变、三环节、双平台"的教学模式

在设计模块课程时，关注四个重大转变：从单纯的知识传递转向实际工作为中心，从单纯的知识灌输转向真实的学习情境，从传统的课堂为中心转向实际工作为本，以及从被动的个体学习转向积极参与的学习共同体。为实现技能实训的高效整合，通过三个关键环节：情境化的"教学包"、项目化的"工作站"以及实践化的"任务点"。同时，结合基于"互联网+"的在线学习平台和虚拟学习社区，以及真实与模拟并存的实践型教学基地，构建了"产教在线、理实一体"的学习闭环。模块课程的改革与实践带来了课程结构的深刻变化，进而推动了课程模块的持续优化。教师通过深入分析工作环境，构建情境式工作模块，进一步促进了技能实训的整合与优化。不仅提升了教师的教学质量，也显著提高了学生的学习效果。

（二）在虚拟教研室中实施模块化教学改革

虚拟教研室前期建设基础为跨 5 个专业以上及 6 名以上有 3 轮以上相关授课经验的教师组成。经过发展，部分虚拟教研室主要成员从校内发展到了校外，如新媒体运营虚拟教研室，目前组成成员有校内十余个专业 8 名教师，校外十余家院校的 11 名教师。在教研室主任的带领下，定期开展虚拟教研室活动，对师资进行交流培训，展示课程建设思路及成果，与全国范围内的相关教师展开交流（见图 1）。依托虚拟教研室平台，开展多个层面的课程教学改革汇报。虚拟教研室主要成员也参加各类新媒体相关专项培训，获得相应能力证书，提升专业能力。并围绕旅游类专业培养目标以及文旅行业用人需求进行课程模块的构建，设计了新媒体文案创作、短视频运营、直播营销三大通识知识模块和不同旅游业态的新媒体运营实战技能模块，满足各个旅游类专业人才培养的侧重点和个性化。

图 1　新媒体运营虚拟教研室活动

（三）制订基于职业能力的模块化课程设置方案

为确保课程内容与实际工作需求紧密相连，重点培养学生的职业技能和素养，市场营销虚拟教研室将课程内容划分为若干个模块，制订个性化的课程设置方案。方案注重职业能力的培养，以实际工作场景为依托，设计模块化的课程内容。每个模块聚焦于特定的职业技能或知识领域，便于学生根据自己的兴趣和职业规划选择。其中核心的技能可以联系紧密合作的雇主提供雇主认证，让合格的学生获得可雇用力的肯定。在实践方面搭建"全真""仿真"实践型教学基地。让模块课程中掌握的学习成果，在第一时间得以应用。

（四）探索分工协作的模块化教学组织方式

在教学过程中，教师们通过分工协作的方式共同参与模块化课程的教学设计和实施。根据自身的专业特长，各自承担不同的教学任务和模块，确保每个模块的教学内容都能够得到专业的指导和支持。为了更好地组织和协调教学活动，各虚拟教研室分别形成一个与模块化课程相匹配的教师资源库。不仅包含了教师的个人资料、专业背景和教学经验，还记录了教师的教学特长和擅长的领域，可以更好地匹配教师和模块，确保每个模块都有合适的专业教师进行指导。在课程结构的搭建上，注重从宏观到微观的多层级结构。先根据学科大类的划分，确定了宏观的课程层级。进一步细分出更具体的专业方向和知识点，形成了多个微观的模块化课程。不仅能够更好地满足不同专业、不同层次的学习需求，也可以让学生能够在学习中逐步深入，建立起完整的知识体系。

四、成果成效

（一）提升模块化教学能力

为更好地开展课程建设交流，提升课程师资专业化程度，依托虚拟教研室平台，开展多个层面的课程教学改革汇报，展示课程建设思路及成果，与全国范围内的相关教师展开交流。2023 年 9 月校内汇报课程模块化教学改革思考，随后在职业教育教学资源库研修班智慧分享课程知识图谱建设及通识课模块化建设，2024 年 1 月，在与浙江深大智能科技有限公司联合举办旅游新媒体营销师资培训班上分享课程建设思路与成果。另外，虚拟教研室主要成员也参加各类相关专项培训，获得相应能力证书，课程师资专业能力有所提升。通过参与相关的模块化教学培训和进修课程，了解模块化教学的理念、方法和技巧，提高教师在模块化教学设计、实施和评估方面的能力。在模块化教学实践过程中，不断反思和总结自己的教学经验，找出存在的问题和不足之处，并寻求改进的方法。通过不断的实践和反思，提升自己的模块化教学能力。与其他教师进行交流与合作，分享彼此的教学经验和心得，共同探讨模块化教学的最佳实践方法。通过集体智慧和合作，共同提升模块化教学能力。

（二）增强人才培养成效

学生根据学习兴趣，选择不同的知识模块进行学习，教师结合不同知识模块，引入真实项目，促使学生专业能力得到提升。如新媒体虚拟教研室以服务浙江省山区 26 县共同富裕，浙江省"微改造·精提升"活动为载体，通过新媒体赋能乡村文旅，带领学生参加各类社会实践项目，助力常山乡村文旅品牌形象塑造与推广获全国大学生暑期实践成果 TOP100，获浙江省大学生科技创新活动计划（新苗人才计划）1 项。同时将学生实践成果进行转化，指导学生参加各类专业竞赛，获浙江省会展策划创意大赛乡村振兴赛道一等奖，获浙江省乡村振兴创意大赛一等奖等。如市场营销虚拟教研室通过任务驱动+角色扮演的教学方法，选择典型工作任务，提炼能力模块，虚拟 IP 角色，进行角色扮演。教师、学生以角色身份进入职业场景，设置领取任务，依据学生行为画像，设计情景对话，将课堂环境设置于真实经营情境中，营造职业氛围。通过情境激发学生学习兴趣，通过团队任务提升学生间协作探索能力。

（三）促进产教融合深度

新媒体虚拟教研室依托相关课程举办常山短视频直播创意大赛，助推常山农副产品，输出短视频 30 余个，开设 20+ 场常山专场直播，点赞总数高达 100w+，直播间总人数达 1w+。依托虚拟教研室平台，与浙江深大智能科技有限公司联合举办 2024 "智游宝杯" 首届全国旅游新媒体营销与运营创意大赛。大赛将以初赛新媒体方案和决赛旅游目的地或旅游景区短视频、直播营销线上实战的形式开展，以促进课程岗课赛证融通，提高旅游院校学生的新媒体营销与运营技能，推动旅游专业数字化课程改革与教学改革，师资队伍建设，提升参赛选手职业能力和就业质量。

充分发挥教学资源库功能　强势引领
旅游类专业群发展

浙江旅游职业学院　黄中黎

一、案例简述

智慧景区开发与管理专业教学资源库（以下简称智慧景区资源库）由浙江旅游职业学院、太原旅游职业学院与云南旅游职业学院牵头，联合江西旅游商贸职业学院、郑州旅游职业学院、上海华侨城投资发展有限公司、吉林外国语大学等各高职院校、本科院校及知名旅游景区企业共同建设，于 2019 年 11 月正式立项为国家级专业教学资源库，2022 年 12 月正式通过教育部验收，发挥了良好的示范合作效应。

二、[关键词]

共建共享；"四位一体"；师资培训；行业服务

三、主要做法

（一）四方协同，科学构建资源库框架体系

首先，成立资源库专家顾问小组和资源库建设领导小组，充分依托全国旅游职业教育教学指导委员会等平台，构建"校企政协""四位一体"利益共同体，合理分工，有效推动资源库初期建设。其次，紧扣当下及未来旅游景区行业人才需求结构进行一体化设计，积极融入课程思政与创新创业理念，适当向创新创业教育课程模块和通识教育课程模块拓展，打造了"一库、两馆、三中心、四基地"的系统架构，设计了一套智慧景区专业相关的标准体

系，形成了旅游类基础通用课程、智慧景区专业核心课程、岗位技术方向与地方特色课程等三个层次的课程模块。同时，顺应学生、教师、行业及社会大众等不同类型用户的需求导向，以课程体系的知识树（点）梳理为基准，精细研制海量颗粒化资源。

（二）合力推进，多渠道开展项目推广应用

各共建院校按照"共商共建共享、边建边推边用"的原则顺利完成既定标准化课程，并有序推进个性化课程、技能训练模块、微课与慕课的建设与推广应用。一是依托智慧职教平台及其配套的 MOOC 学院、职教云 SPOC 等平台推广，打造职教在线开放课程与院校课程互选、学分互认的主阵地，开展资源库项目教学信息化提升与改革创新；二是通过举办会议论坛、师资培训班、线上线下媒体宣传等途径，促进全国旅游类专业教师的沟通交流与技能提升，同时扩大资源库的影响力与知名度；三是以打造四大培训基地为目标，通过线上自主学习、线上＋线下相结合、线下研讨等多种形式，深入行业社会开展培训与应用推广工作。

（三）积极响应，主动担当行业排头兵

一是响应乡村振兴战略，形成乡村旅游开发等系列培训课程，开展"送教下乡"等社会服务，培养乡村旅游新型职业农民。二是响应全域旅游发展战略，建设《中国良渚文化》等文旅融合特色课程，积极助力地方文旅融合与全域旅游发展，积极服务地方全域旅游示范创建和"百城千镇万村"工程。三是响应"一带一路"倡议，建设《旅游英语》等双语课程，积极制作优秀国际化教学资源，促进文化输出与交流。四是响应智慧旅游发展需求，打造虚拟仿真馆，实现了 100 个著名旅游景区的虚拟游览，设计了兼具教学与创新创业功能的景点导游 App，成为相关专业课程的数字化配套教学资源。

四、成果成效

智慧景区专业资源库共开设 1503 门课程，其中标准化课程 38 门，上传各类素材 2 万多个，学习用户数近 18 万，使用者来自全国 5000 余个院校、单位或个人，共建共享成效明显，在专业建设、师资建设、课程建设、学术科研、学生比赛和社会服务等方面取得了累累硕果，包括浙江旅游职业学院智慧景区开发与管理专业通过联合国旅游组织认证并入选国家级专业群建设项目、两个合作项目入选全国旅游职业教育教学指导委员会校企深度合作示范项目、三所院校入选国家级职业教育教师教学创新团队、顺利举办多次"智慧景区专业师资培训班"和"疫情防控背景下旅游景区转型升级专题培训班"等。资源库建设期间，6 门课程被认定为国家级职业教育精品在线课程，19 门课程被确定为省级精品在线开放课程；6 本国家"十三五"规划教材和 10 本新形态教材出版；22 个省部级及以上课题立项；15 篇论文在核心期刊和重要报刊上发表；荣获 20 个省级及以上的教师教学技能比赛奖项和 118 个省级及以上学生技能比赛奖项等。

包装设计课程
——蜀锦龙粽之礼包装设计

成都职业技术学院　张芝敏　张睿涵　张米萌　禹伟杰

艺术设计专业核心课——包装设计以企业真实项目蜀江锦院端午节粽子礼盒包装设计为载体，在前期完成包装设计各工作流程子项目学习的基础上，以商业项目来训练学生包装设计的综合运用能力，针对"重视传统文化"的时代背景，构建"3环3法"教学模式，营造企业真实场景的教学环境，让传统技艺焕发新生命力，实现知识传授、能力培养、创新引领三频共振，有效达成教学目标。

一、专创融合课程教学设计

（一）立足包装课程，融通创新思维，重构教学内容

依据包装设计课程教学标准、高职院校艺术设计专业人才培养方案，以校企合作的"蜀江锦院端午节礼盒"真实项目为载体，培养学生创新思维，对接包装设计师（四级）岗位标准，依据全国大学生广告设计大赛、"1+X产品创意设计师（中级）"职业技能标准，基于包装设计工作流程设置5个项目，从实施项目策划、开展结构设计、实现创意表达、进行工艺制作到完成反馈调整。在教学过程中增强学生对包装设计行业的规范意识、激发设计思维的创新意识、树立坚定不移的文化自信，培养懂设计、会设计、能设计、爱设计的职业素养。依据岗课赛证相关标准，制定以下教学策略，见图1。

图 1 教学策略

（二）精准学情分析，依据课程标准，明确教学目标

本项目授课对象在完成包装设计前序课程的学习后，对照包装设计师（四级）岗位标准及 1+X 产品创意设计（中级）认证标准通过问卷、座谈、阶段测评，分析得出如下学情：

1. 知识和技能基础

98.7% 的学生掌握主题策划要素、了解结构分析方法、熟悉图样绘制步骤、了解主题图文创意表达方法、了解包装工艺制作工序、熟悉反馈调整修改标准，但 32.3% 的学生绘制图样精准度低、耗时长，无法达到岗位要求。

2. 认知与实践能力

91.4% 的学生会使用八爪鱼数据采集器进行主题策划信息收集数据分析、能用 PS 软件进行盒型精准图样绘制、会依据主题元素进行图文创意表达、会通过包装技术工艺呈现设计效果、能依据客户反馈意见调整修改作品，但 78% 学生创意表达能力较弱，仅有 2 名学生对包装设计师有明确认知，95% 的同学缺乏商业项目的综合实操经验。

3. 学习特点

本班学生喜爱以情境互动和完成任务的方式进行学习；习惯借助抖音、

哔哩哔哩、小红书等网络媒介拓宽知识面，能够利用"站酷网""花瓣网"等设计网站检索课程学习所需资源，但普遍认为创意表达中的图形元素分解法、图形元素重构法很难应用和表现，存在畏难情绪。

依据"蜀锦龙粽之礼包装设计"教学内容和前五个项目学习后的学情分析，确定本项目单元的教学目标、确定教学重点、预判教学难点。

（三）引入真实项目，创新教学模式，制定教学策略

实施以学生为中心、引入蜀锦主题包装设计真实项目，精准制定"3 环 3 法"的教学模式、通过"4 库 2 地 2 云 1 平台"的教学资源，还原商业项目包装设计的真实工作流程（如图 2 所示）。

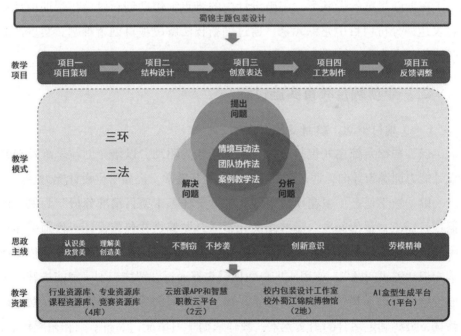

图 2　教学策略

1. 教学组织与方法

根据学情分析、因材施教，构建"3 环 3 法"教学模式，每个教学项目以"提出问题、分析问题、解决问题"3 个教学环节展开教学，通过"情境互动、案例教学、团队协作"3 种教学方法组织教学。

2. 教学资源与手段

依托行业资源库、专业资源库、课程资源库、竞赛资源库（4 库）提供针对性强、内容丰富的案例视频、课件、图片等专业教学资源；构建校内包装设计工作室、校外蜀江锦院博物馆（2 地）的课堂教学环境展开教学；使用云班课 App 和智慧职教云平台（2 云）进行线上线下混合教学的管理、展示、互动、评价；基于包装设计中结构设计精准图样按时交稿率和准确率较低的现状，课程团队教师和蜀江锦院博物馆共同研发了 AI 盒型生成平台（1 平台）解决传统结构设计中精准图样绘制耗时长，易出现盒型无法闭合等问题。

（四）预期教学效果

在创新思维的引领下，突破设计中的难点，借助创新思维，帮助设计创意表达，分析项目中龙粽元素、通过创新技法解决项目创新难题。实现产品落地化、商业化，能最终投入市场运营。

二、专创融合教育实施过程

（一）项目驱动，"3 环 3 法"，能设计

以"蜀锦龙粽之礼包装设计"项目任务为驱动，以培养创新思维及包装设计能力训练为导向，通过"3 环 3 法"展开教学，提高学生设计能力。

以"教学任务 1 主题项目策划"中"子任务 1 项目精准分析"为例：依据项目需求"提出问题"哪些图文元素适合龙粽之礼包装设计？教师引导学生从项目特色、产品功能、文化元素进行项目定位分析"分析问题"；依据所学知识"解决问题"，使用八爪鱼数据采集器通过"智能识别—智能推荐—生成设置—自动采集"四步进行元素采集，对照博物馆现有蜀锦主题元素进行筛选，最终确定适合的图文元素；教师依据学习情况，发布基础和拓展作业，学生延伸学习。

（二）任务导向，"4 库 2 云 2 地 1 平台"，爱设计

以完成"蜀锦龙粽之礼包装设计"任务导向，通过打造虚实结合的教学资源体系，提高教学效率，突破教学难点，促成学生热爱设计。

以"教学任务 4 蜀锦图文创意"中子任务 1 "图形创意设计"为例：课前，

带领学生到校外蜀江锦院博物馆熟悉蜀锦纹样，激发学生设计灵感。课中，教师对照蜀锦藏品现场示范在 PS 界面下使用图形元素重构法，引导学生从龙纹点、线、面的进行构成分析，学生直观了解线构成的勾勒、面构成的渲染步骤和注意事项；课后，学生通过行业资源库、专业资源库查找传统文化主题包装设计优秀案例、学习借鉴设计思维，在云班课 App 复习巩固完成作业。"智慧职教云平台"上学生拓展学习，实现设计作品的交互性。

（三）非遗赋能，"4 美 2 不"，敬设计

为了更好地传承和推广非遗，确立蜀锦主题元素为项目主题，以"认识美、理解美、欣赏美、创造美"为主线设置教学任务，在教学过程中，树立学生的职业道德意识与版权意识，引导学生做到"不剽窃，不抄袭"，通过"4 美 2 不"引导学生敬重设计。

以"教学任务 1 蜀锦主题项目策划"子任务 3"设计方案制订"为例：在任务策划环节带领学生剖析蜀锦的龙凤纹、卷草纹、花鸟纹等图像元素、分析蜀锦中特有的中国传统色"真红"的运用——认识蜀锦之美；观察非遗传承人运用蜀锦花楼织机完成原始织锦工艺作品的过程——理解蜀锦之美；分析博物馆目前售卖的蜀锦文创商品中的设计元素的运用——欣赏蜀锦之美，通过手工织布形成的图案元素与现代设计中矢量图形融合——创造蜀锦之美，让传统技艺焕发新生命力。引导学生借鉴优秀案例的设计风格，获取方案设计灵感，明确设计的原创性，养成"不剽窃，不抄袭"的设计师职业操守。

（四）综合评价，"4 主体二次元"，会设计

"4 主体二次元"的综合评价考核体系，生成每个学生的综合评价结果，实时了解学习进度，专业知识积累、职业能力提升，衡量学生会设计。

以"教学任务 8 成品反馈调整"子任务 3"反馈信息调整"为例，在"过程性评价 60%"中，课前 10%，专任教师依据云班课 App 学习积分测评学生对客户有效沟通知识的掌握；课中 80%，企业教师、专任教师和客户通过 CY/T 199—2019《包装印刷通用设计规范》掌握程度，"怎样依据客户需求调整修改"课堂问答，有效沟通这三个方面进行测评；课后 10%，专任教师和学生依据调整修改准确性、小组互评调整修改及时性评分。在"结果性评价 40%"中，企业教师、专任教师对包装成品的合理性、美观度测评，客户对修改调整的及时性、包装成品满意度测评、学生团队分工测评。在"增值性评价 10%"中，依据包装成品是否被企业采用为评价结果。

三、专创融合教学成效

（一）学生作品完成度高，知识目标达成

通过"3 环 3 法"组织教学，完成"蜀锦主题包装设计"商业项目，93.5% 的学生能熟记蜀锦主题包装设计的中 5 个工作流程和操作方法，96.7% 的学生掌握 AI 盒型生成平台操作步骤，90.3% 的学生掌握创意表达方法，94.5% 的学生了解蜀锦主题包装工艺制作工序、行业标准，知识目标有效达成。

（二）商业设计思维养成，学生成人成才

通过商业项目训练，93.4% 的学生能依据客户需求完成蜀锦主题包装设计，98.1% 的学生能使用 AI 盒型生成平台进行结构精准图样绘制，89.9% 会使用图形解构法、图形同构法进行创意表达，94.5% 的学生具备包装材质、工艺技术选择的能力。商业项目实战经验显性提高，包装设计师能力显著增强。

（三）企业评价认可度高，作品发布采纳

合作企业对本班学生包装设计作品满意度较高，全部作品在学校公众号和企业公众号发布宣传推广，其中 2 个作品被企业采纳进入下一步开发，充分认可教师教学能力和学生设计水平，鼓励更多的学生在今后的包装设计中创新思考，学以致用。

（四）新技术研发使用，缩短时间提高精准度

基于包装设计市场对精准图样绘制的时间快、精准度高的需求，校企共同开发 AI 盒型生成平台，绘制步骤由原来的 7 步简化到 4 步，绘制时间由原来的 4 小时缩短为 0.5 小时，绘制的准确率由原来的 52% 提高到 90%。

（五）项目持续溢出效应明显

通过该项目，帮助蜀江锦院端午礼盒包装实现经济效益 23.5 万元。后续围绕包装设计课程相关案例展开包装设计，获得 7 项国家外观专利授权、对口帮扶甘孜、凉山等民族地区开展农副产品包装设计。

"立体推动＋技术驱动"的高职院校混合
教学改革

青岛酒店管理职业技术学院　　庞　　阳

一、基本情况

开展混合式教学是提升教师教学创新团队信息化素养、推动教学模式改革的重要路径。青岛酒店管理职业技术学院通过立体统筹与系统推进，混合式教学改革取得显著成效，形成远近贯通、长短衔接的改革机制与制度体系，为教师教学团队建设与整体教育教学改革提供内在驱动。"三通两平台"进一步完备，具有自身特色的网络学习空间趋于完善。为混合式教学改革夯实软硬件支撑载体。截至当前，累计支持资金 200 万元推进混合式教学实施，立项三批混合式教学试点课程，拟转化双语慕课 10 门，混合式课程、翻转课堂、慕课等课程比例大幅提升。同时，新场景下的混合式试点课程考核模式也在持续探索和尝试，启用了自主设计、委托开发的新型线上考核系统，取得软件著作权，目前正在进行三批课程试点。

经过改革，新学习成果导向下的教学需求与师生双向需求得到进一步满足，教师信息化素养与学生"线上＋线下"深度学习有效性进一步增强，教师开展信息化教学的质量主体意识与水平显著提升，实现从"不想用、不会用"到"用得好、离不了"的跨越。此外，学校通过混合式教学有机串联课堂教学、实践教学、实习指导、顶岗实习等主要教学环节，同时通过特色课程建设将家、校、企进行有机联结，打造或正在建设多个智能学习共同体，基本实现"教学信息化贯穿人才培养全过程"隐性目标。

二、主要做法

（一）理念与导向：信息技术驱动标准贯穿教学全程

学校依据职业教育国家标准体系，构建了以从教学标准、岗位标准到课程标准、教学设计为逻辑关系和基本构成的混合式课程标准体系，同时明确信息技术全面赋能教学改革的地位，依托清华在线教育平台和学校委托开发的教学管理系统，逐一拆解职业技能标准和岗位标准的知识点、技能点和素养点，与课程进行精确匹配、重组，实现能力要求和课程体系矩阵关系基础上的精准量化，有效降低标准在执行过程中的衰减和偏离，从课程逻辑源头精准规定工作任务、教学项目、职业能力、专门能力（技能点）与素质、知识、通用能力、前导知识以及实现其学生学习活动、教师教学活动，将职业技能标准和岗位标准有效落地课堂，实现信息技术驱动标准贯穿教学全程，有效解决课程供需错位问题、资源升级问题和有效性不足问题。

（二）开发与统筹：分层分类推动信息化改造与升级

在混合式教学改革中，学校注重对优质既有课程资源的整合利用以及对新型课程资源的统筹开发，强调横向分类建设，同时基于信息化应用水平高低统筹课程开发的纵向分层。学校出台《关于推进实施混合式教学改革的意见》，明确混合式课程开发的基本类别，一是以既有传统课程的信息化建设作为"改建类课程"，遴选部分专业基础课、核心课、拓展课探索"课内课外结合、线上线下联动"的混合式教学模式，实现课程部分学时的信息化、网络化教学和学习；二是以既有网络课程的开放性建设作为"推广类课程"，依托各级各类精品资源共享课，更新内容，丰富资源，作为选修课对校内外学生开放，提升课程开放性水平；三是将原创在线课程的体系化建设作为"原创类课程"，鼓励教师开展混合式课程的原创性开发与制作，建成由电子教材、微视频、自主学习任务单、试题库等构成的原创在线开放课程。同时，出台《课程提质培优综合改革实施方案》，鼓励"一书一课一空间"式的整体开发策略，启动了 5 门课程试点。

（三）平台与工具："双核多元"有力保障改革平台支持

学校重视混合式教学改革基础建设，以清华在线教学平台为基础在线教学平台与课程资源存储中心，以中国大学慕课平台为在线课程推广平台，设立专项资金完成清华在线教学平台最新升级，新设专用服务器三组，同步推送新版课堂伴侣 App，实现功能全升级；稳定了在优质课程在线推广方面与中国大学慕课的合作，提升了混合式教学改革的显性成果出产率。同时，设立校本系列专题培训，协助教师对腾讯会议、智慧职教、相关教学资源库的辅助性使用，又通过教室信息化改造实现智慧黑板、智慧教室全覆盖，构筑了"双核多元"、有效对接的平台与载体建设格局。

（四）运行与管理：制度创新重构资源配置与分配关系

作为学校整体层面的重大改革议题与全新课题，混合式教学改革带来诸多资源配置与分配关系方面的矛盾与挑战。学校立足实际，大胆革新，印发《青岛酒店管理职业技术学院在线课程建设管理办法》，将混合式课程置于在线课程大视野进行管理，根据线上学时占比不同分为面授教学为主的课程（A类）、面授和在线教学比例相等的课程（B类）、在线教学为主的课程（C类）和完全在线教学的课程（D类）。其中，A类课程线上教学学时占总学时的25%，线上教学内容以设计课程导入、促进学生思考、鼓励学生创新、配合预习复习、检验教学成效为主；B类课程线上线下学时依照课程设计需要合理进行平行或交叉分配；C类课程线上教学学时占总学时的75%，线下研讨答疑（面授）内容以总结重点、答疑解惑、检验成效、加强互动为主；D类课程为少量完全在线课程。

工作量核算方面，A类课程按照总课时的100%核算工作量，B类课程以总课时的75%核算工作量，C类课程以总课时的50%核算工作量，D类课程依据教学班学生人数分阶段递进核算工作量。经过一个学年的大力推动，混合式教学改革促生分配关系重构问题、改革内驱力不足问题、数字化资源多样性问题和资源配置失衡问题得到有效解决。

（五）观测与评价：双维双向评价全面监测建设效度

学校教师教学活动有效性与学生学习活动有效性两个方向对混合式教学

改革进行评价，同时从量性评价与质性评价两个维度对学习成果进行评价。学校印发《在线课程运行监测指导标准》，引导授课教师及时关注课程运行效果和学生反馈，课程中心对在线课程的运行情况进行跟踪监测并定期提出针对性建议，质量控制与绩效考核办公室日常公布在线课程运行数据。整体层面围绕教学目标重构教学，以学生学习活动设计和能力导向的学习评价体系创新为抓手，结合教学诊改工作，实现"支持自主学习"等六个观测指标的稳步增长态势。

以量化的专门能力（技能点）与素质、知识、通用能力、前导知识为基础，同时依托学界前沿研究成果，将学生知识技能以理解深度为参照分为 E、U、AP、AN、C 五级，自主设计、委托开发了新型考核评价系统，组织编制多模块线上动态题库，关联教师评价系统，建成对教师、学生的平行式课程评价工具，彻底实现教考分离，建成实时监测、量化教师"规定时间教会规定知识技能点"的成效，以及实时监测、量化学生"规定时间掌握规定知识技能点"的成效，实现教学效果与学习成效实时显性量化，同时作为质量评价的关键依据。经持续建设，混合式教学改革的效度监测已形成一套创新机制。

（六）激励与补偿：三重支持强化教学改革内在驱动

学校肯定混合式教学教师群体在教学改革中的贡献，通过三重激励与补偿强化教学改革内在驱动。学校印发《关于对混合式教学试点课程进行资金支持的指导意见》《关于混合式教学试点课程验收的指导意见》，通过五个维度的校内外专家评审，以优秀、良好、合格、不合格赋予建设成效评价，同时以教改课时费的形式分别一次性发放 10000 元、5000 元、2000 元作为显性物质激励。同时，混合式教学试点课程一经立项，即无条件支持基础建设经费 2000 元 / 门。此外，对课程团队引入的企业导师等兼职建设成员，支持以外部人员劳务费形式给予同水平物质奖励。同时，"线上金课教学设计比赛"等系列增益性评比活动愈加丰富多元。在具体规则上，基于课程授课责任同等的原则，混合式教学试点课程设联络人替代主持人，且规定教改课时费须无差别均享，打破课程建设内在驱动受限的桎梏。同时，以《在线课程建设管理办法》为主要依据制定"守门人"规则，使参与改革教师的不断求知契合学院发展需求和目标，从而达到共同目标的激励。同时，确保参与改革教师在追逐激励产生的效益的同时，约束教师不能因此失彼，保证学生接受知识和技能的利益不受戕害。

三、主要成效

（一）改革成果

机制成果方面，通过大胆探索与机制创新，学校将混合式教学改革融入整体教育教学改革整体格局，构建起由专业教学标准、职业岗位标准、专业人才培养方案、课程标准、教学设计为主要构成、具有开创性和学校自身特色的混合式教学标准体系，同时建立起"校企协同、共建共享、全面共享"的混合式课程校企双元共建机制，出台系列创新制度，尤其在"一书一课一空间"建设方面实践了开创性做法，在省域乃至更大范围内进行了先期探索，具有引领意义。

工具成果方面，自主设计、委托开发构建了"衍于岗位、基于标准、显于过程、重于实效"的混合式课程在线考核评价系统，以教学标准、课程标准、教学设计为基本考核依据，实现教学效果与学习成效实时显性量化，关联学生评教系统与质量控制平台，破解教师"教会了吗""及时教了吗"以及学生"学会了吗""按时学了吗"等传统考核桎梏，已取得软件著作权。自主设计、委托开发了符合混合式教学全过程管理需求的教学管理平台，实现从教学标准到教学设计的全流程监测与管控，软件著作权正在申报中。

资源成果方面，累计立项混合式课程 160 门，建成应用 135 门，2 门课程获评国家在线开放课程，15 门课程获评省级精品资源共享课程，课程线上资源 1 万余分钟被纳入国家级、省级教学资源库，1 门课程获评国家级课程思政示范项目，4 门课程获评山东省课程思政示范项目，1 个教学团队入选国家级职业教育教师教学创新团队，清华在线教学平台、中国大学慕课等平台载体的功能升级与资源共享水平达到新高度，学校混合式教学具体实施与资源建设进入新纪元。

（二）改革影响

内部影响方面，通过持续改革，学院标准化设计课程占比、建有在线资源课程占比、教学模式革新课程占比、采用新型考核系统课程占比等结构化指标大幅提升，课程类型更加丰富，师生信息化素养普遍提高，利用信息化手段开展教育教学活动和学习活动已成为师生普遍适应的形式，学生学习内驱力得以提升，学习创新精神显著增强，以学生为中心的教学模式内涵更加丰富，学生对课堂教学满意度提升至93.26%。同时，学校混合式教学的大规模推进也反向引导教师知识结构、能力结构的优化，学校教师作为教学活动的设计者和指导者的角色逐步得到全体教师的确认，师生学习共同体的氛围更加浓厚。

外部影响方面，相关改革成果与案例获多形式推广与宣介。一是受邀分享和推广相关经验，先后受邀参展或参加"教育信息化创新产品与应用成果展""全国职业院校信息化建设与应用交流展示会""三十届、三十二届、三十三届、三十六届清华教育信息化论坛""山东省高等院校教育信息化论坛"等会议和论坛，并多次做主题发言，介绍学校混合式教学改革模式。二是混合式教学改革工作案例多次入选各级优秀案例征集。两个案例入选首批"职业院校数字校园建设实验校"典型案例；《职教特色的信息技术与教育教学深度融合》入选山东省教育信息化应用优秀案例；《基于"网络学习空间"的混合教学创新举措与成效》入选中央电化教育馆"疫情防控期间'网络学习空间'主题应用优秀案例"。三是多所兄弟院校到校学习交流混合式教学改革经验。据统计，2019年至今，近百所国内高校主动到校或线上学习交流相关工作经验，改革模式推广价值与社会认可度显著提升。此外，山东省教育厅官网、大众网等多家媒体对相关工作进行宣传报道。

四、主要经验

（一）党的领导是保障

无论开展何种改革、如何开展改革，立德树人根本任务的落实应始终放在首位，在改革中认真思考"培养什么人，为谁培养人，怎样培养人"的问题，这就要求在学校党委的坚强领导下，坚持立德树人与守正创新，以党组织的强大领导力为保障，推动新时代教育改革的探索，沿着符合时代的教改之路走远走实。此外，混合式教学改革的资金保障、政策支持、课程思政建设等方面也需要党组织的坚实保障。

（二）改革理念是关键

混合式教学改革本质上是教学理念变革、教学模式改革和教学工具的革新，而关键一环是教学理念的变革。"技术最终还是要为人服务"，混合式教学改革必须坚持以人为本，落实"以学生为中心"的改革理念，依托主体教学内容的设计和教学目标的达成，为职业能力的赋予和岗位需求的引入赋予人文关怀。同时，还应坚持标准引领、贯穿全程的改革理念，以标准指引方向、把控路线，将适应信息技术手段的教学标准体系建设作为重点，包括在教学标准和培养方案规定好能力矩阵的教学时序、任务分布基础上，促进课程标准和教学设计及时体现混合式教学改革相适应的学习方式、学习环境、组织方式、教学关系、管理方式、技术方式等方面的规定，以发挥改革最大效能。

（三）资源建设是基础

作为区别于传统教学的信息化教学模式，教学理念与工具方法革新是驱动教与学更加高效的核心力量，而混合式教学的资源则是支撑新理念、新方法具体实施的关键载体，这包括 SPOC、MOOC 以及部分可在一定范围线上使用的虚拟仿真资源等线上资源，也包括适应混合式教学模式的新形态教材，更包括具备相应知识结构的师资队伍等资源。在学校的改革推进中，资源建设既要考虑既有优质资源的系统整合，又要考虑基于改革顶层设计、符合前沿信息化教学理念的教学资源原创建设，这对立体推动的改革大格局的稳定与有序至关重要。

（四）平台建设是支撑

混合式教学模式的主要显性特点是让学生能够根据自己的需要自主开展个性化学习，教师能够根据自己的个性化教学思路利用信息化手段实现在课堂，电脑、手机等随时随地都可以学习、可以授课，并且音视频等形式多样，能够在线讨论、小组讨论，小组学习，这就对一个或多个性能稳定且功能多元且亲民的信息化教学平台提出要求。教学平台支撑着教学活动的设计与实现、学习活动的开展与检测，通过改革发现，清华在线教学平台等信息化教学载体在整个改革格局中起着关键作用，对提升学生的自学能力、表达能力、思辨能力等，丰富教师的教学手段，增强教和学的效率有着不可替代的作用，也是与传统教学最显著的区别，必须强化保障与建设。

酒店管理专业"三融四通"技能教学模式创新与实践

苏州旅游与财经高等职业技术学校　苏州市教育科学研究院

孙嘉希　黄　利　范懋炜　任文莺　刘　泓　周　叶　王　宏

2011 年是"十二五"开局之年，推动服务业大发展成为产业结构优化升级的战略重点，我校提出以教育思想观念改革为先导，以教学模式改革创新为重点，以实现高技能人才培养为目标的指导思想。针对传统的酒店技能人才已无法满足现代酒店业标准化、优质化、智能化发展需求的实际问题，酒店管理专业在理念上打破了传统技能人才培养观，完善了新时代技能型、发展型、复合型的技能人才培养理念；在实践中开发了校企服务平台、国赛资源平台和中澳合作平台，推进技能教学标准的确立、技能教学内容的完善、技能教学方法的创新和技能教学评估的科学化。

一、成果简介

专业技能教学标准与酒店岗位标准不对接、专业技能教学内容与酒店岗位技能运用不适应、专业技能考核与酒店岗位能力实际要求不匹配的问题亟待解决。2011 年，我校酒店管理专业携手万豪国际酒店集团、澳大利亚蓝山国际酒店管理学院，共同探索专业技能教学改革，历经 6 年实践，逐渐形成了"三融四通"技能教学模式（如图 1 所示），即通过产学融合、课赛融通、国际融汇，实现了"技能教学标准、技能教学内容、技能教学方法、技能教学评估"四元融通，形成了"重技能、重复合、重发展"的技能人才培养观。成果内容具体如下。

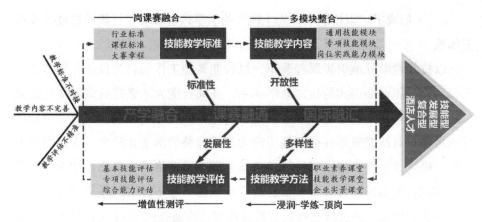

图 1 酒店管理专业 "三融四通" 技能教学模式

（一）开发了 "三融并进" 的技能教学标准

受省教育厅委托，专业牵头开发了《江苏省中职教育酒店服务与管理专业技能教学标准》，标准从行业人才需求实际出发，引入行业认证标准，嵌入国赛测评标准，借鉴澳大利亚国际化技能教学标准，以学生的专业技能学习为主线，以学生就业后能够胜任技术技能岗位的能力为核心，关注学生良好职业素养、优质服务意识和规范职业习惯，标准可理解、可达到、可评估。

（二）探索了 "浸润—学练—实践" 技能人才培养的教学方法

酒店管理专业为学生搭建了职业素质课堂、技能教学课堂、企业实景课堂，丰富了技能教学方法。通过 "请进职业导师、走进酒店现场" 开辟职业素养课堂，学生沉浸于酒店企业文化氛围中，聆听职业导师心路历程，帮助自我定位，培育职业兴趣；校内建有前厅、餐饮、客房、茶艺、酒吧等 8 个实训中心，满足技能的精讲学练，为解决技能的个性化、补差式学练，开发线上教学平台，拓展了技能教学课堂；校外实景课堂提供了学生对客实践的空间，以岗位任务为驱动，学生担任员工，企业师傅和教师 "双导师" 现场督导，学生知行合一，提升规范服务能力，培养创新服务意识，体验用技能服务社会的职业光荣和使命。

（三）形成了"以技能培养为主线"的教学内容和教学评价的技能人才培养体系

以技能教学标准引领课程改革，以行业典型工作项目为载体，构建了内容模块化、能力递进式的技能教学体系，强固技能人才必需的宽厚文化素养和跨专业、跨岗位的基础性职业技能，引导专门化方向发展，培育学生持续发展后劲。对技能教学评估开展了澳大利亚经验的本土化研究，立足学生个性化、进阶式发展，建立了技能评价指标体系，围绕酒店基础性技能、专项技能和综合能力进阶式评价项目，从学生主体、专业师资、外籍师资、产业导师等多方视角，通过标准规范、质量效率、沟通合作等 11 个评价因子开展评估，反映学生的技能学习过程和过程性成果，帮助学生及时自我修正，形成了良好的教学质量保障体系，探索了技能人才从夯实基础、提质培优到全面发展的健康发展路径。

本成果从 2016 年正式实施，经过 6 年实践检验证明，技能教学的效果显著，人才质量稳步提升。学校为长三角地区 40 余家酒店共输送近千名优秀技能人才，被行业授予"魅力院校""优秀人才培养院校"称号，同时被国家文旅部评为"全国旅游职业教育校企合作示范基地"；专业先后有 20 名学生参加了全国职业院校酒店服务技能大赛，夺金率达 100%；教学团队在成果实践过程中不断厚植内涵，5 名核心成员入选国家级职业教育旅游专业群教师教学创新团队，4 名教师先后在全国职业院校教学能力大赛中荣获一等奖；2017年项目组受全国旅游职业教育教学指导委员会委托，负责完成酒店服务技能赛项的成果转化，开发了线上技能学习平台，供全国中职学校酒店管理专业教学使用。

二、成果主要解决的教学问题及解决教学问题的方法

（一）成果主要解决的教学问题

1. 专业技能教学标准与酒店岗位标准不对接。

2. 专业技能教学内容与酒店岗位技能运用不适应。

3. 专业技能考核与酒店岗位能力实际要求不匹配。

（二）成果解决教学问题的方法

1. 岗课赛融合，开发了专业技能教学标准，解决了专业技能教学标准与酒店岗位标准不对接的问题

针对技能教学标准缺失，2012 年，本专业开始探索如何将技能教学从"经验型"向"科学型"转变，依托长三角地理优势，对 65 家国际品牌酒店进行问卷调查，充分调研酒店行业发展及技能人才规格需求状况，全面对接国家职业技能标准、职业技能等级标准、专业教学标准，融入全国职业院校技能大赛章程，开发了《江苏省中职教育酒店服务与管理专业技能教学标准》，聚焦酒店行业对技能人才在通用技能、专项技能、岗位实践能力的实际要求，突出技能逐级递进、能力渐次提升的技能教学目标。标准既遵循了酒店技能人才的成长规律，又便于教学的层层深入和有序开展，科学引领酒店管理专业技能教学。

2. 多模块整合，重构了专业技能教学内容，解决了专业技能教学内容与酒店岗位技能运用不适应的问题

技能教学模块化、项目化。将思想政治课程体系、文化课程体系和专业平台课程体系共同组成通用技能模块，强固技能人才必须的宽厚文化素养和跨专业、跨岗位的基础性技能；专业核心课程体系和专业拓展课程体系共同组成专项技能模块，夯实学生在前厅部、餐饮部、客房部主要岗位相对应的专项技能，该模块可以根据酒店业发展现状、创新转型和新业态出现进行动态调整，及时满足行业用人、学生就业需求；岗位实践能力模块则由原来的技能实训课程体系和集中实践课程体系构成，全面提升学生技能运用能力和社会交往能力。适时更新技能教学内容。通过学校成立的酒店运营研究中心，联合校外 30 家合作酒店，开展相关酒店运营管理的课题研究，并将研究成果转化为多个教学案例，对技能教学内容作及时更新和补充。三导师共助技能人才成长。为学生配备学校专业导师、企业导师和职业规划导师，帮助学生从学生到准员工、从准员工到正式员工的顺利转型。

3.增值性测评，构建了技能教学评价指标体系，解决了专业技能考核与酒店岗位能力实际需求不匹配的问题

通过与澳大利亚蓝山国际酒店管理学院的合作，借鉴经验、本土化融合，构建了技能教学评价指标体系（如图2所示），开展阶段性盘点。对低年级学生开展基本技能水平评估，包括接待礼仪、语言表达、基本操作等多个测评项，以仪容仪表、礼貌礼节、标准规范作为评价因子，测评方由专业师资、文化课师资、学生主体和学生家长组成；对中年级学生开展专项技能水平评估，测评方由专业教研室联合澳大利亚蓝山国际酒店管理学院的国际化师资以及来自行业的职业导师共同组成，测评项目包含餐饮服务、客房服务、前台接待、英语技能等，以质量、效率、卫生、安全为评价因子；由学校、企业和社会对高年级学生的综合能力评估，评估内容主要包含学生学业最终成绩、顶岗实习表现、职业资格、社会服务等方面，围绕沟通能力、团队合作、服务创新、解决问题四个主要评价因子。评价指标体系立足学生成才，动态评价技能发展水平，反映学生的技能学习过程和过程性技能成果，评价结果体现多个主体意见、质性评价和量化评价的结合。通过结果反馈与学生自我修正，形成了良好的教学质量保障体系，促进了与国际酒店行业标准相对接的高水平酒店技能人才培养。

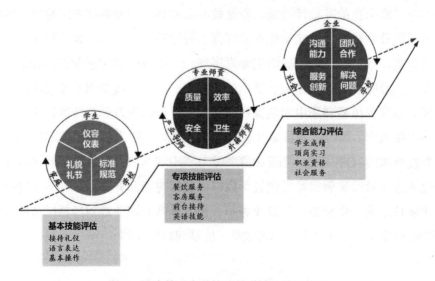

图2　酒店管理专业技能教学评价指标体系

三、成果的创新点

（一）理念创新：形成了"重技能、重复合、重发展"技能人才培养观

酒店管理专业技能人才的培养突破了传统的聚焦专业技能熟练的唯一论，成果充分遵循"以生为本"的教育教学理念，进一步丰富了该理念在酒店技能人才培养过程中的具体内涵，即精技能、宽基础，精益求精培养酒店技能人才的精湛服务技能，拓宽培养酒店技能人才的人际沟通、团队协作、创新意识等综合素质和能力，形成了"重技能、重复合、重发展"的技能人才培养观，在教学实践中开放办专业、教学立标准、方法多样化、学生有发展，全方位指导技能教学实践，充分面向行业需求、大赛要求、国际追求。

（二）标准创新：首创了《江苏省中职教育酒店服务与管理专业技能教学标准》

主持开发了《江苏省中职教育酒店服务与管理专业技能教学标准》，填补了省内酒店类专业技能教学标准的空白。标准根据酒店行业技术技能人才需求的趋势及中职教育酒店管理专业技能培养的定位，着眼于学生就业能力、技能提升及发展能力。按照基于工作过程、高于工作过程的原则，将酒店业典型工作任务转化成学习任务，确定技能教学内容；遵循技术技能人才成长规律，注重技能学习的通用性、专业性、发展性，将技能教学内容整合为通用技能、专项技能、岗位实践三个学习模块，再将每个技能学习模块设计成若干技能学习领域；参照酒店业技术标准、岗位规范，结合学生身心发展特点，确定技能学习应达到的教学要求。

（三）路径创新：探索了内化国际经验、聚焦本土实践的发展新路径

从 2004 年起我校与澳大利亚蓝山国际酒店管理学院合作，同时学习借鉴瑞士洛桑酒店管理学院、法国瓦岱勒国际酒店管理学院先进经验，推进酒店管理专业技能人才培养的教学模式研究和实践工作。打造了一条国际融合、旨在优化培养学生国际化技术技能的育人路径，选择性使用澳大利亚蓝山国际酒店管理学院原版教材，与本土特色课程教材有机融合；共建共享网络教学资源；组建了"双师""双语"技能师资联盟，充分保证技能教学与国际前沿标准对接，着力培养既拥有高超的专业技能和扎实的理论基础，又具有良好的国际交流交往能力与国际竞争力的拔尖人才。

四、成果的推广应用效果

（一）学习方式全面转变，学生能力显著提升

学生的技能学习条件从传统的教材、教师、实训教室三维结构升级为数字化学习资源、多元化师资、多层级学习空间、多维度教学评价所构成的多维结构，由此带给学生更多的学习自主性、挑战性和成就感，促进学生学习满意度不断提升，学习效果得到保证。历年来学生参加全国职业院校技能大赛酒店服务赛项夺金率高达 100%；毕业生受到国内外高星级酒店的欢迎，以苏州为主体，在上海、厦门、深圳等沿海重要城市中，只要有顶级酒店的地方，就会有我校学生的身影；学生发展后劲十足，60% 的毕业生成为单位技术骨干，10.3% 的学生已跻身于酒店管理层，逐渐成长为德技双修的酒店领军人。

（二）教学理念全面更新，教师教研水平领先

教师从关注简单的技能传授转型到标准制定、课程设计、教学实施和综合评估，新技能教学理念趋向成熟，基于育人的技能教学能力、基于问题的科研能力持续提升。其间，教师申报教改课题 40 余项，发表相关论文 200 多篇；教学名师、双师英才、学科带头人数量逐年增加；获评国家、省教学成果（职业教育类）二等奖、一等奖各 1 项；4 名教师获得国家级教学大赛一等奖；9 名教师入选文旅部"万名旅游英才计划"的"双师型"教师培养项目。

（三）资源配置全面优化，专业品牌优势凸显

校内技能教学环境持续升级，建设标准与国际型酒店保持一致；借助地理优势，专业与近 30 家国际品牌旗下的五星级酒店建立稳定的合作关系，成立产业学院；线上教学平台得到技术支撑不断丰富完善，并对外开放共享。2019 年酒店管理专业被评为苏州市品牌专业，被酒店业视为技能人才培养的品质保证，专业实训基地被省教育厅命名为省酒店管理专业技能教学研究基地，专业教研室被省总工会命名为省"工人先锋号"。

（四）经验成果全面辐射，积极践行教育公平

本专业牵头开发的江苏省中职教育酒店服务与管理专业指导性人才培养方案、核心课标、技能教学标准、技能考纲惠及全省酒店类专业技能教学；酒店管理专业技能教学数字化资源库为全国酒店技能人才培养提供标准和资源，同时面向市内所有酒店开放，为社会培养更多酒店行业的服务能手和服务名师贡献力量。技能教学实践经验和模式直接辐射到新疆伊犁霍尔果斯中等职业技术学校、西藏拉萨第二中等职业技术学校、贵州铜仁旅游学校、贵州江口职业中等学校、内蒙古包头中等职业学校等结对帮扶校教学，受益学生达2000余名。江苏教育频道、苏州电视台、引力播等媒体对技能教学成效和模式进行报道，示范引领酒店管理专业的技能人才培养。

基于"校企双元、双线交融"的国际品牌酒店现代学徒制建设实践

长春职业技术学院　　陈　金

一、基本情况

2019 年我校酒店管理专业成为吉林省第四批现代学徒制试点专业。酒店管理专业与青岛西海岸隆和艾美度假酒店、福朋喜来登酒店等企业深度合作，始终围绕构建校企协同育人机制、推进招生招工一体化、完善人才培养制度和标准、建设校企互聘、协同育人的师资队伍、建立体现现代学徒制特点的管理制度等方面开展工作。

二、经验与做法

（一）完善校企一体化育人机制

1. 完善项目共抓共管机制

专业开始现代学徒制试点以来，建立校企双元酒店专业现代学徒制组织管理机构（见图 1），并组织酒店专业现代学徒制拜师仪式（见图 2）共同进行招生管理、学生管理、教学管理、资金管理、实训室建设、课程建设、教学资源建设等各项学徒管理和教学推进工作。明确校企双方责任、权利和义务，做到权责利相一致，对学院的各项工作、决议均由学院领导机构召开会议表决决定。

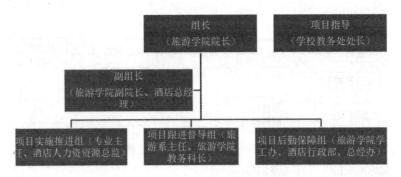

图1 酒店专业现代学徒制组织管理机构

2. 建立双导师育人机制

除了学校正常配备的学生辅导员以外，酒店管理专业为现代学徒制班每位学徒配备了专业导师和企业师傅，并组织酒店专业现代学徒制拜师仪式。专业导师由专业教师担任，主要负责学徒思想动态监测、职业理想引导、职业生涯规划等事宜。企业师傅由部门经理、经验丰富的服务能手等担任，主要负责学徒的服务技能训练、服务理念提升、职业道德规范、职业形象塑造、行业趋势把控等事宜。专业导师和企业师傅根据自身的专业特长，各司其职、有效分工，分别负责学徒学习、成长过程中的各项事宜。

3. 创新"先招生、后招工"学徒选拔退出机制

酒店数字化运营与管理专业现代学徒制采取"先招生、后招工"的方式绘制酒店管理专业现代学徒制学徒选拔退出机制路径图（见图2），推进招生招工一体化进程。校企共同制定学徒选拔标准和选拔程序。根据学生入学后的实际情况，企业进行宣讲，介绍学徒制班的权利、责任、义务与发展前景。学徒报名，企业按照学徒选拔标准进行面试，最终组建现代学徒制班，签订校企生三方协议。教学实施期间，企业和学校共同对学徒的学习情况进行考核评价，考核不合格者退出学徒制班，不再享有学徒制班的相应权利和待遇。

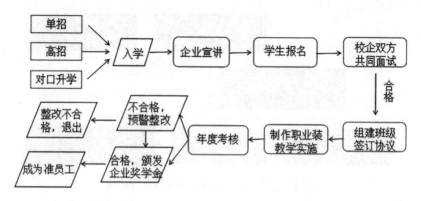

图2 酒店管理专业现代学徒制学徒选拔退出机制路径

4.构建校企教学资源共建共享机制

为了更好地促进学徒培养，为学徒培养创造更好的条件，校企双方共同投入资金、人力、技术等用于教学资源建设和实践教学基地建设。教学资源建成后，双方可共享，既可分享给学校用于学徒培养和专业其他学生的学习，也可以分享给企业用于企业新员工培训、业务进修、员工手册修订和企业文化建设等。校企共编出版1部新形态立体化教材——餐厅服务技能；1部活页式教材——酒店英语实训教程。校企共编6部校本教材——酒店部门运营实务、酒店法律实务、宴会设计实务、酒店服务礼仪等。校企共建2个电子教学资源库——餐饮管理教学资源库、酒店英语教学资源库。校企共建3部电子词典——茶文化、调酒、西餐。

（二）落实推进招生招工一体化

学生入校经企业选择、自愿报名、企业面试选拔等程序之后，学生就成为学徒制班的成员，酒店管理专业会组织企业、学生与学校共同签订三方协议，协议期限为三年，每位学徒一份。此时就落实了学徒的双重身份——学生既是职业院校酒店管理专业的学生，又是酒店企业的准学徒。校企双方签署《实习实训基地合作共建协议》《教学实习培养协议》，对实习实训场所共建，资源共享和实习岗位共建进行规范。学生按照校企双方的"现代学徒"方式合作培养，酒店为学生技能学习提供学习岗位、场所和资源，并委派专业人员作为师傅进行专业指导。双方共同对学徒进行管理，在企业轮岗学习期间，学生管理以企业为主；在校学习期间，以校方管理为主。

（三）校企共建人才培养制度和标准

1. 校企共同制订了具有国际品牌酒店特色的人才培养方案

根据国际品牌酒店主要就业岗位职业能力要求，确立人才培养目标，校企共同研讨论证，编制人才培养方案。为确保人才培养方案有效实施，企校双方编制《人才培养方案》《教学实施方案》《企业师傅选聘标准》等教学规范性文件，明确教学组织与运行原则、考核评价形式和标准；明确了三证书毕业制度，即毕业证书、国家职业资格证书、万豪集团学业证明。

完成人才培养方案、教学实施方案等规范性文件建设工作。校企双方共同编制了《酒店管理专业（国际品牌酒店管理）学徒制班人才培养方案》《酒店管理专业现代学徒制企业师傅选聘标准》《企业课程教学实施方案》等规范性的教学文件，指导和监督教学实施。

2. 构建了校企双元、双线交融的专业课程体系

以满足企业需求为目的，以掌握职业与岗位能力为核心、以实践性教学为主线，围绕企业核心岗位知识和能力的要求，通过岗位能力分析，开发符合学校人才培养和企业员工培训的"学校课程＋企业课程"双线交融的课程体系。重点进行了企业课程的课程标准、课程考核方案等教学方案的开发，为企业课程的实施奠定了坚实基础。

校企共同开发企业课程 5 门，包括酒店经营管理案例分析、服务文化与技巧、酒店部门运营实务、国际品牌酒店文化等。学校课程 8 门，包括红酒与咖啡鉴赏、酒店法律实务、酒店市场营销、酒店服务礼仪、OPERA 系统操作等。完善了课程标准，更新了教学内容，使教学内容与组织更加符合企业实际和用工标准。

3. 校企共同构建了全方位现代学徒制质量标准

校企双方共同完成制定了酒店管理专业教学标准、企业课程标准、学徒岗位标准、企业师傅评聘标准和质量监控标准等文件，构建了从学徒到师傅、从选拔到教学、从学校到企业全方位涵盖的质量监控与实施标准体系。使现代学徒制的项目实施做到有据可查、有标可依。

（四）搭建了一支校企互聘共用的高素质师资队伍

开展以"双师素质"和"双师结构"并重的师资队伍建设，选拔酒店企业服务与管理一线的高水平技术人员聘请为企业师傅，与学校"双师型"骨干教师组成酒店管理专业现代学徒制师资团队。制定并实施酒店管理专业"双导师"聘任管理规定，广泛开展学校与酒店企业人员互聘、双向挂职工作、横向课题联合研发等工作，提升学校教师的实践操作能力和企业师傅的教学带徒能力。

建立由高级宴会服务师、礼宾司、房务管家、饭店督导师等一线服务人员和总经理、总监、部门经理、班组主管等管理人员组成的企业师傅专家库，为每一位学徒配备专门的指定导师。由导师一对一指导学徒完成企业阶段的岗位认知实践、跟岗实践和顶岗实践的学习。同时，专家库成员还可以来校为学徒开展专题讲座，与学徒进行深入交流。学校教师通过到企业挂职、兼职，担任企业部门或岗位要职，利用自身专业理论优势为企业解决经营技术难题，同时提高和增强自身双师素质。

（五）完善了现代学徒制管理制度

在学校现代学徒制教学管理制度的基础上，专业结合自身现代学徒制开展的实际情况，依据企业特点和学徒实际，补充完善了部分现代学徒制管理制度。包括酒店管理专业现代学徒制学徒转岗管理办法、酒店管理专业现代学徒制学徒培养信息通报制度、酒店管理专业现代学徒制学徒权益保障、酒店管理专业现代学徒制内审评估管理办法等。

三、主要成效

（一）工作成果

通过试点项目的推进和实施，酒店管理专业取得了一系列的工作成果，具体如表1所示。

表 1　酒店管理专业现代学徒建设成果

序号	建设内容	具体任务内容	实际完成
1	现代学徒制机制创新	校企合作培养协议	2 个
		成立现代学徒制组织机构	1 个
		三方协议书	88 份
2	"双主体育人"的人才培养模式	专业教学标准	1 个
		岗位标准	8 个
3	"学校课程 + 企业课程"的课程体系建设	课程体系设计	1 个
		开发企业课程	4 门
		专业课程标准	8 门
4	教学资源开发	公开出版教材（活页式教材）	2 本（1 本）
		校本教材	6 本
		实训指导书	4 门课程
		教学资源库	2 个
		电子词典	3 个
		在线开放课程（省级精品在线开放课程）	8 门（1 门）
5	师资队伍建设	聘请企业师傅	40 人
		名师工作室	1 个
		教师工作站	3 个
		教师到企业锻炼数量	15 人次
		企业师傅教学能力提升培训数量	76 人次
6	实践条件建设	企业实训基地	2 个
		校企共建酒店主体文化教室	2 个
		校企共建实训室	4 个
7.	教学组织运行与管理	学徒制管理规定	1 个
		现代学徒制课堂教学管理制度	1 个
8	人才培养质量监控与评价	人才培养质量监控与评价标准	2 个
9		发表论文	2 篇

序号	建设内容	具体任务内容	实际完成
10		典型案例	2 个

（二）工作效果

1.人才培养质量显著提高，学徒职业成长明显提速

经过学徒制培养的学生在毕业实习时绝大多数进入酒店核心部门、关键岗位工作，如市场营销、人力资源、行政楼层等，部分学生很快获得岗位提升，职业成长明显提速。学生不仅实现了从学校到企业的过渡，融合为企业员工，更不囿于某一特定酒店品牌，而达到国际品牌酒店通行的用人标准要求，这对于学生职业成长具有重要意义。

学徒在毕业后可以直接在对接企业转正，并升职成为基层管理人员，依据打破了"酒店管理毕业生要从基层做起"的行业常规，实现毕业即升职的职业目标。得益于通过学徒制的培养，有 3 名学徒获得省赛一等奖，5 名学徒获得省赛二等奖。1 名学徒获得省乡村振兴技能大赛一等奖，并获得吉林省技术能手荣誉称号。

2.教师教学能力快速提升，师资队伍结构更加合理

专业所有教师通过挂职锻炼，了解企业文化，学习职业岗位专业技术领域内容，更新学校课程教学内容。万豪集团和合作酒店对专业教师挂职锻炼非常重视，为教师提供详细的挂职锻炼培训计划，规定挂职培训内容，指定专门人员进行辅导和支持，并提供往返交通和免费住宿条件。

得益于现代学徒制的培养，专业教师团队连续三年参加吉林省职业院校教学能力比赛，获得二等奖 1 项、一等奖 2 项的好成绩。1 名教师获得旅游教育杰出青年教师荣誉称号，2 名教师获得长春工匠荣誉称号，1 名教师获得吉林省技术能手荣誉称号。随着更多企业师傅的加入，专业教师团队的专兼职结构、年龄结构等更加合理。

3.企业对学徒满意度提高，解决了人力资源困境

通过现代学徒制办学模式的探索，学徒制班的学生在企业文化认同、企

业部门操作流程和企业制度要求等更能与企业保持一致。合作企业不仅保证了充分的人才支撑，更能在人才培养质量、上手速度和留职率、认同感等方面有较大收获。同以往相比，酒店企业对学徒的满意度由原来的 75.5% 增加到了 91.2%。

4. 专业知名度提高，服务社会能力增强

通过学徒制培养，酒店管理专业服务产业能力得到提升，在省内树立品牌，并在 2020 年 7 月被评为吉林省特色高水平专业群。得益于本次试点项目的建设和积累的经验，酒店管理专业在 2019 年 12 月同开元酒店集团建立签订现代学徒制合作协议，将专业的现代学徒制探索推向一个新的阶段。自此，酒店管理专业开启了"双轮驱动、中外并举"的现代学徒制办学新局面。

学术论文

海南省研学教育互联网关注度影响因素的实证研究

海南经贸职业技术学院　　吴晓亮　梁云云

[摘　要] 研学源于当代中小学生新型教育概念。目前，研学教育已经成为海南省中小学教育的必修课程，社会各界对研学教育的关注也与日俱增。本研究即从研学教育的互联网关注程度出发，探索影响其变化的主要因素。通过对数据进行岭回归分析，发现海南省居民可支配收入、海南省国内旅游总收入、地方财政教育支出、上网人数、高中初中小学学生总人数、研学旅行企业数量，不仅影响着海南省研学旅行的发展，也是海南省研学教育互联网关注度的重要影响因素。

[关键词] 研学教育；互联网关注度；影响因素

[基金项目] 国家社科基金项目"改革开放 40 年中国社会流行语变迁与社会文化关系研究"（项目编号：19BSH016）。

　　研学源于当代中小学生新型教育概念，被社会各界广泛认知并不断践行。研学教育以探究性学习为主要特征，结合旅行的方式让学生走出校园，走进第二课堂，目前研学教育已列入中小学生学分管理体系。海南自然旅游资源禀赋高，人文资源独特，具备开展研学教育的优质基础条件，2018 年，海南省教育厅等 12 部门联合发布《关于推进中小学生研学旅行的实施意见》，研学活动广泛开展，教育工作者、学生、家长、各类研学团体以及社会其他相关利益群体对研学教育的关注通过互联网、各类媒体平台不断聚焦提升，映射出海南省研学教育工作的广度和深度。本研究即从研学活动的互联网关注程度出发，探索影响其变化的主要因素及规律。对于海南省研学教育领域，许多学者从不同的角度进行了研究，盛颐等认为："研学旅行涉及教育、学校、文旅、交通、财政、公安、相关接待单位（包括景区、餐饮、住宿等）、旅行社、保险公司等部门和机构，需要相关部门相互协作，积极配合，提供便利和保障。"[1]张红艳和李美萍认为："增强文物研学基础设施。根据未成年人教育特点，在已有的优秀文物景区景点建设研学场地，包括设立教室、实验室，专设未成年人的参观陈列室。"[2]黄丽和吴育淮认为："景区是研学旅行的重要目的地，也是重要的活动空间载体。研学旅行能否取得成效，市场蛋糕能否做大，未来发展能否做强，均与旅游景区对市场需求的洞察而采取的调整及转型存在着重要的联系。"[3]整体来看，学者们的成果主要集中在研学旅行产品设计、研学资源挖掘、研学课程整合以及研学发展路径等方面，这给本研究提供了有益的借鉴和参考。

一、理论基础

（一）指标选择和变量确定

影响海南省研学教育互联网关注度的因素主要有哪些？对于这个问题，目前还没有学者针对海南省的情况给出十分明确的考证。但是可以借鉴数量有限的其他地区的学者的观点，并结合海南省的实际来进行推断。从目前的研学教育领域的发展来看，社会普遍的认知是将其和旅行挂钩，即研学旅行，通过户外旅行这个载体来实现第二课堂的教育目的，因而研学教育跨越了两个行业边界——教育界和旅游界，对研学教育互联网关注度的影响因素则主要来自这两个行业。在教育界，研学的主体是中小学生，该群体规模对研学教育的开展和社会关注必然具有一定的影响，同时，由于研学教育主要在九年制义务教育和高中阶段组织开展，在一定程度上具有公益的性质，一直受到教育部门在政策和资金上的支持，例如，海南省规定："对四年级至八年级、高一至高二年级学生按每生每年 100 元的标准，拨付经费奖补学校开展研学旅行活动。"部分数据显示，2019 年海南省下达研学教育奖补资金 785 万元，2020 年这一数字达到 1459 万元，可见政府的资金支持必然对研学教育的开展带来影响。在旅游界，旅行社是组织研学旅行活动的具体落实者之一，另外，从 2018 年至今，海南省教育厅、旅游和文化广电体育厅共评选出三批 63 个全省中小学生研学旅行实践教育基地，绝大部分是 4A 及以上的旅游景区，以及博物馆、红色教育点、部分企业和高等院校，这些旅游目的地和研学基地是支撑研学教育以及社会关注度的重要组成部分。在研学旅行费用方面，海南省规定："从 2019 年开始，省属学校所需经费根据上年实际参加活动的学生数由省财政承担，市县所属学校（含民办学校）所需经费根据上年实际参加活动的学生数由省、市县按照 5:5 比例分担。开展活动所需经费不足部分由学生个人承担。"可以看出，以旅行的形式开展研学教育，除了教育财政补贴之外，参加者个人会产生相应的消费支出，按照旅游业经济理论框架，居民的可支配收入是影响外出旅行的重要因素，这一点也非常重要。最后，还应考虑到，既然是研学教育的互联网关注程度，那么上网的人数也是一个需要纳入的因素。

综合以上推断，并结合实证数据客观权威且可获得的原则，本研究选用海南省居民可支配收入（X_1）、海南省国内旅游总收入（X_2）、海南省地方财政教育支出（X_3）、上网人数（X_4）、高中初中小学学生总人数（X_5）、研学旅行企业数量（景区、博物馆、旅行社）（X_6）共计 6 个指标作为自变量，将海南省研学教育互联网关注度（Y）作为因变量进行回归分析。海南省研学互联网关注度是一项综合指标，其数据来自百度指数和 360 趋势，目前该搜索引擎产生的指数数据已被学术界广泛采纳，在百度指数和 360 趋势中分别输入"研学"关键词，得到海南省研学网络热搜指数及时间趋势，以此为基础得出海南省研学教育互联网关注度综合指标。

（二）研究方法

1. 熵值法

熵值法是一种客观赋权的方法，借鉴了信息熵思想，它通过计算指标的信息熵，根据指标的相对变化程度对系统整体的影响来决定指标的权重，即根据各个指标标志值的差异程度来进行赋权，从而得出各个指标相应的权重。

本研究运用熵值法构建海南省研学教育互联网关注度综合指标。首先在百度指数和360趋势中输入"研学"关键词，地区设定为海南，时间范围设定为2011—2021年，其网络热搜指数变化指数年均值趋势见图1和图2。

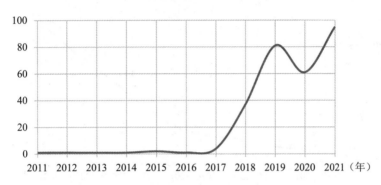

图1　百度热搜指数海南省"研学"变化趋势

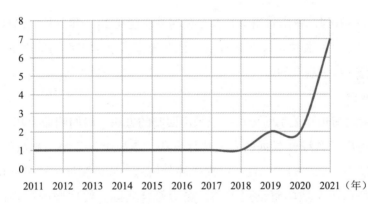

图2　360趋势指数海南省"研学"变化趋势

从图1百度热搜指数趋势中可以看到，海南省"研学"关键词搜索在2016年年末出现拐点，从2017年开始大幅增高，2020年由于疫情使研学旅行一度受阻，网络热搜也出现下滑，但2021年重新走高。如图2所示，360趋势与百度热搜指数相比，略有滞后，但基本变化一致，均是从2017年之后开始走高，2020年有所下降，但2021年重新高涨。为减少数据波动给分析带来影响，并尽可能保证数据趋势和变化特征，考虑到研学教育是一个长期化的项目，人们对其关注往往在一定时期内持续保持，因而采用熵值法对两个指数进行综合赋权并进行累计（计算过程略），得到海南省研学教育互联网关注度综合指标变化趋势，见图3。

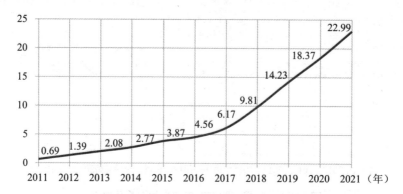

图3　海南省研学教育互联网关注度综合指标变化趋势

从图3中看到，海南省研学教育互联网关注度在2017年开始，出现拐点，社会对研学教育的关注增幅明显加快，结合海南省研学工作的推进历程，可以看出两者基本是吻合的。

2. 岭回归

对变量之间相互关系的分析一般采用回归的方法，岭回归即为其中一种，它是一种适用于共线性数据的有偏估计方法，本质上是最小二乘法的改良，通过放弃最小二乘法的无偏性，以损失部分信息、降低精度为代价获得回归系数，并使回归系数的解读更可靠，更为符合实际。岭回归的核心优化目标为：

$$\text{argmin} \parallel X\beta - Y \parallel^2 + k \parallel \beta \parallel^2 \qquad （式1）$$

则，系数 β 的矩阵求解公式为：

$$\beta = (X^TX + kI)^{-1}X^TY \qquad （式2）$$

式1中，$k \parallel \beta \parallel^2$ 为收缩惩罚项，意在减小线性回归模型的方差，参数 k 用来控制对 β 的惩罚强度，如果 $k=0$，岭回归退化成基于普通最小二乘法的一般线性回归，因此，k 的取值范围在 $[0, +\infty)$，一般情况下，在确保将数据多重共线性问题控制在最低限度的前提下，k 的取值趋向于接近 0，具体数值需结合样本数据取不同的 k 值得到的拟合优度以及各回归系数的变化是否稳定而决定最佳的 k 值。在本研究中，各指标变量为社会经济发展基本数据，究其之间的相互联系，不可避免地会产生多重共线性的问题，并对结论的得出产生干扰，因此采用岭回归模型作为研究工具。

二、实证过程

（一）共线性诊断

研究中涉及的 7 个指标变量，度量单位并不一致，且社会经济发展数据会随着时间的推移而不断增长，发展速率也不一致，具体数据的变化振幅各自相异，使得线性回归模型中的随机扰动项不为一个常数，呈现出异方差的特性，这样不符合基于最小二乘法回归模型中方差齐性的基本假设，因而采用自然对数化的办法处理指标变量，尽可能减少数据异方差带来的影响，基本满足线性回归的前提假设。将处理后的数据导入 SPSS24.0（下同）首先进行变量相关性检测，结果见表 1。

表 1　各变量相关性

		LNY	LNX_1	LNX_2	LNX_3	LNX_4	LNX_5	LNX_6
LNY	皮尔逊相关性	1	0.898**	0.894**	0.888**	0.917**	0.937**	0.851**
	显著性（双尾）		0.000	0.000	0.000	0.000	0.000	0.001
LNX_1	皮尔逊相关性	0.898**	1	0.985**	0.988**	0.972**	0.749**	0.639*
	显著性（双尾）	0.000		0.000	0.000	0.000	0.008	0.034
LNX_2	皮尔逊相关性	0.894**	0.985**	1	0.960**	0.965**	0.756**	0.629*
	显著性（双尾）	0.000	0.000		0.000	0.000	0.007	0.038
LNX_3	皮尔逊相关性	0.888**	0.988**	0.960**	1	0.963**	0.727*	0.645*
	显著性（双尾）	0.000	0.000	0.000		0.000	0.011	0.032
LNX_4	皮尔逊相关性	0.917**	0.972**	0.965**	0.963**	1	0.826**	0.628*
	显著性（双尾）	0.000	0.000	0.000	0.000		0.002	0.039

续表

		LNY	LNX₁	LNX₂	LNX₃	LNX₄	LNX₅	LNX₆
LNX₅	皮尔逊相关性	0.937**	0.749**	0.756**	0.727*	0.826**	1	0.750**
	显著性（双尾）	0.000	0.008	0.007	0.011	0.002		0.008
LNX₆	皮尔逊相关性	0.851**	0.639*	0.629*	0.645*	0.628*	0.750**	1
	显著性（双尾）	0.001	0.034	0.038	0.032	0.039	0.008	

**. 在 0.01 级别（双尾），相关性显著。

*. 在 0.05 级别（双尾），相关性显著。

表 1 显示，7 个指标变量之间的相关性均在不同程度显著，特别是 X1—X4 这四个变量之间的相关系数在 0.85 以上，呈现出强相关的特点，提示多重共线性的可能，将数据继续进行共线性诊断，结果见表 2、表 3。

表 2　系数 [a]

模型		未标准化系数		标准化系数	t	显著性	共线性统计	
		B	标准误差	Beta			容差	VIF
1	（常量）	−445.604	54.787		−8.133	0.001		
	LNX1	−1.360	8.411	−0.053	−.162	0.879	0.006	168.917
	LNX2	3.840	2.983	0.241	1.288	0.267	0.018	55.328
	LNX3	9.340	6.408	0.335	1.457	0.219	0.012	83.801
	LNX4	−3.315	4.178	−0.139	−.793	0.472	0.020	48.898
	LNX5	74.180	11.172	0.486	6.640	0.003	0.118	8.471
	LNX6	8.087	1.600	0.241	5.056	0.007	0.278	3.591

a. 因变量：LNY

表3　共线性诊断ᵃ

模型	维	特征值	条件指标	方差比例						
				（常量）	LNX1	LNX2	LNX3	LNX4	LNX5	LNX6
1	1	6.996	1.000	0.00	0.00	0.00	0.00	0.00	0.00	0.00
	2	0.004	43.857	0.00	0.00	0.01	0.00	0.00	0.00	0.00
	3	0.001	113.358	0.00	0.00	0.00	0.00	0.00	0.00	0.49
	4	0.000	234.346	0.00	0.00	0.27	0.11	0.02	0.00	0.00
	5	9.699E-5	268.568	0.00	0.00	0.03	0.05	0.30	0.01	0.00
	6	6.276E-6	1055.733	0.42	0.02	0.04	0.26	0.67	0.99	0.51
	7	3.438E-6	1426.440	0.57	0.98	0.65	0.59	0.00	0.00	0.00

a. 因变量：LNY

　　按照通行标准，方差膨胀因子 VIF ≥ 5（也可放宽至 10），维度特征值接近于 0，条件指标大于 10 时，变量间存在多重共线性。从表2和表3中可以看到，这几个诊断标准均满足，说明本研究中所涉及的自变量之间确实存在多重共线性，适合用岭回归的方式开展分析。

（二）岭回归过程

　　调用 Ridge Regression 语法函数，设置参数 K 的步长为 0.02，输入变量数据，得出图4、图5。

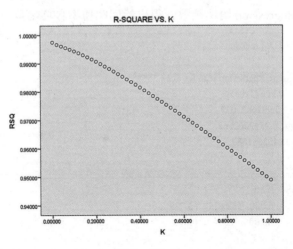

图4　R2-K

```
******R-SQUARE AND BETA COEFFICIENTS FOR ESTIMATED VALUES OF K******

K     RSQ    LNX1      LNX2      LNX3      LNX4       LNX5      LNX6
————  ————  ————————  ————————  ————————  ————————  ————————  ————————
0.00000 0.99747 -0.052799 0.240632 0.335223 -0.139397 0.485546 0.240741
0.02000 0.99664 0.104958 0.131678 0.146513 0.036443 0.411453 0.269959
0.04000 0.99606 0.108271 0.122974 0.124508 0.078380 0.386258 0.274507
0.06000 0.99552 0.109181 0.120419 0.116974 0.097687 0.369900 0.275024
0.08000 0.99496 0.110086 0.119642 0.113896 0.108747 0.357262 0.274035
0.10000 0.99435 0.111086 0.119587 0.112683 0.115883 0.346731 0.272321
0.12000 0.99369 0.112130 0.119869 0.112374 0.120849 0.337599 0.270215
0.14000 0.99299 0.113172 0.120314 0.112538 0.124487 0.329488 0.267885
0.16000 0.99225 0.114185 0.120835 0.112955 0.127254 0.322170 0.265427
0.18000 0.99147 0.115153 0.121385 0.113508 0.129418 0.315492 0.262902
0.20000 0.99067 0.116069 0.121936 0.114128 0.131147 0.309346 0.260347
……
```

图 5　　　不同 K 值条件下的 R^2 和标准化系数

图 4 中可以看出，随着 K 值的不断增大，R^2（拟合优度）呈现逐渐下降的趋势，并在 K 值处于 0 到 0.2 之间时有一微弱拐点，结合图 5（为方便读者查阅，该图只取 K 值在 0—0.2 之间的参数变化情况），可以发现，当 K 在 0.10 到 0.12 时，R^2 和各标准化系数的变化趋势趋于稳定。故拟定 K 值为 0.12，再次运行 Ridge Regression 语法函数，得出岭回归模型各项参数，详见图 6。

```
Run MATRIX procedure：

****** Ridge Regression with k = 0.12 ******
Mult R    0.9968390555
RSquare   0.9936881025
Adj RSqu  0.9842202562
SE        0.9452651837

————————————— ANOVA table —————————————
df     SS      MS
Regress    6.000   562.675   93.779
Residual   4.000   3.574     0.894
F value    Sig F
```

```
104.9539751      .0002370

—————————————————Variables in the Equation—————————————————
B         SE（B）     Beta         T          sig
LNX1      2.8881086   0.6581186    0.1121298   4.3884320   0.0117970
LNX2      1.9130702   0.6589289    0.1198692   2.9033032   0.0439721
LNX3      3.1309455   1.0446293    0.1123745   2.9971832   0.0400531
LNX4      2.8738445   0.8450370    0.1208487   3.4008505   0.0272560
LNX5      51.5772923  7.1740060    0.3375991   7.1894688   0.0019830
LNX6      9.0773705   1.4809739    0.2702150   6.1293252   0.0035901
Constant  −376.5392476 29.2135320  0.0000000  −12.8892065  0.0002089
——————— END MATRIX ———— -
```

图6　岭回归模型摘要及系数

从图6可知，模型拟合优度 R^2 约为0.993，调整后 R^2 约为0.984，模型整体显著性参数F统计量在0.01水平上显著，说明模型整体拟合良好。6个自变量的洗漱显著性参数t统计量有两个在0.01水平上显著，有四个在0.05的水平上显著，也均达到了较好的拟合效果。模型中各自量和因变量均为对数化处理之后的数据，因此该模型为双对数模型，故有：

$$\beta = dLn（Y）/ dLn（X）=（X/Y）*（dY/dX）=E \qquad （式3）$$

式3中，E为弹性，其假设是一常量。因此，双对数回归模型中，回归系数的含义可解释为，每当自变量X发生1%的变化，因变量Y的变化为E%。

三、分析

从图6中可以看出，6个自变量的标准化回归系数分别是 $\beta_1=0.1121298$，$\beta_2=0.1198692$，$\beta_3=0.1123745$，$\beta_4=0.1208487$，$\beta_5=0.3375991$，$\beta_6=0.2702150$，全部为正，说明海南省居民可支配收入、海南省国内旅游总收入、海南省地方财政教育支出、上网人数、高中初中小学学生总人数、研学旅行企业数量这6个影响因素与海南省研学教育互联网关注度之间呈现正相关，即说明这6个影响因素的增长均能引起海南省研学教育互联网关注程度的增加。

从6个自变量的标准化回归系数值的大小来看，$\beta_5 > \beta_6 > \beta_4 > \beta_2 > \beta_3$

$> \beta_1$，说明对海南省研学教育互联网关注程度影响最大是高中初中小学学生总人数，这与研学工作的实际是相吻合的，2021 年，由世界研学旅游组织（WRTO）和海南日报智库联合发布的《海南省研学旅游发展白皮书（2021）》亦认为："学生参与研学旅行活动的数量逐年增长，推动了海南省研学旅游活动的蓬勃开展。……研学旅游行业需求得到进一步释放，中小学生群体研学市场呈现几何级数增长。"[4] 可以看出，每当海南省高中初中小学学生总人数产生 1% 的增长变化时，给海南省研学教育互联网关注程度带来的变化是增长约 0.34%。其次是海南省研学旅行企业数量，也是一个明显的推动因素。从已经公布的 63 个海南研学基地来看，绝大多数是景区、博物馆、红色教育基地、科技企业和部分院校，研学活动的具体执行者是旅行社企业，因而研学旅行企业的参与规模，参与积极性和相关业务量对研学教育互联网关注程度有着较大的影响，每当海南省研学旅行企业数量产生 1% 的增长变化时，给海南省研学教育互联网关注程度带来的变化是增长约 0.27%。其余四个变量的影响程度基本处于 0.11%—0.12% 之间，起伏变化相对一致。

四、小结

综上所述，可以看出海南省居民可支配收入、海南省国内旅游总收入、地方财政教育支出、上网人数、高中初中小学学生总人数、研学旅行企业数量，不仅影响着海南省研学旅行的发展，也是海南省研学教育互联网关注度的重要影响因素。当然，研究中也有许多需要改进的地方，例如，目前还没有专门对海南省研学教育或者研学旅行的社会关注程度进行统计的权威指标，因此通过其他数据集汇总集成的指标难以甄别并剔除相关性不强的信息，其次，对研学教育及其社会关注程度能够产生明显影响的因素应当还有存在，但是缺乏连续且经得起考证的数据，这也是一个缺憾。从研究方法上来看，岭回归虽然可以较好的解决变量之间一定程度的多重共线性问题，但是是有偏的，是以降低部分精度为代价的，正所谓"鱼与熊掌不可兼得"。总的来看，从海南省研学教育的互联网关注程度的变化来看，研学教育、研学旅行已经为海南社会各界广为认知并探索，研学逐步成为海南中小学教育的必要环节，也成为旅行企业重要的产品研发方向和业务增量走向。因此，在相对成熟的条件下，职能部门可以构建专门用于监测海南省研学教育和研学旅行的数据指标，更为精确的把握研学的发展动态，各研学企业深挖现有自然和人文资源，打造符合海南实际的特色研学旅行产品，提升研学旅行的服务水平、教育实践功能和安全性，教育部门持续对研学教育的政策和资金支持，推进研学教育主体规模，从而形成良好的社会关注氛围和接受程度，有利于实现研学的教育功能和社会综合效益。

参考文献

［1］盛颐，吴素吟，宋丹瑛，等 . 供给侧视域下海南研学旅行发展策略研究［J］. 特区经济，2023（6）：134-138.

［2］张红艳，李美萍 . 海南文物研学发展路径探究［J］. 文物鉴定与鉴赏，2022（21）：148-151.

［3］黄丽，吴肖淮 . 海南研学旅行发展现状及对策建议［J］. 中国市场，2019（36）：201-202.

［4］海南省研学旅游发展白皮书（2021）［N］. 海南日报，2021-07-20（A05）.

（本文收录于 2023 年海南省高职高专教育研究会学术年会论文集，未公开出版发行。）

基于虚拟仿真实训技术在旅游管理专业的创新研究

——以导游业务岗技贯通的 VR 实训教学为例

江西旅游商贸职业学院　张　蕾

[摘　要] 虚拟仿真教学是教育信息化发展背景下出现的一种新教学模式，是推动教学改革和提升教育质量的重要力量。虚拟仿真教学通过虚拟现实等技术构建虚拟场景、实验条件、逼真操作对象与学习内容，以及灵活多样的交互环节，使学生可随时随地在线模拟操作与自主学习，提高学生岗位技能与创新能力，也为教师开展教学活动提供了新方法和新手段。本文首先阐释了虚拟仿真教学的内涵和构成要素，然后以旅游类核心课程导游业务为例，分析该课程 VR 实训教学模式的构建思路、教学实施策略和创新举措，以期为虚拟仿真教学提供一定的参考和可借鉴意见。

[关键词] 虚拟仿真；虚拟仿真实训教学；导游业务

新技术赋能高等教育逐步向数字化、网络化、智能化和多媒体化推进。深入推进智慧教育，构建高质量教育支撑体系是国家数字经济发展规划的重要目标。2023 年 1 月教育部的工作重点中特别提出进一步纵深推进教育数字化战略行动，主动服务于学习型社会。针对高等教育数字化建设，教育部高等教育司提出应进一步加快完善高等教育教学数字化体系、提升数字化应用能力、提升数字化治理能力、提升数字化国际影响力；要开发建设一批多介质、数字化、智能化、快速迭代的新形态教材；推进"虚拟仿真实验教学 2.0"建设，强化"实验空间"平台应用[1]。为贯彻落实《国家创新驱动发展战略纲要》《国家职业教育改革实施方案》《职业教育提质培优行动计划

（2020—2023年）》等文件精神，助力职业教育数字化升级，探索虚拟仿真赋能职业教育教学的新思路、新模式、新机制，在国家政策的大力支持和数字化技术高速发展的宏观背景下，职业教育的数字化转型面临着更多的机遇与挑战，对于职业教育来说，如何与数字技术高度融合，培养更多的高素质技能人才也成为当前重要的研究方向。

在数字化转型时代背景下，实践与理论并重的旅游管理专业也迎来了新的机遇与挑战。随着时代的发展，旅游业不仅是实现可持续发展的关键因素，也是推动社会发展的强大动力，是促进经济增长、社会和谐、改善民生的重要渠道，更是推动生态文明建设、促进文化发展、对外交往的重要纽带。受到数字信息技术高速发展的影响，旅游管理专业的教育模式及教学策略也开始发生变革，新技术与新教学方式深度融合，凸显出智慧化教学的巨大优势。虚拟仿真教学利用数字化技术可以帮助学生和教师打破空间与时间的限制，并凭借沉浸式、交互式、实践式、内容场景化等手段辅助学生在学习过程中突破时空界限，实现虚实融合，为教育过程带来全新的体验。

一、虚拟仿真教学的内涵

虚拟仿真教学是教育者利用虚拟仿真技术为学习者创建出仿真的教学场景，让学习者在虚拟情境的环境中，通过人机交互等多种形式获得更好的学习体验，从而达到知识内化的教学效果。教育者通过强大的知识库系统来获取学习者的交互反馈意见以及在学习过程中的数据，并以此为依据调整教学策略，为学习者提供更加符合个性化特征的教学内容，让学习者获得知识的成就感[2]。

虚拟仿真教学通过利用虚拟仿真技术，让教育者可以根据学生的专业背景、理论知识体系和实践操作技能，重构课程体系，精心挑选教学内容，运用多种教学方法和教学手段，把抽象的概念变得更加清晰易懂，帮助学生更好地掌握实际应用的技能。通过虚拟仿真实训教学，不仅可以巩固理论知识，还可以有效地提高学生的实操技能，从而达到将专业理论知识与实际操作技能相结合的教学目标。

虚拟仿真教学以学生为中心，将工作领域环节要素按照明确的教育教学理念予以呈现，形成教学序列逻辑。重点开发设计以培养核心职业能力为目标的实训教学项目，将企业的真实生产项目转化为教学资源，为学生提供数字化、信息化情景模拟等教学和训练体验。虚拟仿真教学资源的实训内容要秉承由单一到综合、由单间到复杂的原则[3]。学生通过虚拟仿真实训，在完成单个学习任务或实训练习后，不仅能够熟悉岗位的典型工作流程及规范的操作模式，还能够进行职业能力的延伸训练。

虚拟仿真教学主要由虚拟情境、人机交互界面、知识库以及可视化输出四要素构成[4]。虚拟情境是虚拟仿真教学的核心要素，虚拟仿真教学虚拟情境的设计和建构，需要借助各种智能算法、人工智能和计算模型，为学习者搭建实训教学的场域环境，将教学内容场景化，将内置的知识技能实现高度加工，让学习者以身临其境的方式体验到栩栩如生、能够活学活用的知识技能[5]。人机交互界面是虚拟仿真教学的关键要素，人机交互也就是通过计算机输入、输出设备，以有效的方式实现人与计算机对话。在虚拟仿真教学中通过人机交互实现学习者自主知识探究学习和技能点检测的效果，增强学习过程中的互动性和趣味性，能够有效激发学生的学习积极性并提升学习体验[6]。知识库是开展虚拟仿真教学的基础要素，知识库的构建需要由课程团队教师和企业岗位专业共同研制，根据企业岗位的实际技能需求明确教学目标、教学计划和教学内容。可视化输出是虚拟仿真教学的要素，通过强大的大数据分析系统，依托数字化技术，对学习者的学习行为进行深入的分析，形成可视化的虚拟仿真实训报告，帮助教育者掌握学情，不断优化教学策略。

二、导游业务虚拟仿真实训教学模式的构建思路

实训是职业教育的重要育人环节，面对数字时代的发展要求和旅游产业升级对人才的需求，旅游专业实训教学模式的变革势在必行。针对导游业务课程传统实训存在"高投入、高风险，单项目、低效率，重结果、轻过程"的问题，全面对接导游岗位，运用"学习场"教学理论，深入挖掘典型工作环节，校政行企共同打造出岗技贯通的导游业务 VR 实训教学模式（见图 1）。

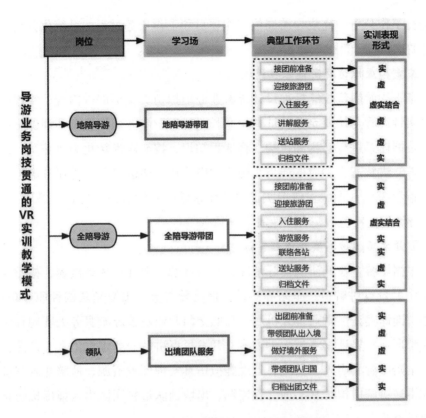

图1　导游业务岗技贯通的 VR 实训教学模式

通过开展导游岗位和技能需求调研，构筑并实施了"校企合一、全程共育、分段实施"的课程培养目标，构建了"模块化、递进式"虚拟仿真实训课程模块。多人协同实训模式，实现导游服务多岗位全过程实训；通过虚拟仿真实训平台自动生成学生实训报告，实现导游实训"理论＋技能＋态度"全过程纵向评价；实现了学生的岗位意识、实践能力和职业素养的全面提升。

1. 调研导游职业标准核心技能

广泛调研导游行业企业，尤其是头部企业，明确导游岗位需求、导游岗位用人标准、导游岗位工作标准和典型工作过程，以及导游行业发展的新知识、新技术、新方法。重点调研导游岗位核心技能和通用技术等内容，进一步明确导游业务课程所对应的导游职业岗位或岗位群，以导游岗位为逻辑主线进行工作分析，完成导游岗位工作项目和工作任务过程的系统化分析，形成导游岗位综合性的调研报告。

2. 重构虚拟仿真实训课程模块

基于导游岗位技能标准设计导游业务虚拟仿真实训课程内容，实现虚拟仿真实训课程与旅游企业认证共生共长。对导游专业虚拟仿真实训课程的知识、技能体系进行解构和重构，将课程知识、技能需求转化为培养学生的导游素养、讲解能力和应变能力。构建"模块化、递进式"导游业务虚拟仿真实训课程模块，将课程虚拟实训内容体系紧密对标旅游企业认证技能模块，突出导游职业特色，契合产业需求。

3. 开发虚拟仿真实训课程资源

根据旅游企业调研的实际情况，结合导游专业知识体系内容，按照导游岗位中的景点讲解员、全陪导游员、地陪导游员、出境领队四种职业角色，遵循"岗课赛证"融通育人机制，参照全国职业院校导游服务大赛规程和全国导游职业资格证书考试大纲内容，开发景点讲解服务虚拟仿真实训课程资源、全陪导游酒店入住及应急处理虚拟仿真实训课程资源、地陪导游迎接服务和沿途讲解虚拟仿真实训课程资源、出境领队带领团队出入境虚拟仿真实训课程资源。

4. 设计虚拟仿真实训课程教案

按照导游岗位中不同职业角色的技能标准，设计出"技能逐级递进，能力渐次提升"的导游业务课程实训教学环节，基于岗位技能要求，按照基本技能、核心技能，以及技能的能力递进规律设计导游专业虚拟仿真实训教学过程；同时基于导游岗位实际情况按阶段性实训要求，编制导游岗位实训指导手册。实训课程教学内容设计要本着"够用、实用、应用"以及"毕业即能上岗、上岗即能操作"的原则，着重提高学生解决实际问题的能力。推进"课岗证赛融合、教学做练一体、德能情智并进"教学模式改革。

5. 构建虚拟仿真实训评价体系

科学构建"过程盘点、多方评价"的课程质量保障体系。完善以学习者为中心的课程教学评价体系。围绕导游行业企业岗位用人标准，校企共同制订导游业务虚拟仿真实训课程教学质量评价体系。根据导游岗位课程、技能竞赛、行业认证考核要求及其岗位具体情况设计评价标准，采用学校评价、企业评价、学生评价、行业评价、社会评价、技能竞赛评价等形式，规范虚拟仿真实训课程教学活动，保障虚拟仿真实训课程教学质量。

三、导游业务岗技贯通的 VR 实训教学实施策略

1. 开发虚拟仿真实训资源，创设导游岗位工作全场景

开发虚拟仿真实训资源，创设导游岗位工作全场景，开展"模块化、递进式"导游业务课程内容。①运用 VR 技术搭建 300 多个虚拟景点让学生通过鸟瞰、步行、飞行等全方位任意交互漫游的方式身临其境地进行景点导游讲解实训，搭建地陪导游、全陪导游、出境领队 3 个职业角色 10 个模块 87 个技能点的 VR 实训场景，让学生突破时空界限进行反复练习，解决了导游专业多次前往实地进行现场教学的人力、物力、财力"高投入"的问题。②运用 VR 创设导游带团突发应急高风险工作场景，让学生进行导游带团途中旅游大巴车遭遇车祸，入住酒店突发地震、火灾、溺水等应急处理实训，在 VR 中实训既保障了学生安全，又解决了实训中难再现的"高风险"工作场景。

2. 创立多人协同实训模式，实现多人全岗位同步实训

运用"学习场"教学理论和典型工作任务法，调研导游岗位技能需求，创立多人全岗位同步实训的导游业务课程教学模式。①学生以分组形式，在 VR 实训平台选取角色同时同步进行导游带团单个技能点或工作全流程的实训，实现实训环节串联、衔接和闭环管理，通过一课多师教学组织形式让教师在后台实时同步了解所有学生的实训进度和实操情况，并及时记录学生实训难点进一步调整教学策略，解决实训教学中"低效率"问题。②学生在 VR 实训平台中可担任景点导游、地陪导游、全陪导游、出境领队、游客等任意角色，同步开展全流程多项目（"接站—沿途讲解—入驻酒店—景区讲解—送站"）的带团实训，或者是单个职业角色（领队）的全流程（行前说明会—海关申报—办理乘机—行李托运—通过卫生检疫边防和安全检查—领取托运行

李一接受海关检查）带团实训。解决了实训教学中"单项目"问题。

3. 运用导游虚拟实训平台，采集实训教学全过程数据

运用自主研发导游虚拟仿真实训平台，推进"教学做练一体、德能情智并进"实训教学创新，采集学生（课前—课中—课后）全过程数据。①学生实训评价体系由课前（自主学习 20%）+ 课中（实操练习 50%）+ 课后（实践拓展 30%）三段组成，利用实训平台科学关注学生每一个阶段学习情况，通过数据了解学生学习时长、实训难点等问题解决实训中"重结果"的问题。②实训平台可重点针对每一个学生实训进行实时评分，并按照岗位技能重要程度对每一个技能点进行科学赋值，流程性技能点采用智能评分（讲解词匹配、入境单规范填写等），服务性技能点采用教师评分（仪容仪表、姿势态势、讲解文化内涵等），并通过虚拟仿真实训采集的数据生成每一个学生的单次实训报告和阶段性实训报告，记录了学生的学习成长实训报告书，有利于师生进一步掌握学生学习成长规律，解决实训中"轻过程"的问题。

四、导游业务 VR 实训教学创新举措

1. 理念创新：提出导游业务"岗技贯通"实训教学新理念

以导游职业岗位需求为导向，运用"学习场"理论，梳理出地陪导游带团、全陪导游带团、出境团队服务三个导游职业岗位学习场，遴选出导游带团典型工作任务，打破了课程知识壁垒，重构了导游业务实训课程模块。借助虚拟仿真技术，将导游带团的真实场景进行模拟还原，让学生在沉浸式环境中完成单个实训项目的串联和衔接，真正实现导游岗位技能实训的全贯通。导游专业虚拟仿真实训教学资源的开发侧重本土旅游特色，为江西导游行业人才培养提供了有力的智力支撑，助力区域经济高质量发展。

2. 技术创新：创立导游专业多人协同实训新模式

针对传统实训中存在的"低效率、单项目"问题，实训教学中出现的互动少、参与度低、交互反馈不足等现象，基于导游工作全过程实训课程模块框架，利用多通道 CAVE 系统搭配 5GVR 多人协同系统，搭建虚拟空间中多人协同交互的平台，提供沉浸式专业课程实训体验，创立了多人协同实训模

式。教学中教师通过平台发布指令，将学生组织成若干个旅游团队，随机分配为不同角色（领队、全陪导游、地陪导游、游客）进入虚拟实训场景，团队协作共同完成实训任务。多人协同技术可以让学生全岗位多角色反复训练，提高了学生实训课程参与度，强化学生团队协作能力，激发了学生解决问题的创新思维能力，提升了育人成效。

3. 评价创新：搭建导游典型工作评价体系

借助虚拟仿真技术，将实际导游带团中的"接站—沿途讲解—入住酒店—景区讲解—送站"工作全流程进行场景化再现，在虚拟场景中搭建导游典型工作评价体系。采用人工智能评价＋教师评价＋行业专家评价等多维度评价手段，创新了差异化的数据采集方法，可以根据学生的实训角色来采集不同的数据，生成每一个学生的单次实训报告和阶段性实训报告，记录学生的学习成长实训报告书，建立了符合职业院校学生特点的个人学习档案，实现了"理论·技能·态度"全过程纵向评价，提升了评价效果。

五、结语

随着国家对于智慧教育的深入推进以及我国当前数字化社会转型步伐的持续迈进，教育数字化转型为传统教育模式带来了更多的突破与发展。职业教育肩负着培养具备专业技能的人才的重要使命，强调培养学生的实践技能和创新思维，虚拟仿真教学为此提供了有力的支持，并取得了良好的教学效果。导游业务课程虚拟仿真实训教学模式得到了上级领导的高度认可，同时引发了积极、广泛的社会效应。基于虚拟仿真技术的旅游管理专业实训课程体系与教学模式改革，优化了实训教学环境，促进了教学成果转化，提高了学生专业岗位技能。虚拟仿真实训与互动式教学相互促进，强有力支撑旅游管理专业实训教学改革。今后，旅游管理专业应积极探索新兴技术，以更好地满足旅游行业的需求，加强线上线下的联动，提升用户信息素养，发挥产教融合的优势，完善课程资源[7]，充分利用虚拟仿真实训教学的优势，加强校企之间的沟通和互动，探索教育信息化的发展空间，激励各方的积极参与，共同推动高性能的数字化教育系统的建设。

参考文献

［1］谷艳华，苗广文，杨得军．混合教学模式下虚拟仿真教学的探索与实践［J］．实验技术与理，2019，36（7）：188-191．

［2］李雄，孙路遥．虚拟仿真教学的内涵、设计及应用［J］．中国教育信息化，2019（6）：21-25．

［3］李澜，王吉．高等学校虚拟仿真实验教学现状及趋势研究［J］．中国教育技术装备，2022（19）：18-21，25．

［4］李培荣，史永宏．虚拟仿真教学资源标准化建设初探［J］．中国标准化，2022 2023，（4）：166-168．

［5］王凯丽，胡垂立．虚拟仿真技术应用于混合式教学研究［J］．科技风，2023（1）：103-105．

［6］王永生，薛小群．虚拟仿真教学视域下工业设计专业混合式教学策略浅析［J］．中国大学教学，2023（4）：41-46，66．

［7］韩洁．基于虚拟仿真技术的旅游管理专业实践课程体系与教学模式研究［J］．科技风，2021（30）：55-57．

中国旅游文化课程与吉林省地域传统文化
相结合的实践和意义

吉林省经济管理干部学院　　刘　影

[摘　要] 在社会经济飞速发展的时代下，旅游行业也迎来了更多的机遇和挑战，想要紧跟时代发展的步伐，就必须积极地探索适应时代的创新模式并加以实践检验。传统文化和旅游行业有着紧密的联系，二者能够做到互相结合，共同发展。吉林省地域传统文化有民风淳朴、坚韧不拔、奋斗不息的优秀文化内涵，这些文化内涵与中国旅游文化课程进行结合并产生了积极的意义。

[关键词] 中国旅游文化课程；吉林省地域传统文化；实践；意义

[基金项目] 本论文为 2022 年度吉林省教育科学"十四五"规划一般课题"吉林省地域传统文化在高职中国旅游文化课程中的融合与实践"研究成果（课题批准号：GH22263）。

在中国传统文化中，旅游文化源远流长，博大精深。各地域因为其独特的地理位置和历史发展形成了别具一格的文化内涵，在中国旅游文化授课过程中，以科学的教育方法将这些优秀传统文化与课程内容有机地结合起来，可以助力学生对于课程理论知识的掌握，加强学生的实践工作能力，为旅游行业培养高质量的应用型人才。

一、吉林省地域传统文化内涵介绍

吉林省有着适合人类生存的自然条件，据考古工作证明，吉林省境内十六万年前就有人类活动的遗迹，从古至今有无数的种族在这片大地上繁衍生息。在漫长的历史长河中，各民族在这片富饶的黑土地上创造出了多种独具特色，丰富多彩的文化。是中华传统文化的重要组成部分，其文化内涵主要有以下几点。

（一）吉林省民风宽厚质朴

吉林省地域土地非常广阔，而且土质特别肥沃，民风也极其宽厚、淳朴。而在吉林省内，还有着大片的山林区域，在这些地区，自然环境非常优美但生存条件相对苛刻[1]，过去生存在这里的人们，多以狩猎山中野生动物和采集珍稀植物为生，属于"靠山吃山"的生存模式，其劳动强度高，生产劳动中对于团队配合的要求尤为注重。人与人必须通过互相合作才能更好地谋生。后来，随着"闯关东"风潮的到来，更多的同胞来到了这片土地，得到了当地居民的热情接纳，并带来了儒家"仁义礼智信"的思想观念和行为准则，这样一来，更加深了吉林省宽厚质朴的民风。

这种民风逐渐影响了吉林省地域内各行业的行为准则。行业行会是人们为了得到更大的物资收获所自愿缔结的合作组织。例如采参帮、掘金帮、伐木帮等，在民风的影响下，逐渐形成了具有吉林省传统文化特色的行业行规，比如在进山挖参的组织中，挖参者常常要搭建简易的棚子以供在深山中遮风挡雨，饮食露宿。等到工作完成或转移地点时，这些棚子不仅不拆除，反而要进行维护加固，并适当地留下一些生活物资，目的就是给后来人提供便利。猎人行业在捕猎过程中，如果遇到需要帮助的人求救，就必须将"战利品"分一些给对方，帮助对方渡过难关。伐木帮在运输过程中，如果遇到同行车子出现问题，要竭力相助，否则就会在行业内成为异类。这些行业帮规，有些已形成文字，变成制度，而大部分尚未形成文字的，也通过口口相传、代代相教，成为各个行帮的行为准则，至今还在影响着吉林省地域内的很多行业。这些规矩和习俗有着共同的特点，那就是团结协作、互助互爱、轻利重义，宽厚待人。行业内的人如果违反这些行规，将会受到别人耻笑和轻视，导致无法在行业内顺利发展。

（二）吉林省传统文化中坚韧不拔的文化个性

不惧艰险，坚韧不拔，是刻在这片地域生存的人民血液里的顽强品格。

在过去，由于生产力水平低下，物资流通交易不便利，且自然环境复杂多变。人们通常无法依靠单一的生存手段来保障生活物资。如打鱼的渔民也需要种植谷物，而耕地的农户也需要进山打猎，伐木的工人也要利用河道运输。这就要求人们要掌握更为全面的生存技能，技能的掌握必须依靠实践活动来加强[2]。所以，过去的人们往往都要进行多项复杂而艰苦的劳作。比如进山打猎的人不仅要随时面对大型猛兽袭击的危险，还要在冰天雪地的深山里忍饥挨饿长达数日。伐木的人要在深山里度过枯燥而漫长的冬季，并且在寒冷湍急的河水中完成树木的运输工作，随时面临着生命的危险。吉林省有句俗语"砍大树，放大排，哪里死了哪里埋"就是对过去这个行业完美的写照。生活在这片土地的人们，在与大自然搏斗的过程中，不惧艰险，迎难而上，逐渐磨炼出了坚韧不拔、吃苦耐劳、攻坚克难的文化品格。并产生了很多可歌可泣的民间故事和动人事迹。这些传统文化哺育了一代又一代生活在这片土地上的人们，成为吉林人民共同的文化个性。

（三）生命不息、奋斗不止的文化精神

自古以来，吉林省地域地广人稀，所以对于生存资源的开发起步较晚且过程相对艰苦，生活在这里的人民长期围绕着开荒创业这个目标开展劳作。所以其地区传统文化具有自强不息的文化精神。有的专家将18世纪至20世纪初的吉林省称为"拓荒省"。无数的汉族百姓为了生存铤而走险，北上关东。在这里狩猎捕鱼，开荒种田，兴办实业。在深山老林，激流湍涌的自然环境中拓荒创业极为艰险，捕猎工具由石砮到铁镞，捕鱼环境由水中到冰下，农耕工具由石犁到铁犁，每一步前进的阶梯都由劳动人民的血汗铸就。此外，吉林省地区由于其丰富的物资和重要的战略地位，有史以来都是兵家必争之地。各政权之间的更迭，各民族之间的征伐攻略，在这片土地上演出了一幕幕壮怀激烈的历史话剧。吉林省地域内众多的文物古迹就是这些历史的见证。例如叶赫那拉古城遗址，位于四平市叶赫镇，是满族的重要发祥地之一，始建于明朝，见证了叶赫族先人的丰功伟绩。塔虎城是全国重点文物保护单位，位于吉林省松原市境内，是辽国皇帝的"行宫"和春游打猎之地，经历了几百年的风吹雨打，虽残破却依然屹立不倒。被称为"海东古碑之尊"的高句

丽好太王碑，讲述了高句丽好太王谈德戎马一生的赫赫战功[3]。

在这样的自然环境和历史环境中，吉林大地的各族人民磨炼出了开拓进取、骁勇善战、自强不息的顽强精神，这种文化精神不仅渗透在民间，其激昂慷慨的格调也借助于文学艺术得到广泛传播。

二、中国旅游文化课程与吉林省地域传统文化相结合的具体工作实践

吉林省地域传统文化是中国旅游文化的重要组成部分，对于课程的开展和授课目标的完成起到积极的推动作用，长期以来，对中国旅游行业的发展做出了卓越的贡献。在新时代背景下，为了使中国旅游文化课程与吉林省地域传统文化更好地相结合，相关工作者在创新精神的引领下做出了很多的工作实践。

（一）课堂授课过程中渗透吉林省地域传统文化内容

课堂是开展教育工作最有效的主阵地，能够做到知识的高效传播，便于学生了解和掌握。在中国旅游文化课堂授课环节，教师积极地将吉林省传统文化与课程内容相融合，能够优质地完成理论知识的传授工作，在相关的课程章节中，如民俗文化、园林文化、宗教文化等，将吉林省的传统文化有针对性地开展讲解，能够极大地激起学生的认同感和求知欲，有效地提升了本学科的教育质量。同时，学生对于吉林省的传统文化加深了了解，为以后的工作实践打好了坚实的基础。

（二）"互联网+"教育模式下做到吉林省地域传统文化的深度融合

随着科技高速的发展，教育模式也出现了更多的创新和改变，"互联网+"教育模式就是一种依托网络平台，利用高科技手段创造出来的高效教育模式，目前在中国旅游文化的课程中得到广泛使用[4]，授课教师首先在网络平台上将吉林省的传统文化进行收集、整理、编辑，如文物古迹照片、传统文化内涵介绍、地区传统文化特色等。再将其做成课件，利用投影仪，电脑，手机等高科技设备在授课过程中进行展示。首先做到了网络平台的信息共享，在互联网极其丰富的教育资源基础上，能够筛选出适用于课程本身的内容，并

以更为形象、生动的方式展示出来。加深了吉林省地域传统文化与课程的融合程度，也使得授课的方法更为生动活泼，便于学生理解和掌握。

（三）实训过程中增加吉林省传统文化的发掘和展现

在提倡"素质教育"的今天，教育系统提出了"教学做合一"的教育理念，社会上人才需求端也更为注重人才的综合能力素质，这就要求当前的学校教育，必须要加大对于学生实践能力的培养。而旅游行业更是一个实践大于理论的行业，所以在中国旅游文化授课过程中，开展了很多实际操作的授课环节。主旨为了提高学生对于理论知识的理解和掌握，进而增强学生的综合能力素质。目前，课程中已经有很多对于吉林省传统文化的实地考察内容，这样可以让学生切身体验到人文风景中所蕴含的文化内核，能达到"寓教于乐"的作用。

"纸上得来终觉浅，绝知此事要躬行"，如组织学生到吉林市北山公园、长春市净月潭森林公园、松花江风景区等地进行游览，让学生感受到吉林省自然风光的秀美娟丽，焕发出学生对于祖国大好河山的热爱。带领学生去叶赫那拉古城、农安古塔等历史遗迹进行参观，让学生对于吉林省历史文化做到了解和掌握，进而感受到中华文明的伟大，在这一过程中，学生收获知识和经验，在愉快的氛围中受到教育，极大地增强了中国旅游文化课程的实践指导作用。

三、中国旅游文化课程与吉林省地域传统文化相结合的重要意义

我国传统文化是我国人民生存经验的总结和生活智慧的结晶，是我国文明史的重要传承。吉林省有着悠久的文化历史，深厚的文化底蕴，积极向上的文化内涵，而且文化特点尤为明显，是我国传统文化史中重要的文化因素，对于我国旅游行业的发展也起到了助力作用。所以，中国旅游文化课程与吉林省地域传统文化相结合有着重要意义。

（一）增强文化行业和旅游行业融合的深度提高二者融合产生的作用

随着社会物质资源的逐渐丰富，人们对于精神层面的追求日益增加，这

对于旅游行业也提出了全新的挑战，游客不再满足于传统的旅游模式[5]，而是要求旅游景点具有新颖性、独特性、奇异性。还要同时追求集文化性、体验性、娱乐性为一体的综合旅游享受，这就要求文化产业和旅游行业必须做到深入的融合发展，二者相互关联，缺一不可。从文化的角度来讲，这种模式使旅游变成了文化蕴涵价值的外在体现。能够很好地促进当地文化的宣传和发展。而旅游行业则可以在文化产业的加持下得到更好的生存和发展。中国旅游文化正是由各地区的传统文化所构成，将吉林省地域传统文化和中国旅游文化课程有机结合，能够有效促进传统文化与旅游文化的深入融合，提高旅游产业的整体层次，在促进文化产业宣传与发展的同时，提高旅游产业的整体层次，进而提高二者融合对于旅游行业的积极作用。

（二）助力中国旅游文化整体授课目标的顺利完成

任何一种教育方法都为了达成一定的教育目标，而中国旅游文化课程的讲授，首先是为了实现学生对于中国旅游资源和旅游文化的理解和掌握，帮助学生建立自身的理论知识框架，最终完成实践工作中工作能力的提升。当下，国家正在飞速地发展，社会面各行业对于人才的需求也发生了改变，从传统的理论型人才需要转变为综合型人才需求。而旅游行业人才供给端也必须随之发生改变，在进行人才能力培养的同时，还要通过课程内容和授课方法帮助学生建立正确的世界观、人生观、价值观。这就需要在中国旅游文化课程中彰显"文化"带来的教育意义。

吉林省传统文化有着民风淳朴、坚韧不拔、奋斗不息的优秀文化内涵，其历史文化资源也非常丰富，如伪满皇宫、长城（吉林段）、高句丽文物古迹旅游景区等，其中坐落在长春市的伪满皇宫因为其独特的历史背景闻名全国。在授课过程中，通过对文化内涵的历史文化的讲解，不但能够加深学生对于旅游知识的掌握，还能帮助学生理解吉林省地域内的民俗风情和人文历史。通过吉林省地域传统文化和中国旅游文化的结合[6]，让学生了解到吉林省的历史乃至国家的历史。"前事不忘后事之师"，加深学生的爱国主义情感，帮助学生建立正确的人生观和价值观，促进高素质人才的培养。

（三）中国旅游文化课程与吉林省地域传统文化相结合能够推动中国旅游行业的蓬勃发展

吉林省传统文化有着民风淳朴、坚韧不拔、奋斗不息的文化内涵，这是在其特殊的历史背景和独特的地理位置基础上所形成的，而这些优秀的文化内涵能够激起人们的探知欲和亲近欲，从而吸引更多的游客到吉林省来游玩。中国旅游文化包含着全国各地的优质旅游资源和文化资源。在中国旅游文化课程传授过程中，授课教师将这两种知识传授给学生，并引导学生利用辩证的方法进行分析思考。由此加强学生对于所学知识的掌握理解和实际运用，从而成长为一名高素质的旅游行业从业者，为中国旅游行业的整体发展贡献力量。

由此可见，吉林省传统文化与中国旅游文化课程有着很多相融相通的内容，在教育工作者的积极探索之下，能够做到科学有机地融为一体，从而使吉林省传统文化得到宣传和推广，并助力中国旅游行业在新时代下走上健康可持续发展的康庄大道。

参考文献

［1］吉林：弘扬传统文化 庆祝建党百年［J］.农业发展与金融，2021（9）：15.

［2］王文娟.浅谈旅游课程重视文化积累的作用：评《中国旅游文化》［J］.中国教育学刊，2018（11）：122.

［3］徐静.讲旅游故事，传中国文化:《中国旅游文化》教学有感［J］.传媒论坛，2018，1（15）：168-169.

［4］魏文静，方法林."知行合一"理念下的高职文化课程教学改革初探：以《中国旅游文化》课程为例［J］.职业时空，2012，8（7）：42-43，46.

［5］陈竞博.以文化建设推动吉林全方位振兴发展［J］.新长征（党建版），2022（10）：20-21.

［6］于雪.吉林地域文化优势资源分析［J］.吉林省教育学院学报，2020，36（7）：183-186.

中职旅游专业混合式教学模式研究

沈阳市旅游学校　　王　玲

［摘　要］中职旅游专业采用混合式教学模式是为了顺应信息化时代发展需求，提高学生的学习兴趣，从而促进学生实践经验、处理问题、人际沟通等方面专业能力的提升。学校在实践教学中摸索形成"线上学习＋线下解惑＋职场育人"的混合式教学模式，从资源保障、师资保障、环境保障三个方面详细阐述了学校混合式教学模式的运用。

［关键词］中职旅游专业；混合式教学；网络教学平台

一、内涵界定

（一）混合式教学

混合式教学（Blended Teaching and Learning）是翻转教学与传统教学相结合的一种教学模式。根据学习活动发生的不同场域，及由此形成的教学活动基本框架的不同，可以形成不同的线上线下混合教学模式[1]。通过"线上＋线下"两种教学组织形式的有机结合，可以把学习者的学习由浅到深地引向深度学习。

本文立足学校性质（中等职业学校）和专业性质（旅游服务专业），教师在课前布置学习任务，学生进行线上学习；课中，教师与学生面对面进行交流，解答学生疑惑，面对面指导，强化学生技能操作技巧，教师进行线下解惑；通过虚拟仿真环境及真实职场环境，进行"职场化"育人模式。

（二）网络教学平台

广义的网络教学平台包括支持网络教学的硬件设施和支持网络教学的软件系统。狭义的网络教学支持平台是指建立在互联网的基础之上，为网络教学提供全面支持服务的软件系统的总称。网络教学平台在原来教学系统的基础上，从对教学过程（课件的制作与发布、教学组织、教学交互、学习支持和教学评价）的全面支持，到教学的组织管理（用户与课程的管理），再到与网络教学资源库及其管理系统的整合，集成了网络教学需要的主要子系统，构建了一个比较完整的网上教学支撑环境。

目前，A 校旅游专业课主要使用的开放式的网络教学平台包括学习通、腾讯会议、雨课堂、智慧职教等。

二、中职旅游专业混合式教学模式研究的意义

《国务院关于积极推进"互联网+"行动的指导意见》颁布，进一步明确提出"鼓励学校逐步探索网络化教育新模式，鼓励学校通过与互联网企业合作等方式，对接线上线下教育资源，探索基础教育、职业教育等教育公共服务提供新方式"。线上线下混合教学模式是"互联网+教育"的典型应用，在"以就业为导向、以技能为核心、以任务为载体"的中职旅游专业课中推广，更具有特殊的意义。

（一）让学生成为教学的主体，提升了学生的学习意愿

线上线下混合教学模式下，学生可以更自由地安排学习时间与学习内容，让学生成为教学的主体，成功实现传统教与学关系中的角色互换。学生的学习不再受限于时间、空间与环境，并且能够及时与教师进行线上交流，不仅构建了开放的教学环境，更有效提升了学生的学习意愿。

（二）丰富了信息化教学资源，提高了教与学的公平性

我校旅游专业教学资源库建设已经取得巨大成果，将该成果借助课程平台实现了资源的共建共享。教师可以利用优质教学资源，开展线上线下有机结合的教学活动，并通过信息化教学手段实现个性化教学。

（三）挖掘了学生的潜能，提高了学生的自主学习能力

线上学习是一个开放的教与学的过程，学生在进行线上学习的过程中需要不断去分析问题与解决问题，不仅培养了学生解决问题的实际能力，而且有效挖掘了学生的潜能，提高了学生的自主学习能力。

（四）完善了教学评价机制，提高了教学效果

在现代信息技术支持下的线上线下混合教学模式的课程考核也呈现出多样化的特点。线上学习考核、学生互评、团队评价、教师评价社会评价等多元化的评价体系，让学生在学习的过程中不仅需要掌握专业技能，还需要掌握团队协作的能力以及交流与沟通的技能，进而提高教学效果。

三、A 校旅游专业混合式教学模式建设

（一）融合创新数字化教学，重构传统面授教学理念

"线上"授课状态对传统面授教学理念产生深远影响：重构传统面授教学，融合创新数字化教学，将网络学习环境的应用和课堂教学相融合，将以学生为中心和发挥教师的主导作用相融合，将网上资源的利用和音像媒体及其他传统媒体的利用相融合。

学习通、腾讯会议、雨课堂、智慧职教、中国慕课等教学平台的完善与升级，为线上授课提供良好的平台环境。这些教学平台的使用使得教师信息化教学理念发生转变、信息化教学水平显著提高、信息化技术教学手段多样灵活。学校旅游专业是其中的受益者。学校旅游专业根据学情需要，结合各个教学平台优势，考虑学生家庭信息化设备情况，综合考量甄选出适合旅游专业课开展混合教学模式的教学平台。

（二）梳理信息化资源，有效服务教学过程

立足中职学生基本学情，开展混合式教学模式特点研究，将既有教学资源进行整理分类，按照"课前提升学生参与度、课中提供学习支持、课后深度挖掘学生潜能"遴选线上和线下授课资源；组织教师定期进行信息技术知识学习与交流，开展线上授课资源的更新及续建；增建"防疫小常识"在线资源，普及学生防护意识，加强旅游专业学生"卫生防护"的职业素养的培养。

（三）形成"线上学习＋线下解惑＋职场育人"混合式教学模式

定期组织教师进行混合式教学运用心得体会交流，开展混合式教学示范课研究，形成"线上学习＋线下解惑＋职场育人"混合教学模式，提升旅游

专业课教育教学质量。下面结合 A 校旅游服务与管理专业核心课程"导游实务"课程教学进行具体说明。本课程是该专业学生升学考试的主干课程，也是导游员资格证考试的必考课程，该门课程在考试中均以两种形式进行考核，包括理论考试和现场面试。

1. 线上课程资源助推课前预习课后拓展。

线上课程资源是混合式教学模式的资源保障。A 校牵头，来自全国 6 所职业学校共同建设完成国家级旅游服务与管理专业导游实务课程教学资源库，在智慧职教平台开放共享。该资源库包括课程标准、教学设计、教学视频、教学音频、Flash 动画、微课、电子挂图、PPT、电子教材、实训手册等教学资源，为教师进行虚拟仿真教学、情境式教学、翻转课堂、线上线下混合式教学等新型教学模式的运用提供了丰富的资源[2]。教师通过"学习通"发布学习任务，包括调研问卷、讨论主题、观看微课、Flash 动画等。通过课前发布学习任务，让学生有针对性地进行准备，学习目标明确，准备充分，提升线下面对面课堂教学效果。实训手册、试题库、案例库资源便于学生进行知识的巩固、拓展和迁移。

2. 线下答疑解惑，解决疑难问题

智慧的教师是混合式教学模式的师资保障。教师根据学习任务反馈数据，了解学生知识基础、学习困惑等学习状态，从而制定适合该班级学生的教学计划，真正做到"因材施教"。同时，教师提前搜集学生学习状态信息，然后在课堂上通过案例、角色扮演、情景模拟等方法解答学生疑惑，由传统的"以教师为中心"向"以学生为中心"转变，由"教师想教什么"向"学生想学什么"转变。教学观念的转变改变教学方法，教师将学生课前反馈的困惑点设计成教学重难点，通过小组合作学习、体验式学习等学习方法让学生在做中解决疑惑，提高教学效果。

3. 智慧教学环境，虚拟职场促进学生到职业人身份转换

智慧教学环境是混合式教学模式的环境保障[3]。A 校旅游专业配置导游 3D 情景实训室和模拟导游微格实训室。3D 导游虚拟仿真实训室将学生置于仿真工作环境中，为学生模拟导游训练提供环境条件；模拟导游微格实训室，包括个人训练的微格实训房间和小组合作训练的中格实训房间，学生在微格实训房间结合实训软件进行个人导游讲解训练，进行自评，然后到中格实训室进行小组合作讲解训练，进行小组互评，在课堂上展示训练结果，进行师评。导游 3D 情景实训室和模拟导游微格实训室，有效解决学生导游讲解经验不足、自信心缺乏的难题，为学生现场考试奠定良好的基础。

导游实战演练一体机，模拟导游工作的八个流程，并且还设有导游工作中常遇到的问题和事故模拟解决环节，以游戏过关的形式进行训练，具有趣味性、实用性、知识性的特点。学生通过导游实战演练一体机的训练，熟练掌握导游工作流程，解决导游工作中的问题和事故能力有所提高，有效解决缺乏实战经验的难题，为学生进行实战模拟奠定坚实的基础。

参考文献

［1］［美］迈克尔·霍恩，希瑟·斯泰克 . 混合式学习［M］. 北京：机械工业出版社，2015.

［2］王玲，高成操 .《导游业务》教学资源库建设总结［J］. 学园，2017（27）：54-55.

［3］罗映红 . 高校混合式教学模式构建与实践［J］. 高校探索，2019（2）：48-55.

人才培养篇

典型案例

高度聚焦职教类型特征　全面提升人才培养质量

青岛酒店管理职业技术学院　庞　阳

一、基本情况

青岛酒店管理职业技术学院围绕为党育人、为国育才使命，全面落实立德树人根本任务，高度聚焦职业教育类型特征，不断加强产教融合、校企合作，积极推进"三教改革"，着力提高专业课程建设水平，全面提升复合型技术技能人才培养质量，为区域经济社会发展提供人才支撑。

二、经验与做法

（一）以产教融合、校企合作切入载体建设，着力创新人才培养机制

全面推进现代学徒制试点。学校持续加强现代学徒制试点项目建设，逐步形成具备学校特色、系统科学的学徒制人才培养模式。学校践行招生录取和行业用工一体化招生招工模式，校企共同制定《现代学徒制管理规定》《企业导师（师傅）选拔与聘任办法》等5项配套文件，在师资上校企身份互认、角色互通，在资源上校企互融互通、共建共享，持续优化教学内容，提升教学质量。1个国家级现代学徒制试点项目、3个省级试点项目和5个市级试点项目顺利通过验收。印发学校《全面推进现代学徒制实施方案》，分步全面推行现代学徒制。通过多年探索实践，形成了"方案共定、资源共建、人才共育、过程共管、成果共享、责任共担、互利共赢、共同发展"的体制机制，为提升教学内容、教学手段、教学场所与工作岗位契合度以及人才适应能力提供优质载体，现代学徒制典型经验做法被多家媒体宣传报道，对外影响力

持续增强。

积极开展 1+X 证书制度试点工作。学校紧抓书证融通这一改革突破点，制订校本试点方案，通过建机制、挖内涵、育师资、强硬件、重融通等措施，构建"三三式"协同推进机制，建立"项目引领、平台支撑"合作研究机制，创建"标准贯通、多维融合"书证融通模式，搭建教师"分层分类"培养平台，探索形成 1+X 证书制度高质量实施的学院模式，在促进书证融通、推动标准落地、引领教学改革等方面取得了显著成效，为兄弟院校 1+X 证书制度实施提供了重要的参考借鉴。累计开展 1+X 证书制度试点 54 个，获批考核站点 34 个，3128 名学生取得职业技能等级证书，133 名教师成长为高水平培训师。系列工作促进了学生"一专多能"发展，职业素质和实践能力显著增强，《中国教育报》报道学校试点工作经验做法。

（二）以对接产业、转型升级聚焦专业建设，精准塑建人才培养目标

积极推动专业与经济社会适应发展。以酒店管理国家"双高"专业群建设为引领，完善以产业发展需求为导向的专业动态调整机制，紧密对接乡村振兴等国家发展战略，对接文化创意、精品旅游等新旧动能转换十强产业，坚持围绕酒店业办专业，持续优化专业布局，提高专业服务地方经济社会发展的适应性。修订《学院专业建设动态管理与考核办法》，新设与调整专业12 个。结合省级职业院校专业发展水平考核，持续开展专业诊改，不断提高专业在全国范围的综合实力，学院酒店全科型专业链更加完善。牵头民宿管理与运营、研学旅行管理与服务两个国家职业教育专业简介和教学标准修（制）订工作，顺利完成酒店管理、旅游管理两个山东省职业院校品牌专业群和旅游接待业、烹饪类两个首批高水平专业群验收，现代商贸物流专业群立项第二批省级高水平专业群。

加快推进专业数字化转型升级。学校大力推动专业智慧化、数字化转型升级，启动首批专业数字化改造项目，优势专业率先开展数字化改造。发挥酒店管理专业群在专业群建设标准、人才培养方案、课程建设、实践教学条件建设等方面智慧化转型引领作用，制定路径步骤，推动专业（群）全面转型升级。加快促进学校信息类相关专业与其他专业的融合，驱动教育在生态系统、思维模式、知识体系、教育能力、教育技术等方面的深刻变革，助力培养复合型、创新型技术技能人才。

（三）以"三教"改革、"课堂革命"引领课程建设，持续增强人才适应能力

扎实推动"三教"改革落地实施。持续加强师资队伍建设，"双师型"教师队伍建设取得新突破，先后获批教育部教师教学创新团队、山东省黄大年教学团队，获批国家首批教师企业实践流动站，立项国家级课题2项，省级教育教学改革项目13项。近三年累计获得山东省高校青年教师教学比赛一等奖5项，综合成绩位列全省高职院校第一。获得全省职业院校教学能力大赛一等奖6项，连续3年荣获优秀组织奖，2支队伍入围国赛，获国赛三等奖1项。

积极推动教材建设，获评全国首届教材建设二等奖1项，入选全国"十三五"规划教材5部，入选山东省"十四五"职业教育规划教材5部。强化教法改革，累计建成混合式教学试点课程143门，虚拟仿真课程7门，1门课程入选国家课程思政示范课程，7门课程入选国家在线开放课程，4门课程入选山东省课程思政示范课程，18个课程项目入选国家智慧教育公共服务平台。

全面启动课程提质培优综合改革。学校明确课程在人才培养过程中的核心地位，将课程提质培优综合改革作为"一把手"工程来推动，印发《课程提质培优综合改革实施方案》，以"必选＋自选"的多维度设计为改革实施提纲挈领。围绕立德树人根本任务，强化课程思政建设，推动信息技术与教育教学深度融合，采用多元的教学组织方式，构建丰富的课程资源，打造新型评价考核工具，建立和完善过程评价制度，形成课程开发、课程实施、课程评价与课程管理的新准绳。

（四）以素养课程、"第二课堂"强化协同育人，不断强化人才综合素养

强化工匠精神培养，创新劳动教育模式。学校基于学生综合素养提升，以全面发展、促进就业为导向，践行高职院校人才综合素养提升模式，三年来组织系列人文素质讲座、职业素养讲座60余场次，工匠精神宣传宣讲活动 20 余场次，校友讲坛 30 余场次，职业技能大赛风采展 20 余场次，营造重素养、重人文的校园文化氛围。建立特色劳动教育模式，构建劳动教育课程体系，将劳动教育纳入人才培养方案。设立劳动教育公共必修课，明确教师、学分、学时；与"三下乡"暑期社会实践、志愿服务、创新创业等一体化设计，细化劳动教育课外学习内容和实践任务；以实习实训课为载体开展劳动教育，优化实习实训课程的课程标准，强化劳动精神、劳模精神、工匠精神培养。

积极打造优质"第二课堂"。学校加强第二课堂体系顶层设计，根据学生三维发展目标，通过素质能力、专业岗位需求调研，分类整合"第二课堂"课外培养体系，设置思想成长、拓展讲座、文体活动、社会实践、创新创业和专业技能六大模块。将第二课堂体系纳入各专业（群）人才培养方案，对应不同模块的能力要求设置项目，实施学分制管理，将基本学分划分为"必修学分＋选修学分"，充分释放学生全面发展和个性发展活力。主动对接研究院所、行业协会、企业机构，共同参与岗位调研、项目开发、实施评价；营造实战环境，创造实践机会，激发活力；开展志愿服务活动，在社区服务、支教助残、公益环保、赛事服务等方面贡献突出。

三、主要成效

经过改革与实践，学生与岗位匹配度显著提升，就业能力和创新创业能力显著增强。近三年学生取得省级以上创新创业大赛奖项 38 项，其中"挑战杯"国赛获奖 3 项，"互联网＋"国赛获奖 2 项；参加世界技能大赛获奖 9 项，国家职业技能大赛获奖 8 项，省级职业技能大赛获奖 37 项。近三年学生整体就业率稳定在 98% 以上，大批毕业生被洲际酒店集团、港中旅集团、阿里巴巴菜鸟网络等知名企业录用。酒店管理专业群毕业生管理岗位升迁率达 50% 以上，担任总监以上学生比例超过 10%；国（境）外就业工程成效显著，近年有多位毕业生赴新加坡、迪拜、中国澳门等地实现高质量就业。

"产教赛创"融合推进现代旅游人才培养改革

浙江旅游职业学院　郭　一

一、案例简述

　　浙江旅游职业学院创新创业型教学团队"产教赛创"深度融合模式，是以创新创业竞赛为手段，将产业、教学、竞赛、创业四个维度深度融合，整合政校行企多元协同的优势资源，拓宽创新创业服务平台，合力打造集创业教育、实践、服务、孵化等功能于一体的创新创业型人才培养生态系统，成为职业教育探索创新创业型人才培养模式改革的全新路径。

二、[关键词]

　　产教赛创；融合；人才培养

三、主要做法

　　"产教赛创"融合是职业教育在长期教学实践中通过产业引领、教学变革、竞赛推动、创业实践"四维融合"方式，共同构建创新创业型人才培养生态系统。

　　（一）顶层设计，构建"产教赛创"融合机制

　　旅行服务与管理学院创新创业教育顶层设计，纵向通过科学设计与实施创新创业教育人才培养方案，横向依托"产教赛创"四位一体而展开，围绕产教融合、教赛融合、赛创融合、产创融合发展，重建课程体系，将"产教赛创"理念融入其中，将创新思维培养、创业基础、创业计划制订、创新系统开发、创业实训等内容融入专业群人才培养方案。

　　（二）产业引领，推动旅游职业教育发展

　　"产"是指以产业发展需求为基础。邀请 60 多家院校、企事业单位、行

业协会、知名企业成立全国导游专业群开放式职教联盟，打通教育链、人才链与产业链、创新链；联合阿里巴巴集团、阿里生态圈企业，共创"新旅游人才孵化基地"品牌，形成现代学徒制"校企圈"协同育人新模式。

（三）教学变革，创新专创融合培养模式

"教"是职业教育改革的核心，通过三教改革有效推动教学创新。依托产业将新技术、新规范融入教学，实现产教赛三个维度三标融合、三法融合、三师融合、三考融合四个方面的深度融合（见图 1），即推动教学创新，创业教育课程体系创新通过"专创融合"实现创新创业型人才培养方式创新（见图 2）。

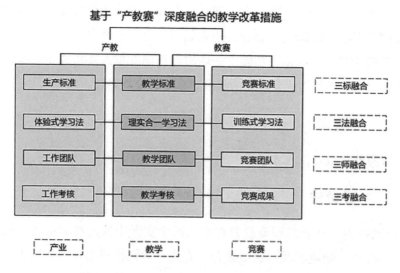

图 1 基于"产教赛"深度融合的教学改革措施

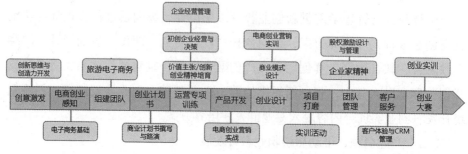

图 2 "专创融合"课程体系

（四）竞赛推动，创建四融共促产教平台

"赛"是指以创新创业竞赛为枢纽，实现以赛促教、以赛促学、以赛促创；将工作空间、教学空间、竞赛空间、创业空间进行对应与融汇，实现企业生产、教书育人、创新创业竞赛、创业实践的系统性、结构性与过程性融合（见图3）。产教融合，促进就业；教赛融合，促进创新；赛创融合，促进学生综合能力提升；产创融合，促进创业。

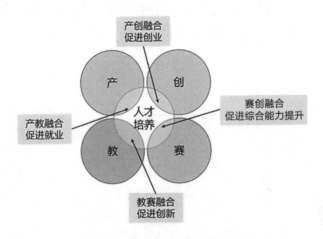

图3　四融共建服务产教互通

（五）创业实践，构建人才培养生态系统

以职教联盟为依托，在政校合作、行校合作、校企合作和多方联动整合方面，全方位提升创新创业型技能人才的培养水平，真正构建人才共育、过程共管、成果共享、责任共担的校企利益共同体，实现政府、社会、学校、企业等的多方共赢的创新创业型人才培养生态系统。

四、成果成效

"产教赛创"融合培养模式，切实促进教育教学改革与创新，全面提升学生的专业核心能力，学生在全国各类综合类创新创业竞赛中屡屡获奖，获奖总数居全国同类院校前列，获奖率100%。如：第七、八、九届中国国际"互联网+"大学生创新创业大赛国赛，斩获银奖1项、铜奖4项，学校获"优

秀组织奖"的荣誉称号。2021 年第四届浙江省大学生乡村振兴创意大赛获 3 金 4 银 2 铜的佳绩，成绩位列全省高校（含本科院校）第 5 位；全国财经院校创新创业大赛获国赛金奖 1 项、银奖 2 项。

五、经验推广

学院"产教赛创"深度融合的创新创业型人才培养生态系统构建过程，学生的创业项目、成果，被《中国旅游报》《浙江日报》、浙江电视台、《钱江晚报》《浙江教育报》等媒体等多家媒体关注，报道 30 余次。

研究报告

构建酒店管理与数字化运营专业"岗课证赛"综合育人模式的研究报告

浙江旅游职业学院　王　琪

一、研究背景

2021 年 4 月,原国务院副总理孙春兰在全国职业教育大会上的讲话中指出,"要坚持立德树人,优化类型定位,加快构建现代职业教育体系。要一体化设计中职、高职、本科职业教育培养体系,深化三教改革,岗课赛证综合育人,提升教育质量"。同年 10 月,中共中央办公厅和国务院办公厅印发《关于推动现代职业教育高质量发展的意见》,进一步明确了"岗课赛证"综合育人机制的重要性,强调职业教育要根据生产实际和岗位需求来设计和开发课程。由此可见,"岗课赛证"综合育人模式已演变为优化和升级职业教育体系的关键策略,巧妙地整合了产业、教育、竞赛及人才四个维度,创新了人才培养新途径,代表了对职业教育理念及实践的全面革新。借助"岗课赛证"综合育人模式,职业院校得以更有效推进专业构建及教学革新,实现教育内容与产业需求的紧密契合,并着重于学生实际操作能力及创新思维的培育。更为关键的是,"岗课赛证"综合育人模式超越了单一的教学模式革新,实质上促成了对职业教育体系的全面优化与提升。此模式的推广将促使职业教育与产业发展实现更加紧密的融合,培育出更多符合市场需求的高素质技术技能人才,为国家的经济与社会发展提供坚实的人才支撑。

二、当前酒店管理与数字化运营专业教学模式问题陈述

（一）专业人才供给与市场需求存在脱节

当前，酒店管理与数字化运营专业的教育教学面临着诸多挑战，其中最为突出的问题便是教育供给与市场需求之间存在显著的脱节。这一问题主要体现在两个方面：一是酒管专业毕业生的岗位适应性较差，二是院校人才培养与酒店行业的实际需求之间存在较大差距。

首先，酒店管理与数字化运营专业的结构缺乏科学的整体规划，这导致了专业教育内容与产业发展、企业实际需求之间的匹配度低。尤其在酒店管理这一领域，培养出的人才往往跟不上行业的发展速度和变革的步伐。这种现状不仅影响了毕业生的就业率，也影响了酒店行业的健康发展。其次，缺乏高效的校企合作机制亦是造成该问题的重要原因之一。不少职业院校至今仍未与行业、企业建立起紧密的合作关系，导致院校无法及时掌握和响应市场的最新需求，进而使得教学内容与市场需求出现偏离。此外，不少院校的酒店管理专业的课程体系建设未能有效地与产业需求相结合，加剧了专业人才培养与市场需求之间的不匹配，阻碍了职业教育与酒店行业的深度融合，严重拉低了学院为行业、企业培养所需的技能型人才的能力。

（二）专业教学模式单一

在酒店管理与数字化运营专业人才培养上，教学方法的改进是提高教育质量、培养高素质技能型人才的关键。然而现实情况是许多高职院校在这一专业的人才培养上存在着显著的不足。

首先，目前酒店管理专业的教学模式整体相对单一。这种单一化的教学模式往往无法满足行业发展的多元化需求，也难以激发学生的学习兴趣和创新能力。其次，专业的管理理念相对落后。在数字化和信息化日益发展的今天，传统的酒店与数字化运营管理的方式方法早已难以适应新的市场环境，这直接影响了学生对于市场趋势的敏感度和适应能力。最后，在专业教学上仍存在重理论轻操作的教学理念。这种教学理念限制了学生实践操作的机会，也影响了他们技能掌握的深度和广度。这些问题的存在导致了人才培养质量不理想，表现

为学生专业知识不够扎实、职业技能不够精湛，不被企业所青睐。

（三）师资、教材建设落后

在师资队伍建设方面，大多数教师缺乏行业企业工作经历，难以胜任"双师型"教师的角色。长期从事课堂教学工作使得教师对企业实际情况的了解受限，缺乏必要的实践技能和实战经验。这种情况导致教师对企业岗位需求和职业核心能力的理解不足，进而导致教学理念的僵化和教学内容与实际需求的脱节。

另一方面，专业教师未对教材内容进行必要的革新，也未能将职业技能等级证书和专业竞赛的相关内容融入教材中，同时未能将相关技能大赛资源整合为教学资源。职业院校的教材编写主要由缺乏企业实际经验的高等院校教师负责，导致教材内容与当前企业的生产技术脱节。此外，教材的形式缺乏创新，已不能满足专业教育的发展需求，特别是在实现"岗课赛证"融通、育训并举目标方面存在明显不足。

三、研究意义

（一）"岗课证赛"综合育人模式的提出和实施，是对当前技术技能人才培养体系中存在的问题的有效应对，顺应了产业转型升级对酒店行业技术技能人才的现实需求

随着技术革新和产业结构的调整，传统的酒店人才培养模式已难以满足新的市场需求。首先是产业需求侧和人才培养供给侧在数量、结构、质量等方面的结构性失衡问题日益凸显。随着酒店数字化服务方式的革新，操作设备和技术的复杂性不断增加，这要求技术技能人才必须具备更高级别和更复杂的操作能力。同时，产业转型升级过程中，企业组织架构的灵活化和岗位间界限的模糊化导致岗位间的流动速度加快，从而对技能型人才提出了更高的综合素质要求。在这种背景下，单一专业知识和技能的人才已经不足以适应当前酒店产业发展的需求。

而"岗课赛证"综合育人模式，通过优化人才培养的载体，将产业界、教育界、竞赛界和证书界的要求进行有效整合，创造出一个多元化的技能培

养环境。这种模式不仅能够使学生掌握多项必备技能，还能让他们了解和适应最新的技术趋势。通过实施此模式，高职院校能够更有效地解决技能供需不匹配问题，培养出更加适应产业转型升级需求的技术技能人才，获得行业企业认可，为社会经济的持续健康发展提供了坚实的人力资源支撑。

（二）"岗课赛证"综合育人模式与"促进产教融合，校企'双元'育人"的核心理念相契合，明确了职业教育人才培养改革的方向

"岗课融合"部分强调产业链与教育链的全面整合。在这一过程中，高职院校与企业共建紧密联系的教育体系，涵盖课程体系、教学模式、师资队伍和实训基地等方面，以满足不断演变的产业需求。这种模式既满足了"面向市场的就业教育"模式的建设需求，也为学生提供了更实际、更贴近产业发展的学习环境。

"课赛融合"则通过各级别技能大赛作为关键纽带，有效提升学生的综合职业能力。在技能大赛的准备、培训和参赛过程中，学生不仅能学习专业技能，而且能在竞技氛围中提升实践能力和团队协作能力，满足"面向能力的实践教育"的需求。

"课证融合"从行业整体需求出发，将 1+X 职业技能等级证书融入人才培养计划。此举使教学内容与 X 技能培训相结合，旨在培养符合当下产业发展需求的多技能、复合型、创新型人才。这种做法不仅提升了教育的针对性和实用性，也为学生的职业发展打下坚实基础。

"岗课赛证"综合育人模式是高职院校教育改革的重要组成部分，展示了教育与产业的深度融合，并凸显了高职教育在培养应用型、技能型人才方面的独特优势。

（三）"企业招工难"与"毕业生就业难"的问题凸显"岗课赛证"综合育人模式的重要性

在"岗课赛证"综合育人模式中，"岗"即岗位需求，意味着教育内容和方式是根据酒店企业实际岗位的需求设计的。通过与企业的合作，高职院校能够准确把握酒店行业对人才的具体需求，包括专业技能、服务态度、管理能力等，从而定制出更符合行业要求的课程和实训项目。这样的教育方式使得学生在校期间就能接触到与实际工作环境相符的技能训练，提高了毕业生的"即战力"。"赛"即技能竞赛，通过各类与酒店管理和服务相关的技能竞赛，学生能够在实战情境中锻炼和展示自己的专业技能。这种竞赛不仅提高了学生的实际操作能力，还培养了他们的创新思维和团队协作精神，这些都是酒店行业特别看重的素质。"证"即职业技能等级证书，学生在学习过程中有机会获得与行业标准相一致的职业资格证书。这些证书为毕业生提供了官方认证的专业资质，增加了他们在就业市场上的竞争力。对酒店企业而言，招聘持有相关证书的毕业生能够降低培训成本和风险，因为这些毕业生已经具备了必要的专业技能和行业认知。

"岗课赛证"综合育人模式不仅提高了高职学生的就业质量和可持续发展能力，而且为高职教育的改革与发展开辟了新的思路和方向。通过校企合作，学生有机会参与实习、实训，甚至参与企业的实际项目。这种合作不仅为学生提供了了解真实工作环境的机会，还帮助企业直接培养和筛选合适的人才。这样的双向选择大大提高了毕业生的就业匹配度，缓解了企业的招工难题和学生的就业难题。

四、研究内容

本研究主要内容为如何构建产教融合下酒店管理与数字化运营专业"岗课证赛"综合育人模式。

（一）构建"岗课证赛"综合育人模式的基础是明确行业岗位需求

在构建"岗课证赛"综合育人模式的过程中，首要任务是对行业、企业及教学前线的精准调研。此过程涵盖职业分析与工作分析，兼顾考虑职业素养、岗位需求、认证内容及竞赛技能等多维度要素，进而对教学内容实施精确的重组与定制。通过对酒店行业岗位的细致剖析及其核心能力的精准把握，对照职业岗位群的定位，确保职业认证与技能竞赛的专业要求被有效融入并主导专业课程的构建。

（二）构建"岗课赛证"综合育人模式的核心是课程体系的重构

在课程体系的重构及课程标准的制定过程中，应邀请行业及教育专家进行评审和论证，从源头确保教育质量。课程体系的设计应基于岗位需求，服务于岗位需求，紧密结合职业标准和行业先进技术，通过工作体系指导学科体系，以典型工作任务为核心，根据岗位工作流程和职业情景设计教学过程和环境，实现课程内容与岗位的紧密结合。同时，应结合 1+X 职业技能证书标准提炼教学内容，推行模块化和项目化教学，促进课程与证书的有效融合。酒店管理与数字化运营专业应深入研究世赛、国赛和省赛的赛项标准和内容，将大赛的新理念和标准融入课程体系，将大赛资源转化为教学资源，实现"以赛促学、以赛促教"，使所有学生而非仅限参赛者受益。教学内容需充分反映岗位技能、证书标准和大赛标准，课程评价需重视对职业能力、问题解决能力和创新能力的考核。在设计工作过程化的课程体系时，应避免课程体系与内容过分聚焦于特定岗位、证书和技能大赛，防止职业教育沦为单纯的岗前培训、证书培训和大赛集训，保持职业教育的全面性和深度。

（三）构建"岗课赛证"综合育人模式的枢纽是校企之间的深度合作

要实现这一模式的有效落地，企业的深度参与是关键，缺乏企业参与将可能导致人才培养的偏离目标。因此，高职院校需加强与企业的合作关系，深化产教融合，共同构建结构化的校企教师教学创新团队，实现基地、课程、资源的共建、师资的共用和人才的共育。

打造以学生社团、技能大师工作室为核心的校内第二课堂，及以企业教师工作站、校外实训基地等为主的校外第三课堂，实现一二三课堂的有效联动。将证书标准、大赛标准融入教学任务中，打造新型的教学生态，采用行动导向教学方法。在企业导师的指导下，学生应按照企业规范完成工作过程，并按企业标准交付工作成果，培养应用证书标准的能力。学生可以协助收集酒店服务案例，为第一课堂"岗课赛证"融通提供教学资源，参与解决一线服务技术问题。同时，学生在大师工作室中参与研究，通过"学—做—训—研—创"的五环节实现岗课赛证的有效落实，促进知识运用能力、知识迁移能力和创新能力的提升。此外，第二、第三课堂不仅为学生提供持续的学习机会，也为教师提供持续的培训和资源支持，为"岗课赛证"融通发展打下坚实基础。通过与企业合作，建立"校—省—国—世"四级学生技能竞赛和教师教学能力竞赛体系，坚持"赛证促教、赛证促研、赛证促建、赛证促改"的原则，全面推动酒管专业教育教学的创新与发展。

（四）构建"岗课赛证"综合育人模式的关键是评价体系的建设

产教融合下酒店管理与数字化运营专业"岗课证赛"综合育人模式的考核方式与传统的教考不分离形式完全不同。该模式的考核可实施"四位一体"考核方式，即由行业师傅、学校教师、职业鉴定机构和技能竞赛裁判共同参与的多元化考核，为教学质量的全方位管理提供了细致的考核策略。学生的学习成效评估不仅依靠学校教师和行业师傅的考核，还可通过职业资格认证和专业技能竞赛的来检验和评价。这种"四位一体"的综合考核方式，旨在全面评价学生的理论知识、实践技能、职业素养以及竞技能力。通过这一综合性考核机制，确保学生在各个方面均能达到既定的标准和水平，为其未来的职业发展奠定坚实基础。此外，构建"岗课赛证"综合育人模式的评价体系中，对接职业证书也是重要一环，它有助于将职业认证的培训内容与专业课程体系紧密融合。通过将职业认证培训内容纳入专业课程体系的开发，实现职业认证与专业课程体系的无缝对接。这种课程内容的融合构建，不仅使得学生在学习专业课程的同时，也能完成职业认证考试所需的基础性培训，从而增强了课程的综合性和目标导向性。

五、研究创新点

创建高职院校酒店管理与数字化运营专业的"产教 + 赛教 + 课证"三融合育人平台。构建"岗课赛证"综合育人模式，特别是在酒店管理与数字化运营专业上，积极创建"产教融合 + 赛教融合 + 课证融合"的三融合育人平台显得尤为重要。

一是对酒店行业的实际需求进行深入分析，通过与知名酒店行业企业的紧密合作，共同拟定人才培养方案，构建基于行业真实情境的岗位典型工作任务的课程体系。这种基于实际工作需求的课程设置，不仅使学生能够更好地理解和掌握专业知识，而且能够直接对接市场需求，提高学生的就业竞争力。在课程设计阶段，应结合酒店管理的核心技能和最新趋势，如服务管理、酒店运营、客户关系管理等，设计相应的教学计划。此外，课程内容应融入实际案例分析，增强学生的实际操作能力和问题解决能力。

二是将世界技能大赛、教育部、文旅部等国赛赛项标准融入实训教学，充分发挥世界技能大赛等赛事的集训效应，认真梳理赛项标准，对标赛项技术标准和评价模式，引领人才培养模式的改革，提升教育的实践性和创新性。组织学生参与酒店管理相关的技能竞赛，让学生在实际竞赛环境中锻炼自己的专业技能和团队合作能力。这些竞赛应模拟真实的工作环境，让学生在竞争中学习和成长，同时也能反馈到课程内容的优化。

通过把酒店管理与数字化运营"1+X"证书的培训内容和考核标准融入课程评价，实现工作过程、课堂任务、竞赛标准、证书考核和创新创业的有机衔接和融合，为学生提供了全面、多维度的学习体验。这一步骤不仅提升了学生的专业技能，还为他们提供了行业认可的资格证书，从而增加了他们的就业竞争力。证书的获取应与课程学习紧密结合，确保学生能够在完成学业的同时，获得行业认可的专业资格。

整个平台的创建还应考虑技术支持和教育资源的共享。利用现代信息技术，如在线学习平台、虚拟现实技术等，可以提供更多元化的学习方式和更广泛的学习资源。同时，通过持续收集企业、学生和行业专家的反馈，不断优化酒店管理专业教育内容和方法，确保育人平台能够适应酒店行业发展的最新需求，为学生提供全面、深入的酒店管理专业教育。

六、研究结论与建议

本研究表明，"岗课证赛"模式在酒店管理与数字化运营专业的教育教学中的应用能显著提高学生的职业技能和综合素质。通过将课堂学习、职业实习、资格认证以及技能竞赛有效结合，学生可以在真实或模拟的酒店经营环境中学习和实践，这不仅增强了他们对酒店管理理论的理解，也锻炼了他们解决实际问题的能力。深化"岗课赛证"融通的课程体系，有助于进一步提升专业的教育质量。及时吸纳行业的新技术、新应用和新规范，将其有机融入教学内容，确保学生能够紧跟酒店业最新发展。同时，引入知名酒店企业典型案例，使学生在理论学习的同时能够深入了解实际应用情景。将职业技能等级证书内容融入教学，确保学生在校期间获得实际可用的职业技能和资格认证。此外，该模式对于促进教育教学方法的创新也具有重要意义。它鼓励教师根据学生的实际需求和职业、赛事的发展趋势，不断更新教学内容和方法，使教学更加贴近实际，更具针对性和实效性。通过组织职业技能竞赛，倡导以赛促教，使岗位需求、证书标准、职业技能和教学内容有机统一，全面提升职业院校人才培养水平。

在此基础上，为了最大化"岗课证赛"综合育人模式的效果，建议如下：

对教师队伍进行专业培训和发展，尤其是在酒店管理的实际操作和技能传授方面，确保教师能够有效地指导学生在"岗课证赛"综合育人模式下的学习。

积极推进"岗课证赛"综合育人模式的诊断与改进工作，强化督导评估机制，扩大行业企业导师在教学评估中的参与度，以促进校企合作，并有效监测和评估该模式的育人效果。

及时更新教学内容，完善教学资源。与酒店行业的企业和专家合作，确保教学内容与行业的发展趋势及专业要求紧密对接，从而使学生能够获得与实际工作环境相契合的知识和技能。开发体现最新技术、服务模式和行业标准的创新型活页教材，教材内容设计基于具体岗位的要求和职责，通过构建相关的学习情景，使理论与实践紧密结合，增强学生的实际操作能力。利用二维码技术将理论知识、案例研究和实操视频集成到教材中，以此解决传统教材内容单一、互动性不足的问题，同时激发学生的学习兴趣。开发高质量的在线课程，以便提供更加灵活和有效的学习方式，从而提高学生的学习效率。

学术论文

"互联网＋旅游"背景下旅游人才需求变化及职业教育应对策略研究

青岛职业技术学院　徐建国　李　梓

[摘　要] "互联网＋旅游"助推旅游产业转型升级并催动旅游新旧业态的更迭，行业对旅游人才的需求也随之变化。高职旅游专业人才培养要顺应形势，根据智慧旅游对旅游专业人才要求，调整人才培养目标，探索创新旅游人才培养模式，并在育人模式、课程体系、课程开发、师资队伍、实训条件、教研科研等方面进行相应的改革，培养适应新时代的复合型旅游人才。

[关键词] "互联网＋旅游"；职业教育；人才培养

[基金项目] 2023 年度山东省青少年教育科学研究院课题项目高职文旅专业美育教育体系构建与实践（课题编号：JG202207）。

数字经济时代信息化技术的飞速发展正在给人类社会带来深刻的变革，"互联网＋"已经成为产业跨界融合的助推器和催化剂。随着新兴产业的不断涌现，传统行业的转型升级，必然带来人才需求巨大的变化。2020 年，文化和旅游部、国家发展改革委等 10 部门联合印发《关于深化"互联网＋旅游"推动旅游业高质量发展的意见》，提出要优化"互联网＋旅游"营商环境，以数字赋能推进旅游业高质量发展[1]。在旅游行业领域，"互联网＋旅游"助推传统旅游产业向数字文旅的转型升级，催动旅游新旧业态的更迭，旅游人才的需求也随之发生了巨大变化。在高等职业教育领域，教育部提出要以"互联网＋""信息技术＋"升级传统专业，及时发展数字经济催生的新兴专业和课程，这为旅游职业教育提供了新的发展方向和改革动力。可以预见，在这场纷繁复杂的旅游产业变局中谁能够抓住机遇、顺势而动、乘势而上，就会赢得先机，成为今后旅游职业教育的标杆，行业人才培养的翘楚。因此，研究"互联网＋旅游"背景下人才需求变化及旅游职业教育应对策略，既是刻不容缓也是势在必行。

一、"互联网＋旅游"背景下旅游行业对人才需求的变化

以移动互联网为代表的信息技术的迅猛发展对旅游产业结构及产业链条产生了深远的影响[2]。在行业层面直观体现在传统旅游向数字文旅转型升级，以及大数据、人工智能、物联网技术、移动互联网、云计算等新技术在旅游行业中的普遍应用。这揭示了旅游产业已经开始从原本单一的劳动密集型和资本密集型产业向复合的信息密集型产业转变。伴随着产业融合的持续推进，旅游新业态的涌现，单一技能的服务型人才已无法满足新时代旅游市场的需要，对于综合素质全面，且兼具"互联网＋旅游"跨界知识与技能的复合型人才的需求已经成为市场的主流[3]。

在旅游企业层面，传统旅游服务公司已经意识到"互联网＋旅游"已经不仅是趋势，而是行业发展的需求，开始主动谋求通过信息化手段对自身业务及产品进行创新和改变。新型数字文旅企业携程、去哪儿、途牛、飞猪等OTA（Online Travel Agency，在线旅游）企业，穷游、马蜂窝等旅游攻略的内容型平台，以及抖音、快手、小红书等短视频直播平台跨界而生，不仅冲击着传统旅游企业的供应链和运营模式，也与其他业态不断融合创造出新的旅游产品及消费运营形式。相较于传统旅游服务行业，新兴数字文旅行业对旅游从业者也提出了新的要求，以旅行社为例，业务逐渐从线下走到线上，从现实化走到网络化，企业更加追求服务的口碑以及核心业务专业性和专注性。原来企业岗位的外联、计调、导游这三大岗位系统也逐渐向旅游新媒体运营、UI（User Interface，用户界面的简称）设计、网络营销、旅行定制师、活动策划师、导游云主播等多元化新兴岗位系统转变。

旅游职业教育与旅游产业的发展密切相关，具有鲜明的职业特点，也是

旅游企业最主要的劳动力来源。但是近年来旅游专业的育人模式、课程体系、实训条件、师资结构却一成不变，这导致行业人才需求与旅游专业人才培养不对称的问题越来越突出。这些需求传导到行业人才培养的体系中，将对当前的培养模式、内容、形式、知识结构等带来巨大冲击。因此，在数字经济时代"互联网＋旅游"复合型人才培养正当时，催生了对"既懂旅游学、IT技术，又有互联网思维"的交叉综合型人才的巨大需求。

二、"互联网＋旅游"背景下旅游专业人才核心能力要求

（一）具备丰富且实用的旅游专业知识

"互联网＋旅游"是对传统旅游行业的赋能和转型升级，并非全面取代，这就意味着，丰富的旅游专业知识仍是今后旅游行业人才的必备素质，一名优秀的旅游从业者除了应该掌握旅游专业知识，同时还应该具备相关的政策法规、企业经营管理、市场营销、电子商务等方面的相关知识储备，能够及时捕捉最新的行业动态，并将这些知识熟练地运用到实际工作之中。

（二）新信息技术应用能力

"互联网＋旅游"条件下旅游行业逐渐从"智慧管理、智慧营销、智慧服务"三个方面形成了新的行业生态系统，新的业态下大数据、物联网、人工智能、移动互联网、云计算等一系列新兴信息技术手段得到普及和应用，业务流程也趋于智能化、模式化。新型的旅游人才面对信息化的技术手段应该能够做到能用、会用、用好。这就要求今后的旅游从业还应具备一定的信息技术应用能力，能够适应并掌握移动互联时代企业新的管理模式、营销手段、服务方法。

（三）数据挖掘和分析能力

旅游业是信息密集型产业，它蕴含了海量的大数据，同时，旅游业又是综合性产业，包含了交通、餐饮、服务等各个行业。在旅游需求日益多样化的趋势下，传统的旅游业向智慧旅游转型，大数据将成为促进旅游业创新转型的决定性力量，数据挖掘和分析势必成为未来各企业的制胜关键和利润焦点未来。这就要求旅游从业需要具有数据思维，具备数字分析能力，把握专

项旅游市场、OTA 线上数据、国内客流量以及出入境客流等国内外实时旅游资讯，抓住热点信息，在纷繁复杂的各类信息筛选出有价值信息，使用数据进行营销决策和实施。

（四）创新精神以及跨界复合能力

旅游行业在转型升级的过程中，需要与互联网深度融合，需要创造性甚至是颠覆性的创新。创新能力是未来旅游行业人才的最大特征和基本要求。同时，智慧旅游也是互联网与旅游行业相复合的结果，结合了移动互联网和旅游两个不同的行业，因此智慧旅游也要求行业人才具有复合、跨界行业的能力，具有多向思维、跨界眼光，掌握跨界思维和跨界方法。

（五）良好的服务意识和团队意识

旅游业是典型服务行业，服务是创造价值的根本，在旅游市场竞争日益激烈的今天就是要比服务质量、服务水平、服务意识，要时时刻刻为旅游者着想，旅游者就是旅游企业的衣食父母。只有树立正确的服务观念、服务意识，才会正确地认识自己的专业，提高业务水平，成为一名优秀的旅游从业者。同时，在智慧旅游中业务往往涉及线上和线下两大部分，在为旅游者提供服务的过程中，单独一方无法完成全部工作，需要各方相互协作，信息共通共享，因此，合作意识和团队精神就体现得尤为重要，这也是智慧旅游对未来从业者的基本素质要求。

（六）旅游体验设计能力

"互联网 + 旅游"本质是信息技术与旅游的有机融合，其宗旨是为了给旅游者提供更好的旅游体验。旅游新业态的发展，资讯更加便捷，产品品类更加丰富，旅游活动也花样翻新，这使得旅游者需求日趋多样化、个性化，传统的旅游产品形态已经很难满足旅游者的体验需求。这就要求旅游从业者能够及时把握市场动态，具备良好的消费者洞察能力，摒弃固有产品理念，逐渐树立"旅游者为中心"的理念，以市场为导向，以游客的旅游体验为标准，设计出不同体验类型、具有自身产品特色、符合各种旅游者口味的旅游产品。这同样也是能够在行业激烈竞争中立于不败之地，克制传统旅游行业价格战、购物团等行业顽疾的必备技能。

（七）产品和用户的在线运营能力

以"两微一抖"为代表的新媒体平台迅速崛起，意味着企业在新媒体时代中的品牌策略、交互策略及营销策略的改变。新媒体同样也为旅游产业提供了广阔的创意空间和价值转化的可能性，成为旅游宣传、营销的主阵地。随之而来的是平台运营、客户运营、产品运营、活动运营等新媒体运营人才的大量需求，特别是文创、直播、短视频等火爆领域的相关人才，也成了旅游行业招聘的热门岗位。

三、"互联网＋旅游"背景下高职旅游专业人才培养策略

国务院正式印发的《国家职业教育改革实施方案》，明确了"职业教育与普通教育是两种不同教育类型，具有同等重要地位"的定位，全国有 1179 所旅游院校招收高职旅游类专业，为旅游行业输送了大量生力军，是旅游行业最为重要的人才培育基地。因此，高职旅游专业应该充分认识到"互联网＋旅游"时代的人才需求，探索构建"协同育人、课程重构、环境营造、师资培育、科研带动"五位一体的全方位、纵深化发展模式，培养智慧旅游急需的高素质复合型技术技能人才。

1. 以"立德树人"为根本任务，创新发展"互联网＋旅游"高职旅游专业协同育人理念

紧密围绕"立德树人"这一人才培养的根本任务，紧跟旅游行业前端发展，与"互联网＋"技术前沿旅游企业深度融合协同育人，不断探索创新育人理念，培养讲政治、跟形势、懂技术、有担当，具有"互联网＋"理论和实践能力的复合型旅游人才。"互联网＋旅游"的高职旅游专业协同育人理念可以具体为"三复合育人"。首先，学生旅游专业素养与"互联网＋"知识相复合，以培养学生专业能力为主线，重点提升学生的认知能力、专业复合能力和创新能力；其次，学生的行为养成与"互联网＋"思维模式相复合，以培养学生的社会能力为主线，培育学生综合适应能力、团结协作能力；最后，企业实习实训与"互联网＋"技能相复合，以培养学生的方法能力为主线，提升学生在真实智慧旅游岗位环境下或职业迁移条件下的实战运营能力。"三复

合育人"要求"互联网+"与人才培养的课程体系、实习实训、学生行为养成等有机融合，既要做到人才培养和职业能力提升有效对接，同时也要关注学生个人身心发展。

2. 构建"项目主导、多元协同、三全四驱、复合培养"的"互联网+旅游"复合型技术技能人才培养新模式

培养复合型人才要发挥多方协同力，整合优质资源共同发力才能有效提升人才培养质量。在高职旅游专业人才培养过程中应注重教学改革与人才培养目标相一致，构建符合"互联网+旅游"复合型技术技能人才培养的新模式。在专业人才培养层面，以培养学生的核心能力为目标，探索构建"项目主导、多元协同、三全四驱、复合培养"的人才培养新模式，并以项目为主导整合构建"互联网+旅游"复合型技术技能人才培养课程体系。继续深化以能力为本位的项目化教学模式改革，严格依据全面信息化时代新兴旅游企业岗位职业生涯的核心能力要求，选取典型职业活动设计教学项目。以校企联合培养双主体育人为主线，在复合型旅游人才培养过程中横向上整体推进多元协同育人，形成育人合力。首先，创新教学体系，探索"跨校园、跨学科、跨专业"协同育人；其次，创新师资队伍建设，探索专兼职教师协同育人；最后，创新教学环境校企合作协同育人。在各方协同全员培养复合型旅游人才培养全过程中不断提升人才培养质量和全方位提升学生的可持续发展能力，通过实施"思想道德提升、文化修养提升、职业能力提升、创新能力提升"四大工程，提升学生的综合素质，助推学生成长成才，为学生未来职业发展提供持续发展动力。

3. 对接新型旅游产业需求侧，重构"互联网+旅游"复合型人才综合育人机制

完善"岗课赛证"综合育人机制，以智慧旅游产业发展需要为切入点，专业主动对接产业，将新型旅游企业的工作岗位和职业技能、职业技能等级标准、职业技能竞赛及专业课程体系进行有机地融合。对 OTA、O2O（线上+线下）旅行社、景区、主题公园、酒店等企业线上业务操作人员的岗位需求进行调研，梳理岗位职责，将智慧旅游产业岗位核心能力归纳为"新信息技术应用能力、数据挖掘和分析能力、创新及跨界复合能力、旅游体验设计能力、旅游新媒体运营能力"五大核心能力。明确专业人才培养定位，围绕五大核心能力，按照能力递进、分层设计项目，根据"项目统领、课程匹配，知识、技能、态度融合"的项目课程体系要求整合重构基于能力本位的旅游复合型技术技能人才培养课程体系。动态化开发贴合当前行业发展的相关课程，将旅游行业的新技术、新规范以及典型案例融入教学内容，校企合作开发与之配套的活页式、工作手册式教材。围绕新型业态积极参加政府、行业、企业组织的各类职业技能大赛，训练学生的实战能力。

4. 以"1+X"理念为指导，构建人才成长资历框架，创设协同育人的人才培养环境

以项目实战运营，实习实战顶岗再现"互联网＋旅游"新业态旅游企业工作环境和工作过程为核心，对接企业岗位需求，匹配"1+X"职业技能等级证书培训需求，将电子商务等相关专业"1+X"证书培训内容引入专业教学，鼓励学生跨专业、跨学科考取《旅游大数据分析师》《研学旅行策划与管理》《网店运营推广》《自媒体运营》相关职业资格等级证书，将职业竞争机制引入教学过程，探索旅游复合型技术技能人才成长资历架构。按照"课内理实一体→项目实战运营→证书考试提升→校外能力优化"的培养过程，以"项目＋证书＋专业"的形式，按照企业项目运营和职业证书培训标准校企共建校内外生产性实训基地和技能培训训练场，为智慧旅游人才岗位能力培养提供实践载体，营造"实践技能引领、专业协同共生、职业培训融合"的旅游专业实践育人环境。

5. 组建"专业教师＋实践导师＋培训专家"的多元化智慧型创新教师团队

加强既具备旅游专业知识又兼具信息技术的"双师型"教师队伍建设。通过"内培外引"，对内培养"双师型"教师，对外选聘企业专家充实专业教学队伍，组建"专业教师＋实践导师＋培训专家"的多元结构合理、智慧型创新型师资团队。第一，实施"双轮驱动"的专兼职教师培养体系。内轮驱动以课堂革命为主线，重点围绕教师智慧型创新团队建设、"三全育人"、1+X

证书制度试点、新形态教材建设、模块化教学等方面开展教学研究；外轮以产教融合为主线，通过企业轮岗、社会培训、技术服务等方式实现产业新业态的技术技能积累，内外轮共同作用，"赋能"团队教师。第二，实施团队成员的分工与协作。根据教学团队发展规划与专业发展需要，组建旅游电子商务体系策划、旅游网站设计与制作、网络管理、旅游新媒体运营4个对接"互联网+"职业领域的模块研发教学组，结合智慧旅游最新要求开展实操课和实战课教学。第三，建立健全多方协同的创新团队可持续发展保障机制，构建产出导向的"多维度+多层级+多主体""定量+定性"的效果评价与考核制度。

6. 以"线下教学+在线课堂+网上直播"为方式，打造自主、泛在、个性化学习空间

数字时代要加强旅游人才的知识获取能力、职业适应能力和职业迁移能力培养。在旅游专业教学过程中构建"全员、全过程、全方位"的育人格局，让学生随时、随地地获取专业最新资讯，在人才培养中为学生提供更加多元的知识获取渠道和更全面的学习资源，为旅游专业学生打造专业移动智库。第一，高职院校要重视旅游专业的教学资源库以及"金课"建设，创新教学模式，不断探索"线上+线下"的混合式教学模式，通过网络打破时间与空间的界限，搭建专业教学信息化立交桥，将行业的新知识、新理念、新资讯快速传递给学生。第二，高职旅游专业要不断拓展学生知识领域，培养学生的创新能力，为学生未来的职业发展预留空间。第三，要加强产教融合校企合作，依托新兴现代服务业产业群推进数字资源、优秀师资、教育数据共建共享，实现学校与产业之间的信息互融互通。

7. 开展"互联网+旅游"相关课题研究，以科研带动教研教学，探索专业发展之路

在智慧旅游的引领下未来行业将发生深刻变革，准确把握这个趋势是破解未来专业发展迷局的核心钥匙。因此高职旅游专业要加紧开展智慧旅游相关课题研究，通过科研带动教研教学，为今后的旅游人才培养及课程改革做好准备。第一，要加强智慧旅游相关理论的研究，摸清智慧旅游发展机理，探索行业未来发展的趋势，掌握现阶段智慧旅游人才需求情况，了解智慧旅游人才的培养重点，通过人才需求与供给的对比找到现阶段高职旅游人才培养中存在的问题，并为人才培养提出对策。第二，要积极参与行业企业智慧旅游建设项目研究，在实践中融入行业，紧跟行业发展步伐，通过项目建设提高专业教师水平。第三，要积极开展智慧旅游教学研究和课程改革实践，将智慧旅游理念、实践中总结的经验运用到实践教学中，不断完善高职旅游专业的课程体系，丰富课程内容，创新教学方法和手段，使智慧旅游理念融入实践教学，提升人才培养质量。

四、总结

"互联网＋旅游"是旅游行业发展的趋势，传统旅游业务的变革以及旅行社的衰落已经预示着这场变革的开始。面对改革，历史告诉我们唯有打破边界，不断颠覆自我，才能不断创新，也才能够有走向未来的持续发展力。职业院校作为旅游人才培养的主要阵地，更应该深刻认识到数字文旅时代对于复合型旅游专业人才培养紧迫性。只有与行业一线的企业深度融合，在育人模式、课程体系、环境营造、师资培育、科技研发等方面大刀阔斧地开展教学改革，深入探索"互联网＋旅游"人才培养的对策和机制，才能不断为旅游企业输送更多高素质应用型旅游专业人才，为旅游业的发展做出更积极有效的贡献。

参考文献

［1］文化和旅游部等十部门：深化"互联网＋旅游"推动旅游业高质量发展［J］.中国食品，2020（24）：61-62.

［2］白长虹.文旅融合背景下的行业人才培养：实践需求与理论议题［J］.人民论坛·学术前沿，2019（11）：36-42.

［3］孙娇杨.旅游业复苏"招兵买马"需求的也是复合型［N］.长春日报，2022-02-25（001）.

［4］任岩岩."互联网＋旅游"新业态下旅游管理专业人才培养模式创新

研究［J］. 老字号品牌营销，2021（12）：185-187.

［5］陈思羽，李秀花，杨更生. 智慧旅游视域下的高职旅游专业教学改革分析［J］. 当代旅游，2021，19（9）：89-90.

基于数据赋能的校企协同育人模型构建与实践策略

青岛酒店管理职业技术学院　　刘菲菲

[摘　要]《中华人民共和国职业教育法》第四条明确指出实施职业教育要"坚持产教融合、校企合作、工学结合、知行合一"，但当前校企协同育人中普遍存在的"校热企冷"、融合深度不足等问题。从数据赋能的角度，构建一个由学校、企业、学生三方共同参与的校企协同育人模型，赋能学校教学、企业实践和学生成长，建立起校企互动新方式，提升职业教育育人成效。在这一过程中，需要首先搭建数据整合中台，融通"校—企—生"三方主体；其次，更新数据思维理念，提升主体数据意识；最后，规范数据应用范畴，注重数据伦理安全。

[关键词]数据赋能；校企协同；职业教育；育人模型

[基金项目]2021 年度山东省人文社会科学课题：数据赋能校企协同育人：模型、策略与机制（课题编号：2021–YYJY–03）研究成果。

《中华人民共和国职业教育法》（以下简称《职教法》）于 2022 年 4 月正式颁布，其中第四条明确指出实施职业教育要"坚持产教融合、校企合作、工学结合、知行合一"[1]。在职业教育中，校企双方的共同参与必不可少，以此才能确保人才培养目标与企业需求一致，实现人才即育即用。对学校而言，培养高质量人才是其天然属性；对企业而言，更需要优质的人才储备来满足自身的长远发展，二者的目标效益是密切相关的。通过校企双方协同，实现人才培养的过程共管、责任共担、利益共享，最终人才共育，这在理论上是可行的，但在实际操作中，却存在着"校热企冷"、融合深度不足等诸多问题，人才培养知行分离，"两层皮"现象突出。随着信息技术的进步和大数据的普遍应用，"数据即资源"已成为共识，这为进一步优化校企协同育人提供了新的发展思路。本研究尝试从数据赋能的角度，构建一个由学校、企业、学生三方共同参与的校企协同育人模型，赋能于学校教学、企业实践和学生成长，建立起校企互动新方式，提升职业教育育人成效。

一、相关理论回顾与文献综述

数据赋能源于人力资源管理中的授权赋能（empowerment）的概念，是指授予企业员工额外的权利，给下属更大的自由裁量权和资源的分配控制权，以便更好地服务于客户[2]。而借助信息技术的进步，赋能对象也从员工扩展到顾客，让顾客通过网络信息技术手段表达个人需求并参与满足需求的过程，从而实现与企业的价值共创（吴义爽等，2016）[3-5]。在赋能手段方面，数据已成为新时期的基础生产资料（韩海庭，2020）[6]，数据赋能也成为企业经营管理中的研究热点，通过创新数据的运用场景、技能和方法实现数据价值，最终驱动企业实现敏捷制造（孙新波、苏钟海，2018）[7]和精益生产创新（张明超等，2021）[8]，促进产业实现价值转移（王文倩等，2020）[9]。而在企业经营管理领域之外，数据亦可以赋能高职教学，通过各种技术、技能和方法对教育教学进行提升，驱动高职教育实现价值创造。张培（2019）认为大数据智能化改变了职业教育系统结构和运行机制，提升了职业教育服务效能和治理绩效[10]。王彬（2019）从教学诊改工作开展的"学校—专业—课程—教师—学生"五个层面出发，认为依托教育大数据的赋能，可以实现对高职院校教育生态的重塑建构[11]。在当前教育信息化 2.0 时代，教学数据对于实现智慧教育具有重要价值（李咏翰、周雄俊，2020）[12]，教师运用教育数据驱动教学变革是大数据时代教育发展的必然诉求，也是充分发挥教育数据资源潜在价值的重要表现（但金凤、王正青，2020）[13]。

在校企协同方面，肖香龙（2014）认为职业教育中的校企合作是由多种要素相互作用构成的一个系统，关涉到政府、行业、学校、企业等多个子系统，各子系统既相互独立，但同时又相互合作，当外部环境达到一定水平时，子系统之间就会产生协同作用[14]。杨理连和邢清华（2019）认为通过协同教育理念去实现整体效益，是技术技能人才培养质量管理的重要手段和方法，也是当前高职院校在质量管理实践探索中的主要短板之一[15]。因此，校企协同广泛应用于职业教育的人才培养、创新创业教育、实习实训体系、师资培养等多个方面。杨路（2013）探讨了校企协同基本功能、运行机制、方式和内涵，以及校企协同产学研人才培养模式的构建等创新型人才培养的实践路径[16]。杜辉等（2018）以北京地区高校的数据为例，构建了基于价值链的校企协同创新创业教育体系[17]。姜海涛和王艳丽（2020）基于内蒙古农业大学职业技术学院"三习两训"实例对高等职业教育校企协同实践教学体系创新进行了研究[18]。刘娟和丰云（2020）将校企协同理念应用于实践教学资源建设，以实现校企之间教学资源共享效应[19]。李兆敏和孙思豪（2020）从人才准入、能力提升、产学研协同、考评激励四个维度入手，构建了全方位的校企协同平台，以促进高职教师"双师"素质的全面提升[20]。

综上所述，关于数据赋能和校企协同的研究已形成了众多成果，并在部分实践领域取得了一定成效，但依然需要继续完善，具体表现为：一是数据赋能教育的研究尚处于初级阶段，研究成果集中于教育治理、教学诊改等方面，尚缺少人才培养的系统研究；二是校内课程及教育治理数据研究居多，校企"教学—实习"数据对接研究少；三是校企协同育人研究多集中于师生实践能力培养、资源开发等单方面，未涉及实践教学与理论教学的相互融通机制，校企协同教学研究不足。实践教学作为高职教学的重要组成部分，与理论教学密不可分，因此有必要从数据赋能的角度，构建一个由学校、企业、学生三方共同参与的校企协同育人模型，为校企双方的深度融通提供思路借鉴，促进学生进一步成长增值。

二、基于数据赋能构建校企协同育人模型

在大数据背景下，单个的信息系统往往缺乏有效性，育人目标的实现需要教学、学生管理、实习就业等各个环节的有效配合，各渠道的结构及非结构化数据需要进行筛选整合，系统分析，才能表征出学生的真实特征、学习

需求、学习状态和成长轨迹。因此，虽然课程教学平台、学生管理平台、实习管理平台，以及就业信息平台等各类平台层出不穷、各种数据日渐丰富，但这仅能作为校企协同育人系统的基础数据源，还需要进一步建立数据中台，将这些基础层面所采集的无意识数据进行整体的有机融合和个体的精准解读，从有意识的数据分析中找出更多的数据意义，服务于学校教学和企业实践，并在此基础上设计学生个性化的学习路径及职业成长路径，绘制出个人精准画像，挖掘学生潜能，实现育人目标。

其中，数据中台的功能在于通过聚合"小数据"驱动校企协同育人走向"大数据"，它将过去分散的教学、学团、实习、就业等活动数据关联起来，形成网络化和动态化的生态圈，创造并满足企业、学校、学生的集成式需求。数据中台可以是集中式的网络平台，或是能够管理和对接各种系统的网络接口，也可以是一个收集、过滤、整合、分析、发布数据信息的组织机构。无论是何种形式，数据中台最终都要为学校、学生、企业三方主体提供 API、信息查询、数据可视化、趋势预测等各类数据服务，并进一步通过数据挖掘分析，针对企业招聘选人、学生课程选修、求职就业提供智能推送，强化数据在不同场景中的应用。学校、学生、企业根据数据分析结果完成教学、就业、选人等各项决策，将各项、各类数据产生的价值落实到育人层面，最终"还数于生"，促进学生成长增值。校企双方主体在使用数据中台的过程中，还可以将学生在校内的理论知识储备、学习行为特征、课程考核结果、学团行为表现，以及在校外实习实践中的岗位标准要求、绩效考核结果、典型实践案例、岗位培训资源等信息数据反馈回相应平台，从而为下一轮的数据采集分析提供基础，这便形成了一个数据的流通闭环，一个完整的育人生态系统得以构建。数据在育人生态系统中流通的过程中，赋能学校、企业、学生三方主体，助推精准育人目标的实现。

（一）赋能学校

首先，沉淀行业资源。虽然目前已有部分高校采用了教育数据中台解决方案，但其服务对象主要为高校内部各业务板块，数据仅在校园内部流通，尚未有外部企业介入其中，这在一定程度上也导致了学校的人才供给与企业用人需求之间的错位。而借助信息化手段完全可以搭建起校企之间沟通的桥梁，打破时空壁垒，将企业资源有效引入校内常规教学，并通过中台的数据采集、存储，逐步沉淀积累行业资源，满足校内日常教学的调用分析。这里的行业资源包括企业教师、培训课程、经营案例、新技术应用、用人标准等。例如，企业教师跨时空、跨地域的线上常态化云端授课，教师角色也就超越了企业、学校的组织边界，无形之中形成了校企融合的"双师型"教学团队，不仅可以优化师资结构，实现优质师资共享，还能够将职业场景植入校内课堂，并积累建立线上企业课程资源库；学生在实习中接触到的行业案例、新技术等反馈到校内日常教学，帮助教师适时调整教学内容，培养新型人才，满足企业用人需求。

其次，优化课程体系。一是课程体系弹性化。学校可以借助积累的行业线上资源数据，完成企业行业深度调研分析，归纳出岗位能力要求，设计出知识图谱，提供有针对性的讲座、模块课程、技能强化实训、证书培训等立体多维的课程组合和知识学习场景。学生根据个人兴趣、职业发展目标，自主选择课程，构建个性化的课程体系。课程体系包括基于通识能力的基础课程、基于岗位核心能力的主干课程，以及基于目标企业和岗位用人需求的企业特色课程。二是课程设置场景化。在教学系统中营造职业化的选课场景，将课程、知识点、技能点形象地嵌入岗位典型工作任务的各个环节，让学生选课时能够明确各门课程与岗位、能力的对应关系，不仅为学生提供更佳的选课体验和指导，而且也赋予了课程更强的实践应用性，专业学习实现了从选课学习到考核应用的完整闭环。三是课程推荐智能化。系统根据学生已有的知识能力储备、当前的个人画像和未来的职业规划，推荐相关课程，降低学生的课程选择成本，提升选课效率。

最后，精准育人目标。基于系统中采集的大量企业信息、培训资料、行业动态以及学生的学习记录、兴趣喜好，识别并匹配校、企、生各方需求，为精准育人目标设定及实现提供支撑。校企联合设计开发出以工作岗位为核心的课程，借助典型工作任务、岗位任职要求、考核标准等数据信息，规划出学生全流程和多场景的学习方案。例如，与传统订单班的固定学生、固定企业不同，在基于数据赋能的校企协同育人系统中，学生可自主选择目标企业，根据其所设定的考核任务及用人标准，进行有目的的校内学习。学生通过企业所设定的任务考核即通过了招聘选拔，这样学生在毕业前就有了明确的目标岗位，增加了校内学习动力，而企业在正式招聘前也有了广泛的人才储备，人才供需双方提前对接。

（二）赋能企业

首先，优化选人流程。在传统的校园面试过程中，企业对学生的评价判断只能基于简单的几分钟面试，对于学生的性格品质、专业知识、技能水平无法做到全面掌握。而在校企协同育人系统中，企业借助专业课程中的第三方考核、学生实习、校园招聘等环节进入教学生态系统。在确保数据伦理安全的前提下，学校、学生向企业适度开放校内学业数据调阅权限，企业在作为第三方完成某专业课程考核的同时，也准确掌握了学生校内的课程学习、社团表现等过程性数据，从而判断出其所具备的专业知识、技能和素养，并进一步作为全方位人才评估的参考标准。另外，该系统也可以基于企业用人需求，经过学业数据分析，向企业推荐优秀人才。由此，借助数据信息共享，企业的人才评估向前段延伸，降低了人才搜寻成本，提升了人才与企业需求的匹配度，选人成效大幅提升。

其次，完善人才规划。企业的长期稳定发展，需要有科学的人才发展规划。借助校企协同育人系统，企业一方面可提前预知人才供给情况，通过企业导师、行业标准、企业案例等相关资源的提前输入，设计出相应的企业特色课程，营造沉浸式企业文化，提前发掘适配的潜在员工；另一方面还可将学生的校内学业数据（社团数据反映其组织、协调、沟通等社会能力，课程数据反映其学习能力和知识技能的掌握程度）作为所招聘员工的初始能力基础，据此判断其未来发展潜力，设计出职业发展路径，明确职业目标，并从宏观上制定企业整体的人才发展规划，解决用人难题。

最后，助推人才升级。通常企业基层员工实践经验丰富，但管理理论知识往往较为欠缺，部分员工学历还有待提升。在追求高利润、高效益的企业经营目标指引下，在岗员工培训和继续教育往往显得力不从心。而学校则拥有大量高学历、教学经验丰富的优秀师资、设备齐全的教学培训场地、丰富成熟的课程资源和完备的学历教育体系，这些都可有效弥补企业在岗员工培训的短板。当企业加入了校企协同育人系统，企业便可直接共享学校的优质线上教学资源，并且可以根据企业实际经营所需，迁移各类线上教学活动，为在岗员工提供在职培训机会，有效促进在岗员工文化素养和专业理论的提升，甚至学历提升，为其长远的职业发展打下坚实基础。

（三）赋能学生

首先，激活学习内驱力。一是通过自我剖析激活内驱力。在校企协同育人系统中，通过中台对所采集的过程性数据和结果性数据的建模分析，形成学习者画像，包括基本属性、知识背景、能力特长、学习风格、行为特点等，学生可以据此形成更为清晰的自我认知，有助于在未来学习、择业中做到扬长避短。二是通过表达自我主张激活内驱力。当前学生个性化特征愈发显著，自我意识突出，整齐划一的学习方式、课程设置、实习安排并不能满足信息化时代学生的学习成长需求。校企协同育人系统中灵活多样的课程、实践资源组合，为学生提供了更多表达自我学习主张的机会，自主选择学习路径、学习方式，构建个人"学习地图"，个性化的学习需求得以满足。三是通过就业出口激活内驱力。校内学习数据与实习、就业信息相融通，各类过程性数据开放共享，校内的学业数据成为企业招聘的重要参考，这就迫使学生不得不重视校内的理论知识学习和各类过程性的行为表现，形成良好的学习习惯，提升各类软技能和综合素养。而目标企业的提前选定，也能够促使学生更加明确职业发展规划，从就业出口倒逼学生校内学习，可以有效提升其学习动力。

其次，建立学习共同体。在传统专业选修课之外，学生还会自主选择目标企业和目标岗位，而在学习相应企业特色课程和完成考核任务的过程中，就产生了由志趣相投的学生所组成的学习共同体，继而以群体的力量推动个体的学习。群体内的成员有着相同的职业发展目标，在学习过程中相互沟通、激励，分享各类资源，借助线上、线下人际的支撑协作，学伴间在学习行为、文化认同等方面的影响互助得以强化，群体动力的作用得以发挥。此外，学习共同体并非一成不变，学生学习某企业特色课程的过程也是与该目标企业双向磨合的过程，如果发现目标企业不适合自己，或是自身未达到目标企业要求，学生便会退出该学习共同体，群体成员的动态调整能够确保最终通过目标企业特色课程考核的学生是真正符合企业要求、认同企业文化的学生，人才供给双方都能够达成所愿。

最后，精细学习全过程。基于岗位能力需求的进阶式课程设置，将企业案例、项目任务无缝融入，学生在完成校内课程学习时，亦可了解自身与岗位需求的匹配程度，随时掌握自身学习增长状况，明确自身未来的努力方向。企业也能够实时从岗位能力要求的角度评价学生，从而使人才评价不仅存在于选人面试这一育人结果性评价环节，更加存在于学生每门课程乃至每个章节的过程性评价中。事实上，广泛开展的过程性学习评价，其目的不仅在于分等、选拔、淘汰，更在于督促、指导和改进教学，不仅要将过程性学习数据进行结果性汇总，更要对过程性数据进行即时性诊断和反馈；不仅要关注学习者之间横向的成绩比较，更要关注学习者自身纵向的成长增值。有了完善的数据采集平台，便可以实现伴随式的数据采集，即时性的学习反馈，督促学生优化学习行为，调整学习进度，改进学习成效。

（四）赋能校企互动方式

首先，建立动态合作关系。学校通过适度教学信息分享、多元化合作形式、末位淘汰机制等方式整合企业育人相关资源。适度教学信息分享是指让合作企业更及时地了解学生的校内状态、理论知识的掌握情况，便于选人、培训时进能够有的放矢。多元化合作形式是指在长期的大中型企业顶岗实习之外，将更多中小型企业纳入校企合作范畴，统一规范管理，为学生常规课程学习中的小型项目实践和短期社会实践提供支撑，课程的理实一体化教学得以落地。末位淘汰机制则是指在顶岗实习企业遴选过程中，学校根据校企协同育人系统中统一公示的标准对企业进行不同维度的赋分，具体包括企业文化、员工福利待遇、实习生满意度、企业培训资源等等，根据最终排名挑选最佳合作伙伴，实行末位淘汰，确保优质企业纳入。而淘汰的企业可调整后在下一轮实习就业季重新参与竞争。在这一过程中，企业凭自身实力获取学校及学生青睐，即以竞争方式获得实习生资源，可以有效督促其更加关注学生的能力成长和学习需求，促进企业的实习生管理优化。

其次，塑造资源供给能力。学校根据育人实际情况发起校企合作需求，企业会积极响应提供实习岗位、实践项目等各类资源。数据的实时流通与确认有效避免了校企之间的信息不对称，校企之间形成了人才供需的自动匹配。在资源供给类型上，中小企业机制灵活，学生有更多机会独立承担一项工作，可为其提供短期校外实践、课程小型项目实践等机会，还可以进行适当的学生创新创业指导，侧重于提升学生的综合能力；大型企业分工明确，管理规范，培训体制完善，可以为学生提供顶岗实习、专项培训，以及资历丰富的企业导师，侧重于学生在特定岗位的专业技能和素养训练。多样化的课程设置和资源定位，既保证了国家教学大纲中常规课程资源的供给，又实现了特殊、特色课程的广泛共享与精准匹配。对企业而言，其在平台上提供的企业课程会影响到学生对企业的判断，进而影响其就业意愿，因此，会促使企业投入更多的精力改进培训课程、实践项目等资源质量，优质资源供给能力得以提升，最终形成"育人—用人"的良性循环。

最后，深化校企融合层面。传统的教学管理、实习管理、职业规划等工作内容在数据化加持之后，育人内涵发生了创新升级的变化，学生培养由标准化、规模化转向了个性化、精准化，校企育人由割裂分离转向了双向融合互通。教育与行业、学校和企业、教室和车间、学习与工作、教师与导师之间借助数字化技术，实现云端深度协同，将"教育性"和"职业性"汇入"中间地带"。例如，校企远程互动的直播课程将企业真实生产经营过程和操作标准融入校内常规课堂，弥补了校内理论学习与校外企业实践间的鸿沟。而借助平台沉淀下来的课程视频回放，学生还可自行就实践操作细节和重难点进行反复揣摩学习，个性化学习需求得以满足。学生在顶岗实习之外，仍然可以在校内常规的课程项目教学中和实践作业中，获得各类企业设备、导师、操作标准等资源支持。企业参与不只出现在顶岗实习中，而是无缝融入了整个校内学习过程中。

三、数据赋能校企协同育人模型的实施策略

（一）搭建数据整合中台，融通"校—企—生"三方主体

纯粹的数据并不等于资产，只有从业务的角度进行规划、分析、处理，数据才能够产生价值。校企双方可共同建立一种中台组织战略（李爱霞等，2021）[21]，为育人、用人、职业发展等需求提供快速的数据响应。首先，要建立源数据的连接，整合数据，这也是数据中台的首要功能，连接实习、教学、就业等各方面原本相互孤立的数据，融通"校—企—生"三方主体。借助于各平台的数据连接，就可以有效追踪学生成长路径，制定未来学习目标和职业发展的规划。其次，要提供基于场景的数据服务。教学、就业、实习对数据的关注指标不尽相同，应该注重数据的场景化分析和应用，以适应不同主体的需求。针对学校构建出用于育人目标设定、课程体系开发等教学决策的解决方案，针对企业构建出用于人才评估、员工招聘和管理培训的数据基础，针对学生构建出可用于学习规划、职业发展定位的个人画像，并进一步基于数据挖掘推荐适配的课程和岗位信息。最后，要跟踪度量数据的使用。基于信息化平台的数据集成分析，其优势在于"过程留痕"。通过仔细分析谁在什么时间用了哪些数据，可以得出各个数据板块的价值，以及各个相关主体的关注点，这也便于进一步反馈给数据采集分析系统，优化数据结构和分析结果，改进数据供给方式，形成数据中台内部的数据良性循环。依托数据中台整合企业、学校优质资源，扩大数据来源渠道，使企业培训、实习、就业和学校教育教学资源有机统一，形成育人新合力。

需要注意的是，数据中台的建设不是一劳永逸，而是一个需要统筹规划、迭代更新的系统性工程。学校需要充分认识到数据中台的复杂度，在初级阶段，不能搞大而全，而应是"全场景规划，小场景启动"，围绕校内教学、校外实习、招聘就业、职业规划等具体不同的育人场景去建设，并逐步完善其功能业务。

（二）更新数据思维理念，提升主体数据意识

建设数据中台最重要的不是技术有多高大上，而是人的思维方式。数据

本身并不等于提供智慧，还需要育人主体的洞察力对数据背后的含义进行表征、解读，为学生的进一步成长提供解决方案。而当前育人主体由于受传统思维和决策习惯影响，往往会忽略各系统、各类型数据之间的内在联系，对数据的敏感度不够。鉴于这一情况，可从以下三个方面着手：一是从"证据思维"转换到"线索思维"和"对话思维"。数据不仅是教育教学成功与否、实习工作好坏的证据，还是改进教学和实习管理的线索以及与学生（员工）间的对话方式。各相关育人主体应从"证据思维"转换到"线索思维"和"对话思维"，注重在数据中寻找改进育人的线索和彼此对话的主题，深刻认识数据赋能教育教学的本质。二是强化中台的数据服务意识。通过典型教育数据挖掘案例的示范带动作用，让学校、企业乃至学生意识到可以主动利用数据来实现自身需求，并愿意有意识地贡献数据、积累数据，让数据为育人过程服务。三是加强数据应用相关理论和技能的培训及研讨，使育人相关主体能够批判性地、符合伦理安全地获取、分析、表征数据。在这一过程中，既要关注个体，也要关注全局，既要关注精确性，也要关注混杂性，既要关注因果关系，也要关注相关关系，让学校、企业、学生逐步建立起运用数据发现问题、分析问题、解决问题的能力，实现以数据为基础的科学决策与未来预测（胡翰林、沈书生，2021）[22]。

（三）规范数据应用范畴，注重数据伦理安全

教育数据的应用价值在于洞察教育教学规律，为教育决策提供依据，提升精准育人成效，但对教育数据尤其是学生个人信息的过度解读和滥用无疑会威胁到相关主体的隐私安全，甚至会给学生贴上错误的标签，限制学生的未来发展。因此，数据在采集、分析、访问以及存储过程中，应以有用无害为价值追求（罗江华等，2022）[23]，以保护主体隐私为安全底线，确保数据在各个环节不被任意使用、泄露、修改、破坏等。遵守《信息安全技术个人信息安全规范》和《个人信息保护法》等相关法律法规要求，对校方、企业、学生三方设置恰当的分级认证、授权等措施，在不同的数据使用场景，设置不同的访问权限，对数据进行脱敏处理或设置敏感级别，非必要情况，不显示个人敏感信息。确定数据公开的权限和时限，规范数据所有者的被遗忘权

（严从根、陈丹琴，2022）[24]，即定期删除数据中的个人信息，避免数据滥用。学校作为协同育人系统的主导者，需要首先明确各方主体的知情同意权。学校的教学信息需要在获得师生授权同意后，在不侵犯个人隐私的前提下，分级分类地在实习面试、招聘就业、岗位培训等不同场景中授权共享给企业进行人才甄选、职业规划；学生可自行确定个人实习、学习数据的共享程度；企业也可自行甄选培训资料、实习生考核反馈、管理案例等数据的共享范围、权限和使用规范，以便于校内教学。

此外，在以数据流通为基础的校企协同育人系统中，适当智能化、个性化的课程推送、人才推送，在为学生提供适切的学习支持服务和为企业提供适当的选人服务的同时，也在一定程度上弱化了学生在学习中的"试错"和"反思"过程，削弱了学生参与企业面试的公平性。因此，如何避免技术滥用带来的学生在育人中的主体地位弱化仍然是当前信息技术高速发展下需要解决的关键问题。

参考文献

［1］中华人民共和国职业教育法［EB/OL］，［2022-04-23］，http：//www.moe.gov.cn/jyb_sjzl/sjzl_zcfg/zcfg_jyfl/202204/t20220421_620064.html.

［2］ADAMS R.Empowerment，participation and social work［M］.New York：Palgrave Macmillan，2008：7-9.

［3］MAKINEN M.Digital empowerment as a process for enhancing citizens' participation［J］.E-learning and Digital Media，2006，3（3）：381-395.

［4］CHEEMA A S.Digital empowerment of citizens in rural India：Issues and challenges［J］.Asian Journal of Multidisciplinary Studies，2015，3（9）：25-29.

［5］吴义爽，盛亚，蔡宁.基于互联网＋的大规模智能定制研究：青岛红领服饰与佛山维尚家具案例［J］.中国工业经济，2016（4）：127-143.

［6］韩海庭.数据如何赋能数字经济增长［J］.新金融，2020（8）：45-47.

［7］孙新波，苏钟海. 数据赋能驱动制造业企业实现敏捷制造案例研究
［J］. 管理科学，2018，31（5）：117-130.

［8］张明超，孙新波，王永霞. 数据赋能驱动精益生产创新内在机理的案
例研究［J］. 南开管理评论，2021，24（3）：102-116.

［9］王文倩，肖朔晨，丁焰. 数字赋能与用户需求双重驱动的产业价值转
移研究：以海尔集团为案例［J］. 科学管理研究，2020，38（2）：78-83.

［10］张培. 大数据智能化驱动职业教育治理：学理逻辑、关键要素与路
径设计［J］. 职业技术教育，2019，40（19）：31-37.

［11］王彬. 数据赋能：教学诊改视阈下高职院校教育生态反思［J］. 中
国职业技术教育，2019（35）：49-52+56.

［12］李咏翰，周雄俊. 智慧教学数据的需求识别与应用思考［J］. 现代
教育技术，2020，30（9）：28-34.

［13］但金凤，王正青. 数据驱动教学变革：美国教师运用教育数据的教
学实践与支持机制［J］. 电化教育研究，2020，41（10）：122-128.

［14］肖香龙. 基于协同理论的多元平台校企协同发展研究［J］. 现代教
育管理，2014（1）：39-42.

［15］杨理连，邢清华. 新时代高职院校协同育人的内涵及其实现路径
［J］. 职教论坛，2019（7）：128-132.

［16］杨路. 校企协同培养创新型人才的实践路径［J］. 黑龙江高教研究，
2013，31（1）：62-65.

［17］杜辉，陶秋燕，杨冰. 基于价值链的校企协同创新创业教育体系构
建：以北京地区高校的数据为例［J］. 中国高校科技，2018（12）：87-91.

［18］姜海涛，王艳丽. 高等职业教育校企协同实践教学体系创新研究：
基于内蒙古农业大学职业技术学院"三习两训"实例［J］. 教育学术月刊，
2020（9）：106-111.

［19］刘娟，丰云. 校企协同建设实践教学资源的共享策略研究［J］. 中
国职业技术教育，2020（8）：76-80.

［20］李兆敏，孙思豪. 校企协同培养高职教师"双师"素质的意义、困

境与策略［J］.教育与职业，2020（14）：104-107.

　　［21］李爱霞，舒杭，顾小清.打造教育人工智能大脑：教育数据中台技术实现路径［J］.开放教育研究，2021，27（3）：96-103.

　　［22］胡翰林，沈书生.基于中台技术的教育大数据应用研究［J］.现代教育技术，2021，31（09）：78-86.

　　［23］罗江华，王琳，刘璐.人工智能赋能课堂反馈的伦理困境及风险化解［J］.现代远程教育研究，2022，34（2）：29-36.

　　［24］严从根，陈丹琴.信息技术时代教学空间的隐私风险［J］.华东师范大学学报（教育科学版），2022，40（3）：10-19.

（本文刊发于《职业技术教育》2022 年第 29 期）

乡村旅游高技能人才成长路径及其影响因素研究

——基于生命历程理论视角的探讨

浙江旅游职业学院，杭州科技职业技术学院

陈　蔚　王　英　李　群

［摘　要］发展乡村旅游是全面推进乡村振兴、促进共同富裕的重要途径，对于促进乡村一二三产业有效融合及其可持续发展，推动乡村产业转型升级及兴旺发展，有效带动农民致富及收入稳定增加具有重要意义。乡村旅游发展需要专业人才，需要高技能人才，然而在现实乡村旅游发展实践中却是事与愿违，多数乡村地区或乡村旅游企业缺乏相关专业技能人才。基于此，本研究引入生命历程理论，研究目前乡村高技能人才的成长路径与影响因素，通过分析其参与旅游、相关专业技能培育与形成的经历，从国家和社会层面、他人影响及个人层面深入剖析了一名普通的乡村旅游从业者（创业者）如何成为一名充分掌握乡村旅游专业知识、经济管理能力，并具有行业引领作用的旅游高技能人才。研究结果表明，乡村旅游高技能人才根植于其参与的乡村旅游发展实践中，并据此提出了建议。

［关键词］高技能人才；乡村旅游；生命历程

　　发展乡村旅游是全面推进乡村振兴、促进共同富裕的重要途径，对于促进乡村一二三产业有效融合及其可持续发展，推动乡村产业转型升级及兴旺发展，有效带动农民致富及收入稳定增加具有重要意义。乡村旅游发展需要专业人才，需要高技能人才，然而在现实乡村旅游发展实践中却是事与愿违，多数乡村地区或乡村旅游企业缺乏相关专业技能人才。首先，目前我国现乡村空心化现象十分普遍，尤其是年轻一代，大多选择去城市发展，乡村旅游发展缺少年轻力量的注入，这在一定程度上阻碍了乡村旅游的有序发展。此外，目前乡村旅游从业人员整体受教育水平较低，缺乏旅游专业背景，专业素质有待提高。以我们长期观察研究的浙江省青田县龙现村为例，其乡村旅游从业者年龄绝大部分为初中或高中学历，无旅游专业背景，年龄多在 45 岁以上，以中老年为主[1]。此情况在一定程度上限制了本地旅游发展，如旅游发展业态仅以提供简单餐饮的农家乐，售卖本地农产品为主；再者其管理经营能力及策划创新能力不足，挖掘本地文化资源以促进文旅产业有机融合等皆处于较低水平；此外，其对旅游行业的知识了解也不够透彻[2]。

　　另外，乡村旅游社区居民并未接受过与旅游相关的培训，缺乏参与旅游经营活动的经验[3]，对乡村旅游的认知程度较低，存在部分乡村地区旅游发展只"掌握"在少数人手中的现象，即本乡村地区对旅游认知程度较高的村民仅限参与旅游的人，而大多数村民仅是"旁观者"，并未参与到旅游发展中来，他们也认为发展旅游与自己并不相关。另外具有创新意识与能力的本土人才稀缺，外部人才在乡村容易"水土不服"，对乡村发展的带动作用有限[4]。且目前职业院校在助力乡村旅游人才建设上，大多以院校专业人才培养方案改变、支持和鼓励毕业学生创业和回归乡村就业以及开展送教下乡等各类培训为主，此类虽在一定程度上促进了乡村旅游人才建设和培养，但大多是直接输出知识为主，开展的研究大多浮于表面，且提升建设并无针对性[5]。对乡村旅游专业人才与高技能人才的关注源于现阶段乡村旅游的快速发展。乡村旅游有其特性，乡村旅游发生地及旅游吸引物是其核心组成元素，"乡村性"才是乡村旅游整体营销的核心和独特卖点[6]。这就要求乡村旅游人才在乡村旅游设计中不仅要囊括乡村生活环境、乡村旅游空间、乡村特色文化，还应该合理规划与发展出一种本地居民有机融合参与的新型旅游形式。如何针对现实乡村旅游发展具体需求，破解全民参与、自主参与到乡村旅游发展中来，培育本土社区培育下的乡村高技能人才成长与发展，是本研究关注的重点问题。

一、什么是乡村旅游高技能人才

技能人才是支撑中国制造、中国创造的重要力量，是建设培养大国工匠、高技能人才的重要基础。根据国家职业大典，高技能人才可以描述为："在生产、运输和服务等领域岗位一线，熟练把握专门知识和技术，具备精湛的操作技能，并在工作实践中能够解决要害技术和工艺的操作性难题的人员，主要包括技术技能劳动者中取得高级技工、技师和高级技师职业资格及相应水平的人员。"[7]2011 年《高技能人才队伍建设中长期规划（2010—2020 年）》中将高技能人才定义为"具有较高技艺和技能，能够进行创造性劳动，并对社会作出贡献的人，主要包括技能劳动者中取得高级工、技师和高级技师职业资格的人员"。[8]罗哲等（2023）根据政策实践和学界认知，将高技能人才定义为"具有某一领域较高水平的专业知识和技能技术，能够攻克关键技术和工艺、难题，并获得技师和高级技师及相应技能等级的人才"。[9]根据以上定义，结合文化和旅游行业发展实际需求与现实情况，本研究将乡村旅游高技能人才定义为"具备文化和旅游行业较高水平的专业知识与技能技术，在乡村旅游实践中能够发挥关键引领作用，推动乡村产业健康有序发展的人才。"关于这一定义，我们考虑到目前文旅行业技能人才相关技能证书体系并不完备，且现实是乡村旅游高技能人才部分存在受教育程度较低且大多为旅游发展过程中逐渐成长起来的社区精英，故此定义对于是否具备相关职业证书与技师证书并无具体要求。

二、研究设计

1. 研究视角

生命历程理论这一概念最早提出时间为 20 世纪 20 年代，起源于托马斯等人使用生活史、生活记录等开展关于波兰移民问题的研究[10]。20 世纪 90 年代后期生命历程理论逐渐被我国学者引入女性研究中[11]。生命历程理论是研究社会科学现象的一种跨学科理论，其主要侧重社会发展与变迁对个人的影响，是一种自我社会建构过程，其基本分析范式是将个体的生命历程视为由多个事件或个体扮演的角色等构成的，这些角色和事件的顺序是按年龄层级排列的，如年龄、成长和死亡[12]，即个体的事件或排序不同，则其影响也不相同。目前该理论已形成了较为成熟的理论与分析框架，时空性原则和个体能动性原则、生命时间性原则、生命相关性原则是该理论的核心观点。另外，生命历程理论的五个核心概念是轨迹、转变、转折点、持续和累积[13]。轨迹指长期稳定的生命模式，转变是状态的短期变化，持续是相邻转变之间的时间跨度[14]，转变和持续镶嵌在轨迹之中，转折点则是带来轨迹方向改变的实质性或颠覆性变化，累积是个体生命历程中随时间增长积累的优势或劣势。

近年来，生命历程理论逐渐引起国内学界的重视，其研究主要集中在老年贫困[15]、青少年成长[16][17]、农民工生活[18][19]、女性职业变迁[20]、教师成长[21]等主题。但鲜少有研究去探讨技能人才尤其是旅游高技能人才的成长。乡村旅游高技能人才成长是一个系统、动态、多因素交织的过程，生命历程理论是一个很好的其成长的视角。基于此，本研究从社会层面、目的地层面、个体层面等层面搭建研究框架（见图1）。首先，社会层面来看，共同富裕、乡村振兴发展的政策支持和乡村旅游市场发展繁荣是推动个体成长的外动力。正是因为各项政策的支持与乡村旅游市场的繁荣发展才会需要多方面多层次的旅游人才，也是我们开展研究的重要现实意义。且专家团队知识转移（高职院校教师力量）和地方人才实践知识转移（现实需求）为个体成长提供知识资本：不同学科专家通过讲座或帮扶形式向社区个体转移的知识，比如共同富裕、乡村振兴、乡村旅游发展政策、旅游项目策划等；另一方面就是根植于地方实践总结产生的地方性知识。这是我们整个研究里面最核心的部分，不再拘泥于直接输入的应试教学，而是基于对现存旅游人才及有意愿参与旅游的高技能人才开展访谈，访谈主题为对目前旅游培训及院校助力旅游发展的认识、期望及问题，此部分也要询问到目前此阶段所从事的相关旅游工作及对个人能力有哪些提升，最后对此进行总结分析。其次从目的地层面来看，差异化发展和技能培训促进高技能人才个人知识的有效增长。现实乡村旅游发展中，社区不同个体的内部动机也存在差异。且从现实情况来看，乡村旅游发展实践促进技能人才的能力提升。此外，从个体层面探讨，个体追求长远发展促使其产生成长的内驱力，充分发挥生命能动性，追求个体长远发展是推动他们成长的共同内驱力。其原有经验与好学品质激发其创新实践，生命历程理论指出，生命时间性强调社会需要与个体发展生命历程相合，表达了个体生命借助原有经验适应社会发展新需要的原则[22]。

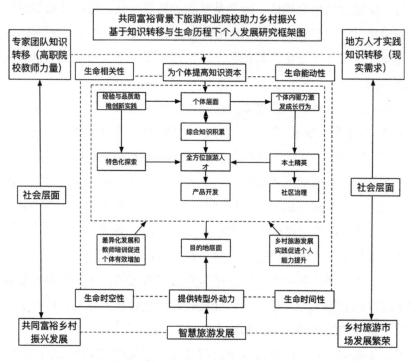

图1　基于生命历程理论的研究框架

2.研究过程

乡村旅游发展离不开高技能人才，高技能人才在促进旅游可持续健康发展及带动本地区就业等具有重要作用，其知识阅历、实践经验、创新能力等都处于一种最优水平。因此我们需要去研究其成长轨迹及历程，主要目标包括学历（是否为旅游相关专业毕业）、成长环境、旅游企业规模、职业生涯成长与变化等。但根据前序对目前乡村旅游发展情况及高技能人才的初步调研，满足本研究所定义的乡村旅游高技能人才数量较少，因此本研究采取滚雪球抽样的方式确定访谈对象。滚雪球主要用于调查目标未知或特定群体成员难以找到时的社会研究，如总体单位的信息不足或观察性研究。首先从前期调研中定向选择一位高技能人才，等访谈结束后请其提供他所结识或熟悉合作的高技能人才，并由此继续循环下去，形成一种滚雪球的效果。滚雪球抽样的优点是便于样本量的控制，易于控制抽样成本。本研究共访谈 5 位乡村旅游高技能人才，详情见表 1。在此需要特别说明的是，访谈对象 H、W 两位因距离较远，采取线上电话访谈获取数据。

表 1　被访者基本信息

姓名	性别及地域	出生年 / 政治身份	初始学历，后续学习	现职务
X	女，湖州	1969，人大代表	高中，多次培训与考察	公司董事长
Z	男，湖州	1980，党员	旅游类大专，参加多次专业培训	公司副董事长
H	女，丽水	1978，党员	本科，参加多次专业培训	公司总经理
W	男，丽水	1965，党员	本科，参加多次专业培训	公司总经理
P	男，湖州	1984，党员	本科，参加多次专业培训	公司董事长

本研究采取深度访谈的方式收集其个人专业生活史的资料，"生活史"是在社会、文化和历史情境里，一个生命从出生到死亡的过程所发生的事件和经历。本研究主要由访谈者提出与其个人成长相关的一些关键性问题，如受教育经历、参与乡村旅游发展缘由、创业或参与旅游过程中遇到的难题及如何解决，是否有过乡村旅游相关培训、实践经历与本土知识成长等，并随时根据被访者的实际生长过程的标志性或影响较大的事件再次提出仔细盘问，去发掘并勾勒乡村高技能人才的个人成长轨迹、成长路径与影响因素，具体信息见表 2。

表 2　访谈时间和访谈资料信息

姓名	访谈时间及时长	访谈文字资料字数
X	2023.11.18—2023.11.19，访谈 3 次，共计 6 小时	7.5 万字
Z	2023.11.23—2023.11.25，访谈 2 次，共计 5 小时	6.8 万字
H	2023.12.8—2023.12.9，访谈 2 次，共计 3 小时	4.2 万字

续表

姓名	访谈时间及时长	访谈文字资料字数
W	2023.12.20—2023.12.21，访谈 3 次，共计 4 小时	5.9 万字
P	2024.1.1，访谈 1 次，共计 2.5 小时	2 万字
合计		36.4 万字

三、乡村旅游高技能人才的成长路径分析

乡村旅游高技能人才的成长离不开重要事件对其的社会建构[23]，技术技能人才接受相关教育，就构成其生命历程中的重要事件，相对应的接受教育阶段也就成为其生命轨迹中的关键时期，这一重要事件和关键时期也决定了他们的发展和社会地位等。等这一阶段完成后，其角色由学生变为创业者、工人、餐饮服务生或教师等从业人员。后续如何发展成为乡村旅游高技能人才，中间经历的事件或相关技能的提升抑或是国家层面对乡村旅游的发展，这些都会产生影响。基于以上分析结合访谈文本分析，我们将乡村旅游高技能人才发展聚焦于 3 个阶段，分别是技能形成初期、技能形成成熟期及技能发展巅峰期。

1. 技能形成初期：面对转型升级的压力

研究对象目前均为乡村旅游发展实践中产生的高技能人才，其中访谈对象 Z 和 H，前期具有相关旅游相关课程学习的专业背景知识，另外 3 位均没有，但其参与乡村旅游的原因主要有两个，一是处于个人"转型升级"的关键时期，访谈对象 X、W 均属于这种情况，他们原来都是体制内工作人员，生活平凡但挑战性小，于是辞职个人创业参加乡村旅游。二是企业的"转型升级"，剩下 3 位访谈对象为此种情况，如访谈对象 X，其当时国家生态文明建设与乡村旅游发展初始阶段，开启了由油厂向乡村旅游的转型升级。

但 5 位均对乡村旅游发展"一知半解"，到底如何发展，发展何种状态，产品主要有哪些？成为困扰他们的主要问题，且旅游发展前期需要投入较高成本，此时面临较大的资金压力，且这时仅有部分初级旅游业态的形成，如

农家乐、渔家乐等产品，村民也开始售卖自家的农特产品，乡村旅游收益较低。故他们前往乡村旅游发展较好的地区进行考察学习，与相关院校合作编制乡村旅游发展规划，并逐步提高自己的旅游技能水平。

2.技能形成成熟期：成为本地知名企业家

此阶段经过前期的不断总结失败教训经验，他们已成为本地区小有名气的乡村旅游企业家，在这个过程中，不断发展不断尝试不断学习掌握了许多与乡村旅游相关的技能，如"三农"工作政策学习、景区开发与管理、旅游产品策划，乡村景区运营、接待与服务、企业管理运营等。主要学习途径来自政府部门组织相关培训、自行前往示范地交流考察等。

3.技能发展巅峰期：一名合格的乡村旅游高技能人才

在这个阶段，乡村旅游高技能人才或成为参与政府建言献策的重要力量，或成为乡村旅游领域行业专家，或成为推动本地区乡村旅游发展的重要领军人物，业务能力、经营管理与运营能力、规划与策划能力不断提升，乡村旅游企业业务范围不断拓展，产品体系丰富多样，文化和旅游高度融合，该企业也成为推动本地区乡村振兴与共同富裕建设的重要力量，带动周边村民就业与收入稳定增加。如 X、W 为本市区政协委员，担任区旅游协会会长等职务，Z 创建乡村旅游相关协会，并担任协会秘书长。

四、生命历程理论下乡村旅游高技能人才成长的因素分析

生命历程理论由两个关键特点，一是社会规定性，即生命历程（事件和角色）是由社会建构的；二是年龄层级性，即同一事件是否发生在关键期对人的意义完全不同，这强调的是个人生物意义与社会意义的结合，突出个体与时间、空间和社会环境之间的相互嵌入关系的社会学理念[10]。下面本研究将从生命历程理论出发探讨影响其成长的因素。

1.国家层面对乡村工作的重视是乡村旅游高技能人才成长的重要基石

通过我们对 5 位访谈对象的深入分析，我们发现其一致认为，其技能的不断提升基于乡村旅游发展的实践，而这均基于国家对"三农"工作的重视，使其全身心投入到乡村旅游发展中。如访谈对象 X 在参与乡村旅游工作前是

一位音乐教师，一次外出去乡村旅游使他看到了乡村旅游发展的巨大潜力，于是回家查询学习相关政策及了解市场需求，毅然决定投身于乡村旅游发展中，"那个时候是乡村户外运动刚刚兴起，我觉得这个机会比较好，主要是受这个市场影响。因为桐庐是长三角的旅游休闲目的地，上海、南京，苏州、杭州等地来桐庐搞户外运动的是比较多的这种企业，那么我们这边有这个市场……2014 年左右，全国全域旅游的现场会议在桐庐召开，受大会影响，比如说我们浙江省做这个美丽乡村建设以及全域旅游打造，应该是在全国走在最前沿的，那么同时到浙江来学习，到桐庐来学习，把我们美丽中国桐庐样板这个经验带到全国去了……"此外其相关理论知识的增长如旅游行业发展前沿、国家政策支持等大多来源于参加相关理论知识培训班或由政府组织参加的理论政策学习会，而这些与高技能人才成长息息相关。如 X 近几年致力于乡村研学旅游产品的打造，那他需要学习目前国家关于支持中小学学生研学的相关政策、耕读教育及劳动教育等与研学相关的政策与市场现状，还需了解目前乡村文旅融合、乡村振兴、共同富裕等相关政策与市场现状，也需了解教育与课程开发建设相关的理论知识。另外，我们通过分析 5 位访谈对象技能提升的时间后发现，其形成关于某一专项旅游产品的运营开发能力时，正是选择创新开发本地区新的旅游产品的时机，而这也与国家政策发展支持是同一时间产生的。

2. 个体能动性是促进乡村旅游高技能人才成长的重要内因

个体能动性在人的生命历程中发挥极其重要的作用。"人总是在一定社会建制之中有计划、有选择地推进自己的生命历程。而人在社会中所作出的选择除了受到情景定义的影响之外，还要受到个人的经历和个人性格特征的影响。"[24] 或者说"个人在形塑自己的发展和生命历程"。同时，几位处在同一年龄段的技能人才拥有的年龄特征和相似的社会环境也深深地影响他们的行为抉择。"特别是急剧变迁的时期，每个人都是从他所处的历史世界（由他们的出生日期决定的）中获取与众不同的世界观和处世哲学，这种观点是对处于特定的历史情境中相互依赖的生命个体的反映。"[25]

（1）坚定的信念、追求既定目标的恒心和毅力是乡村旅游高技能人才取得成功的内在品质。克劳森（Clausen）研究发现，成功的人生往往具有如下品质："他们能够恰如其分地评价人生的努力，确认自己的目标；能够翔实地理解自我、别人和可供选择的事物；并具有追求既定目标的恒心和毅力。具有上述品质的人无论是在工作中还是在日常生活中都表现杰出，他们充分发挥了人的能动作用，在生命历程中更能得到满足感，更能充分地自我实现。"[24] 这几位乡村旅游高技能人才身上充分地体现出两点。

第一，他们相信"知识改变命运"，更相信知识的获得和精进需要靠自身的勤奋与努力。5 位受访者中有 3 位出身于农村，且都具有高学历（在当时而言），具备这代人普遍拥有的勤奋、责任和自立品质，愿意通过自身的努力改变生活状况。他们上学时候教室的标语大多是："知识就是力量""书山有路勤为径，学海无涯苦作舟。"他们迄今为止的生命历程也体现了这一信念对人生的意义。他们中的每一个人都在这一信念影响下获得阶层的突破和职业的发展。

第二，他们是有使命感、有担当的一代。爱国主义教育一直贯穿他们整个受教育阶段。如 W 谈到他大学时期的专业课老师时说，"如果我们不认真学习，他就说我们是民族的败类！他恨铁不成钢。他是那种有家国情怀，有民族使命感的人，认为我们应积极投身于实践，就像现在习近平总书记经常说的要把论文写在祖国大地上。""后来读过一本书，费孝通老师的《乡土中国》也给了我很多启发，地缘社会这个概念一直在我脑海中，我也深谙此道，现在我的公司里好多员工都是原来村子里的人，回村发展是我认为做得最正确的事情！"在这样的教育下，他们有强烈的爱国情怀和使命感。当他们大学毕业后，并没有其他同学一样一直在大城市发展，而是投身于家乡，投身于乡村发展实践中。

（2）个人努力在其成长中发挥重要作用。研究发现，相比于其他人，研究对象有着积极的人生态度，以及面对困境不屈不挠的精神。

第一，个人努力在初期的发展中起决定作用。在我国，"三农"问题一直都是我国发展的重点发展问题，在其创业初期，遇到了很多现实问题，如乡村旅游前期资金投入较大，是否盈利都是未知数，且旅游发展方向的把握也是他们一直无法预估的。"我们刚开始就有样学样，看别人开了家农家乐，我们也跟着开了家，看别人带团，我们也跟着带团，不知道怎么创新旅游产品，缺乏特色，随后就面临亏损的状态。我们不会就去学，不懂就去问，刚开始也很难，现在也变好了，心态要稳，也要十分勤奋努力才行。现在我们开发一个研学产品也要跟员工经常开会讨论到晚上，大家都很有拼劲！"高技能人才努力拼搏的人生态度影响对其成长十分重要。

第二，职业生涯第二阶段，个人努力令其迅速成长。这个阶段我们从他们身上看到个人努力与外界支持相得益彰，发展机会与荣誉相辅相成。获得进修机会的格外努力，也因此得到当地政府的关注，积极参与本地区组织的各类培训，不断拓展人脉关系。

3.生命中的重要他人是乡村旅游高技能人才成长的重要推动者

生命历程研究最核心的原则莫过于相互依存的生命概念。"人的一生通常被嵌入在与亲属和朋友的社会关系中，社会调节和支持部分是通过这些关系产生的。"[12]这5位研究对象中有3位是农村出身，其经过不断成长成为现阶段具有重要地位的地区乡村旅游发展引领人物，与他们的社会关系与社会网络之间密切相关。家人、高校教师、合作者、员工等他人是乡村旅游高技能人才成长的重要推动者，其中大专院校教师是5位研究对象都提到的，他们认为大专院校既是他们的合作伙伴，又是他们技能提升的引导者。比如H这样说，"我们很多规划或产品策划都是跟院校他们合作的，也从中学到了很多"。X认为自己公司转型与业务拓展与一位高校教师有密切联系，"正是因为那几年我刚好在浙江大学学习，在老师的启发下我不再只是简单户外旅游了，我意识到我需要提升，公司需要转型，可以说现在我们公司的经营有这位老师一份功劳"。

五、总结与结论

本文从生命历程理论的视角研究了乡村旅游高技能人才的成长历程，通过分析其参与旅游、相关专业技能培育与形成的经历，从国家和社会层面、他人影响及个人层面深入剖析了一名普通的乡村旅游从业者（创业者）如何成为一名充分掌握乡村旅游专业知识、经济管理能力，并具有行业引领作用的旅游高技能人才。研究结果表明一名乡村旅游高技能人才更多的是不断发展尝试，不断从本土知识中汲取，不断参与旅游发展实践、不断总结经验教训，并以 5 年甚至 10 年的成长经验累积形成，其紧紧抓住国家和社会发展机遇，根植于市场需求大环境，个人品质坚韧不拔，遇到难题及时解决并具有较强的社会责任意识与国家民族集体荣誉感，积极投身并服务于本地区旅游发展，对带动乡村地区农民就业、本土文化挖掘与提升地方认同等具有重要作用与意义。此外，针对如何提高乡村旅游人才技能成长，本文认为应从乡村旅游实际出发，聚焦于旅游发展的各个层面，尤其是一线服务与技能提升，聚焦于能力的实际提升，如服务技能培训、服务礼仪培训等，且应辅以实践教学，贯穿于实际操作过程中。

根据以上分析，提出以下几条建议，其一，重视乡村旅游一线员工的旅游技能培训，其知识重点聚焦于相关旅游专业理论知识如国家大政方针的学习，以及实际操作技能；其二，积极帮助乡村旅游从业者拓展社会网络，组织吸纳其创建或参与相关旅游协会或大专院校学习交流，构建交流学习的平台，积极开展合作交流；其三，适时开展乡村旅游技能需求调研，深入行业一线了解需求，不再拘泥于传统的知识输出，要看其实际需要，授课方式与培训方式也要适应性发生变化；其四，根据生命历程理论及本文研究成果，个人品质、身边他人影响及社会层面对其技能培育具有一定的影响。因此我们要营造支持乡村旅游从业人员技能形成的良好氛围，目前人社部、民政部已相继陆续发布相关政策支持技能人才发展，但从行业上来看我们还仍需继续努力，旅游行业尤其是乡村旅游行业高技能人才如何培训，考取何种资格证书还需进一步确定。此外，前期我们调研发现乡村旅游从业者大多为本地区村民，其参与意愿并不强烈，这方面也是我们需要去营造和努力的方向。

参考文献

［1］武文杰，孙业红，王英.农业文化遗产地女性居民旅游参与的情感

响应：以浙江青田稻鱼共生系统为例［J］.旅游学刊，2022，37（4）：128-
139.

［2］韩喜红.乡村振兴战略下陕南高校乡村旅游人才培养创新研究［J］.
西部旅游，2022（24）：82-84.

［3］陈希，张茜，张汝婷，等.乡村振兴战略下乡村旅游人才培养路径优
化策略：以湖南省为例［J］.农业现代化研究：1-8［2024-01-31］.

［4］蒋光辉，金倩，闻芳.职业教育服务乡村旅游创新型人才培养的研究：
以贵州黔东南州为例［J］.职业技术，2023，22（6）：7-16.

［5］刘立红，刘增安，张素娟.职业教育服务乡村旅游人才培养存在的问
题与策略［J］.教育与职业，2021（23）：70-74.

［6］韦小良，王英.基于旅游凝视理论的共同富裕背景下乡村旅游资源开
发研究［J］.浙江农业学报，2023，35（8）：1950-1959.

［7］国家职业分类大典修订工作委员会.中华人民共和国职业分类大典
（2022 年版）［M］.北京：中国劳动社会保障出版社，2022.

［8］http：//www.mohrss.gov.cn/SYrlzyhshbzb/zwgk/ghcw/ghjh/201503/
t20150313_153951.html

［9］罗哲，于洋，陈佩尧.中国式现代化推进中"教育、科技、人才"三
位一体战略布局的系统认识与深度解析［J］.教育科学论坛，2023（20）：3-8.

［10］李贵清，解佳，刘俊.知识导向型社区旅游中知识精英成长机制研
究［J］.旅游学刊，2023，38（1）：109-121.

［11］解佳，丘玥.从被动卷入到主动成长：乡村旅游地东道主女性的生
命历程分析［J］.中华女子学院学报，2024，36（1）：45-52.

［12］江立华，袁校卫.生命历程理论的知识传统与话语体系［J］.科学
社会主义，2014（3）：46-50.

［13］CLARK W A V，DEURLOO M C，DIELEMAN F M. Tenure changes
in the context of micro-level family and macro-level economic shifts［J］. Urban
Studies，1994（1）：131-154.

［14］G. H 埃尔德.大萧条的孩子们［M］.和田，译.南京：译林出版社，

2002：426-429.

［15］徐静，徐永德.生命历程理论视域下的老年贫困［J］.社会学研究，2009，24（6）：122-144，245.

［16］方建华，时晓青.幼年父母缺位对青少年能力发展影响的实证研究：生命历程理论的视角［J］.现代教育论丛，2023（5）：51-65.

［17］闵文斌，茹彤，史耀疆.幼年贫困经历对农村青少年非认知能力的影响：基于生命历程理论的视角［J］.当代教育论坛，2019（5）：90-98.

［18］董云芳，范明林.女性农民工的生命轨迹与职业流动：生命历程视角的分析［J］.华东理工大学学报（社会科学版），2020，35（4）：26-38.

［19］彭煜.四川泸沽湖 D 村返乡青年农民工的生命历程研究［D］.昆明：云南师范大学，2022.

［20］孟利艳，刘雨心."被控制与控制"：曾留守女性为何在恋爱中更容易被 PUA？——基于生命历程理论的分析［C］//中国青少年研究中心，中央团校（中国青年政治学院），中国青少年研究会.全面建成小康社会与青少年发展——第十六届中国青少年发展论坛优秀论文集.河南师范大学，2020：19.

［21］胡艳，廖伟，刘佳，等.生命历程理论视角下特级教师成长路径及影响因素研究［J］.教育学报，2023，19（3）：126-139.

［22］包蕾萍，桑标.习俗还是发生？——生命历程理论视角下的毕生发展［J］.华东师范大学学报（教育科学版），2006（1）：49-55，62.

［23］周彦兵，高军.类型教育视阈下职业教育全生命周期协同育人的逻辑解析与推进策略［J］.深圳信息职业技术学院学报，2023，21（1）：8-13.

［24］李强，邓建伟，晓筝.社会变迁与个人发展.生命历程研究的范式与方法［J］.社会学研究，1999（6）：1-18.

［25］［英］安东尼·吉登斯.社会学（第五版）［M］.李康，译.北京：北京大学出版社，2009.

专业建设篇

典型案例

分类建标　项目推进　螺旋上升：专业管理机制的构建与实施

青岛酒店管理职业技术学院　王　超　张　坦

一、背景

专业建设是联结人才培养与产业需求的重要纽带，影响着高职院校主动适应产业发展的水平。青岛酒店管理职业技术学院明确打造"国内一流、国际知名的酒店业全科型职业教育品牌"的发展目标，立足现实基础和特色优势，紧密对接青岛产业发展布局，注重专业设置与区域产业布局的匹配性，支撑产业发展需求，助推青岛新旧动能转换，开设酒店管理与数字化运营、旅游管理、烹饪工艺与营养等 39 个专业，涵盖青岛新旧动能转换技能人才急需的 10 个专业。长期以来，学校持续推进专业高质量、内涵式发展，以教学工作诊断与改进为重要抓手，经过多年不懈探索与实践，逐步构建了适应自身需求、有效提升办学水平的"分类建标、项目推进、螺旋上升"的专业管理机制。

二、主要做法

学校专业诊改按照"双链打造、分类建标""项目推进、监测预警""绩效考核、螺旋上升"的思路进行，实现对专业质量管理的统筹设计，形成针对专业建设事前、事中、事后完整的全周期质量管理闭环。

（一）双链打造、分类建标

结合战略定位、专业特色、办学条件、发展前景、产教融合、招生就业等方面，实施专业分类管理，制定专业分类建设标准，从分析专业建设基础与现状入手，将学校专业划分为优势专业、重点专业、一般专业、其他专业四类，构建专业分类建设指标体系，细化分解成具体的建设任务，形成可监测、可量化、可描述的数据或指标，并匹配差异化、梯度化的经费和政策支持，打造专业建设标准链，形成38个质控点。

各专业进行专业建设发展分析，认真总结专业优势、分析专业发展需求及存在的问题，依据专业分类建设标准要求，自主申报专业建设类别，并根据专业分类建设指标体系，从专业定位与人才培养模式、教学基本条件、教学改革与教学管理、社会服务、招生与就业等5个方面设定专业建设目标。通过开展专业调研分析，制定3年专业建设规划和分年度建设计划，将建设计划逐一分解，量化为数字、程序、责任，每条建设计划均责任到人，打造专业建设目标链。

（二）项目推进、监测预警

将专业诊改工作融入国家级、省级教育教学建设项目统筹谋划，协调推进，发挥项目载体推进诊改。依托"双高计划"高水平专业群建设，省级品牌专业群、省级高水平专业群、产教融合实训基地建设等项目，将项目建设、专业诊改和专业建设进行一体化设计，实现专业诊改的常态化。

在专业建设过程中，定期开展专业建设研讨，为专业建设与人才培养把脉、督导与指导，保障建设进度与质量，按照时间节点要求推进各项工作任务。建设标准链、目标链与实际执行相结合的预警、监控智能化专业诊改数据平台，按照专业建设设置的质控点，通过建设进度检查、阶段性考核进行数据监测。对于预警的指标，及时分析原因并实施改进，把未完成的工作任务纳入次年工作计划中继续推进落实。对于预警的专业，按照专业动态调整机制，采取针对性帮扶、专业计划调减、专业撤销等措施。2020年以来，学校更新专业设置14个，新增专业10个，撤销专业9个，切实做到支持发展劲头强势的专业，鼓励特色专业，淘汰或调整发展势头不佳或不适合本地区经济社会发展需求的专业，提高了专业设置的合理性和适应性（见图1）。

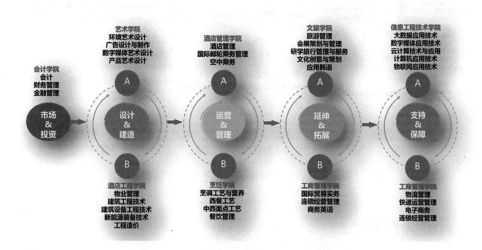

图1　学校专业链与酒店产业链对接示意图

（三）绩效考核、螺旋上升

制定并运行学校《专业动态管理与考核办法（试行）》，配套《专业负责人、教研室主任聘任与管理办法》，以此为依据，由学校专业建设指导委员会选派、教务处组织成立专业考核工作小组，根据专业建设考核指标体系，实施学校层面的专业建设绩效考核评价。其中，年度考核重在对年度目标链达成度进行考核，考核结果作为专业分类的重要依据；终期考核以3年为一个周期，以年度增量、标志成果、建设绩效、特色创新等为重点，综合考核建设成效，作为专业类型调整和专业设置等的重要参考。通过"目标—标准—设计—组织—实施（—监测—预警—改进—设计）—诊断—激励—学习—创新—改进"的不断循环，建立起专业建设质量螺旋诊改机制，实现专业的自定目标、自我约束、自我发展、自我完善，强化专业适应性和内涵式发展（见图2）。

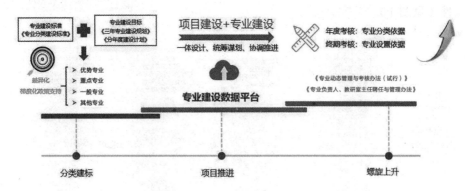

图 2 "分类建标、项目推进、螺旋上升"专业管理机制

三、工作成效

（一）全科型酒店业专业群建设体系初步形成

学校围绕酒店业产业链需求，对接文化创意、精品旅游等新旧动能转换十强产业，融入青岛市"956"产业体系，构建了"1 个国家'双高计划'专业群，4 个省级高水平专业群，8 个院级专业群"的专业群发展架构，形成了以住宿餐饮业的智能化、数字化转型升级为主线的专业群建设体系。目前建有全国职业院校示范专业点 2 个，中央财政支持建设专业 2 个，国家级骨干专业 8 个。建有省级高水平专业群 4 个，省级示范专业 2 个，省级特色专业 7 个，省级重点建设专业 10 个，省级品牌专业群 2 个，专本贯通分段培养专业 3 个，牵头开发省级教学指导方案 10 个。

（二）人才培养质量稳步提升

学校落实立德树人根本任务，"绅士风度、淑女风范"的职业化人才培养质量不断提升。2012 年以来，学生参加餐厅服务、烹饪、导游服务、中餐宴会设计、西餐宴会设计、市场营销技能等项目国赛，累计获一等奖 30 个。参加餐厅服务、导游服务、关务技能、会计技能、大数据技术与应用等项目省赛，累计获一等奖 35 个。近年来，学生整体就业率均在 95% 以上，用人单位对学生的满意度超过 98%。"邻居节发起人"孙瑞涵、"拖地武警"纪露钢等一批优秀学子被央视、《人民日报》官微报道。

（三）高素质"双师型"教师队伍基本建成

教师教育教学能力和专业实践能力不断提升，基本建成一支师德高尚、技艺精湛、专兼结合、充满活力的高素质"双师型"教师队伍。建有国家级职业教育教师教学创新团队、国家首批教师实践流动站、齐鲁技能大师工作站各1个。现有教育部职业教育教学指导委员会专家4名，省级教学指导委员会专家9名，全国技术能手3人，山东省教学名师7人，教师教学创新团队8个，省级技术技能大师2人，省级技术能手2人，省级青年技能名师4人，省级职业教育名师工作室2个，省级职业教育技艺技能传承创新平台4个。荣获首批全国职业院校"双师型"教师队伍建设典型案例2个，探索形成的"专业在前沿、行业有影响、国际可交流""双师"队伍经验得到教育部官方网站报道。

（四）教育教学改革持续深化

健全以"专业教学标准—人才培养方案—课程标准—教学设计"为主线的课程标准建设体系，大力推进课程思政建设和混合式教学，建有国家级课程思政示范课程1门，国家在线精品课程6门，获得国家教学成果奖4项，首届全国教材建设奖二等奖1项，牵头或参与开发专业国家标准17个，获批"十三五"职业教育国家规划教材6本，中央财政重点支持建设实训基地1个。获得省级教学成果奖22项，省级教改立项46项；获批省级"十四五"规划教材5本，省级重点实验实训室1个。建有省级以上精品课程37门，省级精品资源共享课7门，省级精品在线课程13门，省级教学资源库2个，省级职业教育课程思政示范课程4门。

（五）产教融合成效不断增强

牵头成立山东现代酒店业职业教育集团。校企共建山东文旅产业学院、顺丰运营管理学院、舜和餐饮产业学院等8个产业学院，与青岛文化和旅游局共建"青岛市旅游大数据中心"，牵头组建青岛市旅游智库，为区域产业发展贡献智慧力量；政行企校共建"山东省研学旅行研究院"，推进人才培养、专业建设和服务社会良性互动。建设国家级现代学徒制试点项目1个，省市级现代学徒制试点项目 8 个。学校获评山东省产教融合示范单位（基地）。

四、存在困难

（一）业务数据存在壁垒，教学管理信息化水平有待提高

学校数字化校园建设不断推进，各类系统不断完善，智能校园建设初具规模，但各类数据的采集、共享和有效利用仍有待加强。目前，专业建设全过程涉及的各项数据，多数以线下采集、整理再上传到诊改平台为主，缺乏源头数据的直接采集、审核和应用，同时，由于教学管理有关平台的数据尚未完全实现对接，因此诊改过程中需要的数据无法做到动态、实时把握，诊改的时效性有待提高。

（二）自我诊改意识偏弱，专业层面的质量主体意识不强

校内全员诊改理念培训深度、广度不够，全员质量价值认同尚未形成，"人人重视、人人创造、人人享受"的质量主体意识不强，专业层面师生自我诊改意识偏弱，对教学诊改理念以及内部质量保证体系建设认识不到位，对专业诊改与教学诊改内在逻辑关系的认识不够清晰，教学诊改的动态性、持续性、多元性目标未能得到完整的体现。专业诊改工作的推进习惯性地依赖诊改工作牵头部门的监管，专业层面推进诊改工作的内生动力有待激发。

五、改进建议

（一）优化多方参与的智能质量管理平台

目前，学校虽然建立了质量管理与数据分析平台监测专业建设情况，但与校内校外其他平台的数据对接仍需进一步优化，因此，要以建设质量保证指标体系为核心，优化多方参与的智能质量管理平台，实现数据互联互通、逐级挖掘、可视化呈现，便于开展全方面多维度的诊断分析，为学校校务管理、教学管理、决策支持、公共服务等方面的决策和改进提供依据。同时，利用智能质量管理平台，建立国内外权威认证机构对专业进行认证和评估，不断丰富专业建设指标库，为高质量的专业建设提供依据。

（二）创新"内部诊改为主"和"外部问责为辅"的实践模式

教学诊改是长期复杂的系统工程，涉及诸多内容，既需学校认真实施，也需政府积极引导与有效支持。当前，诊改范式仍以外部问责为主，学校自身要深入掌握诊改的理论、方法和技术，不断加强自我诊改能力建设，形成"自主评估—自我诊断—自行改进"的持续性的内部质量保障机制。同时，吸引社会资源流入，优化政策环境，赢得政府高度关注，推进"政行企校"四方联动机制协调运转，整合办学资源，促进人才培养质量提升。进一步明确外部评估的问责和监督权限，打破制度性障碍，构建常态化的内外部结合的良性互动机制，形成"内部诊改为主"和"外部问责为辅"的实践创新模式，以推动诊改范式下的职业教育质量保障工作顺利进行。

聚焦酒店业高水平专业群　打造"青酒管式"职教品牌

青岛酒店管理职业技术学院　王　超　陈　赞

"学校坚持'聚焦酒店业办专业'的思路，专业设置、专业群的组建是精准对接酒店整个产业链的各个链条的，同时也是回应文化创意、精品旅游等新旧动能十强产业需要的。我们将充分利用职业教育政策红利，积极争取内涵式高质量发展，打造国内一流、国际知名的酒店业全科型职业教育品牌。"学校党委书记李达介绍说。

该校不仅是国内设立最早的公办酒店管理高职学校，也是唯一以酒店管理专业群入选"双高计划"建设的学校。近年来，酒店管理专业群与政府、行业及 400 余家高端酒店建立质性合作，不断深化产教融合，在人才培养模式创新、师资队伍建设、高端发展平台搭建、国际交流合作等方面积极探索，在旅游酒店行业和旅游酒店职业教育领域产生了独树一帜的影响力。

一、创新"一三四"人才培养模式，实现人才培养精准适应行业需要

"酒店管理专业群的学生在国内外五星级酒店中一直非常抢手，无论是实习生还是毕业生，都广受行业欢迎。每年有三分之二的实习生都会收到实习单位的表彰信，毕业生最快在一毕业就能成长为基层督导管理人员，学生的综合素质得到合作单位的充分肯定，也给专业群发展带来了充足的信心。"酒店管理学院院长冷雪艳在谈到近几年学生就业现状自豪地说道。

该校专业群对接产业链岗位能力要求，创新构建了"一主线、三进入、四融合"专业群人才培养模式，建成了"底部共享、中层渗透、上层互选"

专业群课程体系，建立了"校赛全覆盖、省赛满堂彩、国赛拿金牌"的技能大赛体系，累计开设专创融合课程 105 门，全面推进实施现代学徒制，培养酒店业高水平复合型技术技能型人才。成功获评国家级现代学徒制试点 1 个，省级现代学徒制试点 3 个，3+2 专本贯通专业 3 个。荣获 2020 世界奥林匹克烹饪大赛团体赛银牌、个人赛银牌，国赛奖项 15 项，省赛奖项 41 项，"互联网＋"创新创业大赛国赛铜奖 2 项，"挑战杯"大学生课外学术科技作品竞赛国赛一等奖 1 项，"挑战杯"大学生创业计划竞赛国赛金奖 1 项。毕业生就业对口率高达 93%，岗位实习离职率仅为 4%，就业满意度高达 98%，洲际酒店集团、香格里拉酒店、星巴克、金钥匙联盟等国内外知名企业、行业组织均与该校通过订单培养、成立战略英才培养学院、产业学院等形式开展深度合作，实现毕业即就业的良好态势。

二、强化高水平"双师"队伍建设，实现教师全面服务行业发展需要

"纪大师，最近我们在产品研发过程中又遇到了技术壁垒，能否请咱专业团队老师到我们研发中心来指导指导。"烹饪工艺与营养专业负责人纪成再一次接到海信家电集团智慧厨房实验室副主任龚连发的邀请。近年来，学校老师频频接到这种协助企业开展技术更新服务的邀请。学校教务处处长于进亮介绍，该校按照"一专业一团队"的原则组建 40 多个师资团队，每个团队至少精准对接服务一项行业发展瓶颈问题，创新"技术研发、团队支撑、精准服务"的团队运营模式，聚焦教师高质量发展，致力于打造一批全面服务行业发展需要的酒店业"尖峰"师资队伍。

该校创新"分层进阶、分类发展"、"双师型"教师培养体系。分层分类开发认定标准，校企协同搭建培养平台，畅通转型和进阶通道，实施"流动站式"培养模式，构建"自我诊改、多元评价"的评价体系，建立了"双师型"教师精准培育生态系统。现已立项第二批国家级职业教育教师教学创新团队、国家首批教师实践流动站，入选山东省黄大年式教学团队 2 个。荣获全国职业院校教师教学能力大赛二等奖 1 项，获评全国职业院校"双师型"

教师队伍建设典型案例 2 个。建成国家级技能大师工作室 1 个，培养全国技术能手 3 人，全国青年岗位能手 3 人，国家级课程思政教学名师 8 人。牵头及参与开发国家专业教学标准 16 项，承担《青岛市智慧旅游企业建设标准》等横向课题 150 余项，为企业解决智能厨电等关键性核心问题 80 余项，面向洲际、雅高等旗下 70 家五星级酒店开展职业经理人高端培训，实现年社会服务到账 960 余万元，持续开展新疆、甘肃等地教育扶贫对口帮扶，开展酒店产业帮扶和职业培训 20000 余人次，与海尔、海信等区域头部企业合作，共建工业"互联网＋酒店业"资源库，持续输出智力支持。

三、主动搭建职教高端发展平台，实现专业升级精准对接产业需要

该校创新"分类建标、项目推进、螺旋上升"的专业群管理机制。实施专业分类管理，匹配差异化、梯度化政策支持，创新专业建设项目负责制，激发专业发展活力，推动专业数字化升级改造。校长姜玉鹏在回顾学校近几年发展中说，学校依托教育部职业教育发展中心战略指导和技术支持，入选职业教育改革实验校；依托山东省教育厅支持，设立山东省职业教育行指委办公室；依托中国职业技术教育学会、教育部职业教育发展中心支持，牵头成立山东省职业院校"三教"改革联盟；联合省内 68 家酒店业相关职业院校、行业协会、科研院所等成立山东现代酒店业职业教育集团和 4 个专业联盟；联合青岛市旅游局成立数字文旅协同创新中心、青岛市旅游智库、青岛市旅游大数据中心；投资 9000 万元建成烹饪综合实训大楼，投资 400 余万元与华住酒店集团合作升级数字酒店实训中心，投资 800 余万元建成数字文旅虚拟仿真实训中心。累计搭建高端职教发展平台 30 余个，实现专业建设与产业发展共建共赢共享，畅通了人才培养匹配供应链。成功获评科技部众创空间 1 个，国家协同创新中心 1 个，国家级生产型实训中心 3 个，国家级骨干专业 8 个，省级高水平专业群 4 个，特色（品牌）专业群 4 个，省级技艺技能传承创新平台 4 个。

四、全面创新国际交流合作形式，实现办学水平面向国际发展需要

"尊敬的青岛酒店管理职业技术学院李达书记，上次贵校选派的烹饪专业教师到我们学校课堂上展示了高超的烹饪技艺，对我们老师和学生产生了深刻影响，因为疫情无法到贵校学习，诚邀贵校通过线上展示的方式为我校开展一次烹饪技艺培训，诚挚地感谢。"印尼马塔纳大学校长傅兰基·杰明在邀请函中写道。近几年，该校积极畅通"一带一路"通道，擦亮国际交流合作金色名片，与20多个国家建立了友好的合作关系。推进"中文＋职业技能"项目，融入中国职业教育"走出去"，创新国际交流"互联网＋"模式，开展境外特色烹饪学院建设、中国烹饪专题项目培训等交流合作模式，与加拿大卡纳多学院、马来西亚亚洲国际旅游学院等联合成立海外中餐烹饪学院2个；与韩国慧田大学、加拿大魁北克旅游与酒店管理学院（ITHQ）共建中华烹饪海外推广中心2个。深化与澳大利亚南澳TAFE学院酒店管理专业中外合作办学项目，引入核心课程10门。对标澳大利亚AQSA教育质量认证体系、南澳技术与继续教育学院酒店管理专业专科文凭课程体系评估标准，建立酒店管理专业群课程标准和人才培养方案。荣获全国职业院校国际影响力50强。采取"文化＋烹饪＋语言"模式，接待法国、泰国、马来西亚等14个来华文化体验团组。建成烹饪汉语、饮食文化赏析与制作"中文＋技能"大学慕课2门，输出鲁菜制作等国际课程8门，招收"中国烹饪项目"学期制国际留学研修生43人，培训境外学生112人。荣获2020世界奥林匹克烹饪大赛等国际烹饪赛事奖项9项。

智慧景区开发与管理专业助力乡村振兴

浙江旅游职业学院　陈洁菡

一、案例简述

乡村振兴是智慧景区开发与管理专业办学的特色模块，智慧景区开发与管理专业依托乡村振兴模块课程、乡村振兴教学实践、乡村振兴比赛、乡村振兴实习实训等多个培育模块完成乡村旅游高质量技术人才的培养。与此同时，专业教师通过送教下乡、标准制定、横向课题实践等加强成果应用和转化。

二、[关键词]

课赛融合；产教融合；乡村振兴

三、主要做法

（一）始业教育，埋下致力于乡村建设的种子

智慧景区开发与管理专业积极引导学生投身乡村建设，在始业教育期间带领学生开展乡村企业的调研和参观，让学生能够更早地认识乡村、了解乡村，并且关注乡村未来的发展。邀请乡村企业导师和从事乡村旅游的优秀毕业生回到学校，为新生讲解乡村工作的使命和意义，在交流过程中加深对乡村的情感，为后续致力于乡村建设埋下种子。

（二）走进乡村，在乡村"土地上"学习成长

智慧景区开发与管理专业积极将乡村要素融入人才培养的方方面面。在课程标准制定过程中专门设定乡村振兴模块，开设乡村旅游开发与管理、乡村节庆活动策划与执行、乡村旅游接待与运营管理、乡村旅游品牌与营销推广等乡村创建和运营相关课程，为学生搭建科学的理论体系。在课程教学过

程中，实操类课程的案例多以乡村为对象，着眼于乡村需求和乡村发展进行探讨与思考，培养学生社会责任感与使命感，也为学生后续的思维延展打下基础。在课程实训和专业实践阶段，以合作项目为平台，选择山区26县等乡村展开实训，以真实案例展开训练，强化学生理论结合实践的能力。在假期，指导学生开展不同形式的实践活动，深入实践调研，收集和整理信息资料，并结合乡村特色和村民文化需求，对如何充分利用乡村文化资源、彰显乡村文化魅力、提升乡村旅游品质提出建议。在课程培养的最后，设置项目成果展，通过课程任务展陈总结课程的学习成果。

（三）工作室培养，形成乡村助力团队氛围

智慧景区开发与管理专业积极探索有效的乡村"师徒制"培养模式，成立乡村规划与设计工作室，每年招收8位致力于乡村建设的优秀人才，由4位具有丰富乡村实践经验的老师指导带领。工作室以项目制的形式展开日常的管理，依托工作室开展学生指导和社会实践，以工作室为抓手展开横向课题的实践、比赛项目的准备以及优秀实训人才的选拔等。工作室是展开乡村振兴人才培养重要的抓手，学生从中获得锻炼。与此同时，在郎富平院长的带领下专门成立了大师工作室——乡村运营管理工作室，为学生的实践提供了更为优质的平台。

（四）省级赛项，通过大赛检验学习成果

积极鼓励学生和老师参与各类以乡村为主题的省级、国家级技能竞赛，如浙江省乡村振兴创意大赛、"挑战杯"全国大学生课外学术科技作品竞赛、"两山杯"全国大学生乡村振兴创新创意创业大赛等。参与大赛可以检验教学成果，同时参赛的过程也是学习效果深化的过程。由工作室成员组成比赛骨干，组成一批具有实践经验的参赛团队，在备赛的过程中，学生通过问卷访谈能够对乡村文化有更为深刻的理解，通过现场勘察、资料收集、项目准备和项目汇报等环节进一步提升专业技能，也能更清楚地认识乡村提升所需要做的工作，为学生后续真正投入乡村振兴工作打下坚实基础。

（五）校企合作，让学生在岗位中历练

智慧景区开发与管理专业选择在乡村领域深耕多年的企业展开合作，邀请其参与人才培养方案的制订、课程标准的制定以及课程教学等日常工作，让乡村所需要的人才真正能够在学校中获得培养。同时邀请企业不定期为学生作企业讲座，让学生了解行业最前端的行业动态。选择一批优秀的实习生和毕业生进入乡村企业，为企业的长远发展注入新鲜活力。

（六）教师立项，助力乡村振兴成果转换

应进一步加大文旅实用紧缺型人才培养力度，全面助力乡村文化人才素养提升，加快推进文旅融合高质量发展，助力共同富裕示范区建设，积极鼓励教师展开送教下乡、乡村服务、标准助力等工作，加强乡村振兴成果的转换。

四、成果成效

经过专业努力，助力乡村振兴模块成果丰硕。在学生技能提升上，我院学子踊跃参加各类技能比赛，通过项目策划、线路策划、产品策划等促进乡村旅游发展，近两年先后斩获"浙江省乡村振兴创意大赛"金奖 3 次、银奖 1 次、铜奖 4 次；获得全国"两山杯"竞赛一等奖、二等奖和三等奖各 1 项。在校企合作方面，我院与浙江乡立方发展集团有限公司、卓创乡建集团有限公司等企业签订紧密的合作关系，邀请其加入专业人才培养、日常教学等工作的探讨中，为企业输送优质人才的同时也让我们日常的培养更能符合企业的人才需求。专业组建了乡村规划设计、乡村运营管理工作室，其中由郎富平带领的乡村运营工作室为名师工作室，多种类型的工作室建立为乡村人才的培养提供了更为广阔的实践平台。

产教融合视域下乡村文旅专业群建设的实践探索

湖州职业技术学院　朱　智　李国柱

专业群是高职院校产教融合的基本载体，产教融合是专业群治理的逻辑主线。国家层面有关产教融合的政策密集出台，着力打破教育系统和产业系统跨界融合的现实困境，从而构建职业教育和产业统筹融合发展格局，产教融合发展步入新阶段并呈现新的发展趋势。党的十九大报告提出"深化产教融合、校企合作"以来，党和国家对职业教育产教融合的重视达到了前所未有的高度。2022 年 5 月，国家修订的《中华人民共和国职业教育法》正式施行。新的职业教育法从法律层面定位了职业教育，阐明了职业教育的发展模式。特别强调了产教融合、校企合作是办好职业教育的关键。2023 年 6 月，国家发展改革委等部门印发《职业教育产教融合赋能提升行动实施方案（2023—2025 年）》提出"要打造产教融合新型载体，促进教育链、人才链与产业链、创新链的有机衔接，让人才培养精准匹配产业需求"。

《国务院关于印发国家职业教育改革实施方案的通知》中指出，到 2022 年启动实施中国特色高等职业学校和专业建设计划，建设一批引领改革、支撑发展、中国特色、世界水平的高等职业学校和骨干专业群。高职院校人才培养必须和当地产业、集群的结构、发展特征及人才需求耦合，以适应当今经济发展的要求和创新战略。

职业教育有很强的区域性，紧密关联区域产业布局，高水平职业教育产教融合必然是因地制宜，以区域内职业教育与行业产业的良好互动，形成教育和行业密切的协作机制，打造产教融合不同模式。因此，湖州职业技术学院乡村文旅专业群立足浙江、扎根湖州，深入开展产业研究，更好服务区域旅游产业发展，为乡村文旅产业发展出谋划策、培养高质量人才。

一、产教融合背景下的乡村文旅专业群人才培养体系建设思路

产教融合人才培养体系建设要立足于产业＋行业发展的需求，以校企合作、精准培养、高效落实、多方共赢为原则，形成"政府主导、校企协同教育、行业认定"的一体化人才培养机制。通过提升专业群建设水平，加大专业群人才培养实践力度，助力区域产业升级，提升专业（群）社会服务能力，让专业群在学校与企业对接过程中发挥黏合作用，使产教融合下的专业群人才培养获得良性的发展支持。

（一）专业群对接区域乡村文化旅游产业链

产业是经济社会发展的重要组成部分，高职教育深化产教融合，实现产业与教育的协同发展，离不开产业对专业群的基础支撑。因此，必须因产组群，科学建构与乡村旅游产业集群耦合匹配的专业群。

旅游业是浙江省八大万亿产业之一、湖州四大千亿产业之一。到 2025 年，浙江省将要率先基本建成现代化旅游经济强省，努力成为长三角休闲度假胜地、中国最佳旅游目的地、国际知名旅游目的地和未来旅游先行地。

湖州是中国美丽乡村发源地，是中国乡村旅游第一市，是乡村旅游驱动美丽中国建设的样本和标杆，乡村文化旅游产业在湖州旅游业占据核心地位。同时，湖州还是一座拥有 2300 多年历史、具有深厚文化底蕴的江南古城，有莫干山、南浔古镇、太湖溇港文化等众多自然和历史人文景观，是国家历史文化名城，是全国唯一文化和旅游公共服务融合综合性试点城市。2012 年，浙江省政府将湖州列为乡村旅游提升发展专项改革试点市。湖州全面加快乡村旅游转型升级，形成了景区村庄、乡村民宿、乡村酒店、主题庄园、休闲农庄、渔庄、果蔬采摘旅游基地等新业态，需要大量的乡村旅游服务与管理人才。莫干山入选"世界十大乡村旅游度假胜地"，是第一批中国特色小镇，"洋家乐"已成为全国高端民宿金名片，开创了乡村涉外旅游新局面，需要国际化乡村旅游人才。

作为乡村文化旅游产业的代表，浙江省旗舰型旅游企业太湖龙之梦、安

吉余村、莫干山"洋家乐"、南浔古镇等急需大量景区运营、民宿管家、研学旅行指导、涉外接待、文化创意、会展策划、乡村旅游景观设计等乡村旅游人才。因此，专业群以旅游管理专业为核心，以景区管理和酒店管理专业为骨干，以园艺技术专业为拓展的旅游管理专业群，立足湖州，对接浙江省、湖州市乡村文化旅游产业发展需求，培养具有国际视野的乡村文旅复合型人才。

（二）行企校三方共建"产学研用"一体化实践教学基地

行企校三方共建能够满足"产学研用"的专业群"共享、开放、孵化"性实践教学基地，集实习实训、创新创业、产品研发、产品销售、技术服务、师资培训、职业岗位培训等功能于一体，培养具有工匠精神的技能大师及高水平技术技能人才，以服务区域协同发展为示范，扩大辐射范围，融入长三角地区全域旅游发展。

（三）多元搭建文旅产教协同应用技术研发服务中心

以服务区域经济发展和专业群学生成长为宗旨，抓住浙江建设现代化旅游经济强省的发展机遇，对接湖州市打造世界级旅游度假目的地的人才需求，紧随旅游业发展态势，聚焦文旅融合产业发展的根本需求，贯彻"融合共享、共服共创"的建设理念，创建一个具备人才培养、文化传承、产品研发、技术服务于一体的应用技术研发服务平台。

二、乡村旅游专业群的基础构建

（一）实施"文旅融合、课证融通、项目贯通"的人才培养模式

文旅融合：针对专业群人才培养目标，在掌握高水平职业技术技能基础上，使学生学习茶文化与茶艺、饮食文化、湖州与江南文化、研学旅行策划与管理等课程，重点提升学生的文化素养和旅游产品的研发能力，从而实现文创赋能、技术赋值的乡村文旅复合型人才培养目标。

课证融通：实施"1+X"证书制度试点，与行业领军企业合作，构建与迪士尼、开元酒店集团等校企工匠证书认证体系；并将证书内容融入课程内容中，学生获取职业技能等级证书可以免修相关课程，实施课程学分和职业技能等级证书学分互认。

项目贯通：与太湖龙之梦乐园、国际金钥匙组织合作，分别成立龙之梦产业学院、国际金钥匙学院湖职分院同时依托旅游管理和酒店管理专业省级现代学徒制试点项目，在专业群内全面推行基于产业学院深度协同、校企高度融合的项目统领、全程学徒的专业群人才培养模式，更新人才培养方案，实现人才共育、实训共担、资源共享、文化共融，培养德技双馨的文旅英才。

（二）构建"基础共享、核心分立、方向特色、拓展互选"的专业群课程体系

基础共享：通过"五育融合"的通识课程 + 专业群公共基础课程构成，重点培养学生的通识认知、专业基础能力。

核心分立：主要由 4 个专业核心能力岗位群 4 个课程包 10 门核心课程组成，主要精准培养对应岗位群的核心技术技能。专业群内学生按照自身兴趣与发展，结合专业群教育大数据学情分析，选择不同的岗位群课程包学习，实现学分互认。在各岗位的核心能力课程中，融入与岗位相关的"1+X"职业技能等级证书考核、培训内容，以参加"1+X"职业技能等级证书考试进行课程考核。

方向特色：依托校内外合作资源，学生根据自身能力与发展目标、结合企业需求，分设乡村旅游与休闲、研学文化旅游、民宿度假、星级连锁酒店、涉外商务和涉外旅游等方向，彰显人才培养特色。

拓展互选：开设可供群内各专业交叉互选的素质拓展和专业拓展课程平台，在巩固专业知识与职业技能、提升职业素养的基础上，培养学生知识迁移与跨岗位的就业能力，拓宽就业口径，培养社会需要的复合型人才。

（三）开放共享的专业群在线课程

以共建、共享、共用、优质为目标，依据专业教学标准，以企业典型工作任务、工作过程和工作任务为载体，按照模块化课程的定位、目标、工作情境设计、考核方式、媒体资源等五大核心要素设计课程，通过产教融合、校企合作打造开放共享型在线课程。

（四）健全引培结合长效机制，建设结构化教学创新团队

通过与国内优质旅游企业深度合作，打造产教融合型旅游企业，构建

"精英双师"培养培训基地，面向湖州市开展紧随旅游业态变化和发展趋势的技术技能、项目策划、课程建设、实践教学等方面的培训。

通过派教师研修访学、企业挂职锻炼、对外培训等途径，培养带头人、骨干教师成为校级、省级名师。

三、产教融合背景下推进专业群建设的主要路径探索

（一）开放协同，构建校企协同育人命运共同体

1. 成立湖州旅游产业产教融合联盟

以区域产业为依托，联合湖州市文旅局、龙之梦、南浔古镇、裸心谷、安吉余村等龙头企业，中职院校，行业协会，成立湖州旅游产业产教融合联盟，推动"政校行企"四方联动，发掘合作潜力，提高合作层次，拓展参与空间，在人才培养、基地建设、科学研究、对外建设和成果转化等方面开展校企深度合作，促进资源共享，构建协同创新平台，健全协同创新体制机制。

2. 成立乡村旅游产业学院

立足湖州乡村旅游第一市、世界乡村旅游永久会址，着力紧密联系湖州乡村旅游产业发展，致力于培养高素质应用型乡村旅游人才，为湖州打造"湖光山色·度假之州"旅游目的地品牌，打响"在湖州看见美丽中国"品牌；提供人才支撑。探索构建"学校、文旅企业、政府"多元一体办学机制，瞄准湖州市促进共同富裕，打造"重要窗口"示范样本和先行省排头兵建设，以技能、以应用型人才为主体，把学院建设成特色鲜明、省内一流、国内具有一定影响力和多主体共建共管共享的，融人才培养、科学研究、技术创新、企业服务、学生创新创业等功能于一体的国际化的乡村旅游产业学院。

（二）德技双馨，校企打造高水平教学团队

发挥基层党支部的引领作用，邀请师德模范和专家定期组织开展"不忘初心、牢记使命、崇尚师德"专题讲座活动，提升教师"有理想、有操守、有知识、有爱心"的"四有"素养，为课程思政打下坚实基础。强化教师政治引领，营造教书育人、爱岗重德的浓厚氛围。落实教师道德操守标准，严格执行师德考核否决制。建立学校、教师、学生、家长和企业多方面参与的

师德监督体系，严查师德师风问题。

依托旅游类专业师资培养培训基地平台，与省内外知名高端企业合作，培育产教融合型企业，建成一套多元参与的教师评价考核体系。强化聘期考核，完善动态激励，构建兼职教师绩效考核标准体系，修订并完善绩效考核分配制度。

面向专业群开展专业认证、课程认证、课堂认证、实践技能水平认证、企业经历认证、技术服务认证，培养教师成为具备创新创业能力的"双创"导师。

（三）跨界协同，建设开放共享的专业群课程资源

1. 提升旅游管理专业群课程教学资源库建设质量

推动以中国特色学徒制、"课程思政"为目标的课堂教学改革，以校级教学资源库、省级教学资源库建设为抓手，完善资源挖掘、平台搭建、模块梳理、框架设计、课程建设等内容。

2. 完善"1+X"技能证书考证资源库建设内容

建成高级茶艺师考评员、全国导游资格证、研学旅行策划与管理证书、会展策划师证、金牌管家等资格证书的培训和实训资源库，开发与各项证书对应的专题培训包。

3. 打造湖州乡村旅游特色的创新创业课建设品牌

优化乡村旅游教学资源库建设，重点建设乡村旅游服务与管理、民宿经营与管理、乡村新媒体营销、乡村景区经营与管理等湖州乡村旅游特色的课程教学资源库，建成湖州乡村旅游创新创业案例库。

（四）联手名企，共建共享专业群实践教学基地

1. 高质量建设湖州职院智慧旅游实践基地

共商、共建、共享湖州职院智慧旅游实践基地（国家 AAA 级旅游景区）。完成实践基地内的包畹蓉京剧服饰艺术馆、聚贤阁茶艺与茶文化实训组群、智慧导游实训室、研学旅行实训室、旅行社仿真实训室、智慧旅游运营与管理综合实训室、智慧旅游仿真实训室、旅游新媒体营销实训室、酒店数字化运营实训室、咖啡调酒实训室、客房实训室建设，实现智慧旅游全覆盖和规范化运营，打造集课堂教学、技能竞赛、旅游产品开发及运营、企业实践、创新创业孵化和社会培训于一体的综合性实践基地。

2. 高层次教学——建立联动型校外实训示范基地

依托国内首家实验民宿——湖州职院"阡陌潞"民宿，成立湖州研学旅行研究中心、女大学生创业营。"阡陌潞"民宿是湖州职业技术学院与湖州吴兴交旅投集团在湖州八里店镇潞村古村落共同建设的乡旅产教融合发展平台，是全国领先的校企合作发展新模式、打造产教融合新样板的示范点。"阡陌潞"民宿目前已由酒店管理与数字化运营专业创新创业学生团队进行实体运营。项目毗邻世界乡村旅游大会永久会址，总体面积454平方米，依托校企资源，开展民宿营运及研究、茶艺与茶文化培训等项目，推动人才培养、社会培训、技术研发、文化传承等，实现教学做一体化。该项目将充分利用世界乡村旅游大会永久会址和江南水乡吴兴优美的乡村环境资源，构建高职教育与产业联动发展机制，共同打造具有吴兴特色的示范性产教融合发展平台、吴兴区乡村振兴样板示范的重要窗口。建立集民宿经营、研学旅行、茶艺与茶文化三个方向的教学——实践联动型校外实训基地。通过产教共融，实现教学与实践的无缝对接，形成可借鉴、可推广的校外示范基地建设制度和模式。

（五）建立与企业深度融合的长效机制，专业群紧随产业发展动态调整

深入推进与企业共同育人、共同培师、协调发展，坚持行企校三方共同建设专业标准、人才培养规格，三方共同开发课程及教学资源，行企名师与专业教师双向流动。

根据产业链延伸和产业转型升级的需要，适时调整群内专业结构，确保专业群建设与所对接产业链、岗位群发展相适应；制定群内专业协调发展机制，保持主体稳定，增强专业方向灵活性，提高专业群适应产业发展的能力，保证专业群建设和发展的活力。

四、乡村旅游专业群建设预期

（一）打造乡村文旅人才培养示范高地

根据湖州乡村文化旅游产业需求，探索出政校行企多方协同的专业群建设机制。联合旅游行政主管部门、旅游协会及龙之梦、安吉余村、莫干山、裸心谷等龙头企业，制定乡村旅游行业标准和人才培养标准，围绕"文旅融合、书证融通、项目贯通"的复合型文旅人才培养模式，成为乡村文旅人才培养的示范高地。

（二）建设乡村文旅产业发展的核心智库

整合专业群现有资源，建设龙之梦产业学院、乡村旅游大数据平台、长三角乡村研究中心等平台，建设一流科研创新服务团队，立足湖州，面向长三角行业企业，开展乡村旅游项目规划与评审、乡村文旅人才培训等社会服务，助力浙江加快实现"中国最佳旅游目的地、全国文化和旅游融合发展样板地"的发展目标。

（三）服务湖州，打造最具江南韵味的"文旅窗口"

依托长三角旅游职业教育联盟、"五个一"浙江省旅游产业产教融合联盟和浙江省旅游职业教育集团等职业教育平台，拓展或优化一批高质量的乡村旅游实践基地，培养一批具有国际视野的乡村文旅复合型人才，服务湖州乡村振兴，助力湖州打造最具江南韵味的"文旅窗口"。

（四）助力浙江省"全国文化和旅游融合发展样板地"建设

开展国际化人才培养，完成一批具有特色的国际交流与合作项目。扩展一个中外合作办学项目，加强与境外旅游院校进行交流合作，开发建设与国际接轨的职业标准认证体系。

参考文献

［1］王亚南，邵建东. 产教融合视域的高职院校专业群治理模式及路径［J］. 高等工程教育研究，2023（2）：140-145.

［2］王作鹏. 以产教融合为逻辑主线的高职专业群建设实施路径探析［J］. 教育与职业，2021（22）：91-96.

学术论文

强化文旅融合促进业态创新服务产业升级
——旅游大类目录和简介解析

浙江旅游职业学院　史庆滨　王昆欣　杜兰晓

[摘　要] 新版旅游大类目录和简介破解了职业教育滞后于快速发展的文旅产业的难题，促进了现代旅游体系、旅游新业态与职业教育逻辑的深切适配，体现了中高本一体设计和层次贯通、数字化升级改造等特色。目录和简介要通过组织系统学习、创新数字应用场景、完善实训实习环境、深化三教改革、促进纵向贯通横向融通等方式来切实做到落地实施，从而对接产业升级，推动旅游职业教育高质量发展，更好地服务国家发展战略。

[关键词] 职业教育；专业目录；专业简介；文旅融合；数字化升级

[基金项目] 国家社科基金艺术学重大项目"文化和旅游行业人才培养战略、路径与对策研究"子课题"文旅融合背景下职业教育产教融合的旅游人才培养路径与措施"（项目编号：19ZD26，主持人：王昆欣）；教育部第二批国家级职业教育教师教学创新团队课题研究项目"新时代职业院校智慧景区开发与管理专业领域团队教师教育教学改革创新与实践"（项目编号：ZH2021080201，主持人：王方）。

2021年3月，教育部印发《职业教育专业目录（2021年）》（以下简称目录）；同年9月，教育部发布新版《职业教育专业简介》（以下简称简介）。旅游大类目录和简介全面贯彻新发展理念，准确把握人才培养目标和方向，对推动旅游职业教育专业升级与数字化改造具有重要指引价值和意义。

一、旧版目录和简介已不能适应快速发展的文旅产业

（一）现代旅游体系不断创新，专业未进行创造性设置

我国旅游产业处于由观光游向休闲度假游过渡的阶段。在制度创新、科技创新和市场创新共同作用下，资本和市场双向发力，创造出了更多"旅游+""+旅游"的新业态[1]。旅游消费"去景区化、散客化、自组织化"特征愈加显著，旅游活动组织者从旅行社单一主体转向多元主体，高附加值旅游产品不断供给，旅游市场进入类型和层次细分时代，现代旅游体系已初步形成并不断创新。旅游职业教育应与时俱进，以目录和简介为指导建设专业，培养人才。旧版目录是以中职 2010 版、高职 2015 版专业目录为基础进行谨慎增补而成，简介中人才培养目标和能力要求仍以传统团队观光游为主，对新业态探索有限；对新职业、新岗位所涉知识技能体系解构不足，在专业设置方面过于保守，缺乏创造性和前瞻性，已不能适应现代旅游经济发展和产业变革需要。

（二）文旅融合局面已经形成，专业未融入文化性内涵

文化和旅游融合发展是从国家层面推动的关乎国家文化发展大计、旅游市场繁荣的战略性举措[2]，是加快构建旅游产业"以国内大循环为主体，国内国际双循环相互促进"新发展格局重要抓手，将催生大量业态创新、跨界融合、行业合作，形成发展新优势、新引擎、新动力，对进一步满足人民美好生活新期待和促进经济社会新发展有重大意义。旧版旅游大类目录和简介的形成限于历史阶段等原因，在文化素养融入旅游人才培养要求方面缺乏系统性，导致专业建设文化内涵融入不深不广，已不能满足现代旅游职业教育培养高素质人才的需要。

（三）数字旅游助推产业转型，专业未实现数字化升级

数字经济已成为我国加速发展、实现赶超的重要依托及关键要素。国内在线旅游伴随互联网的发展呈现爆炸增长态势，各类旅游资源和传统文化资源借助数字技术呈现出新的生机与活力，数字旅游深刻改变了游客的行为方式与体验感知，促进旅游产品供给和旅游消费模式的迭代升级。旅游业从信

息化、网络化到数字化、智慧化的变革要求从业人员的数字素养不断提高。但由于旧版旅游大类目录和简介在培养目标和能力要求等方面整体缺位，旅游职业教育教学中数字化元素呈现出散、乱、弱的现象，专业升级缺乏宏观指导与体系支撑。

二、目录和简介修（制）订与旅游职业教育逻辑体系的匹配度分析

（一）应彰显旅游职业教育类型特征

新修订的《职业教育法》以法律形式明确了职业教育是与普通教育具有同等重要地位的教育类型。职业教育的类型特征，是满足经济社会发展需要、满足不同类型学生发展需要、满足不同求学升学需要的复合型需求教育，关键在于要因材施教、深化产教融合。旅游大类目录和简介的修（制）订应对接旅游产业新形态，对接旅游行业新变化，对接旅游岗位新技能，考虑学生学习需求的多样性和复杂性，兼顾升学与就业需要，既有适应性广、适配岗位群的综合型专业，也应有针对性强适配具体岗位的专精型专业，以体现职业教育将创造物质财富的产业需求与培育人文精神的教育需求整合为一体的功能定位和社会价值[3]。

（二）应满足旅游职业教育层次贯通需要

《职业教育法》提出"不同层次职业教育有效贯通"，从法律层面为设置中高本贯通的专业目录提供了依据，确保了职业教育人才培养层次的全面性。在具体实践中，随着我国职教本科试点院校数量不断增加，尤其是鼓励应用型普通高校开设职业本科专业，中高职一体化（3+2 或 2+3 模式）、中本一体化（3+4 模式）、中高本一体化（3+2+2 模式）等教学改革不断推进，中高本不同层次职业教育衔接贯通的体系正逐步成型。旧版旅游大类目录和简介在体系结构方面，中高、高本、中高本均存在一定程度贯通不畅，如餐饮类专业没有职教本科专业，茶文化相关专业不在同一大类等。要解决这些问题，旅游大类应一体化设计，系统构建中高本各层次衔接、知识技能体系贯通的专业目录，并配套相应的简介，避免学生发展出现"断头路"情况。

（三）应适应旅游行业职业体系变化需要

旅游业受新技术、新经济影响，在复杂的经济社会形势下快速发展，不断涌现新业态、新职业、新岗位。职业教育是与国民经济发展最紧密的教育类型，应同步甚至适度超前地适应经济社会发展需要[4]。旅游大类目录按"专业大类对应产业、专业类对应行业、专业对应职业岗位群或技术领域"的基本原则，应构建起三层架构的专业体系，覆盖所有职业岗位。目录调整要合并内容趋同、培养目标重叠的专业，剥离非旅游核心业务的专业，增设符合新业态或核心要素内涵拓展的专业；简介修订应聚焦旅游核心要素发展需求，明确目标定位、能力要求、课程体系等，对新职业给予响应，体现一定前瞻性，支撑旅游职业教育培养对口适用且符合时代特色的高素质技能人才，满足旅游产业人力资源需求。

（四）应设置符合旅游职业教育语言体系的专业名称

《教育大辞典》指出，专业名称应能够准确体现出学生培养目标。职业教育的专业划分是显性的职业客观实际的科学描述[5]，其命名既要体现学生培养目标又要体现职业特征，既要科学规范又要便于理解。旅游是大众熟悉的产业，旅游职业教育专业命名应符合大众认知水平，要用语规范、表意清晰，让社会大众通过名称能够理解专业所涵盖的知识和技能，能够了解、认可、接受旅游职业教育人才培养目标，为旅游职业教育营造良好的发展环境。因而，在专业名称中应体现旅游产业发展内涵、文旅融合内涵、传统文化内涵、前沿技术内涵等，凸显人才培养目标特色。

三、旅游大类目录调整分析

（一）调整原则

旅游业作为现代服务业的重点领域，要适应生产性服务业向专业化、价值链高端延伸需要。旅游职业教育要能够提升人才培养的创新能力、综合服务能力和整体设计能力，能够探索新业态、适应新岗位、做好新产品、提升新服务。旅游大类专业目录设计要能适配且需适度超前引领行业发展，在旅游新业态人才知识体系和技能体系并不完善的情况下，打破固有的以成熟知识体系为支撑的专业建设模式，在明确大方向的前提下，提出新设想、设置新专业。综上所述，旅游大类专业目录修（制）订应遵循体系性、贯通性、文化性、规范性、前瞻性和数字赋能等原则。

（二）调整结果

根据教育部《中等职业学校专业目录（2010年）》《普通高等学校高等职业教育（专科）专业目录（2015年）》和历年增补专业，职业教育旅游大类专业目录在调整前共分旅游类、会展类和餐饮类3个专业类，有27个专业。其中中职11个专业，高职专科14个专业，高职本科2个专业。

结合旅游产业发展特点，依据相关修订原则，在专业类层面，将旅游类和会展类合并为旅游类，在专业层面，中职共调整4个专业，高职专科共调整9个专业、新增3个专业，高职本科共新增2个专业，基本调整情况如表1所示。

调整后，共分旅游类和餐饮类两个专业类，31个专业。其中中职9个专业，高职专科18个专业，高职本科4个专业。构建起了专业体系趋于完善、名称表述规范、中高本衔接实现贯通、文化内涵深度融入、数字化升级明显呈现的全新旅游大类目录。

表 1　新旧版旅游大类目录调整情况

教育层次	专业类	新专业名称	原专业名称	调整内容	依据原则
中职	旅游类	旅游服务与管理	旅游服务与管理 景区服务与管理	合并	体系性
			旅游外语	归属调整（调整到教育与体育大类）	体系性
	餐饮类	中餐烹饪	中餐烹饪与营养膳食	更名	规范性
高职专科	旅游类	旅行社经营与管理	旅行社经营管理	更名	规范性
		定制旅行管理与服务		新增	前瞻性
		酒店管理与数字化运营	酒店管理	更名	数字赋能
		民宿管理与运营		新增	前瞻性

续表

教育层次	专业类	新专业名称	原专业名称	调整内容	依据原则
高职专科	旅游类	葡萄酒文化与营销	葡萄酒营销与服务	更名	文化性
		茶艺与茶文化	茶艺与茶叶营销	归属调整、更名	体系性、文化性
		智慧景区开发与管理	景区开发与管理	更名	数字赋能
		智慧旅游技术应用		新增	前瞻性
		会展策划与管理	会展策划与管理	归属调整	体系性
	餐饮类	餐饮智能管理	餐饮管理	更名	数字赋能
		烹饪工艺与营养	烹调工艺与营养	更名	规范性
		西式烹饪工艺	西餐工艺	更名	规范性
高职本科	旅游类	旅游规划与设计		新增	贯通性
	餐饮类	烹饪与餐饮管理		新增	贯通性

四、旅游大类目录和简介修（制）订特色分析

（一）以调整名称拓展内涵，引领专业向纵深发展

传统专业建设惯性很强大，旅游大类目录若在现有框架体系内进行调整，不仅社会对专业内涵和外延变化的感知度很低，在职业院校内部认知不一致、创新突破不强烈的情况下，较难扭转传统思维，难以与文旅融合的产业发展需求高度匹配。新版目录和简介对专业名称进行了较大规模调整，简介全新修订。一是注重文化要素在旅游职业教育的融入。如"茶艺与茶叶营销"更名、"葡萄酒文化与营销"更名，将茶、酒两个专业的文化性用专业名称的形式固化，简介中提出茶酒"文化传承与创新、文化传播与推广"等能力，直观表明文化内涵在旅游经济领域的重要性。二是打破了学校对专业的固有认知，引导学校调整专业建设方向，实现了专业与产业发展匹配度更高、人才培养目标定位和能力要求表述更清晰、大众认可度更高的调整目标。三是扭转了专业发展的混乱状况，对固守传统思维、已不适应现代旅游经济发展的专业建设理念及时调整，引入新的发展渠道，避免市场需求与人才培养脱节。

（二）精准预判产业发展趋势，适度超前增设新专业

旅游市场发展和游客消费需求呈现新特征，旅游产业在个性化、数字化、休闲化方向的发展趋势明显，在高端化、定制化、私密化方向的发展势头已起，旅游职业教育针对性人才培养成为必然。新版旅游大类目录和简介进行了正面回应。针对旅游业对技术型人才需求与日俱增的状况，增设了"智慧旅游技术应用"专业，简介中的能力要求和课程体系具备既懂旅游又懂技术、强调技术应用弱化设计研发、注重新媒体内容开发与运营等特征；针对高端定制与特色服务的旅游新市场，新增了"定制旅行管理与服务"专业，简介中能力要求和课程体系具备个性化需求洞察、定制产品设计、数字化运营等特征；针对蓬勃发展的特色民宿经济，面向潜在旅游人力资源新兴市场，新增了"民宿管理与运营"专业，简介中的能力要求和课程体系具备民宿活动组织与项目策划、跨界融合等特征。2022 年 9 月，人力资源和社会保障部审定颁布了新修订的《中华人民共和国职业分类大典》，新增 158 个职业，其中旅游相关职业新增 7 个，涉及新兴旅游业态和岗位，这些新职业都在新版旅游大类目录中有专业与之对应，充分体现了本次调整的适度超前性。

（三）多维融入数字元素，强势推动专业数字化升级

旅游业与数字化具有天然适应性，旅游产业实践已全面融入数字化。旅游职业教育数字化改造力度仍显不足，旅游大类目录和简介修（制）订破解了这一难题，以专业更名和重塑目标能力、重构课程体系的形式强势推动职业教育数字化升级。在目录调整方面，将智能、智慧、数字化等名词有机融合到专业名称中，强势推动专业升级与数字化改造落地落实。如"酒店管理"是一个传统老牌专业，开设院校多、专业布点广、在校生多、影响力大，但在高职办学过程中越来越呈现出重面对面服务轻信息化管理、重人与人对接轻新技术应用等问题，为了适应酒店业智慧化展，将专业更名为"酒店管理与数字化运营"，在名称上直接体现数字化，使之与我国酒店业发展战略相一致；将"景区开发与管理"更名为"智慧景区开发与管理"，适应在线服务、数字化管理、智慧化规划开发需要，促进景区人才培养向着智慧、智能化建设与管理方向转变；将"餐饮管理"更名为"餐饮智能管理"，主动适应人工智能技术在餐饮领域广泛应用，满足餐饮行业升级的需要。在简介修订方面，全面重塑培养目标、专业能力，重构课程体系，融入数字化内容。深入剖析职业特征，解析专业知识结构、岗位技术技能中蕴含的数字化元素，在培养目标和能力要求中融入在线服务、数字营销、数字化运营等；合理创设新技术、新经济相关课程，如在专业基础课程中普遍增设了计算机信息服务、数字化应用等相关的通识类课程，在专业核心课程中增加了人工智能、大数据、5G技术应用相关的新技术专业课程，更深入地阐释了专业数字化升级内涵。

（四）突破职业发展瓶颈，针对行业设置高职本科专业

旅游大类高职本科专业的设置，实现了某些专业在学历层次上的提升，结束了职业教育的发展"断头路"。高职本科专业设置对应具体职业，简介中阐明要对相应产业业态、技术技能、管理手段进行教学，旨在培养知识全面深入、技术精湛娴熟、管理理念先进的高层次技能技术人才。本科专业的设置既突出了行业职业特性，又与中高职教育有机衔接，强调应用性与实践性，在保留原有"旅游管理""酒店管理"专业的基础上，一是新增"旅游规划与设计"专业，简介中要求具备促进区域旅游行业经济发展、协助策划文旅项目的能力，体现针对新技术、新业态变革在区域及景区建设方面的人才培养和产业支撑；二是新增"烹饪与餐饮管理"专业，简介中要求具备餐饮产品设计研发、中央厨房运营管理等能力，体现在共享餐饮、时尚餐饮、轻食餐饮等新业态出现的背景下，培养适应智慧餐饮，具备健康餐饮理念、熟悉餐饮经营、掌握烹饪技术的高层次复合型技术技能人才。

（五）坚持中高本一体化思维，明晰各层级培养目标

旅游大类专业目录调整，注重中高本知识技能体系与学历层级的衔接贯通，坚持一体化设计思维，进一步明确中高本各层级专业的定位。目录和简介明确中职教育定位为经验型技术技能培养和行业基础知识学习，侧重打牢进入行业领域的基础，体现一线的实操和动手能力；高职专科教育定位经验型技术技能和策略性技术技能并重培养，侧重知识、技术融会贯通与灵活运用能力养成；高职本科教育定位以策略型技术技能培养为主，融入管理学、经济学等知识，拓展创新与管理能力培养[6]。如，中职的导游服务专业注重游客服务的技能技巧，高职的导游专业融入旅游线路产品开发设计的相应技能，本科层次的旅游管理专业则在产品研发和行业管理方面进行拓展和深入，中高本衔接、知识技能体系贯通的设计思维清晰地体现了人才培养定位的逐层递进。

五、目录和简介高质量落地实施的建议

（一）加强系统学习，做好多维对接

新版旅游大类目录和简介高质量落地实施，首要任务是组织政校行企各职业教育相关单位和人员全面、系统学习，统一认识，将目录和简介落地实施与旅游职业教育、地方文旅经济发展、旅游企业经营综合考量。一是职业院校要面向学校和二级学院/系部领导、专业主任和专业带头人、专任教师三个层级，分别组织区域产业布局与专业布点、行业发展趋势与专业建设、职业岗位变化与人才培养等不同主题的专题学习；二是政府主管部门在旅游产业发展等相关主题学习中有机融入目录和简介调整总体思路、指导思想和目标任务等内容；三是行业企业在旅游业务和技术技能学习中，深度融入目录和简介中职业面向、能力要求、技能水平等人才培养规格内容。通过系统学习，推动政校、校企对接，知识技能与职业岗位对接，教师和企业员工对接，让目录与简介蕴含的新内涵、新思维、新技术等系统全面地融入旅游职业教育和文旅产业发展，实现智力、人力与资源、平台的相互支撑。

（二）创设数字场景，创新实训环境

数字化升级改造是新版目录和简介的一大特点，数字化落在课堂上是目录和简介全面实施和有效落地的重要立足点。学校要适度增加投入，创设职业教育数字应用场景，配套建设数字资源，促进从平行课堂到互动课堂再到融合课堂的转变[7]。一是建设虚拟仿真实训中心，构建旅游业态呈现、旅游场景再现、旅游活动展现、旅游业务复现、职业技能演练的现代信息技术支撑体系；二是建设线上教学平台，打造学生自主个性化学习、教师自动跟踪管理、学习成果多维评价的"互联网+"教学系统；三是建设数字教学素材，构建颗粒度小、表现生动、互动丰富的知识技能片段。创新实训教学，对接

真实职业场景或工作情境是简介对实习实训提出的新要求。学校和企业要深度合作，对应职业面向，通过引企入校、引岗入课堂等方式，创新实训环境。一是加强建设，对现有落后于旅游业态发展的实训室进行升级改造，建立新业态发展需要的实训室；二是完善管理，基于专业群实现实训室的共建共享，提高利用率；三是充分开放，供师生根据个人学习需要自主进行实训。

（三）注重竞赛载体，深化"三教"改革

教学比赛是目录和简介落地的重要载体。教师教学能力等比赛的评价体系从人才培养方案、课程标准到教学方法运用、教学效果展示再到教后反思，要求参赛教师必须深入解读专业、深入剖析目标定位、能力要求、课程体系、教学内容，融合岗课证，融会贯通简介中的全部内容，并转化到教学中。要通过大力推进学校、省级、国家级的微课制作、课堂教学等各级各类教学竞赛，全面开展教学研究，将目录和简介设计思想和内涵深入到每堂课、每位师生的心中。"三教"改革是目录和简介实施拓展到边的系统工程。教师是育人根本，教师改革是目录和简介落地的关键。要德技并重提升旅游职业教育教师文化和数字素养，依托职业教育教师培训基地提高教学设计、实施、评价和反思能力，依托企业实践基地和访问工程师制度提升"双师"素质，通过聘请行业名师、大国工匠进校园等方式，打造"双师型"教师团队。教材是育人纲要，教材改革是目录和简介职业面向、培养目标、能力要求、课证融通等内容落地的重点。要融入课程思政，按照生产实际和岗位需求构建内容体系，将新工艺、新技术、新规范和真实工作项目、典型生产案例纳入教学内容，创新活页式、工作手册式、数字化教材形式，开发凸显职教特色的类型教材。教法是育人手段，教法改革是目录和简介中知识素养、技术技能、实践操作固化在每个学生身上的重点。要以学生为中心推行"做中学""学中做"等项目化、任务驱动教学，融入信息技术开展线上线下混合教学，创新具有职教特色的教学模式。

（四）强化纵向贯通，推动横向融通。

一体化设计中职、高职专科、高职本科专业是新版专业目录的首创，为职业教育高质量发展奠定了基石。强化纵向贯通，一要做好适应区域经济与职业教育对应发展的中高本贯通的专业教学标准,制订无缝衔接的人才培养方案,划分清楚不同层次目标定位;二要做好不同层级紧密承继的课程标准,打造技术技能进阶链条,明确不同阶段教学内容;三要确定不同层次面向的业务领域和岗位(群),确定技能等级标准,做好证书和能力进阶计划。横向融通普职和校企是简介的应然之义,是职业教育适应性发展的重要基础。推动横向融通,一是要深入梳理中职、高职与接续专业中高职专科、普通本科和高职本科的关系,铺好学生学历提升畅通道路;二是理顺毕业证与职业技能等级证书、职业资格证书的关系,做到课程体系、教学内容对接证书标准,搭建学生书证相通、学分转换资历体系;三是厘清校企共建共享合作关系,通过引企入校、企业课堂等方式创新岗位实习模式,做好学生由学转岗的平稳过渡。

旅游大类目录和简介是旅游产业快速发展与职业教育适应性不断增强的结果。未来,要围绕不断变化和创新的旅游产业,以新版目录和简介为基础,在新业态逐步成熟的基础上,遵循职业教育专业目录"五年一修订,适时微调"的原则,合理增补诸如康养等相关新专业、修订相应简介,使旅游大类目录与简介始终与旅游产业发展、与市场人力资源需求相匹配,并能够做到适度超前。职业院校要联合政行企深入研究目录和简介内涵,推动专业升级和数字化改造,推进职业教育高质量发展,擘画职教美好新蓝图。

参考文献

[1] 戴斌.加快推进旅游业高质量发展 [N].光明日报,2022-01-30(5).

[2] 肖怀德.文旅融合,要有明确的战略意识 [N].中国文化报,2019-12-14(7).

[3] 姜大源.跨界、整合和重构:职业教育作为类型教育的三大特征 [J].中国职业技术教育,2019(7):9-12.

[4] 陈子季.编好用好新版职业教育专业目录服务"十四五"高质量发展 [J].中国职业技术教育,2021(7):5-8.

[5] 姜大源.职业教育学研究新论 [M].北京:教育科学出版社,2007.

〔6〕王春燕．我国职业教育中高本衔接现状分析与策略研究〔J〕．中国职业技术教育，2016（6）：24-26.

〔7〕袁振国．教育数字化转型：转什么，怎么转〔J〕．华东师范大学学报（教育科学版），2023（3）：1-11.

产教融合篇

典型案例

党建联盟搭平台　社会服务促教改

——智慧景区开发与管理专业助力平湖全域旅游蝶变跃升

浙江旅游职业学院　黄中黎

一、案例简述

平湖市文化和广电旅游体育局（以下简称平湖市文旅局）与智慧景区开发与管理专业（以下简称智慧景区专业）的合作缘起于 2019 年，我院师生助力平湖市成功创建浙江省 4A 级景区城。在前期合作的基础上，双方于 2020 年正式签订基层党建联盟合作协议，自此开展全方位的深入合作。根据学院人才培养需求以及平湖市文旅产业发展的实际需要，双方制定了多元化的合作项目，智慧景区专业师生在"红雁领、先锋行"党建品牌引领下，有效探索出了一条"校地合作共筑全域美丽大花园"的新路径，进一步丰富平湖多元休闲业态、完善配套公共服务、强化综合管理保障、加快产业融合发展，打响"金平湖美江南"文旅 IP，全方位系统化提升文化旅游功能与公共服务水平，为平湖旅游业实现高质量发展贡献了自己的力量。

二、[关键词]

党建联盟；产教融合；平湖；全域旅游

三、主要做法

（一）项目引领实现精准合作

智慧景区专业积极开展品牌创建，协助、指导平湖市创建浙江省全域旅游示范区、浙江省 5A 级景区城以及下辖镇（街道）创建省 4A 级景区镇；联合开展村庄提升，根据国家 A 级景区和浙江省万村景区化的相关要求，先后为龙萌村、徐家埭村等乡村旅游发展出谋划策，成功助力徐家埭村成功创建国家 3A 级旅游景区；与林埭镇棒球小镇合作开展青少年棒球比赛，探索农文旅体的融合发展之路；同时联合开展技能比赛，以平湖市文旅资源和特色文旅项目为基础，师生共组团队积极参与乡村振兴、旅游策划等各项比赛。双方以党建联盟搭建平台，以项目为引导实现精准合作，从而解决了校地合作中由于缺乏合作平台与实践路径所造成的合作不顺畅。合作双方能够直接从合作中获得收益，其积极性也得到了更好的保障。

（二）联合开展技能培训促进教学内容与行业深度融合

智慧景区专业联合平湖市文旅局开展技能培训，依托国家级教学资源库等平台为地方文旅行业从业者提供各类专业讲座和技能培训。培训内容由双方混编师资团队讨论确定，其成果直接反哺专业课程标准的修订，实现专业课程以培养学生职业能力为主线，从专业课程体系与职业岗位能力、工作任务与教学内容、专业课程标准与职业技能标准等三个层面推进专业课程内容与行业职业的深度融合，让学生在学习的过程中，实现由学生角色向"准职业人"角色的逐渐转变。

（三）联合组织学生暑期社会实践绣出平湖城乡新风貌

智慧景区专业联合平湖市文旅局开展暑期学生社会实践，通过组建师生队伍参与服务全省旅游业"微改造、精提升"行动，从景观优化与环境美化、活动策划与文创设计、公共服务与标准建设、讲解接待与线路设计等四个方面为平湖市提出问题清单及针对性改造提升方案。专业师生通过实际行动助力平湖打造"一山、一城、八小镇"，实施"八个一"精品打造工程（一封信、一座桥、一个球、一把琴、一方印、一盘棋、一家店、一条线），推动城、镇、村三位一体景区化工作，连续两年季度累计排名进入全省前 20 名。

四、成果成效

经过双方的共同努力，平湖市实现了从"局域美"到"全域美"的蝶变式发展。成功创建 1 个省级全域旅游示范区，1 个 4A 级景区城并升格为 5A 级景区城，1 个省级旅游风情小镇，1 个 3A 级旅游景区以及全域 4A 级景区镇（街道），成为全省唯一全域达到 4A 级景区镇（街道）的县级市。此外，校地合作的显著成效也体现在学生技能水平的提升上。依托合作的广阔平台，我院学子踊跃参加各类技能比赛，通过品牌策划、线路设计、文创设计等方式促进当地文旅资源的开发与利用，先后斩获"浙江省乡村振兴创意大赛"金奖和多个"全国大学生红色旅游创意策划大赛"华东赛区一等奖。旅游规划与设计学院教工党支部于 2022 年成功入选第三批"全国党建工作样板支部"培育创建名单，从而真正意义上实现校地双赢。

学术论文

高职旅游类专业政校企产教融合实践基地的
探索与实践

湖州职业技术学院　朱　智　张丽娜

[摘　要]校企合作是高等职业教育的灵魂，产教融合是校企合作的"升级版"，是高职教育的必要条件。文旅融合背景下，文旅新经济模式和多元化的旅游业态对行业人才需求也发生了变化，湖州职业技术学院旅游类专业创新性地与政企深度合作建设集民宿经营管理人才孵化、校外生产性实践教学、传统文化展示与培训于一体的乡村文旅人才产教融合实践基地，以期实现产业链、人才链、创新链的重组与蝶变。

[关键词]湖州；产教融合；职业教育；旅游类专业

[基金项目] 2022 年度浙江省中华职业教育科研项目"基于'1+X'证书的'课证训赛四融合'人才培养模式改革"（ZJCV2022B40）的研究成果之一。

《中华人民共和国职业教育法》第三条明确指出职业教育是与普通教育具有同等重要地位的教育类型，是国民教育体系和人力资源开发的重要组成部分，是培养多样化人才、传承技术技能、促进就业创业的重要途径。高职院校作为职业教育的主力军，肩负着为行业企业培养生产、服务和管理一线的高素质技术技能人才的使命。从最初的半工半读、工学交替到现在工学结合、校企合作都体现了高职院校的人才培养特色。2017 年 12 月，国务院办公厅发布的《关于深化产教融合的若干意见》明确指出高职院校要进一步深化产教融合，促进教育链、人才链与产业链、创新链的有机衔接，与企业、区域经济、行业形成协同育人的格局。湖州职业技术学院（以下简称湖州职院）旅游类专业（包含旅游管理、酒店管理与数字化运营、智慧景区开发与管理、园艺技术四个专业）从成立之初就践行工作结合、校企合作的人才培养路径，但是在文旅融合背景下，文旅新经济模式和多元化的旅游业态对文旅市场提出了更高的要求。"人"是发展的第一生产力，新模式、新经济、新职业对行业人才需求也发生了变化[1]。高职旅游类专业如何进一步深化产教融合，在深度产教融合中如何发挥企业重要主体作用，如何创新与企业、区域协同育人的合作机制与模式，培养符合区域经济发展需求，促进区域文旅产业发展的高素质技术技能人才至关重要。

一、产教融合内涵

产教融合的"产"是指产业，是专业分工基础相对稳定和独立的国民经济部门或行业，"教"是教育的意思。职业教育的产教融合就是职业院校与产业的深度合作，是职业院校为了提高人才培养质量与行业企业开展的深度合作，产教融合不同于一般的产业融合，不是让职业教育与其他产业融为一体，也不会产生新的产业[2]。产教融合是职业教育办学模式从校企合作办学思维创新变革的重大转变，校企合作思维认为职业教育办学模式改革是教育问题，在合作过程中存在着"校热企不热"的问题，出现此类问题归结为企业参与积极性不高，企业没有履行其社会责任，最后导致企业与学校的合作仅仅停留在"浅层次"的人力资源输送。产教融合思维的职业教育办学模式应该是职业院校积极参与到国民经济和产业的布局发展中，重视企业主体作用，与企业的各种生产要素进行组合，制定照顾参与各方利益的合作机制与契约，最终组成学校与行业企业、区域产业的命运共同体，实现七个对接：专业设置与区域产业布局对接、学校与行业企业对接、课程内容与职业标准对接、教学过程与生产过程对接、学历证书与职业资格证书对接、专业教师与行业企业专家对接、职业教育与社会服务对接。

二、产教融合的合作形式

许多高职院校从开始办学就明确了校企合作的人才培养模式，其中有一些院校在多年合作办学过程中积累了丰富经验，其实很多已经开始转向"深层次"的校企合作模式——产教融合，企业的参与度、主体性都发生了巨大转变与提升，形成了一大批具有代表性的典型合作案例，为区域经济与产业培养了一大批高素质技术技能人才，产教融合主要有以下几种模式。

（一）校中厂

校中厂就是学校提供场地、部分设备、劳动力等生产要素，企业将生产线、产品研发中心搬到校园中，企业给学校相关专业教师、学生提供产品研发或管理项目、顶岗实习等机会，专业将相关核心课程的内容、教学过程与企业的生产或服务过程充分融合，企业专家与专业教师共同参与学生的技术、管理指导。比如山东旅游职业学院百川花园酒店（四星级）初始投资完全来自学校，委托山东百川对外交流有限公司以企业法人的形式进行经营管理。合作过程中校企双方达成共识必须保证学校饭店系和烹饪系学生的实训任务，参与实训的学生在酒店餐饮、房务部门进行实习实训，学习酒水营销、厨房设备、菜品知识，熟悉总办、人事、文秘等工作岗位流程，其中要求在酒店、餐饮等管理岗位和技术岗位是企业员工，面向客人的一线服务人员全部是参与轮训的学生，同时酒店管理人员还要兼任学生实训的指导教师[3]。还有学校采取的合作模式是企业提供部分设备、租房与水电费用等，学校提供场地与相关设备，企业将其一个部门或者分部设置在院校内，专业派驻教师（分批次）、企业配备专职员工，专业学生分批次进行顶岗实习与日常课程实训，真实开展业务，例如河源职业技术学院与河源万绿湖旅行社共同建设的大学城营业部[4]。

（二）厂中校

厂中校就是学校为企业提供人力资源、技术开发等服务，专业根据合作企业的岗位需求集中统一安排学生在企业进行顶岗实习，不同专业的实习时间有所差异，一般实习时间是 3—6 个月，实习过程管理、技术指导与评价由校企双方共同完成，这种模式是最普遍的一种合作模式，学校与企业的合作仅限于某一段时间，但是随着国家对职业教育的重视及相关政策的引导和支持，很多高职院校创新了这种模式，形成了多阶段合作育人的长效合作机制。比如吉安职业技术学院与吉安木林森公司的合作，2015年与吉安木林森公司共建教学实践基地，开设订单班探索校企协同育人模式，2016年双方签订深度合作办学协议，进行现代学徒制办学改革试点，2020年双方在木林森高科技产业园内建成"混合所有制厂中校——木林森特色产业学院"，产业学院开设电子信息工程技术、机电一体化技术、数控技术、计算机应用技术、智能光电技术、大数据与会计、电子商务7个专业，聘用企业导师60余人，真正实现校门与厂门直接对接。校企双方经过长期磨合形成了一套合作办学的机制，比如在办学上采取二级产业学院层面上具有混合所有制特征的厂中校办学模式，不独立注册机构、不设独立法人，通过登记造册厘清产权。双方建立"理事会决策、院委会组织执行、监事会监督"的管理运行机制，实行理事会领导下的院长负责制。根据企业需求设置专业，校企合作招生，共同制订招生计划、共同加强招生宣传、共同开展教育教学。校企深度融合，平衡各方利益，办学效果良好，真正实现了厂中校[5]。

（三）产业学院

产业学院就是校企合作的"厂中校"深度融合后形成一个二级学院或者独立的高职办学机构。产业学院在专业设置、人才培养、技术培训、技术咨询和开发等方面具有明确的产业服务方向，为了达到这个目的，在办学过程中与该产业的龙头企业有着全方位、多层次、多功能产学深度合作关系[6]。产业学院的内涵包含三个主要特征：一是必须有明确的产业服务对象，并具有一定的产业集中度；二是综合性的功能定位，能够承担人才培养、社会培训与科技开发的功能；三是综合的实体组织，它是基于契约合作关系的学校、企业与政府或者协会等合作共建的实体组织，企业最好选择区域内的龙头企业，双方资源互补、利益共创、风险共担、联合技术创新与人才培养创新[7]。浙江经济职业技术学院充分依托浙江省物产集团公司强大的流通产业背景，进行了积极而有益的实践探索，初步显现出现代流通产业学院的办学属性，经过多年的深度合作实践最终成立了"浙江物产—浙经院物流产业学院"，并取得了丰硕的教学成果。其具体内涵是龙头引领、战略融合、机制保证、功能对接、人才共用、设施共享、信息互通[6]。

三、湖州职院旅游类专业产教融合实践基地探索

作为非省会的地方高职院校在校企合作过程中存在着行业龙头企业少、企业能提供的岗位有限、地方政府相关优惠政策与激励措施滞后等天然劣势，因此在校企合作的形式上要另辟蹊径。湖州职院旅游类专业根据所在区域的旅游产业发展情况，积极拓展与本土旅游企业南浔古镇、中南百草园、杭州HelloKitty乐园、湖州新国际旅行社等合作育人、合作就业、合作发展，创新与企业开展"项目班、订单班、学徒制班、创新创业班"等合作模式，为湖州旅游业培养了一大批专业人才[8]。但是随着文旅深度融合之后，旅游产业对高职院校旅游类人才的素质与能力要求更高，对于旅游学科的基础课程知识、旅游服务与管理技能，学生还需掌握创意营销、计算机网络技术、文学以及信息等方面的知识，具备熟练的旅游服务操作技能[9]。因此，湖州职院旅游类专业人才培养模式紧跟行业最新需求，适时更新与调整课程体系，深化与企业的产教融合，创新性地与湖州吴兴区八里店镇政府、湖州吴兴交通旅游投资发展集团有限公司在八里店镇潞村合作共同建设乡旅产教融合实践基地，希望通过旅游类专业与八里店镇潞村的乡村旅游产业深度融合，提升旅游类专业师生实践能力与创新创业能力。

（一）产教融合背景

近年来，湖州乡村旅游高质量发展，乡村旅游业态丰富多样，满足了后疫情时代人们对健康、乡村文化体验的旅游需求。据统计2023年"五一"小长假期间，湖州市A级景区、宾馆酒店、乡村旅游点和文博场馆累计接待游客424.37万人次，较2019年增长20.97%，较2022年增长187.32%。特别是乡村旅游市场的采摘体验、露营烧烤、文化研学等业态产品异常火爆。潞村坐落于湖州城南七千米的"世界丝绸之源"钱山漾遗址内，是世界乡村旅游小镇、世界乡村旅游大会永久会址所在地。目前潞村已经入驻柴房咖啡、博

雅庄园、悦柳酒店、桑博园、典籍里的中国陈列馆、书山有潞三联书店、刺绣工坊、丝路别院等文旅企业，形成了民宿、咖啡调饮、精品酒店、农业采摘、文化研学、水乡体验、农事体验、民俗文化、地方特色美食体验等多样化的旅游新业态，因而需要大量的乡村文旅人才。湖州职院旅游类专业与潞村内的悦柳酒店、典籍里的中国陈列馆、世界乡村旅游小镇等已经开展了校企合作，为下一步的政校企深度融合打下了基础。

（二）政校企合作模式

2021 年湖州职院与湖州吴兴交通旅游投资发展集团有限公司签订"湖州乡旅产教融合发展平台实训基地项目"校企合作协议，将位于吴兴区八里店镇潞村古村落改造一期 42、43 幢房产作为乡旅产教融合基地，由交旅投公司投资 500 万元，学校、企业与八里店政府共同参与整个基地的建设与设计，经过三方 2 年多的共同努力最终完成了乡旅产教融合基地的建设，建成后由湖州职院授权旅游管理学院管理与运营。乡旅产教融合基地——湖州职院阡陌潞实验民宿（以下简称实验民宿）的建成丰富了潞村乡村文旅业态，同时湖州职院旅游类专业将与交旅投公司投资建设的悦柳酒店、世界乡村旅游小镇客厅、典籍里的中国陈列馆等文旅企业以及潞村千年丝绸文化、民俗文化、水乡自然资源进行有效的对接和融合，形成一个政校企共同深度合作的乡村文旅人才实践与培训综合性产教融合共同体。

（三）产教融合的具体构想

1. 民宿经营管理与创新创业人才孵化基地

实验民宿目前具体由 42、43 幢两栋民居组成，共计 5 个房间（1 个标间、4 个大床房）。42 幢主要包含前台接待区、茶艺室、会客室、大床套房、户外休闲区。43 幢主要包含大床房 3 间、双床房 1 间、会议室 2 间、书房、家庭式厨房、后勤办公室、户外休闲区。民宿运营与管理主要通过教师指导的创新创业团队进行管理，创新创业团队由酒店管理、旅游管理等专业学生组成，团队注册真实公司进行对外经营，同时创新创业团队经营情况由指导教师与学院进行评价，不断更新参与民宿经营与管理的旅游类专业大二、大三学生，通过多轮的对外经营与管理培养具有实战经验的民宿管理与创新创业人才，将乡旅产教融合基地打造成民宿经营管理、创新创业人才的孵化基地。

2.校外生产性实践教学基地

实验民宿所在地八里店潞村历史悠久，是"世界丝绸之源"所在地，是典型的江南水乡古村，村内古桥、民居、祠堂等建筑保存良好，养蚕制丝、庙会等民俗活动依然延续。随着潞村所在区域成功创建世界乡村旅游小镇、3A 级景区村庄、省级特色小镇，村内已经建成酒店、民宿、餐饮、非遗民俗体验、文博场馆、农业休闲体验、水乡休闲、花海游览等旅游业态。旅游类专业中的智慧景区开发与管理专业将依托实验民宿所在地潞村开展专业认知实习，实地考察并开展智慧乡村景区建设、景区项目策划、场馆服务与管理等项目实践。旅游管理专业依托实验民宿会议室与户外休闲区、潞村文博场馆、世界乡村旅游学堂等开展研学旅行课程设计、乡村旅游实务、导游业务、导游讲解艺术与技巧等课程在内的校外专项研学活动设计与景区讲解实践活动，比如潞村景区讲解实训、典籍里的中国陈列馆讲解实训、潞村红会史馆讲解、桑蚕文化研学设计、八里粮仓农事体验研学设计等。酒店管理与数字化运营专业以实验民宿客房、前厅接待区、咖啡酒吧调饮区、二楼 VIP 包厢等实体经营场景作为民宿管理服务、咖啡服务、酒水服务、客房服务与管理、前厅服务与管理等专业课程的课内实践实训，为学生提供真实的入（退）住办理、管家服务、周边旅游信息咨询、客房清洁和查房、咖啡冲泡与拉花、调酒、其他饮品调制、新式饮品调制等经营服务项目，同时与悦柳酒店开展专业顶岗实习。园艺技术专业师生以民宿周边休闲区、潞村花海为实践场地，开展园林小品、植物配置、绿植管理、休闲农业体验、花境设计等实践项目，与专业课程庭院设计、苗木生产、乡村旅游与休闲农业等紧密衔接，通过实操项目提升课程教学效果。同时旅游类专业师生将组建志愿服务团队为潞村及相关文博场馆开展临时性讲解服务、茶艺展示等服务，不断提升学生的专业服务技能与文化素质。

3.传统文化展示与培训基地

职业教育法明确职业教育包括职业学校教育和职业培训，指出要建立健全"职业学校教育和职业培训并重"的现代职业教育体系。职业学校教育和职业培训之间的关系从原有的"并举"定位为"并重"，未来高职院校必须走"育训一体"的发展道路，助力我国技能型社会建设的需求。潞村历史悠久，丝绸文化、桑蚕文化、水乡民俗丰富多样，当前乡村旅游发展势头良好，旅游类专业将依托实验民宿与潞村优良的旅游业态，与八里店镇政府、潞村村委会、世界乡村旅游小镇共同合作，面向湖州市民及所有游客，组建"研学活动"项目师生团队，全年每月组织一次公益性传统文化、民俗研学活动或者技能培训（详见表1），通过线上线下的教学模式，传播与展示中国茶学、年俗、湖笔等传统文化，同时将现代调酒、咖啡、插花等技能培训融入其中，为潞村乡村旅游增加"文化内涵"，助力潞村乡村旅游与美丽乡村建设，最终提升旅游类专业师生的社会服务能力，发挥高职院校的社会培训服务功能。

表1 实验民宿年度"遇见传统文化"公益研学活动计划

系列	时间	研学活动名称	研学活动内容	师生团队
趣味年俗	1月	趣味年俗，共享"食光"	年俗知识、剪纸、趣味蒸花馍、茶点制作	旅游、酒店、景区、园艺、艺术等专业教师与学生，同时邀请本地非遗匠人、文化学者加入并组建团队
	2月	欢喜闹元宵，百变猜灯谜	制作手工灯笼、品尝"茶香汤圆"、猜灯谜	
	3月	食之不易，进餐有"礼"	食之礼、餐桌礼仪	
国学之美	4月	书以达意，画以载情	丝丝江南韵，笔笔湖州情	
	5月	"花"样幸福，为爱告白	献礼母亲节，亲子花艺时光	
	6月	"瓷"刻吾心，盘盘是爱	献礼父亲节，会表达爱的瓷盘画	
遇见非遗	7月	以手造物，以心传情	缠花、绒花等非遗手工制作	
	8月	体验桑蚕文化，感悟丝绸文明	桑蚕丝织造	
	9月	一支湖笔，何以生花	湖笔制作技艺	
茶话千年	10月	出圈跨界，国风新"调"	新中式调饮料，茶科技	
	11月	跨越千年，相约宋韵	宋代点茶、茶百戏、漏影春	
	12月	围炉煮茶，对话陆羽	唐代煎茶、对话陆羽、品读《茶经》	

四、结语

目前湖州职院"阡陌潞"实验民宿师生创新创业民宿公司已经注册入驻，旅游类专业依托民宿已经开展了"花"样幸福，为爱告白的插花艺术公益培训与研学活动，30多位游客通过线上报名并线下体验插花艺术，旅游管理学生茶艺师生团队、汉服社团队配合八里店镇政府、潞村的乡村文化旅游宣传等开展了多场次茶艺表演、汉服秀等活动助力潞村的乡村旅游，旅游类专业与八里店镇政府、交旅投集团共建的实验民宿，已初步展现了产教融合功能，未来各方将依据产教融合的具体构想进一步深化合作，探索与实践政校企实体化运营、协同发展、共生共长的产教联合共同体，实现产业链、人才链、创新链的重组与蝶变。

参考文献

［1］宋慧娟.文旅融合背景下旅游高职教育创新发展研究［J］.辽宁高职学报，2023，25（3）：18-21，45.

［2］陈年友，周常青，吴祝平.产教融合的内涵与实现途径［J］.中国高校科技，2014（8）：40-42.

［3］萧继虎，李新泰，于相龙.校内星级酒店实训基地的运行机制分析：以百川花园酒店为例［J］.职业技术教育，2014，35（26）：54-56.

［4］朱智，俞彤.高职旅游类专业校企合作模式研究：以河源职业技术学院为例［J］.南方职业教育学刊，2014，4（4）：62-65.

［5］吉安职业技术学院.我校职业教育改革创新案例入选全省2022年度教育改革创新十佳案例［EB/OL］.https：//mp.weixin.qq.com/s/RByS6z_hlTGCIXGaLIak1g.

［6］邵庆祥.具有中国特色的产业学院办学模式理论及实践研究［J］.职业技术教育，2009，30（4）：44-47.

［7］许文静.整体性视域下产业学院内部结构的治理逻辑研究［J］.中国职业技术教育，2018（29）：12-16.

［8］朱智，张丽娜，徐喆.高职旅游管理专业顶岗实习满意度实证研究［J］.湖州职业技术学院学报，2022，20（3）：47-50.

［9］曹炳政.文旅融合背景下高职旅游类人才培养模式创新研究［J］.北京经济管理职业学院学报，2019（3）：50-54.

共同富裕视角下旅游职业教育与乡村旅游耦合发展研究

浙江旅游职业学院　陈添珍　郎富平　袁子薇

[摘　要]旅游职业教育和乡村旅游作为推动共同富裕进程的两大重要抓手，彼此之间存在着同频共振、相互依存的协同耦合关系。政策制度引导和产业经济发展需要的外动力牵引以及价值导向一致、发展历程趋同、功能特性重合的内驱力推动构建起旅游职业教育与乡村旅游耦合的底层逻辑；乡村旅游为旅游职业教育提供动力基础、经济基础、平台基础和文化基础，旅游职业教育反过来为乡村旅游提供产业支撑、人才支撑、文化支撑、生态支撑和治理支撑的作用链条搭建起两者的互动机制。但在旅游职业教育与乡村旅游的发展过程中，已经出现旅游职业教育与乡村旅游产业在发展地位、发展理念、发展体制机制和区域协调程度方面不相匹配的风险，因此应从强化外部牵引力、强化旅游职业教育行业适应力和强化乡村地区吸引力等方面入手，实现旅游职业教育与乡村旅游的有机协调，扎实推进共同富裕。

[关键词]共同富裕；旅游职业教育；乡村旅游；耦合

共同富裕是中国特色社会主义的本质要求，是中国共产党自始至终秉持的根本价值取向。习近平总书记在党的二十大报告中明确指出，"丰富人民精神世界，实现全体人民共同富裕"是中国式现代化的本质要求，将"共同富裕"议题推向了新的历史高度。

共同富裕，要求的不仅是物质富裕，更强调精神富裕；要求的不仅是城市繁荣，更强调乡村振兴。其根本要义和内在要求就是要实现乡村振兴，实现乡村地区的政治、经济、社会、文化与生态等"五位一体"的协同发展。

而旅游职业教育和乡村旅游在推动共同富裕突破创新方面能够发挥显著又独特的功能优势，它们之间又存在极为紧密的内在关联。因此，厘清两者之间的关联逻辑，梳理两者之间的耦合机制，找准影响两者协调发展的关键因子，对于更快更好地促进乡村振兴、推动精神文明发展，最终实现共同富裕具有重要意义。

从已有研究来看，目前学术界已经广泛关注到职业教育与乡村振兴之间所存在的耦合关系，并对两者之间的互动逻辑、发展模型、实现路径等进行了较为丰富的理论与实证研究，取得了颇为丰硕的研究成果，研究体系与框架也不断完善[1-5]。整体而言，主要是着眼于职业教育与乡村振兴这两个相对宏观的领域，关注到旅游职业教育、乡村旅游等细分领域的研究依然偏少。因此，当前的研究成果对于旅游职业教育发展、乡村发展和共同富裕实现等现实问题的解决有一定的指导性，但却缺少针对性。随着乡村振兴战略的深入推进和实施，乡村旅游已成为推动乡村经济发展和产业转型升级的重要引擎或载体抓手，在共同富裕的集结号吹响之后，乡村旅游因其促进乡村政治、经济、社会、文化与生态等方面的综合发展效应显著，对共同富裕的支撑作用不断强化。而旅游职业教育作为与旅游产业发展最为密切的类型教育，对于提升乡村旅游产业发展质量，更好地发挥旅游产业尤其是乡村旅游在推动共同富裕进程中的独特作用具有重要意义。

基于此，本研究希望以系统耦合理论为指导，在共同富裕的发展背景下，聚焦于旅游职业教育与乡村旅游两大子系统，深层次地探讨两者之间的互动机理，对旅游职业教育和乡村旅游的耦合作用路径开展剖析，以期为旅游职业教育和乡村旅游的高质量发展提供理论指导。

一、旅游职业教育与乡村旅游的耦合逻辑

"耦合"原是一个科技名词，后被广泛应用于地理科学、经济学、管理学等其他领域，主要用于研究两个系统之间的影响和作用关系。基于系统理论，在探讨旅游职业教育和乡村旅游的互动协同机理时，可以将其分别看作一个系统，从整体考虑，分析系统之间及内部各个指标要素间的相互关系。对于

旅游职业教育和乡村旅游两大子系统而言，在外动力和内驱力的共同作用下，旅游职业教育和乡村旅游之间相辅相成、同频共振的协同关系促成了两系统耦合的必然，构建起两者耦合的底层逻辑基础。

（一）旅游职业教育与乡村旅游耦合的外动力

1. 政策制度驱动引导

2019 年，国务院印发的《国家职业教育改革实施方案》中明确指出高等职业教育要培养服务区域发展的高素质技术技能人才；2021 年，中共中央办公厅、国务院办公厅印发的《关于加快推进乡村人才振兴的意见》进一步提出要支持职业院校加强乡村文化旅游专业建设，对职业院校委以乡村旅游人才培养和长期培训的重任；2022 年，国务院印发的《"十四五"旅游业发展规划》强调要促进旅游职业教育高质量发展，健全适合乡村旅游等发展特征和需要的从业人员培养体系……无论是旅游职业教育还是乡村旅游的发展都依赖于国家政策的大力支持，而正是由于国家政策和相关制度的驱动引导，不断推动旅游职业教育和乡村旅游逐渐趋向于同步发展，耦合现象日趋明显。

2. 产业经济发展需要

根据文化和旅游部发布的系列推文《数说文旅这十年》的数据显示，国内旅游及相关产业增加值在 2014—2020 年从 27524 亿元增长到 40628 亿元，旅游业作为国民经济战略性支柱产业的地位更加巩固，旅游消费成为拉动产业经济增长的重要动力。其中，乡村旅游在我国旅游消费中发展速度极快，且发展潜力巨大，综合效益不断凸显，尤其是成为乡村振兴的有效抓手。而在乡村旅游飞速发展的过程中，专业人才的缺失成为制约其提质增效最大的瓶颈、短板与痛点。在产业经济高质量发展的现实需求下，旅游职业教育的重要性逐渐突显，旅游职业教育与乡村旅游发展协同共进成为影响乡村旅游高质量发展的关键因素。

（二）旅游职业教育与乡村旅游耦合的内驱力

1. 具有一致的价值导向

乡村旅游作为旅游产业的主要分支类型，能够产生巨大的经济效益，发挥广泛的乘数效应。但应强调的是，乡村旅游产业除经济属性外，更注重对乡村居民和旅游者思想水平和综合素质的提升，注重生态效益和社会效益的扩大与持续，兼顾了物质与文明双重发展。而旅游职业教育作为职业教育的重要细分类型，其主要任务除了满足旅游产业发展对人才的需求外，更重要的是秉承了人才思想品格培养的传统教育功能，注重培养人对各类事物（包括旅游活动）的领悟和认知能力，注重发挥教育育人、以文化人的重要作用，实现人才知识、技能与素质的全面提升。由此可以看出，旅游职业教育和乡村旅游在价值导向上具有高度的一致性，即在发展的过程中，更强调"人文精神"，注重"以人为本"，提倡"人的提升与发展"[6]。

2. 相伴相生的发展历程

我国旅游职业教育同旅游业发展同步，与旅游业相伴而生。国内学者在论述国内旅游职业教育缘起时，通常是追溯到上海旅游高等专科学校的建立，至今已经走过四十余年的历程[7-8]。可以说，旅游职业教育在发展之初，就是为旅游业发展"量身定制"的，其目的就是为旅游业培养和输送专业人才，从而快速有效地促进旅游业发展[9]。而国内旅游职业教育之所以能够发展壮大，主要缘起于改革开放后现代旅游业的崛起和快速发展，尤其是在以乡村旅游为代表的各类旅游业态蓬勃兴起后，旅游职业教育迎来了发展的黄金时期，旅游职业教育规模显著扩大，更是一度成为职业教育中增速最快的领域之一，向城市和乡村输送了一大批应用型专业旅游人才，为乡村旅游发展作出了重要的贡献。相伴相生、相辅相成的发展历程决定了两者同根同源的本质属性，都是经济产业发展的必然衍生。

3. 高度重合的功能特性

旅游职业教育和乡村旅游均在改善农村居民生活质量、提高农村居民综合素质、提升乡村治理水平、推动城乡统筹协调和共同富裕等方面发挥了重要作用，均是服务于"三农"事业的重要抓手。乡村旅游对于"三农"建设的显著作用已无须赘述，国内外学者都已达成共识，"绿水青山就是金山银山"就是典型例证。而旅游职业教育作为一种细分教育类型，在设立之初就是同时面向城乡人力群体，本身就携带有城乡融合协同的基因。此外，旅游职业教育具有培养旅游专业人才，助力乡村地区旅游脱贫，为城乡区域提供技术、文化和人才支撑的独特功能，能够通过专业育人和文化育人发挥协调城乡的积极作用，贡献旅游职教力量。高度重合的功能特性使旅游职业教育和乡村旅游通过不同的作用方式实现城乡一体化的赋能，也使两者必然走向协同发展的路径。

二、旅游职业教育与乡村旅游的耦合机制

旅游职业教育与乡村旅游之间存在既相互促进又彼此制约的复杂耦合关系。乡村旅游是旅游职业教育的根本动力和基础前提，旅游职业教育又为乡村旅游高质量发展提供了有力支撑和保障，两者的耦合机制如图1所示。

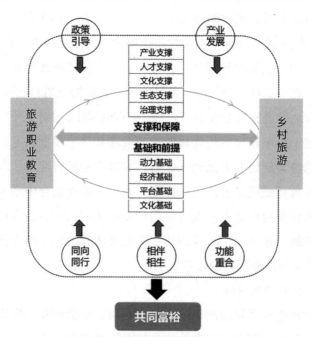

图1　旅游职业教育与乡村旅游耦合机制

（一）乡村旅游推动旅游职业教育发展

1. 乡村旅游为旅游职业教育提供动力基础

旅游职业教育是随着旅游业发展而出现的类型教育。通过乡村旅游发展，一是能够促进城乡统筹发展，保障社会和谐稳定，有利于为旅游职业教育发

展营造良好的氛围和软环境；二是能够极大地满足人们多样化的美好生活需求，从而吸引人们的注意力，调动人们的积极性和主动性，提升学习旅游相关从业技能的意愿，让更多人了解和参与旅游职业教育，实现从要素驱动到创新驱动的转换[10]。

2. 乡村旅游为旅游职业教育提供经济基础

经济基础决定上层建筑，而旅游职业教育正是属于上层建筑的范畴。旅游职业教育与旅游业紧密衔接，对于旅游产业资源的依赖性强，对于汲取产业资源的需求十分迫切，办学成本也相对较高。乡村旅游的发展可以不断提高旅游业的发展水平，提高产业经济收入，有利于社会物质财富的提升，能够为旅游职业教育办学营造良好的经济发展环境，奠定物质基础，尤其是有利于旅游职业教育专业人才以及新型职业农民在乡村旅游地区开展创新创业相关工作。

3. 乡村旅游为旅游职业教育提供平台基础

旅游职业教育的发展离不开旅游大环境和行业大平台，乡村旅游的发展能够有效激活旅游市场，为旅游职业教育提供良好的空间与学习载体，有利于孵化实力雄厚的旅游企业，进一步深化产教融合和校企合作，为旅游职业教育开展提供优质且充足的实训平台、实习平台、就业平台乃至创新创业平台，从而为旅游职业教育发展提供更为广阔的发展空间，创造更多的发展机遇，助力旅游职业教育的办学规模扩大和改革创新。

4. 乡村旅游为旅游职业教育提供文化基础

乡村旅游的本质属性之一是文化性。广阔的农村区域内传统的民风民俗与朴实的生活方式、丰富的乡村艺术、多元的民居建筑景观等共同形成了"乡土文化"的外在表征，都是吸引游客的主要动力，是乡村旅游赖以发展的"命脉"和"精髓"，也是乡村旅游传承和展示的重点。乡村旅游也就成为游客了解和感知农业文化、走近农业文明的重要媒介。正是乡村旅游的独特文化属性，能够使旅游职业教育在发展过程中充分汲取乡土文化营养，挖掘和彰显旅游职业教育的文化特色，为旅游职业教育发展创造良好的文化环境，培养和熏陶受教育者乡村文化认同和乡村文化自信，真正实现"以文塑旅、以旅彰文"。

（二）旅游职业教育为乡村旅游提供支撑保障

1. 旅游职业教育为乡村旅游提供产业支撑

乡村旅游产业的形成需要通过适度的组织化、标准化和技术化手段，将静态的资源要素转化为产品，进而发展为产业[6]。旅游职业教育是与旅游业经济联系最为紧密的类型教育，兼具教育性和经济性双重属性，恰好可以成为由资源向产业转换的绝佳"转换器"。旅游职业教育可以利用自身衔接院校、企业、受教育者、乡村居民、政府等多方资源的优势，借助乡村场域载体，结合其他产业或技术充分挖掘和整合乡村旅游资源，将其打造成为独有的乡村旅游品牌和产品体系；充分发挥乡村旅游资源的经济价值，将资源优势转化为经济优势，推动乡村旅游产业和其他相关产业的发展，助力乡村地区产业的转型升级。

2. 旅游职业教育为乡村旅游提供人才支撑

在当下乡村旅游发展过程中，培养一批爱乡村、懂旅游、会运营的专业人才队伍的重要性日益凸显，成为影响乡村旅游高质量发展的关键因素，而旅游职业教育的主要功能就是培养适合旅游业高质量发展的高素质技能型人才，作为培养旅游专业人才的主阵地，能够回应乡村旅游高质量发展的现实诉求。旅游职业教育对于乡村旅游的人才支撑主要体现在三个方面：一是能培养一大批愿意投身乡村且拥有专业知识、技术技能的毕业生；二是能为乡村居民提供课程、平台等继续教育支持，实现乡村本土居民人才化，壮大乡村旅游人才队伍；三是能够借助旅游职业教育的产教融合通道，引导一批能工巧匠和企业家等外部人才进入乡村，激发乡村人才活力。

3. 旅游职业教育为乡村旅游提供文化支撑

旅游职业教育作为职业教育的细分类型之一，本来就具有文化传承与弘扬的功能作用，是优秀文化传承和创新的重要路径。旅游职业教育对于乡村旅游的文化支撑作用同样体现在两方面。一是能够向受教育者传递优良的乡土文化，通过教育引导其了解和感受乡土文化魅力，从精神层面树立乡村文化自信，从价值层面提高文化素养，从发展层面自觉成为乡土文化的保护者、传播者和弘扬者。二是能够通过旅游职业教育引导受教育者和社会公众探索乡村文化的附加值，挖掘乡村文化，解码乡村文化，通过知识加工和技术技能运用，将无形的文化打造为有形的产品，进而发展为文化产业向外输送，能够从深层次建立可持续发展的乡村文化振兴链条[11]。

4. 旅游职业教育为乡村旅游提供生态支撑

生态文明建设是中国特色社会主义事业的重要组成部分，良好的生态环境也是乡村旅游发展的核心吸引力所在。生态文明建设要求公众具有良好的生态文明素养。任何一种文明形态都需要经过教化来塑造出相应的人格模式，从而获取文明发展的主体条件，因而生态文明素养的提升过程必须要依靠相应的文化教育体系，以完成教化和引导过程[12-13]。在旅游职业教育体系中，绿色生态的价值理念和可持续发展观一直都是向受教育者传递的核心价值观念之一，通过旅游职业教育不断强调尊重和保护自然的必要性和紧迫性，能够在受教育者心中培植"绿水青山就是金山银山"的生态情怀，强化天人合一、顺应自然的生态价值观念，促进受教育者和社会公众践行生态行为，不断提高生态文明素养，从而推动自然环境、乡村环境的优化，保障乡村旅游开展拥有优良的生态条件。

5. 旅游职业教育为乡村旅游提供治理支撑

乡村旅游以村民为主体，以乡村为场域，以稳定的乡村社会环境为保障，乡村旅游的发展质量与乡村治理水平密切相关。但我国乡村地区由于长期受到两大问题的困扰，即人才流失导致的乡村"空心化"问题和受教育程度偏低导致的能力式微问题，乡村居民很难真正发挥主体作用、实质性地参与乡村发展和基层管理。旅游职业教育对于乡村旅游发展的人才支撑作用在前文中已径论述，另外，旅游职业教育作为现代职业教育体系的重要组成部分，以培养高素质技能型旅游专业人才为己任，且由于旅游产业的丰富内涵与广阔外延，在对于受教育者的培养过程中往往涵盖管理学、社会学、经济学、政治学等多学科知识，可以有效提高受教育者的综合素质，帮助其掌握较为全面的专业技能，能够提升乡村人才对于乡村治理的参与意愿和参与能力，有利于激发乡村基层组织自我革新活力，构建良性互动的基层治理新格局。

三、旅游职业教育与乡村旅游耦合的现实困境

旅游职业教育与乡村旅游的同频共振需要建立在两个子系统发展步调一致、同步向前的基础之上，如某一个子系统未能跟进，就会造成两者的步伐错位，难以协力同行。根据我国乡村旅游与旅游职业教育的发展实际来看，旅游职业教育已经出现与乡村旅游产业不相匹配的迹象。

（一）所处地位不相匹配

旅游业被视为国民经济的战略性支柱产业，乡村旅游作为旅游经济的重要组成部分，对于经济发展的重要性不断增强，国内上下对于乡村旅游的关注度持续提升，乡村旅游发展势头正盛。但旅游职业教育实际发展水平却与乡村旅游产业在国民经济体系中的重要地位不相匹配。旅游业属于劳动密集型产业，行业人才缺口较大，但和人才、产业密切相关的旅游职业教育在整个教育体系中却不受青睐，社会公众依然存在"旅游行业属于低端服务行业""发展前景不乐观"等行业偏见，加上细分专业如乡村旅游类专业发展极为迟缓，由此导致了旅游职业教育的招生数量和质量均不容乐观，在职业教育中的专业话语权被不断削弱，在职业教育体系中被不断边缘化，难以引起社会的广泛重视[14]。

（二）发展理念不相匹配

一是多年在城乡二元结构的影响之下，当前旅游职业教育对于人才的培养更多地聚焦于城市，忽略了更广阔的乡村旅游发展需求。纵观目前各旅游类专业院校的人才培养方案和专业实践，鲜少涉及完整的乡村旅游发展内容，将乡村旅游模块内容作为学习和实践重点的院校更是少之又少，集中展示了乡土文化的技艺工艺、民俗风情等也并未整合到旅游职业教育过程中，乡村特色基本没有得到特别体现。二是旅游职业教育与乡村旅游的产教融合程度较浅，产教合作模式多是以校企合作为表征的"工学结合"或学生的暑期社会实践，但基本停留在表面，没有进行实质性合作或深度实践。在企业发展模式调整或行业新业态出现时，也没有及时调整人才培养方式，没有使人才培养符合乡村旅游发展实际[15]。因此，当前的旅游职业教育对于乡村旅游的

发展而言缺乏针对性和适应性，尚难以真正培养出适合乡村旅游高质量发展的高素质技术技能人才。

（三）发展体制机制不相匹配

旅游职业教育和乡村旅游的发展主体分别是学校和乡村，在各自的发展过程中已经建立起自有的完整体系机制，但是院校和乡村的体制机制是完全独立运行的不同体系，且均为被关照和扶持的对象，缺乏市场主体意识。因此，两者并没有进行共建和共享的意识、意愿或举措，乡村没有在旅游开发过程中没有统筹考虑旅游职业教育，旅游职业教育在人才培养过程中也没有将乡村旅游发展归入自身的教育责任之中，这就导致旅游职业教育和乡村旅游在融合协同的过程中极易面临信息畅通和渠道衔接等问题。从理想状态而言，校企合作搭建了乡村旅游与旅游职业教育互通共享的平台，但正如前文所言，当前的产教融合机制不健全，难以发挥较好的桥梁作用，乡村旅游和旅游职业教育各自的平台和资源都较为分散，缺少对接和融入，难以建立学校和乡村的发展共同体。

（四）区域协调程度不相匹配

一是城乡协调程度不适应。乡村旅游就是特指出现在乡村区域的旅游活动，因此其本质上就有促进城乡融合和一体化发展的效用，但旅游职业教育却出现了城乡二元结构明显的特征，乡村地区的旅游职业教育水平远远落后于城市，难以满足乡村地区的旅游发展需求。二是地区协调程度不适应。国内各区域的乡村旅游发展水平存在较大差异，而我国旅游职业院校的分布也出现了区域不均衡和水平不均衡现象，专业旅游职业院校数量总体较少，主要集中在大中型城市，如东部地区乡村旅游发展较快，旅游职业教育事业也相对发达，而西部地区旅游职业教育发展较慢。

四、旅游职业教育与乡村旅游耦合协调突破路径

共同富裕是人民物质富裕和精神富裕的双重统一，从根本上来说就是要解决发展不平衡和发展不充分的问题[10]。立足于共同富裕的价值目标追求，思考如何解决旅游职业教育和乡村旅游发展不平衡不充分的问题是当下的重

点突破方向。

（一）抓好顶层设计，强化外部牵引力

1. 制定和出台针对性更强的保障政策和指导意见

为引导社会公众充分关注并积极投身到旅游职业教育与乡村旅游领域，各级政府尤其是文化和旅游、教育、农业农村等行政管理部门应积极研究制定关于旅游职业教育的发展政策，进一步强调和明确旅游职业教育对于乡村旅游产业发展和转型升级的重要作用与目标任务，从区域布局、校企融合、行业衔接、教育体系构建等多方面给出发展和提升方向，并确立相关的保障措施，为提高旅游职业教育地位和受重视程度提供有力的政策保障。此外，还应着眼于制定和出台人才留乡、返乡、入乡的支持和保障政策，如在乡村探索实施人才落户、企业落户，在教育医疗等公共服务配套方面对留乡、返乡、入乡的人才或企业给予政策倾斜。

2. 构建多元主体协调的体制机制

一是要细化政府主体责任，强化政府部门在乡村旅游和旅游职业教育发展过程中的牵引作用，承担政府部门的统筹协调职责，为旅游职业教育和乡村旅游做好服务和保障工作，如完善支持旅游职业教育和乡村旅游发展的奖补机制，优化资源配置，逐步建立城乡政府协商性衔接机制。二是要发挥旅游职业教育的枢纽桥梁作用，通过教育资源倾斜等奖惩政策激励和引导旅游职业教育深入对接乡村旅游发展实际，吸引社会资本投入和参与旅游职业教育，增强旅游职业院校与乡村旅游企业开展深度合作的意愿和动力，强化旅游职业教育联结政府主体与乡村主体的中枢作用。三是要发挥乡村主体的主导作用。乡村对于旅游职业教育而言代表的是"行业"和"市场"，应该进一步强化乡村主导地位，探索破除乡村在自主创新发展过程中的体制壁垒，适度向乡村主体放权，依法赋予乡村主体综合管理权、统筹协调权以及关乎乡村发展的重大事项决策权、财政权和人事权，为实现优质旅游职业教育资源"有序下乡"提供体制保障。

（二）加快旅游职业教育创新变革，强化行业适应力

1. 转变办学理念，强化专业实践

一是要转换旅游职业教育侧重城市，忽视农村的办学理念偏差，应具有前瞻性思维，将推动乡村旅游发展作为旅游职业教育的重要使命之一，思考服务乡村旅游人才培养培训新需求，加强对于乡村地区文化和产业发展的关注程度和支持力度，通过设置"返乡就业率"或"校乡结对帮扶数"等量化指标，加大旅游职业教育院校与乡村地区的交流和协作，引导受教育者走进乡村、投身乡村、回馈乡村，为有志于投身乡村旅游的学生提供专有平台和渠道。二是要改善旅游职业教育重理论轻实践的现实局面，乡村地区为旅游职业教育提供了广阔且多元化的实践空间，应与乡村地区做好专业实践对接，与乡村或乡村旅游企业开展校企合作，鼓励师生扎根乡村，开展乡村旅游运营与管理实践，将知识与技能倾注于乡村大地，实现校乡合作育人、乡村实践育人。

2. 明确人才培养方向，强化办学特色

教育先行是促进社会进步和文明发展的必然要求，在人才培养定位上，旅游职业教育也应走在乡村旅游人才需求的前面，如此才能有效地为乡村旅游高质量发展提供支撑和保障[16]。旅游职业教育应当契合乡村旅游发展和产业结构调整的需求，培养面向乡村的创新型、技术型和复合型人才，同时敢于突破探索，培养乡村旅游运营人才、乡村旅游文创设计人才、乡村旅游服务人才、乡村旅游规划人才等，增强人才培养的适应性。此外，应借助与乡村旅游融合协调的契机，精准把握乡村旅游人才需求，充分汲取乡村文化营养，并贯彻运用于人才培养实践之中，从而强化院校办学特色，夯实办学基础，进而提高旅游职业教育的吸引力，为支撑乡村旅游提供更好的人才保障。

3. 坚持育训并举，完善职教体系

一是完善基于乡村旅游发展的旅游职业教育相关专业布局。如针对乡村旅游、低空旅游、露营旅游等新业态，设置乡村旅游服务与管理、乡村文化与传播、旅游装备制造、乡村营地设计与管理等专业细分方向或基于乡村旅游产业链和岗位群，以优势专业带动，向相近专业渐进拓展，设置旅游农学、

旅游林学、旅游哲学等相关专业方向[17]。二是积极扶持旅游中等职业教育发展，如加大经费投入，将地方政府或旅游主管部门对旅游中等职业教育的经费投入作为旅游产业发展成效的考核指标；发挥老牌旅游院校的辐射带动作用，通过中高职一体化发展和旅游职业教育命运共同体建设的方式拉动旅游中等职业教育发展。三是将职业技能培训作为重要办学内容之一，各类旅游院校应结合自身办学特色和培训特长，精准对接科技和产业创新发展需求，积极承担各类旅游技能培训项目，将"送教下乡"成效作为院校和教师考核的重要指标，积极探索学历教育与职业技能培训双向衔接的"双证融通"机制，探索推动职业技能培训与学历教育的学分转换体系。

（三）优化发展环境，提高乡村吸引力

1. 优化乡村居住环境

通过着力开展村容村貌整治，深入巩固"厕所革命"治理成效，营造良好的乡村风貌，打造美丽宜居的生活空间；通过加大交通、网络、卫生等基础设施投入力度，完善公共服务配套，改善乡村硬件条件，缩小与城市差距，减少返乡与留乡人才由于城乡巨大落差而产生的排斥和不适应；通过加大环境优化宣传和群众参与激励力度，引导群众参与居住环境的优化与维护管理工作，切实建立乡村居住环境优化的长效机制。

2. 优化乡村产业发展环境

通过加强乡村产业用地支持、乡村旅游财政支持、乡村发展金融支持等，释放乡村旅游发展活力，破解乡村旅游发展的系列瓶颈；通过搭建乡村人才创新创业平台，制定和出台政策优惠和措施保障，完善乡村人才评价与管理保障机制，吸引人才返乡留乡，投身于乡村旅游发展；通过加大乡村旅游发展成效的宣传力度，让更多人摆脱对于乡村地区落后的固有偏见，激发人才参与乡村建设与乡村旅游发展的热情[18]。

3. 优化乡村游览休憩环境

通过加强乡村生态系统治理，加大乡村河流、湖泊、湿地、森林等生态系统保护力度，积极推进乡村"绿色革命"，全面优化乡村生态环境；通过乡村风貌保护，保留乡村传统肌理与空间格局，留存原汁原味的乡村味道，充

分展示和弘扬乡土文化，彰显乡村地域特色；通过加大乡村旅游市场监管，整治乡村旅游发展乱象，加强乡村旅游从业人员培训，加大文明旅游宣传等方式，营造良好的乡村游览休憩氛围，持续优化乡村旅游环境。

参考文献

［1］胡茂波，谭君航.职业教育类型发展与乡村振兴耦合的逻辑、纽带与路径［J］.教育与职业，2022（1）：13-20.

［2］赵红霞，朱惠.高等职业教育与乡村振兴耦合协调及趋势预测研究［J］.教育发展研究，2022，42（19）：41-48.

［3］杨磊，朱德全.民族地区职业教育与乡村振兴耦合机制研究［J］.西南大学学报（社会科学版），2021，47（5）：141-149.

［4］霍登煌.职业教育高质量发展与乡村振兴的价值耦合和实践进路［J］.当代职业教育，2022（5）：64-71.

［5］霍登煌，张伟.职业教育高质量发展与乡村振兴同频共振的动力基础、互构逻辑和实现路径［J］.职业技术教育，2022，43（25）：53-59.

［6］林克松，王官燕，赵学斌.县域职业教育发展与乡村文化振兴的双螺旋耦合［J］.教育与职业，2020（16）：27-34.

［7］黄慧，王忠林.中国旅游职业教育70年：基于生命历程理论的观照［J］.中国职业技术教育，2019（33）：70-74.

［8］何剑波.旅游高等职业教育人才培养"非同质化"模式研究［J］.职教论坛，2014（8）：66-69.

［9］何华美.旅游职业教育对旅游业发展的影响和作用研究例谈［J］.中国校外教育，2014（1）：144.

［10］王丹霞，王兴.高质量发展职业教育推动共同富裕的内在逻辑、基本路径与突破方向［J］.职教论坛，2022，38（4）：13-20.

［11］祝成林，褚晓.职业教育服务乡村振兴的文献综述及研究展望［J］.教育与职业，2022（10）：5-11.

［12］范双喜，李凌，杨永杰.乡村振兴背景下职业教育生态价值及其实

现路径［J］.中国农业教育，2022，23（1）：10-16.

［13］李培超.论生态文明的核心价值及其实现模式［J］.当代世界与社会主义，2011（1）：51-54.

［14］周小芳，郭秋琪，王婧，等.旅游教育与学科未来——2021《旅游学刊》中国旅游研究年会第十六分论坛会议综述［J］.旅游学刊，2021，36（12）：157-161.

［15］李武玲，王莎莎.文旅融合背景下高职旅游教育人才培养革新探究［J］.山西财政税务专科学校学报，2021，23（1）：61-64.

［16］朱德全，彭洪莉.高等职业教育服务乡村高质量发展的技术逻辑［J］.高校教育管理，2022，16（5）：22-32.

［17］陈昱霖.面向新工业革命的旅游高等职业教育变革研究［J］.中国职业技术教育，2018（14）：61-66+71.

［18］陈明霞.职业教育助推乡村人才振兴的价值、问题与对策［J］.教育与职业，2022（1）：21-27.

研究报告

产教融合背景下高职教师协同育人意愿研究报告

浙江旅游职业学院　　殷晓晶

产教融合是指产业与教育深度融合，通过校企合作、工学结合等方式，将产业资源引入教育领域，实现产业与教育的互利共赢。随着经济社会的发展，产教融合已成为高职教育改革的重要方向，对于提高学生的实践能力和就业竞争力具有重要意义。因此产教融合是高职教育改革的重要方向，特别是 2019 年 1 月国务院办公厅印发的《国家职业教育改革实施方案》中，在明确深化职业教育改革的重大制度设计和政策举措的同时，进一步规划了职业教育改革的路线图，强化了产教融合、校企合作、校企协同育人的政策支持，以推动职业教育产教融合，培养具有创新能力和实践经验的高素质技术技能型人才。国务院办公厅发布的《关于深化产教融合的若干意见》也提出了一系列措施，旨在激发企业参与产教融合的积极性，构建校企合作长效机制，推动教育链、人才链与产业链、创新链的有机衔接。

但是回归现实中，却发现受教育与产业供需对接缺乏统筹、校企合作制度保障不够和刚性约束不足、资源融合缺乏统一协调等因素制约，无论是横向的广度还是纵向的深度，产教融合均有待进一步拓展和深化。一方面，产业需求尚未融入人才培养全过程，教育和产业统筹融合、良性互动的发展格局尚未形成。紧缺岗位专业设置不足、培养能力不够，教师参与"走出去"项目积极性不高，人才培养和产业需求仍然存在"两张皮"现象。另一方面，产教融合契合度不足，协调机制不完善。产教融合、校企合作监督机制、激励机制、评价机制尚不完善，一定程度影响了企业参与职业教育的主动性。

校企"一头热一头冷"现象仍然存在，校企合作处于浅层次、自发式状态，深度战略合作较少。

一、高职教师协同育人意愿的重要性

高职教师是产教融合的中坚力量，是各类制度的执行者。其协同育人意愿是指教师在教育教学过程中，愿意与企业、行业合作，共同参与人才培养的意愿，是产学合作协同育人的根本。高职教师的协同育人意愿对于提高教育质量、促进人才培养具有重要意义，主要体现在以下几个方面：

（1）提高人才培养质量：通过产教融合，将企业、行业的资源引入教育领域，有助于提高学生的实践能力和就业竞争力，从而提高人才培养质量。

（2）促进校企合作：教师的协同育人意愿有助于推动校企合作，实现产业与教育的互利共赢。

（3）提升教师能力：通过与企业、行业的合作，教师可以了解行业发展的最新动态和市场需求，从而提升自身的教学水平和专业能力。

因此要实现高职教育产教融合，必须充分发挥教师的作用，除了常规的教学任务，还要充当一种桥梁，将所学的理论与实践相结合，才能够掌握多元化的潜在行业前景，高职教师作为产教融合的关键参与者，他们的意愿和参与度直接影响到协同育人模式的有效实施。

二、高职教师协同育人意愿调查

（一）问卷总体设计

本研究旨在探讨高职教师协同育人意愿的现状及影响因素，采用问卷调查法，第一部分内容是基本信息项，主要包括性别、学历、学科背景、职称、任教年限等及在教学创新团队中的角色；第二部分内容为问题项，根据六个维度设计问卷内容，分别为协同育人的基本条件、协同育人的意识、产教融合与协同育人的体验、学校支持与发展、企业角色与支持、教师教学团队绩效共83题，采用李克特量表（Likert scale）的5等级数据来进行量化衡量。

（二）数据采集分析

本研究的问卷调研面向全国高职院校教师，主要发放对象为国家级职业教育教师教学创新团队文体旅游（二）协作共同体单位院校、智慧景区开发与管理专业教学资源库联建单位院校及其他高校的教师。调查全部在网上进行，通过问卷星等形式发布，历经 2 个月共收回答卷 712 份。对于问卷数据运用 SPSS21 进行统计学分析，从分析结果看，信度系数为 0.975，设计的问卷信度可靠。

1. 参与调查的教师的基本情况

根据问卷显示（见表 1），参与调查的教师中 57.6% 为男性，42.4% 为女性；12.8% 为博士学历，46.5% 为硕士学历，40.4% 为学士学历；8.8% 工作 3 年以内，16.3% 工作 3—5 年，36.1% 工作 6—10 年，21.8% 工作 11—20 年，17% 工作 20 年以上；14.6% 正高职称，22.5% 副高职称，41% 中级职称，17.1% 初级职称，4.8% 未评级；专业领域占比排前 3 的分别是旅游大类 23%、能源动力与材料大类 16%、土木建筑大类 9.8%；3.5% 为国家级创新团队负责人，20.8% 为省级创新团队负责人，30.9% 为校级创新团队负责人。

表 1　调查教师个人情况

统计变量		频率	百分比 /%	统计变量		频率	百分比 /%
性别	男	410	57.6	专业领域	农林牧渔大类	17	2.4
	女	302	42.4		资源环境与安全大类	68	9.6
	合计	712	100		能源动力与材料大类	114	16
学历	博士	91	12.8		土木建筑大类	70	9.8
	硕士	331	46.5		水利大类	18	2.5
	学士	288	40.4		装备制造大类	23	3.2
	其他	2	0.3		生物与化工大类	35	4.9
	合计	712	100		轻工纺织大类	14	2

续表

统计变量		频率	百分比 /%	统计变量	频率	百分比 /%
专业技术职务	正高	104	14.6	食品药品与粮食大类	15	2.1
	副高	160	22.5	交通运输大类	22	3.1
	中级	292	41	电子与信息大类	50	7
	初级	122	17.1	医药卫生大类	6	0.8
	未评级	34	4.8	财经商贸大类	43	6
	合计	712	100	旅游大类	164	23
工作年限	3 年以内	63	8.8	文化艺术大类	12	1.7
	3—5 年	116	16.3	新闻传播大类	5	0.7
	6—10 年	257	36.1	教育与体育大类	26	3.7
	11—20 年	155	21.8	公安与司法大类	2	0.3
	20 年以上	121	17	公共管理与服务大类	8	1.1
	合计	712	100	合计	712	100

注：专业领域为"专业技术职务"与"工作年限"两列之间合并单元格。

2. 教师基本情况与各维度相关分析

对数据从六个维度进行分析，5 分为非常认同，1 分为非常不认同，从各维度的均值来看（见图 1），高职教师总体呈现出积极的态势，认同分数均在 4 分以上，其中协同育人的意识得分最高，为 4.35 分，说明教师本人对于产教融合的认识程度较高，尤其是对于深化产教融合的紧迫性高达 4.43 分，是所有问题中得分最高的，在党的二十大报告中也明确了新时代职业教育的发展方向——职普融通、产教融合、科教融合，因此教师们对于产教融合的重要性、紧迫性，以及对学生、教师、教学、科研、产业、学校的发展都表示出了高度认同。其余几个维度的平均分无明显差别，说明教师在这 5 个维度里都持有一定的意见和看法。

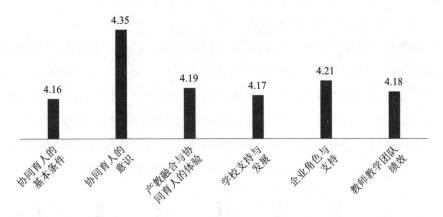

图 1 六维度均值

（1）六维度与性别的相关分析

根据图 2 显示，男性和女性教师在产教融合过程中还是存在明显差异，除了在个人意识领域基本持平，甚至女性略微高于男性之外，其他维度男性教师均明显高于女性教师，尤其在基本条件和学校支持维度两方面差异较大，一部分可能是存在不同性别对问题的认知差异，但是也侧面反映了男性教师不论在课题、项目、挂职、培训等方面比女性教师拥有更多机会，而女性教师则认为学校在支持和发展产教融合方面的力度还不足。

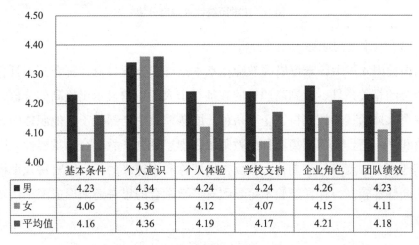

	基本条件	个人意识	个人体验	学校支持	企业角色	团队绩效
男	4.23	4.34	4.24	4.24	4.26	4.23
女	4.06	4.36	4.12	4.07	4.15	4.11
平均值	4.16	4.36	4.19	4.17	4.21	4.18

图 2 按性别统计六维度分值

（2）六维度与学历的相关分析

根据图 3 显示，学历背景高低对不同维度的认同度不存在对应关系，具有博士学历的教师产教融合的基本条件却是最低，硕士学历的教师在个人体验、学校支持、企业角色和团队绩效中均认同度较低，反而是学士学历的教师在各方面都表现得十分平均，因此也可以反映出学历越高的教师在产教融合方面的条件、经验没有学历一般的教师多，而且学历越高对产教融合中学校的支持与发展、企业的角色与支持、教学团队绩效往往有更高的要求。

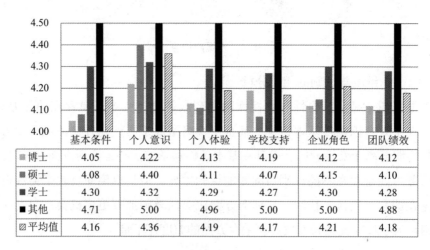

	基本条件	个人意识	个人体验	学校支持	企业角色	团队绩效
▦ 博士	4.05	4.22	4.13	4.19	4.12	4.12
■ 硕士	4.08	4.40	4.11	4.07	4.15	4.10
■ 学士	4.30	4.32	4.29	4.27	4.30	4.28
■ 其他	4.71	5.00	4.96	5.00	5.00	4.88
▨ 平均值	4.16	4.36	4.19	4.17	4.21	4.18

图 3　按学历统计六维度分值

（3）六维度与职称的相关分析

根据图 4 显示，未评级的教师在基本条件中分值最低，符合其不具备产教融合的相关条件，而副高职称的教师在个人意识中显示出极高的分值，但是在个人体验、学校支持、企业角色、团队绩效中全部低于其他职称的教师分值和平均值，说明副高职称的教师最强烈感受到产教融合的重要性，因此对其他几个维度有较高期待，相反初级职称和未评级的教师则对这几个维度的认同感都较高，存在经验不足导致对产教融合的思考还未形成深刻认知的可能性。

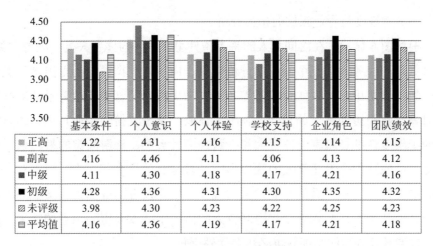

	基本条件	个人意识	个人体验	学校支持	企业角色	团队绩效
■ 正高	4.22	4.31	4.16	4.15	4.14	4.15
■ 副高	4.16	4.46	4.11	4.06	4.13	4.12
■ 中级	4.11	4.30	4.18	4.17	4.21	4.16
■ 初级	4.28	4.36	4.31	4.30	4.35	4.32
▨ 未评级	3.98	4.30	4.23	4.22	4.25	4.23
▢ 平均值	4.16	4.36	4.19	4.17	4.21	4.18

图 4　按职称统计六维度分值

（4）六维度与工作年限的相关分析

根据图 5 显示，教师工作年限的时间长短与职称高低对六维度的认知有相似的一致性，工作 3 年以内的教师在基本条件中分值最低，往往这类也是未评级的教师，而工作 11 年以上的教师则表现出高度的个人意识，但是在个人体验、学校支持、企业角色、团队绩效中工作年限越长认同感越低，此类教师一般都具有副高及以上职称。

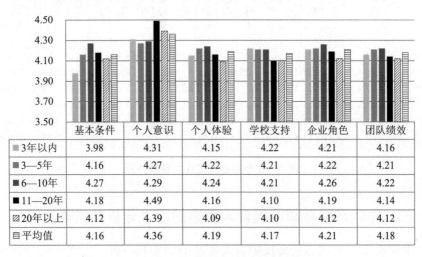

	基本条件	个人意识	个人体验	学校支持	企业角色	团队绩效
■ 3年以内	3.98	4.31	4.15	4.22	4.21	4.16
■ 3—5年	4.16	4.27	4.22	4.21	4.22	4.21
■ 6—10年	4.27	4.29	4.24	4.21	4.26	4.22
■ 11—20年	4.18	4.49	4.16	4.10	4.19	4.14
▨ 20年以上	4.12	4.39	4.09	4.10	4.12	4.12
▢ 平均值	4.16	4.36	4.19	4.17	4.21	4.18

图 5　按工作年限统计六维度分值

（5）六维度与专业领域的相关分析

根据图6显示，在协同育人的基本条件里，教育与体育大类、旅游大类、公共管理与服务大类三个专业的分值较低，由统计数据可分析得出理工类专业的教师满足更多产教融合的基本条件，文史类、经管类专业背景的老师则相对缺乏参与协同育人的机会，在个人体验、学校支持、企业角色、团队绩效四个维度，都是教育与体育大类、财经商贸大类、旅游大类的教师认同度最低，说明这三个专业领域的院校由于产教融合的机会相对少，所以对产教融合的支持力度小于其他专业领域的院校，校企没有形成真正意义上的深度融合，因此个人在产教融合与协同育人的体验中并没有得到满意的结果，此类院校的教师创新团队绩效也必然会受到影响。

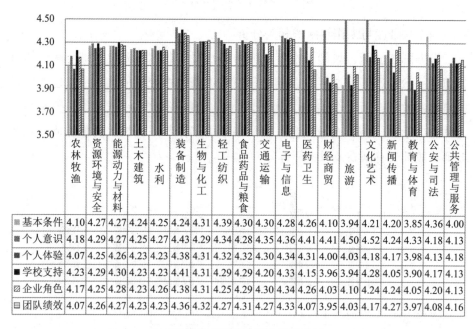

	农林牧渔	资源环境与安全	能源动力与材料	土木建筑	水利	装备制造	生物与化工	轻工纺织	食品药品与粮食	交通运输	电子与信息	医药卫生	财经商贸	旅游	文化艺术	新闻传播	教育与体育	公安与司法	公共管理与服务
基本条件	4.10	4.27	4.27	4.24	4.25	4.24	4.31	4.39	4.30	4.30	4.28	4.26	4.10	3.94	4.21	4.20	3.85	4.36	4.00
个人意识	4.18	4.29	4.27	4.25	4.27	4.43	4.29	4.34	4.28	4.35	4.36	4.41	4.41	4.50	4.52	4.24	4.33	4.18	4.13
个人体验	4.07	4.25	4.26	4.23	4.23	4.38	4.31	4.32	4.32	4.30	4.34	4.31	4.00	4.03	4.18	4.17	3.98	4.13	4.18
学校支持	4.23	4.29	4.30	4.23	4.23	4.41	4.24	4.29	4.29	4.33	4.33	4.15	3.96	3.94	4.28	4.05	3.90	4.17	4.13
企业角色	4.17	4.25	4.28	4.24	4.26	4.38	4.31	4.25	4.29	4.30	4.34	4.26	4.03	4.10	4.24	4.05	4.20	4.13	4.13
团队绩效	4.07	4.26	4.27	4.23	4.23	4.36	4.32	4.27	4.31	4.27	4.33	4.07	3.95	4.03	4.17	4.27	3.97	4.08	4.16

图6　按专业领域统计六维度分值

三、影响高职教师协同育人意愿的因素分析和策略建议

本研究通过对高职教师协同育人意愿的调查和分析，发现大部分教师表

现出积极的协同育人意愿。影响高职教师协同育人意愿的因素主要包括外部支持因素和内生动力因素。外部支持因素主要包括学校和企业两个层面，学校层面有学校的政策支持、激励机制以及校企合作氛围等。企业层面有市场需求、政策环境以及校企合作的机会等。内生动力因素主要指教师个人因素，包括教师参与产学合作的基本条件、个人兴趣、职业规划、专业背景、个人意识和合作体验等。外部支持、内生动力与创新团队的绩效三者之间又存在密不可分的关系。

（一）外部支持因素

（1）政策支持与激励机制：政府和学校层面的政策导向、激励措施和资源投入，如专项资金支持、职称评定倾斜等，对教师参与协同育人有显著影响。

（2）学校文化与氛围：学校对协同育人的重视程度、校园文化和氛围，以及学校内部的协同育人机制，都会影响教师的参与意愿。

（3）产教融合程度：产教融合的深度和广度，以及校企合作的紧密程度，为教师提供了实践平台和资源，有助于提高教师的协同育人意愿。

（4）社会认可度：社会对职业教育和协同育人的认可程度，以及对教师职业的尊重，也会影响教师的积极性。

（二）内生动力因素

（1）教师个人素质：教师的专业素养、教育理念、教学能力和对协同育人的认识水平直接影响其参与协同育人的意愿。

（2）职业认同感：教师对自身职业的认同感和对教育事业的投入程度，以及对协同育人价值的认同，会激发其参与的积极性。

（3）个人发展需求：教师个人职业发展的需求，如职称晋升、专业成长等，可能会促使其参与协同育人活动以提升自身能力。

（4）团队协作精神：教师之间的团队协作精神和合作意识，以及对团队目标的认同，也是影响其协同育人意愿的重要因素。

（三）对策建议

为了提高高职教师协同育人意愿，本研究提出以下策略建议：

（1）加强教师的职业规划引导：学校应引导教师树立正确的职业规划意识，鼓励教师参与产教融合，提高其协同育人意愿。

（2）完善政策支持和激励机制：学校应制定相关政策支持教师参与产教融合，同时建立相应的激励机制，激发教师的积极性。

（3）加强校企合作：学校应积极与企业合作，优化校企合作模式，营造良好的校园文化，为教师提供更多的校企合作机会和资源，促进教师与企业之间的交流与合作。

（4）提高教师的专业能力：学校应加强对教师的培训和进修，帮助教师提升自身的专业能力和教学水平，从而提高其协同育人意愿，使其积极参与到协同育人的实践中去。

四、展望

综上所述，高职教师在产教融合背景下的协同育人意愿研究需要综合考虑教师个人意愿、职业发展需求、校企合作模式以及政策支持等多个因素，通过构建有效的激励机制和合作平台，促进教师积极参与到产教融合的实践中，从而提升职业教育的整体质量和效果。本研究将继续关注产教融合背景下高职教育的改革和发展趋势，在前期归纳概括出的影响因素前提下，探讨教师个体参与产学合作的机理，构建外部支持、内生动力、团队绩效三者的关系模型，为提升高职教师协同育人意愿，促进教师创新团队高质量发展提供更多有益的参考和借鉴。

国际化篇

典型案例

茶文化助力职教出海

浙江旅游职业学院　温　燕

　　浙江旅游职业学院茶艺与茶文化方向紧扣文化和旅游融合发展大趋势，在三茶统筹理念的指引下，依据习近平总书记"讲好中华优秀传统文化故事，推动中华文化更好走向世界"的指示，除了努力培养"有文化、有技艺、懂经营、善管理"的茶文化传播运营人才外，也积极做好茶文化走向世界的工作。专业教师积极参加茶文化的传播，通过"引进来"和"走出去"两步战略，其中，"引进来"是指学院积极为来到中国杭州的海外留学生进行茶文化传播，主要通过茶文化活动、茶文化课程、茶文化赛事等形式。同时在学校支持下也积极"走出去"，至今专业已有21人次赴国外或境外参加茶文化国际交流。

一、走出国门进行茶文化交流

　　浙江旅游职业学院也通过鲁班工坊积极"走出去"，与海外合作学校共同合作开展茶文化交流，通过茶文化课程、茶文化交流活动等共同推动中国茶文化与世界各地文化的交流和互鉴。

1. 茶文化交流活动助推茶文化推广

　　学校也积极"走出去"，传播中华茶文化，专业先后依托学院鲁班工坊、政府组织的各项茶文化交流活动走出国门进行茶文化交流和传播。2017年专业师生跟随浙江省出访团前往日本静冈进行茶文化传播交流。

　　2018年专业教师前往俄罗斯国立旅游大学、塞尔维亚贝尔格莱德职业技术学校进行茶文化交流和访问；2023年专业师生依托鲁班工坊项目前往塞尔维亚、意大利、埃及进行茶文化交流，专业师生通过茶艺展演、茶知识分享、茶会组织、茶产品的展示，向海外学生传播中国茶文化。

2. 茶文化课程促进知识传播

专业积极构建茶文化课程，通过联合中国茶叶博物馆共同建设了品饮中国茶课程，以学校专业师资、中国茶叶博物馆专业视频资源，联合茶学科专家、茶非遗大师等，构建了双语课程，通过专业的课程体系，推动茶文化出海。

二、对接在杭高校留学生的茶文化传播

1. 以赛事为平台的茶文化实践体验

浙江旅游职业学院茶艺与茶文化专业通过策划与组织国际化赛事，进行茶文化传播与交流，如学院利用承办的中华茶奥会"仿宋茗战"赛事的契机，组织在杭高校的海外留学生参加"仿宋茗战"外宾组的赛事，进行茶文化的推广。

中华茶奥会是由杭州市政府主办的我国首个以事茶为主题，"仿宋茗战"赛项为中华茶奥会的传统赛项之一，从第四届开始"仿宋茗战"赛项由浙旅院茶艺与茶文化专业承办，到 2023 年举办了第六届。通过比赛的开展，对宋代点茶文化的传承和创新、人才培育、产业发展、国际化交流等都起到了重要的推动作用。多年来其中参赛选手中外宾选手有 140 多人，参赛选手分别来自全世界 40 多个国家，对于点茶文化的国际传播起到了积极的作用。

选手参加比赛学习了宋代点茶文化以及中国茶文化发展的历史，赢得了荣誉，获得了赛事奖励，对中国茶文化也产生了浓厚的兴趣；同时在比赛现场了解了中国茶文化、茶产业的发展现状，对中国茶产业的发展也有了一定的了解。

2. 以课程为依托的茶文化知识体系构建

学校也积极开展对在杭高校留学生的茶文化推广培训，主要通过引进和走出学校两种方式。

利用赛事的机会，积极为留学生提供免费的点茶文化和技艺的培训，让他们了解到中国茶文化的发展历史和宋代点茶文化；近年来学校为中国美术

学院、浙江理工大学、浙江金融职业学院、浙江旅游职业学院等在杭高校留学生，进行宋代点茶文化和点茶技艺培训 200 人次以上，培训的学生中选拔优秀的留学生参加中华茶奥会"仿宋茗战"外宾组的赛事。

同时学校师生也积极"走出去"，为在杭高校的留学生进行茶文化的教学和培训，如老师带领同学前往杭州外国语学校、杭州师范大学等为留学生进行点茶培训。点茶的学习让他们了解了中国茶文化、丰富了他们的校园活动，同时为我们人才的培养奠定了基础。

3. 以志愿服务为载体推动茶文化交流

学校也积极参与杭州市组织的各类国际茶文化交流活动，师生共同参与策划、组织、服务茶文化活动，促进茶文化传播。

三、职教出海实施保障

1. 学校的大力支持

在职教出海的过程中离不开学校的大力支持，学校有足够的资源与海外学校和机构进行合作，并建设有"一带一路"背景下的鲁班工坊等项目，为职教出海提供了条件。通过学校的项目组织，师生围绕项目或活动主题策划茶文化推广和传播的内容。

同时在职教出海过程中，学校提供了资金的支持，为师生出海食宿费用、茶会活动组织物料提供了保障。

2. 产教融合共同努力

在茶文化出海过程中，除了学校的支持以外，也离不开产教融合过程企业的力量。

（1）企业赞助物料助力茶会活动开展

在出海过程中，学校资金有限，因此，我们联合了校企合作的企业，企业通过赞助服装、物料等对师生出海提供了大量的支持。

（2）师资共建茶文化课程

学校通过联合中国茶叶博物馆共同建设了品饮中国茶在线课程，学校专业教师撰写脚本，学校负责对接专业拍摄团队和翻译团队、中国茶叶博物馆提供拍摄环境和素材资料，共同建设在线课程。

四、未来建设方向

在"一带一路"倡议背景下，茶文化专业师生有责任做好茶文化推广和交流的工作，这是责任和使命。

1. 茶文化课程建设

在课程建设方面，也要充分调研海外学校需求，合作研发课程和教材，建设更多的线上学习和交流的平台，促进中外茶文化的交流和互动。

2. 加强师资交流

进行茶文化交流，学校可以通过互派师生进行交流。

3. 持续开展茶文化推广活动

持续通过与海外学校、企业机构合作开展茶文化推广活动；让海外学生更生动直观地了解中国茶文化。

中外合作办学推动"三教"改革 赋能国际化人才高质量培养

成都职业技术学院 舒 莉 吴杰楠

为深入贯彻教育部等八部门《关于加快和扩大新时代教育对外开放的意见》与中共中央办公厅、国务院办公厅《关于推动现代职业教育高质量发展的意见》《关于深化现代职业教 育体系建设改革的意见》精神,进一步提升我国高等教育人才培养的国际竞争力,加快培养具有全球视野的高层次国际化人才,办好一批示范性中外合作办学机构和项目,推出一批具有国际影响力的专业标准、课程标准,成都职业技术学院于 2021 年率先在全省高职院校中举办首个中外合作办学机构,与世界一流文创之国意大利的库内奥美术学院合作成立库内奥艺术设计学院(以下简称"学院")。

学院聚焦服务国际产能合作需求,开设艺术设计、人物形象设计、文化创意与策划、会展策划与管理、智慧景区开发与管理等 5 个专业,借助中外合作办学优势教育资源,不断深化"三教"改革,以国际化人才培养为根本,以提高质量为核心,以改革创新为动力,着力构建"三个一流"——一流教师队伍、一流教材体系、一流教学模式,培养深谙天府优秀传统文化的高质量国际化文创人才,增强人才的国际实用性与适用性,助力国内外文创产业升级。截至目前,学院已招收两届学生,在校生近 400 名。

一、具体做法与成效

(一)教师素质与能力的国际化提升

学院内培外引,量质并举,培育提升教师国际化水平,坚持"双轨并行,共同发力"。一方面,加大外引力度,引进一批来自库内奥美术学院素质优良、专业过硬、能力胜任的意大利籍专家、教授 8 名，引进具有留学背景的海外高层次人才 4 名，架起多国优质师资的"桥梁"。另一方面，提高内培效能，通过设立国际化课程教研中心、启动国际科研计划以及组织开展全意文或英文授课师资培训、形成"1+1+N"（1 名意方教师 +1 名中方讲师 + 多名行业导师 / 线上外教）教学模式等途径，结合开展中外人文交流、学术讲座、语言学习、项目协作、海外研修等方式，营造浓厚的国际交流氛围，加强本土教师跨文化交流能力的培训，提高教师对不同文化背景的适应能力和跨文化交流能力。

（二）教材建设与国际化的紧密接轨

一是教材内容的国际化。学院引入意大利库内奥美术学院先进的教育教材和教辅材料，并结合学院相关专业的人才培养计划适用性，求同存异，在保持原有知识结构基础上寻找新的创新点，并坚持强化意识形态审查，牢牢把握意识形态工作的主动权。积极将职业教育专科教材与意大利库内奥美术学院本科教材进行有机融合，为学生建立专本硕国内外学分互认机制，打通海外学历提升渠道。同时，充分与中国外向型企业、境外公司与机构岗位标准衔接，校企合作将"标准"转化为教学内容，充分体现出职业教育的实践导向、能力本位的要求，全面深化国际产能合作机制建设，搭建国际化实习与就业平台，使学生能够在成都即可接触国际前沿的专业知识和技能。

二是教材结构的优化。学院借鉴意大利先进的教育教材结构，中方师资与意方师资在充分调研产业需求、岗位要求、学情现状后，进一步优化教材的编排和设计。在教材择优选用方面，以国内外文创产业发展的需求为导向，以沉淀 30 余年的文旅专业群特色为基础，结合世界一流的国际专业标准，大量选用国外原版教材、课件讲义、课程标准等优质教育资源，形成"以企业典型产品为载体的项目化教材体系""基于国际化人才培养目标的国际化教材构建体系"等，形成一套具有天府特色且国际适用的教材体系选用与建设标准，使学生能够更好地理解和掌握专业知识，利于学生的个性发展与未来的职业谋划。

三是教材形式的多样化。学院以先锋、时尚、科技的包豪斯设计理念，充分利用现代化的信息技术手段，搭建"数字化＋国际化"多场景教学应用平台 2000 余平方米，通过中意语言中心、全媒体中心、天府非遗技术创新中心等，开发多种形式的教材，包括纸质教材、电子教材、网络教材、虚拟仿真教材等结合运用的"立体式"教材，着力探索开发其他新形态的教材，如工作手册式、活页式教材等，并配套开发信息化资源，以确保与时俱进。通过丰富教材形式促进教学内容的内涵建设，提高教材数字化、多样化、可视化呈现水平，提升学生学习参与度与体验感，持续提高国际化人才培养标准。

（三）教学方法与手段的国际化创新

一是教学方法的多样化。学院引入意大利多种国际先进的教学方法，结合学生生源情况与心理特点进行教学方案优化，使学生能够更好地参与到教学过程中。一方面，注重实践与理论结合，强调培养学生的实际操作能力和艺术创造力。课程设置中包括大量的来自意大利时尚产业项目实践操作和实习，让学生在实际项目中学习和掌握专业知识。另一方面，强调跨学科教学，鼓励学生从多个角度看待艺术和设计问题，开设的课程涵盖了艺术、设计、文化、科技等多个领域，帮助学生建立全面的专业知识体系。再者，创新教学方法，学院不断尝试新的教学方式和手段进行课程教学。例如，引入项目制教学、团队合作、角色扮演等多种教学方法，让学生更好地理解和掌握知识。还有，持续个性化指导，学院重视学生的个性发展，因材施教，设有"班导师"制度，学生可以在导师的指导下进行学习和创作，充分发挥学生的特长和潜力。最后，与行业紧密合作，学院与国内外艺术和设计机构、企业建立了良好的合作关系，为学生提供在真实工作环境中的实习和实践机会，让学生能够接触到行业的最新动态和实践经验。

二是教学手段的现代化。一方面，学院利用现代信息技术手段，建成教学数字展示中心一个，数字展品触摸式交互展台、XR 沉浸区、人工智能运动捕捉系统等智慧场景，为学生提供更加生动、直观的学习体验。另一方面，教师充分利用全息投影、360° 环幕、桌面式 VR 虚拟仿真交互一体机设备、图形工作站、绿幕直播摄制中心、3D 扫描仪等数字化教学设施设备，运用数字孪生技术、3D 建模技术、XR（VR 虚拟仿真 /AR 增强仿真）技术、数字几何矫正技术、数字图像边缘融合等核心技术提高教学质量与效率。再者，学院打造全媒体教学中心、中意语言交流中心、多功能路演报告厅、新材料成果展厅、传统材料工艺应用实验室、新型材料工艺应用实验室、3D 打印实验室等 12 个实践平台。学生在现代化的教学过程中真实体验虚拟仿真技术带来的沉浸感，感受数字教学的震撼和通感体验，帮助学生更好地理解和掌握专业知识，提高学习效果，激发学生的学习兴趣和主动性，促进知识的掌握和应用。

三是教学过程的互动性。学院加强师生之间的互动交流，鼓励学生积极参与教学过程，提高学生的学习积极性和主动性。一方面，学生在上课过程中，外教会通过提问、讨论等方式引导学生参与课堂活动，鼓励学生发表自己的观点和想法，也会根据学生的反馈及时调整教学策略和方法，以满足学生的需求，同时，中文随堂讲师承担着课堂翻译及专业讲解。在课下，外教会通过邮件、社交媒体等方式与学生保持联系，解答学生的疑问和困惑，提供学习建议和指导。另一方面，学院定期开展"月主题活动""户外研学""展览竞赛"等活动为师生之间的互动和交流提供了良好的机会。

二、主要经验

学院在中外合作办学的基础上，以国际化视角推动"三教"改革，以国际标准化文创人才培养为主线，切实引进世界一流优质教育资源，加强优质教师、教材、教法等资源核心要素的实质性合作与探索。牢牢牵住"三教"改革国际化这个"牛鼻子"，围绕具有天府特色与国际标准课程体系建设核心，通过数字化平台育人环境营造，做强中外合作办学优势和特色，实现中外教育理念与技术实时融合创新。打通学生多元化发展通道，提供赴世界知名高校深造、赴跨国公司或大型国企实习就业等高端成才机会，服务中国企业"走出去"，擦亮职教国际化品牌。

孔子文化交流周真实项目融入研学专业人才培养

山东理工职业学院　郭　峻　李　晓

一、活动背景

2023 年 9 月 19 日至 21 日，由山东理工职业学院承办的 2023 中外青年学生孔子文化周活动成功举办，该活动是"2023 中国（曲阜）国际孔子文化节（第九届尼山世界文明论坛）"系列活动之一。本届中外青年学生孔子文化周由教育部中外人文交流中心、山东省教育厅、济宁市人民政府主办，济宁市教育局、山东理工职业学院承办，得到来自青海省教育厅、甘肃省教育厅、宁夏回族自治区教育厅、内蒙古自治区教育厅、四川省教育厅、陕西省教育厅、山西省教育厅、河南省教育厅、对外经济贸易大学、河北师范大学、北京外国语大学、北京语言大学等单位与高校的支持。来自 24 所高校的 46 位带队老师以及 36 个国家的 182 名中外青年学生齐聚济宁，开启儒家文化之旅，一同走进孔子故里，追寻圣贤足迹，邂逅千年儒风。

二、研学活动安排与组织

（一）明确活动目的

本次中外青年学生孔子文化周活动以弘扬中华优秀传统文化、增强中华文明传播影响力、促进中外青年学生交流互鉴为目的。国际孔子文化节中外青年学生孔子文化周活动让中外青年相聚齐鲁大地，在共学共研中互相了解、增进友谊，交流互鉴，传播中华优秀传统文化；合作发展，共创教育美好未来。

（二）研学课程开发

济宁是历史文化名市，素有"孔孟之乡""运河之都""文化济宁"的美誉，以孔孟学说为代表的儒家文化博大精深、底蕴丰厚，对中华民族乃至人类文明的进步发展做出了重要贡献，有着超越时代、超越国界的深远影响。

山东理工职业学院是中华优秀传统文化传承基地、非物质文化遗产传承教育基地、科普教育基地、科技教育基地、研学旅行基地、爱国主义教育基地以及 3A 级景区，拥有与教育部人文交流中心共建的非物质文化遗产基地、学院国家级虚拟仿真实训基地、工业博物馆等研学资源。

山东理工职业学院文化旅游与艺术学院研学旅行管理与服务专业团队依托博大精深的儒家文化资源和学校的资源条件，将本次孔子文化周研学活动有效融入研学旅行课程开发课程教学，充分调动专业教师团队与学生积极参与研学课程开发，最终策划由"礼敬先师·感知文化"儒家文化研学、中华传统美食体验、中华传统文化漫谈、中华传统文化体验、科技研学、"遇见尼山之美领悟儒家文化"尼山圣境研学活动组成的为期两天的研学活动，让海内外学生了解儒家思想的价值观，感受中华优秀传统文化的精髓与魅力，感受科技魅力，增进海外留学生和国内学生对中华传统文化的兴趣，传播中华优秀文化。

1. 中华传统文化体验研学

充分发挥文化旅游与艺术学院专业特色，设计由非遗传承人与酒店管理数字化运营、研学旅行管理与服务、书画艺术、产品艺术设计等专业师生共同展示的宋代点茶技艺、打香篆技艺、京剧脸谱绘制、中国传统窗花剪纸、古琴弹奏、篆刻、传拓制作、皮影、布老虎与香包制作体验等非物质文化遗产体验项目，让中外青年学生沉浸式感受中华传统文化的魅力（见图 1）。

图 1　体验皮影戏等非遗项目的学生

在古琴区聆听古琴演奏《高山流水》，在茶道区通过沏茶、赏茶、闻茶、饮茶、品茶了解茶文化。在文字区体验了书法与篆刻、汉画像石（砖）、瓦当的传拓技艺。通过现场组装榫卯结构椅子，让中外青年学生学习中国古建筑斗拱木作技艺的相关知识。在济宁非遗区安排太极拳表演与体验、传统纹样糖画制作体验以及汉服体验，全方位、近距离、沉浸式体验中华优秀传统文化。

2. **职业技能与科技体验研学**

我院虚拟仿真实训基地由 VR 成果展示与应用中心、VR 教学中心、VR 课程开发中心、VR 创新教学工作坊四个部分组成。为让中外青年学生充分感受现代科技魅力与职业技能，设计由激光打标及激光雕刻体验、VR/AR 设备体验、无人机操作等研学活动组成，充分感受虚拟又神奇的世界（见图 2）。

图 2　体验无人机操作的留学生

3. **"中外青年叙友情，舌尖美食品文化"中华传统美食体验研学**

古往今来，中国作为世界公认的"美食王国"，以精美的陶瓷餐具、独特的茶酒文化、丰富的食物取材和多样的烹饪方法享誉全球。为使中外青年学生深度了解中华传统美食文化内涵，文化旅游与艺术学院联合校企合作企业蓝海酒店集团共同策划中华传统美食体验研学活动，旨在通过传统美食的制作与品尝，加深中外青年之间的文化交流（见图 3）。

整个美食体验活动包括包粽子、包水饺、制作月饼等传统食品的亲身体验，豆腐脑、煎饼、面塑及果蔬雕刻的现场制作与体验，以及孔府菜美食展区和沿黄九省区文化菜展区组成。在水饺体验区，大家亲手揉制面团、包裹馅料，相互合作，从中感受中华传统饮食文化的博大精深；在月饼制作区，中外青年学生们跟着糕点师傅揉面、包馅、印模，大家互相分享着自己的月饼，并把中秋节的祝福提前送给了对方。中外青年学生观摩学习了豆腐脑、煎饼、面塑及果蔬雕刻的现场制作环节。

图3　美食体验活动的学生作品

4. 中华优秀传统文化讲座

"有朋自远方来，不亦乐乎。"为使参加活动的中外青年学生更加深刻地体会儒家文化精髓，汲取中华优秀传统文化中的营养和智慧，特邀著名的儒学家杨朝明教授为中外青年学生上了一堂生动的儒家文化课（见图4）。

图4　儒家文化课堂

5. "礼敬先师·感知文化"儒家文化研学

济宁是孔子故里，素有"孔孟之乡""运河之都""文化济宁"的美誉，儒家文化研学活动是整个中外青年学生孔子文化周必不可少的环节。由学院研学旅行管理与服务专业教学团队负责人带领团队成员与济宁孔子文旅集团合作，共同组织中外青年学生走进孔府孔庙，步入这一集历史、文化、艺术为一体的古建筑群，细细品味沉淀千年的儒家文化。全体参会嘉宾通过实地研学体验儒家文化，在孔庙大成殿前完成礼拜先师活动，让海内外学生了解儒家思想的价值观，感受中国儒家文化的精髓与魅力，让参与的师生得到精神洗礼和品行修正，增进海外留学生和国内学生对中华传统文化的兴趣，传播中华优秀文化，促进中外人文交流。

6. 遇见尼山之美，领悟儒家文化——中外青年学生尼山圣境研学活动

尼山是中国先哲孔子的诞生地，是历代儒客朝拜之圣地。曲阜尼山圣境景区总体创意为"孔子的世界，世界的孔子"，核心文化主题为"明礼生活方式"，是一个集文化体验、修学启智、生态旅游、休闲度假、教育培训于一体的综合性文化载体。本次中外青年学生孔子文化周研学活动最后安排学生走进曲阜尼山，追寻圣人足迹，领略儒学精髓，感悟中华优秀传统文化的魅力。尼山研学活动由我院目前在尼山圣境景区就业和实习的旅游管理专业2019届毕业生、2023届毕业生以及2021级研学旅行管理与服务专业实习学生共同负责讲解工作。

中外学生们走进大学堂，参观"仁义礼智信"五厅，学习儒学精华，感悟君子之道；登上大学之道，一步一阶，循序渐进，代表人生进入更高台阶，抵达求学高峰；步入七十二贤廊内，学生们如同七十二贤人一起成为孔子的弟子，跨越时空聆听孔子的谆谆教诲。

（三）研学活动实施

1. 组建活动领导工作组

由研学旅行管理与服务专业国家级教学团队负责人和骨干成员组成的活动工作小组，负责研学活动课程开发、统筹各研学课程的实施。

2. 专业学生全员参与

研学旅行管理与服务专业学生具体协助专业教师和非遗传承人开展研学课程展示与教学、负责研学活动引领与志愿者服务。

3. 发挥精品文旅产教融合共同体的作用

发挥济宁市精品文旅产教融合共同体校企合作平台作用，与产教融合共同体成员单位济宁市孔子文化旅游集团、曲阜尼山圣境景区等合作共同负责完成三孔景区、尼山圣境景区实地研学活动的组织与开展。

三、活动总结

本次中外青年学生孔子文化周研学活动通过丰富多彩的儒学讲座、参观学习、文化体验、礼敬先师、儒家研学等活动，培养和增进了中外青年学生对中华优秀传统文化的兴趣与了解，促使中外青年学生在共学共研中相互了解、增进友谊，增强人文交流意识，提升人文交流能力，促进中外青年学生的心意相通和文明互鉴。

本次中外青年学生孔子文化周研学活动对于研学专业人才培养是基于真实情景、真实项目的教学活动，通过完成本次研学活动，充分展示了文化旅游与艺术学院专业师生的专业技能水平，同时对于全体学生是一次真实项目的实境历练。活动的圆满完成得益于多年来我院与合作企业扎实、深厚的合作基础，充分彰显了济宁市精品文旅产教共同体校企"双元"主体育人的体制机制作用，为下一步继续发挥产教融合共同体职能，培养精品文旅产业发展需要的高素质技能技术人才奠定了扎实的基础。

研究报告

旅游高职教学团队的国际能力评价指标体系与
要素保障研究

浙江旅游职业学院　　高　明

[摘　要] 旅游是中国开放最早、外资准入最彻底的产业形态，但旅游教育在抢占国际话语权的进程中还存在较大空间。本文以我国对外开放和市场经济高地浙江为研究领域，从政、校、企的多维视角确定了旅游类高职教育"走出去"过程中的核心要素。以此为基础，通过梳理文献研究、小组讨论、问卷调研和半结构访谈，再参考既有相对成熟的团队胜任力和教师国际化量表，比选建构了组织发展视角的旅游高职教学团队国际化的评价指标体系（包括 3 个一级指标、12 个二级指标和 52 个三级指标）。基于该指标体系，研究从完善机制、积极引智和关注企业三个方面给出了旅游高职院校响应国之所需、积极拥抱变革的教师团队工作法。

[关键词] 旅游高职院校；教学团队；国际能力评价；要素保障

国际化是全球高校竞争力的核心指征，亦是高职教育向世界提供"中国方案"的必然追求，更是我国旅游高职教育近三十年高速发展后的必然选择。中国的高职教育改革初期，先后借鉴了德国"双元制"、英国现代学徒制、澳大利亚 TAFE 等，取得了一定的改革成效，初步建成了现代职业教育体系。与此同时，绵延千年的学徒传承沉淀出的工匠文化，以及近代伴随工业化发展所凝聚的职业教育办学精华，形成了一系列集时代交融、冲突化解、社会进步为特征的实践成果，是中国特色高职教育蕴藏的文化基因。

从旅游高职教育的视界观之，新的发展时期，随着"一带一路"进入 2.0 阶段后，民间交往日盛，其发展已不仅局限在单向地适应国际标准与规则。如何在适应国际规则的过程中通过模仿、学习与创新，加快形成有文旅融合特色的中国标准与规则，已然成为旅游高职教育业者的热点话题。研究认为，旅游作为中国最早、最全面对外开放的业态，更应担当"民间外交大使"的角色。上述定位作为我国旅游高职教育与国际接轨的基本出发点，亦是本文作为子课题的研究缘起。由此言之，研究希冀通过指标体系的建构推导出一定周期的扶优举措，在立足中国悠久的文化基础上，进一步凝析大国工匠培养、职业教育扶贫、产教融合示范、技术技能文化传播等体现大国水平的教育表征，形成国际可认可、方案可对接、经验可复制的模式路径。

一、研究缘起

（一）重结果轻过程的现有评价体系

通过加强高等教育国际化建设进而提高大学国际化水平，是提升大学国际声誉的重要途径。纵观各类世界大学排名，国际化水平均占有重要地位。一般地，衡量一所高校国际化的指标体系包括国际学生、国际教师、国际课程、国际合作、在国际知名期刊上发文数量等维度。在关注高校国际化水平的同时，无法忽视驱动国际化的力量，即教师团队。追本溯源地看，肇自我国旅游高职教育的兴起，教师团队国际化的讨论贯穿政产学研的始终。尤其是学术界，就教师国际化进行评价一直作为衡量国际化战略实施效果的关键节点。不过，现有研究多集中于对教师个体国际化水平（结果）的评价，而鲜有对教师团队国际化能力（过程）的评价，且现有世界大学排名或评价的指标体系也大多针对国际化水平，对教师团队国际化能力的关注较少。

（二）重输出轻浸润的现有教学模式

旅游研究已形成一个共识，即文化因素在旅游活动中占有重要地位，旅游高职教育的"走出去"尤是如此。以旅游和旅游教育为载体实现的跨国人员流动，以及由此带来的文化的接触、交流，对于不同文化相互理解、取长补短、共同发展有着重要意义。与这种趋势相适应，我国旅游高职院校在国际化进程中大多注重文化品牌的打造。然而，教师在国际化教学实践中往往存在着输出（主体）与浸润（客体）间的复杂关联。何汉武（2023）在《职业教育"走出去"》一文中，将教学团队赴赞比亚开展旅游高职教育中的"输出"（以其文化、教材及教学标准为主）和"浸润"（学生主体的需求和文化消费为主）作用进行分析，揭示了教学团队遭遇以及变迁、再生、重构和适应的能力。从人类学视角看，跨文化背景下的教育教学活动是教师团队作为主体，与异域文化之间的过程。在这一过程中，教学团队与当地学生形成了一种特殊形式的群体关系，一是"看"的主体，二是"看"的对象，在"看"与"被看"之间，产生了一种"非对称的群体关系"。对上述群体关系成效的客观揭示，在既有学研中尚不多见。

综上所述，本研究以教师团队的国际化能力为评价对象，构建了旅游高职教学团队的国际化能力综合评价指标体系。该指标体系不仅关注水平（结果）指标，更强调实现这一结果的能力（过程）指标，力图对以往仅针对国际化水平（结果）的研究进行扩展与补充，从主体客体两个视角的交叉印证，提供新的研究思路和视野。

二、文献综述

学界的一个共识是，国际化和全球化发展中，国内和国际经济、政治、文化等环境因素会产生阶段性影响，但组织的内部系统因素往往扮演着更为重要的作用。组织结构、治理模式、运行机制、人力资源和物力资源的开发与管理等因素起决定性作用。对旅游高职教育国际化而言，组织内部因素汇聚、积累、强化和利用的质量与效率，主要取决于教师团队的胜任力。

综合中西方既有成果，从学理视角审视了胜任力研究的渊源与演化，形成了对胜任力、胜任力模型、团队胜任力等问题清晰而客观的认识。"科学管理之父"泰勒所进行的"时间动作研究"（time and motion study）被誉为"管理胜任力运动"（Management Competencies Movement）。1959 年与1963 年，哈佛大学的心理学家罗伯特·怀特在泰勒基础上接续发表了《再谈激励：胜任力概念》与《人际关系胜任力》两篇文章，奠定了"胜任力

（competence）"概念的应用基础。受罗伯特·怀特成果的启示，戴维·麦克莱兰构建了以"competence"而不是"talent"为核心思想的体系。1973 年，戴维·麦克莱兰发表《测量胜任力而不是"智力"》一文，标志着胜任力体系的正式确立。1972 年和 1973 年，麦克莱兰和助手合作发表了两篇研究报告，在《测量优秀驻外联络官必备素质新方法评估》文章中，麦克莱兰提出了具有里程碑意义的构建胜任力模型的方法——行为事件访谈法（Behavioral Event Interview，BEI）。1963 年，戴维·麦克莱兰创建了麦克伯（McBer）顾问公司从事管理人员评估与员工培训，促使了胜任力体系的应用研究和实际应用得到不断加强和广泛发展。1976 年，麦克莱兰出版了《工作胜任力测评指南》，标志着胜任力理论和方法在实践中的成功应用。1982 年，在戴维·麦克莱兰指导下，理查德·博亚茨出版了《胜任的经理：高绩效模型》一书，标志着胜任力模型（Competency Model）面世。

对胜任力的研究，中国学界起始于 2003 年。中国科学院时勘及其团队 2001 年发表《领导者胜任特征评价的理论与方法》一文，首次介绍"胜任特征"问题。浙江大学王重鸣团队编制了管理综合素质评价量表，通过对 200 多名中高层管理者的调查，在企业管理维度对管理者胜任力特征结构作出了阐释。首都经济贸易大学安鸿章、中国人民大学彭剑锋团队、南京大学赵曙明团队、北京大学萧鸣政等专家，对胜任力在中国的应用研究亦做出贡献。通过比较研究，研究将胜任力概念界定为组织中绩效卓越成员所具备的可评估与开发的内在和外在要素的集合；要素包括技术能力、知识结构、职业精神、价值观念、性格特征和心理动机。上述六种要素有机联系、融合汇聚，形成"胜任"工作、项目、岗位、团队或组织的"合力"——胜任力。进一步综合国内外专家观点，基于对"胜任力"概念的界定，将"胜任力模型（Competency Model）"定义为对成就组织中成员卓越绩效的可评估与开发的内在和外在要素的选项、内涵和结构直观而本质地描述。包括六种类型：技术能力、知识结构、职业精神、价值观念、性格特征和心理动机。

尽管针对团队胜任力，尤其是教师团队胜任力的研究成果很少，但是海外既有学研在组织管理中的共识性成果依然有着相当的借鉴价值。有代表性的诸如 M. 查尔斯提出构建团队胜任力模型的建议、革新、提升、发展等九项关键因素；辛西亚（2023）认为团队胜任力的三维度是团队有效任务绩效所需的知识、原则和概念，有效执行任务所需的技能和行为，团队成员鼓励有效团队绩效所持相应态度。中国学者王是平融合理论分析、质化研究与实证检验研究方法，建立了并购组织团队的胜任特征模型。贾建锋研究了创业导向与高管团队胜任特征的纵向匹配与横向匹配机制，检验了创业导向、高管团队胜任特征与企业绩效三者之间的相关性。

综上所述，对个体胜任力问题的认识与应用，奠定了思考和构建团队胜任力模型的基础，现有的主要是针对企业出海经营和创新管理的团队胜任力研究成果。尽管在高职教师团队国际化方面的研究还很薄弱，但从组织行为视角开展的研究，以及与之配套的数据获取与检验，对研究的纵深发展具有借鉴和迁移价值。

三、研究过程

研究充分利用新媒体技术，依托多种方法交叉，以获得对研究对象的尽可能客观的认识。就研究方法而言，确定具体的观察、研究客体是首要工作。依循尊重传统又强化嫁接创新的思路，研究从两个维度着手。一方面，参考了相对成熟的企业团队胜任力模型，主要选取了中国企业国际化指数模型。另一方面，参考了国内外专家针对教育管理者、教师个体胜任力问题发表的评价指标体系，以"中国大学国际化排名"为代表性参考源。

（一）构建原则

指标体系不仅是指标统计数据的集合，更是各个指标集成后的整体信息反映。换言之，从一个指标体系中获得的全部信息要大于其各部分的总和（刘岩、李娜，2019）。研究系统综合了海内外学者的既有成果，借鉴刘晓和俞初晴（2023），汪维（2022）的学术观点，在高职旅游教师团队情境下，就国际化评价指标构建原则，主要有以下四方面：

第一，指标应精确反映团队国际化胜任力的准确信息。该指标体系要区分于以往关于组织个体胜任力、企业高管胜任力的国际化评价，所包括的二级、三级指标都应围绕教师、团队国际化展开，匹配胜任力的九大核心要素。

第二，指标不宜繁多。当下，诸多机构与学者开发了不同的评价工具。但现行评价工具中的指标在数量快速增长的同时却在"贬值"，使指标体系越来越复杂却最终无法使用。

第三，正确处理指标维度与组成部分的关系。核定评价工具的维度和组成部分是开发测量的关键步骤。一般地，维度之间要有弱的相似性，即不能覆盖或重叠，避免交叉情况出现；维度内的组成部分要有强的相似性，即每个维度内的组成部分必须是相互关联或密切相关的，能够反映出这个维度的主要信息。

第四，实现定性指标与定量指标的有机结合。研究所开发的评价工具针对教师团队的"国际化能力"，对教师这一富有创造性的个体而言，仅用定量指标进行衡量是不适宜的。另外，国际化实则是一个渐进的"过程"，仅以结果为导向的定量指标评价则显得失之偏颇。

（二）指标开发

该指标体系的开发过程呈现如下：

第一步：理论研究阶段。前文已述，研究将理论溯源至团队胜任力模型，在 Jane Knight 提出的"高等教育国际化"情境下，在国家与院校层面，将国际的、跨文化的、全球的维度整合进本地高等教育实践（目的、功能）或本地高等教育实践影响国际高等教育中。希冀用清晰的指标体系实现旅游高职教师团队在国际化进程中的相互传递、相互作用的动力集合及效率。进一步，对现有的国际化评价指标体系和团队国际化胜任力指标体系进行对比和总结，为旅游高职教育国际化能力综合评价指标体系的构建奠定理论基础。

第二步：德尔菲法专家分析阶段。由课题组主要成员和外部专家，集合成 10—15 人专家组，达到符合德尔菲法要求的人数，根据长期积累的理论知识、研究经验和对目标企业的间接观察，借鉴文献研究中发现的有价值成果，参考"胜任力和相关胜任特征定义"，独立分析旅游高职教师团队的国际化"胜任力构成要素"，即国际化胜任特征，并用简洁规范的词语表述，经过几轮筛选，最后汇总出专家选择频率相对较高的交叉性表述（两个理论溯源间的共性命题）。主要包括：战略领导力、决策执行力、协作精神、国际化视野、熟悉国际规则、管理经验丰富、跨文化交际能力、有国外工作经验的成员、有国外学习经历的成员、学习能力强、创始精神等 11 个关键词。

第三步：指标体系初构阶段。对以"团队胜任力"及"高等教育国际化评价"为主题的中外文文献和相关理论的研究，并对国际上现有的指标体系进行比较和借鉴，研究初筛了海内外学研对高职教学团队国际化能力评价指标体系，大体由 7 个一级指标（战略导向能力、资源支撑能力、组织管理能力、科学研究能力、人才培养能力、国际交流能力、社会贡献能力）、20 个二级指标和 75 个三级指标（受制于篇幅，不一一列出）组成。需要说明的是，该指标体系涵盖了国际化的各个方面，是一个"大而全"的指标体系，建立这个指标体系的目的是考察高职教师团队国际化的各个维度和要素。

第四步：指标体系修正阶段。上述指标体系虽然较为全面，但存在诸如指标过多、"国际化能力"主题不突出、指向性不强等问题。为使该指标体系更为科学可行，本研究采用专家咨询方法进行修正，具体执行了下述进行步骤。一是指标体系前测，研究在对上述指标体系进行整合的基础上进行了前测问卷的设计和发放。问卷设计了中文版与英文版两个版本，由于问卷所涉及的问题是参考已有指标体系展开的，故第二步操作是在问卷发放前征询了"走出去"旅游企团队一线成员、业内领域专家三个领域代表的意见。增强问卷内容的效度。就路径来看：中文版问卷发放给院校，主要涉及义乌工商职业技术学院与浙江旅游职业学院两所旅游类专业的高职院校。选取的原因在于，问卷发放应采用覆盖相对较广的形式，以获得更为精准的数据支撑。上述两所高职院校的国际化水平列居全省前五，且涉旅类专业开办时间早、建制相对完整，具备开展大样本问卷的条件。问卷发放对象涉及二级学院院长、一线教师、省级教学团队负责人、教育管理工作者四个类别。研究还相应设置了英文版问卷，主要发放给两所院校对应的"出海"学院，以及在海外教学的一线人员与境外合作院校。研究回收中文版有效问卷 37 份，回收英文版有效问卷 19 份，总共回收有效问卷 56 份。问卷回应者所在国家包括中国、澳大利亚、泰国、肯尼亚、英国等 5 个国家。按照第 2 步"德尔菲法专家分析"中得出的特征词语表述，统计的五个频度最高的胜任力要素是：领导能力、国际化视野、合作精神、懂得国际化规则、国际交际能力和学习能力。

第五步：非结构化问题访谈。为了凸显高职产教融合特征，课题组成员还运用参加会议和登门拜访等形式面向旅游业者展开访谈。调研阶段主要涉及浙江国际旅游集团、中免集团、中国小商品城集团公司、华鸿画之都股份等四家涉外经营的文旅企业，经营业态涵盖酒店、会展、旅行社、免税品、数字文化消费等文旅全产业链。课题组提出开放性的问题：请就高职旅游教师团队国际化的胜任力要素或特征发表观点。整理访谈记录统计高频率特征，代表性表述有：有核心领导力、团结协作、价值观有一致性、视野广阔国际化、熟悉国际规则、跨文化交际经验丰富等。

第六步：综合编码与专家整合分析。课题组通过"自上而下"和"自下而上"相结合的方式和途径，获得了比较充分的关于高职旅游教师团队国际化胜任力要素的信息。专家团队整合文献研究和实际调查获得的信息，并参考两种"胜任力词典"进行编码（前文已述）。经过对出现频度高信息的编码，以及对研究对象特征的进一步深度思考与整合分析，专家组在几轮筛选后取得基本一致意见，主要有 12 项构成要素：科学研究、人才培养、国际交流、共享价值观、国际化视野、知识与经验互补、熟悉国际教育规则、目标意识与主动性、跨文化交际力、国际工作经验、集体学习力、创新与迁移精神。

四、指标体系构建

根据文献和理论研究、专家咨询和访谈的结果，研究按照综合编码与专家整合分析结果构建理论模型，并对理论模型进行实证检验。

（一）模型构建

理论模型由 12 项要素构成，涵盖在思想观念（共享价值观、国际化视野、目标意识与主动性、创新与迁移精神）、知识经验（知识与经验互补、熟悉国际教育规则、国际工作经验）和行动能力（科学研究、人才培养、国际交流、跨文化交际力、集体学习力）三个维度之中。三个维度各组成要素的定义和关键行为描述如表 1 所示。表中要素的次序，在一定程度上反映胜任力的重要性程度。

表 1　旅游高职教学团队的国际能力评价指标体系

	一级指标	二级指标	定义
旅游高职教学团队的国际能力评价指标体系	思想观念 A	共享价值观（A1）	团队成员认同并积极实践团队的教育使命、发展愿景、教学改革战略和文化输出
		国际化视野（A2）	立足全球一体化，关注、思考、分析国际教育发展变化与研究，制定高职旅游教师团队国际化发展战略
		目标意识与主动性（A3）	积极主动参与国际化进程，在旅游职业教育国际化进程中呈现鲜明的教育教学思想和行动
		创新与迁移精神（A4）	凝练并输出中国旅游高职教育的标准、教法、手段，具备在地化改良、优化与实践的能力，起到讲好中国故事、中国服务与本土文化相得益彰的效果
	知识经验 B	知识与经验互补（B1）	教师团队成员在知识、技能、能力和工作经验等方面，各有所长，互相支持，形成合力
		熟悉国际教育规则（B2）	教师团队成员充分了解教育行业、教育产业和目的地国的法律法规、政府政策和教育规则，尤其是旅游职业教育规则
		国际工作经验（B3）	团队成员或主要成员，具有在涉外旅游企业或国际旅游组织中工作的经历
	行动能力 C	科学研究（C1）	团队成员发表 SSCI、南大核心等聚焦教学团队国际能力的论文的数量，以及教学团队论文被引用数量
		人才培养（C2）	团队所授学生的外籍学生比例，以及学生在海外就业、在跨文化部门工作的比例
		国际交流（C3）	教师团队举办国际会议数量、访问学者与攻读文旅主流国家（美西方）数量、合作办学课程或模块数量；旅游高职教师团队所在高校是否拥有海外实体办学组织
		跨文化交际力（C4）	了解和认识不同民族、不同国家、不同地区人们之间文化的差异性及其行为准则，有效实现信息分享、资源互通、资源优化配置的能力
		集体学习力（C5）	团队全体或大多数成员了解、认识和接受新现象、新事物和新方法的能力，拥有一致的常态化学习机制和进修机制

注：作者根据调研结果整理而成。

（二）实证检验

依循规范学术实证方案，表 1 理论模型的实证检验需要量表的选择、编制与质量检验，再进行正式的数据获取与统计分析。根据前文所得到的团队胜任力模型及其关键行为表现编制问卷，共计 58 个条目，具体见表 2。研究细分四步对该问卷进行检验：

第一步，邀请专家评价该问卷的内容效度；第二步，通过预试对量表进行项目分析；第三步，运用因子分析方法对量表进行结构效度检验；第四步，使用可靠性分析检验量表信度。值得一提的是，研究参考了王建民等（2015）成熟量表，在题项中设置了一定比例的反向问题。

表 2　旅游高职教师团队胜任力构成要素测量指标体系

	一级指标	构成要素 （编码）	测量指标
旅游高职教学团队的国际能力评价指标体系	思想观念 A	共享价值观 （A1）	A1-1 熟悉并认同全球教育共性理论 A1-2 全面理解并赞同旅游高职教育的全球发展理念 A1-3 支持国际化人力资源管理政策 A1-4 积极参与中国旅游高职教育"走出去"的方案制订和实施 A1-5 个人愿望服从组织或团队需要
		国际化视野 （A2）	A2-1 对教育国际化、旅游民间"大使"等富有热忱 A2-2 经常关注"一带一路"等 A2-3 提出旅游高职教育的国际化服务思路和理念 A2-4 理解全球经济一体化思想 A2-5 中国旅游要"走出去"，成就"讲好中国故事"的目标
		目标意识与主动性 （A3）	A3-1 打造有国际竞争力的旅游高职教育产品 A3-2 教学目标与团队目标的清晰可见 A3-3 教师个人发展要始终掌握先机 A3-4 课程呈现鲜明的旅游职业教育思想和文化育人行动
		创新与迁移精神 （A4）	A4-1 凝练并输出中国旅游高职教育的标准 A4-2 依托成熟的教法、手段，具备在地化改良、优化与实践的能力 A4-3 教学成果以讲好中国故事、中国服务与本土文化相得益彰为结果

一级指标	构成要素 （编码）	测量指标
旅游高职教学团队的国际能力评价指标体系	知识经验 B	知识与经验互补 （B1）	B1-1 教师团队成员知识背景覆盖农文旅、文商旅、文旅体等多样化学科背景，有利于实现高绩效目标 B1-2 教师团队成员各有所长，一起工作必产生"1+1＞2"的效果 B1-3 教师团队成员之间定期交流工作很有意义 B1-4 教师团队中应该有国内和国际工作经历兼备的成员
		熟悉国际教育规则 （B2）	B2-1 "国际教育规则"不重要，可以需要时再了解（反向题） B2-2 "国际教育规则"，需要时咨询专门人士即可（反向题） B2-3 团队成员可以在工作中逐步了解"国际教育规则"（反向题） B2-4 "国际教育规则"有团队领导了解即可（反向题） B2-5 "国际"教育规则、政策、原理与和"国内"规则实质上的区别不大（反向题）
		国际工作经验 （B3）	B3-1 是否有团队成员曾经驻外涉文旅组织、企业工作经历，与教师团队国际化发展没有关系（反向题） B3-2 在跨国公司工作的经验，对"双师型"教师的国际化胜任能力没什么助力（反向题） B3-3 国内工作经验，完全可以运用于海外教学或国际化教育（反向题） B3-4 全球经济一体化，对教师团队国际化影响有限（反向题） B3-5 海外旅游高职教育环境没有国内复杂、多变，国内经验丰富，应对旅游高职"走出去"没有问题（反向题）
	行动能力 C	科学研究（C1）	C1-1 聚焦教育教学和旅游科学研究，团队成员发表 SSCI 或南大核心论文的数量 C1-2 教学团队论文被引用数量 C1-3 教学团队发表的研究报告、教改成果在国际化平台发布、认可的数量
		人才培养（C2）	C2-1 教学团队所授学生的外籍学生比例 C2-2 旅游高职毕业生在海外实习比例 C2-3 旅游高职毕业生在跨文化部门工作的比例

续表

一级指标	构成要素（编码）	测量指标
旅游高职教学团队的国际能力评价指标体系 行动能力 C	国际交流（C3）	C3-1 教师团队举办国际会议数量 C3-2 访问学者与攻读文旅主流国家（美西方）数量 C3-3 合作办学课程或模块数量 C3-4 旅游高职教师团队所在高校是否拥有海外实体办学组织
	跨文化交际力（C4）	C4-1 "文化无优劣"的说法不正确，应该有"好"和"坏"之分（反向题） C4-2 在教育"走出去"的过程中应该无条件服从母国的行为与文化（反向题） C4-3 应该尊重来自不同文化背景的人的观念和习惯 C4-4 国际交往中，文化的差异性对教育共性而言不甚重要（反向题） C4-5 跨越不同文化的业务交流，教育标准和资源供需的对接是主要问题
	集体学习力（C5）	C5-1 教师团队集体学习有助于分享知识、达成共识 C5-2 进修是"双师型"教师的应然选题，面临竞争越激烈，越需要加强赴企业的进修 C5-3 集体学习能力，是构成核心竞争力的主要因素之一

1. 内容效度分析

内容效度又称逻辑效度，是指项目对欲测的内容或行为范围取样的适当程度，即测量内容的适当性和相符性。这部分评价由一线教师、教育管理者、教育行政管理者三个维度的专家学者来完成。发放问卷 18 份，回收问卷有效率为 75%。研究采用李克特（Likert）式五点量表，让受访者评价每个项目所反映的内容与主题的相符性，从"非常不同意"到"非常同意"。评价者中，博士占 61%，硕士占 29%，其他占 10%。各项目的评价值如表 3 所示。项目 B3-2 和 C4-2 的评价最低（不及 3.5 分），予以删除。

表3　三级指标内容效度评价

项目	A1-1	A1-2	A1-3	A1-4	A1-5	A2-1	A2-2	A2-3	A2-4	A2-5	A3-1	A3-2
相符度	4.80	4.57	4.49	4.63	4.37	4.49	4.47	4.55	4.47	4.22	4.63	4.18
项目	A3-3	A3-4	A3-5	A4-1	A4-2	A4-3	A4-4	A4-5	B1-1	B1-2	B1-3	B1-4
相符度	4.10	4.24	4.43	4.45	4.55	4.51	4.31	4.41	4.33	4.22	4.47	4.51
项目	B1-5	B2-1	B2-2	B2-3	B2-4	B2-5	B3-1	B3-2	B3-3	B3-4	B3-5	C1-1
相符度	4.24	4.02	3.86	3.92	3.92	4.12	3.76	2.04	3.94	3.98	3.98	4.47
项目	C1-2	C1-3	C1-4	C1-5	C2-1	C2-2	C2-3	C2-4	C2-5	C3-1	C3-2	C3-3
相符度	3.25	4.45	3.82	4.53	4.61	4.51	4.47	4.53	4.47	4.39	4.22	4.49
项目	C3-4	C4-1	C4-2	C4-3	C4-4	C5-1	C5-2	C5-3	C5-4	C5-5		
相符度	3.63	3.88	2.22	3.86	3.86	4.55	3.27	3.92	4.55	4.57		

2. 项目分析

对剩下项目进行预测试。调查对象是来自浙江旅游职业学院酒店管理学院、文化和旅游发展研究院、旅游外语学院、公共教学部的经双师认证的教师。共发放问卷30份，回收有效问卷30份。问卷采用李克特（Likert）式五点量表进行评价，从"非常不同意"到"非常同意"，每名被试者要求根据其团队情况回答问卷项目。本文从通俗性、区分度、相关性等三个方面进行项目分析。项目通俗性分析是难度测试在普通态度调查的延伸。在多级量表中，通俗性有着成熟的计算方式，即平均分与最高分之间的比值。一般地，比值超过0.9或低于0.5为不良区间，应考虑删除。经过计算，大部分三级指标的通俗性分值为0.62—0.84，处于允许范围区间。从区分度分析看，研究数据符合独立样本T检验的正态分布条件，所有项目均满足显著性差异的条件，具有较好的区分度。最后，就项目相关性来看，项目C4-2与总分的相关系数为0.22，删除该项（子项与总分的相关在0.30到0.80之间，会产生良好的效度与满意的信度）。

3. 探索性因子分析

研究率先对思想观念项的三级指标进行探索性因子分析。一般地，因子载荷和跨因子载荷应分别不低于 0.5 和 0.4。依循此原则，删除不符合此项要求的项目 A2-1、A3-3。然后对所有项目按照特征值大于 1 的原则和直接斜交旋转法抽取因素，进行二次探索性因素分析（结果见表4）。KMO 值达到 0.80，Bartlett 球形检验的近似卡方值也在 0.05 水平下显著，证明了样本适合作因素分析。方差解释度达到 61.2%，各因素的载荷量 0.50 以上，表明量表具有良好的结构效度。

表4　思想观念量表的旋转成分矩阵

项目	成分		
	1	2	3
A3-2	0.789		
A4-4	0.772		
A4-5	0.732		
A3-3	0.717		
A1-2		0.824	
A1-1		0.777	
A1-3		0.688	
A1-5		0.454	
A2-2			0.846
A2-3			0.731
A2-4			0.686
特征值	2.576	2.265	2.022
方差百分比	23.419	20.589	18.384
因子命名	目标意识与创新精神	教育价值观	国际化视野

　　进一步，就知识经验和行动能力两个维度进行探索性因子分析。在知识经验维度中，按相同标准处理后发现 B2-1、B2-4、B3-1、B3-2、B3-4 不符合要求，故作删除处理。然后对所有项目按照特征值大于 1 的原则和直接斜交旋转法抽取因素，KMO 值 0.80 以上、Bartlett 球形检验显著、累积方差解

释度超过60%且各因素的载荷量也高于0.50，表明量表具有良好的结构效度。在行动能力维度中，C3-2、C4-1、C4-2不符合标准要求，作删除处理。进一步在二次探索性因子分析中也呈现与前两个维度相似的结果，显示结构效度优良。故具体内容由表5与表6呈现。

表5 知识经验量表的旋转成分矩阵

项目	成分		
	1	2	3
B2-1	0.857		
B2-2	0.840		
B2-4	0.770		
B2-3	0.764		
B1-5		0.751	
B1-1		0.733	
B1-2		0.699	
B1-4		0.692	
B3-4			0.866
B3-5			0.817
B3-3			0.731
特征值	2.906	2.209	2.207
方差百分比	26.420	20.080	20.062
因子命名	熟悉国际商务规则	知识与经验互补	国际工作经验

表6 行动能力量表的旋转成分矩阵

项目	成分		
	1	2	3
C2-4	0.721		
C2-3	0.719		

续表

项目	成分		
	1	2	3
C2-1	0.684		
C2-2	0.678		
C5-5	0.622		
C5-4	0.548		
C3-2	0.501		
C1-1		0.817	
C1-3		0.786	
C1-5		0.592	
C4-3			0.827
C4-4			0.774
C4-1			0.762
特征值	3.168	2.161	2.038
方差百分比	24.370	16.622	15.676
因子命名	联合行动力	团队领导力	集体学习力

注：上述表 4 至表 6 中，载荷 0.5 以下的都未作呈现处理。

4. 可靠性分析

研究进一步对删减后的三级指标进行可靠性分析以检验量表信度。量表总体信度达到了 0.82（删除各项目后信度值均无提高情况，一级与二级指标各值也高于 0.80），表明量表整体信度良好。最终量表由表 7 呈现：

表7 旅游高职教师团队胜任力构成要素测量指标体系

一级指标	构成要素（编码）	测量指标
旅游高职教学团队的国际能力评价指标体系	思想观念 A	共享价值观（A1）	A1-1 熟悉并认同全球教育共性理论 A1-2 全面理解并赞同旅游高职教育的全球发展理念 A1-3 支持国际化人力资源管理政策 A1-4 积极参与中国旅游高职教育"走出去"的方案制定和实施 A1-5 个人愿望服从组织或团队需要
		国际化视野（A2）	A2-1 对教育国际化、旅游民间"大使"等富有热忱 A2-2 经常关注"一带一路"等 A2-3 提出旅游高职教育的国际化服务思路和理念 A2-4 理解全球经济一体化思想 A2-5 中国旅游要"走出去"，成就"讲好中国故事"的目标
		目标意识与主动性（A3）	A3-1 打造有国际竞争力的旅游高职教育产品 A3-2 教学目标与团队目标的清晰可见 A3-3 教师个人发展要始终掌握先机 A3-4 课程呈现鲜明的旅游职业教育思想和文化育人行动
		创新与迁移精神（A4）	A4-1 凝练并输出中国旅游高职教育的标准 A4-2 依托成熟的教法、手段，具备在地化改良、优化与实践的能力 A4-3 教学成果以讲好中国故事、中国服务与本土文化相得益彰为结果
	知识经验 B	知识与经验互补（B1）	B1-1 教师团队成员知识背景覆盖农文旅、文商旅、文旅体等多样化学科背景，有利于实现高绩效目标 B1-2 教师团队成员各有所长，一起工作必产生"1+1＞2"的效果 B1-3 教师团队成员之间定期交流工作很有意义 B1-4 教师团队中应该有国内和国际工作经历兼备的成员
		熟悉国际教育规则（B2）	B2-1 "国际教育规则"，需要时咨询专门人士即可（反向题） B2-2 团队成员可以在工作中逐步了解"国际教育规则"（反向题） B2-3 "国际"教育规则、政策、原理与和"国内"规则实质上的区别不大（反向题）
		国际工作经验（B3）	B3-1 国内工作经验，完全可以运用于海外教学或国际化教育（反向题） B3-2 海外旅游高职教育环境没有国内复杂、多变，国内经验丰富，应对旅游高职走出去没有问题（反向题）

续表

一级指标	构成要素 （编码）	测量指标
旅游高职教学团队的国际能力评价指标体系	**行动能力 C**	
	科学研究（C1）	C1-1 聚焦教育教学和旅游科学研究，团队成员发表 SSCI 或南大核心论文的数量 C1-2 教学团队论文被引用数量 C1-3 教学团队发表的研究报告、教改成果在国际化平台发布、认可的数量
	人才培养（C2）	C2-1 教学团队所授学生的外籍学生比例 C2-2 旅游高职毕业生在海外实习比例 C2-3 旅游高职毕业生在跨文化部门工作的比例
	国际交流（C3）	C3-1 教师团队举办国际会议数量 C3-2 访问学者与攻读文旅主流国家（美西方）数量 C3-3 合作办学课程或模块数量 C3-4 旅游高职教师团队所在高校是否拥有海外实体办学组织
	跨文化交际力 （C4）	C4-1 尊重来自不同文化背景的人的观念和习惯 C4-2 国际交往中，文化的差异性对教育共性而言不甚重要（反向题） C4-3 跨越不同文化的业务交流，教育标准和资源供需的对接是主要问题
	集体学习力 （C5）	C5-1 教师团队集体学习有助于分享知识、达成共识 C5-2 进修是"双师型"教师的应然选题，面临竞争越激烈，越需要加强赴企业的进修 C5-3 集体学习能力，是构成核心竞争力的主要因素之一

五、结论与讨论

　　旅游是国与国相亲的"民间大使"，旅游业亦是天然的跨国产业。在我国文旅企业开始"走出去"的现实情境下，思考和实践旅游教育如何抢占国际话语权，成为题中之义。换言之，作为人才储备中枢，旅游高职教育能否胜任国际化这一重任是决定我国坚定走对外开放战略成败的关键因素。本研究通过文献回顾和半结构访谈等方法的选编，构建了由 52 项指标构成的旅游职教学团队的国际能力评价指标体系。

　　检验结果显示，旅游高职教学团队的国际能力呈现三维度和12要素结构，即：思想观念（共享价值观、国际化视野、目标意识与主动性、创新与迁移精神）、知识经验（知识与经验互补、熟悉国际教育规则、国际工作经验）和行动能力（科学研究、人才培养、国际交流、跨文化交际力、集体学习力）。

基于该指标体系，旅游高职院校应从以下几个方面入手，从教师团队的视角打造一支响应国之所需、积极拥抱变革的教学团队。具体如下：

（一）完善机制，依托顶层设计强化人才培养保障

尽快完善旅游人才开发的体制机制，妥善处理人才培养过程中政府、院校与市场的关系，充分发挥政府的引导作用和市场在资源配置中的决定性作用，在制度上建立健全人才培养开发、配置使用、激励报偿、流动更新等框架，努力实现从政策推动向制度创新的转化。我国长期以来存在着重工程、轻制度的倾向，国家和地方的人才工程很多，但人才法律法规建设却很缓慢。现代旅游业的特点和性质决定了无法单纯依靠行政手段提升区域旅游人才的综合素质。因此，院校、政府与企业应加快对旅游职业的充分研究及科学分类，强化旅游教育的应用型教育主体地位。并借助国家职业证书"1+X"实施的东风和旅游业"走出去"的新趋势，积极整合目前零散分布于商业类目中的旅游职业，鼓励校政企联合开展岗位能力研究，可率先面向"一带一路"国家进行相应岗位证书的开发，进而为各院校的师资培养方案保驾护航。

（二）积极引智，走"请进来"与"走出去"协同之路

要树立国际化管理目标。针对"一带一路"2.0版本实施，旅游类高职院校需要全面提高专业教师的素质，建设国际化教师队伍，增强教师的国际交流能力。在实践中，教育管理人员需要在文旅融合情境下确立国际化的教师团队管理目标，从文旅出海的宏观视角出发，掌握职业教育国际化的发展趋势，结合"一带一路"和国际交往的实际需求开展教师团队管理。在国际化管理目标的指导下，尝试成建制引入国外优秀的教师团队管理办法（如浙江旅游职业学院引入澳大利亚安格利斯学院开展中外合作办学），不失为开展团队学习、借鉴国际专家智慧打造国际化管理氛围的好举措。另外，旅游高职院校要改革人才使用方式，应聚焦于海外背景人才引进效率，改变以往组织招聘团"广泛撒网式"人才引进方式，改为"定岗定向式"成建制引进，避免引进的国际级业界专家因工作时间短，产生的影响小而且不能持续。从积极"走出去"的视角考量，我国旅游高职院校应以教师团队为"作战单元"，坚定不移地走国际化道路。下一阶段，可率先与"一带一路"国家旅游院校合作共编教材，以此促进和提高我国旅游职业教育自编教材的水平。可不拘泥于中英双语教学，大胆开展多语种的双语教学，大力提高教师与学生的第三、第四外语水平。

（三）关注企业，提振旅游高职教师团队的"双师"素质

在我国旅游院校的校企合作的实践中，企业一直是人才队伍布局中的薄弱环节。在校企合作逐步转向产教融合发展的新时代背景下，鼓励和引导高层次应用型人才向旅游企业聚集，并让为企业服务成为当下职业教育界的"网红"议题。

为此，应着力激发旅游企业，尤其是在境外开展业务的旅游企业的内生动能，教育链上的利益相关者应着力优化作为人才培养主体的旅游企业微观环境，院校与企业应不拘一格降人才，突出企业的用人主体地位，探索在使用中培养，在培养和使用中发现更高级人才的"养用结合"人才转换机制。院校教师因其相对扎实的理论造诣和学生工作经验，在深度挖掘和激发旅游企业人才开发的内生动力方面有着先天优势。以"一带一路"国家为例，我国旅游高职教育已深度介入泰国、柬埔寨、塞尔维亚、意大利等国，与全球主流旅游组织如世界旅游组织、亚太旅游协会、国际饭店协会等也建立了广泛的人才开发合作关系。要通过与之更加密切地合作，使双方能从旅游教育、培训和研究项目活动中获得收益，实现双赢。一方面，要加大教师对外交流力度，通过与国外各层级的院校互派教师、短期访学、开展科研合作等方式，培养一支高质量的具有国际化水准和国际眼光的师资队伍。另一方面，要通过教师团队开展纵深式的国际化工作，如建立跨国界的人才市场信息监测中心，以人才信息库为载体针对"人才需求—人才就业"的闭环进行人力资源服务工作。

参考文献

［1］王建民，柯江林，徐东北.国际化战略中的中国企业高管团队胜任力实证研究［J］.东南大学学报，2015（2）：51-62.

［2］CHARLES M. Team Competenciesr［J］. Team performance management，2001（7）：117-122.

［3］CINTHIA K B. Predicting individual team member performance：The role of team competency，cognitive ability，and personalityr［D］. Doctor，Saint Mary's University，2023.

［4］黄春新，何志聪.胜任力模型如何适用于高科技企业研发团队的管理［J］.经济论坛，2024（1）：58-67.

［5］马红民，李非.创业团队胜任力与创业绩效关系探讨［J］.现代管理科学，2018（12）：45-46，98.

［6］王是平.并购企业高层管理团队胜任特征模型的理论与实证研究［D］.上海：复旦大学，2009.

［7］卢静.我国高职教育国际化实践探索［J］.高教学刊，2022（20）：71-74，79.

［8］张苑妮.新时代高职教育国际化：何为、难为与应为［J］.教育科学论坛，2022（18）：12-18.

［9］苏颖宏，罗薇薇，蔡经汉.区域高职教育竞争力评价［J］.教育评论，2021（8）：49-54.

［10］刘岩，李娜.高等教育国际化能力综合评价指标体系的构建［J］.高等教育管理，2019（9）：52-60.

业态发展篇

学术论文

区域职业教育专业结构与产业发展适应性实践探索

——以青岛市为例

青岛酒店管理职业技术学院　张　坦　于进亮

[摘　要]职业教育肩负着为经济社会发展培养高素质技术技能人才的使命，职业院校专业结构契合区域产业发展至关重要。以青岛市中职和高职院校为研究对象，分析青岛职业院校专业结构与地区产业结构的契合程度和特点，青岛市职业教育专业设置学科种类齐全，但专业布局不均衡，区域职业院校能主动对接产业变化进行专业布局，但总体专业集中度低，专业设置同质化严重，第一产业相关专业的高层次劳动力严重不足，第二产业相关专业难以满足产业需求，第三产业相关专业供给趋于饱和，战略性新兴产业人才储备匮乏。对此，青岛市职业教育应立足发展实际，搭建平台，绘制高素质技术技能人才供需谱系图，因地制宜，建立以产业需求为导向的专业动态调整机制，系统改革，探索专业数字化转型升级新路径，集聚资源，建设契合区域产业链发展的专业群，统筹规划，构建贯通培养的现代职业教育体系。

[关键词]职业教育；专业结构；产业发展；适应性；青岛

职业教育正面临前所未有的发展机遇。2021年4月召开的全国职业教育大会强调，要优化职业教育类型定位，加快构建现代职业教育体系，习近平总书记作出重要指示：职业教育前途广阔、大有可为。2022年4月修订的《职业教育法》，首次在法律层面明确职业教育是与普通教育具有同等重要地位的教育类型。职业教育是教育体系中同产业发展联系最为直接和紧密的一个领域[1]，是培养高素质技术技能人才的重要主体，专业是联结人才培养与产业需求的重要纽带，影响着职业院校主动适应产业发展的水平。职业教育专业结构要动态适应区域产业发展需求，职业院校要立足现实基础和特色优势，紧密对接区域产业发展布局，注重专业设置与区域产业布局的匹配性，支撑产业发展需求，助推新旧动能转换，为全面建设社会主义现代化国家提供坚实的技能人才支撑。本文以青岛市为例，基于 2021 年青岛市职业院校和产业发展相关数据，探究青岛中高职院校专业设置与地区产业发展的契合度和适应性，探索职业教育专业布局助推区域高质量发展的有效途径[2]。

一、青岛市经济与职业教育发展状态

（一）青岛经济发展与产业结构变化趋势

青岛为副省级城市、计划单列市，世界第四大港口城市，是国务院批复确定的中国沿海重要中心城市和滨海度假旅游城市，现辖市南、市北、崂山、李沧、黄岛、城阳、即墨 7 个区，代管胶州、平度、莱西 3 个县级市，是山东省经济中心、国家重要的现代海洋产业发展先行区，2021 年常住人口超过1000 万，城镇化率达 77.2%，跻身特大城市行列。近年来，青岛全面贯彻新发展理念，主动融入和服务新发展格局，经济发展韧性和活力持续彰显，高质量发展取得显著成效，全市生产总值五年跨越五个千亿元台阶，2021 年达14136.46 亿元，位列全国城市第 13 位，人均生产总值达到 13.9 万元。2021 年，青岛第一、二、三产业增加值分别达到 470.06 亿元、5070.33 亿元、8596.07亿元，三次产业之比为 3.3∶35.9∶60.8。相较于 2011 年，近十年，青岛第一产业由 2011 年的 4.6% 下降到 3.3%，下降了 1.3 个百分点；第二产业由 47.6%下降到 35.9%，下降了 11.7 个百分点，下降幅度较大；第三产业由 47.8% 上升到 60.8%，上升了 13.0 个百分点，以服务经济为主的"三二一"产业结构基本形成。"十四五"期间，青岛着力突出数字牵引作用，大力发展数字经济、枢纽经济、目的地经济、流量经济[3]，致力于打造世界工业互联网之都、战略性新兴产业基地、国家级服务经济中心。

（二）青岛职业院校规模与结构

2021年，青岛市完成招生专业备案的中等职业学校52所，13所国家中等职业教育改革发展示范学校，在计划单列市和副省级城市中位居第一；27所省示范性、优质特色和规范化中职学校、28个省品牌专业，立项建设的学校及专业数量位居全省第一[4]。因职业教育成效突出，青岛先后被授予国家高职综合改革试点城市、全国首批现代学徒制试点城市、全国首批产教融合试点城市、山东省职业教育改革成效明显市等荣誉[4]。

青岛共有高职院校11所，均为专科层次职业院校，其中，中国特色高水平高职学校和专业建设计划建设单位2所、国家示范性高等职业院校1所、国家骨干高职院校1所、国家优质专科高等职业院校2所、山东省优质高等职业院校4所、山东省高等职业教育高水平专业群建设单位4所，2021年在校生总数9.1万人。另外招收专科层次职业教育专业的普通本科院校6所（以下高职学校），2021年在校生总数5万人（见表1）。

表1 青岛市高职院校名单（顺序不分先后）

序号	院校名称	性质	中国特色高水平高职学校和专业建设计划建设单位	国家骨干高职院校	国家示范性高等职业院校	国家优质专科高等职业院校	山东省优质高等职业院校	山东省高等职业教育高水平专业群建设单位
1	青岛港湾职业技术学院	高职院校		√			√	√
2	青岛工程职业学院							
3	青岛航空科技职业学院							
4	青岛酒店管理职业技术学院		√				√	√
5	青岛求实职业技术学院							
6	青岛幼儿师范高等专科学校							
7	青岛远洋船员职业学院							
8	青岛职业技术学院		√		√		√	√

续表

序号	院校名称	性质	中国特色高水平高职学校和专业建设计划建设单位	国家骨干高职院校	国家示范性高等职业院校	国家优质专科高等职业院校	山东省优质高等职业院校	山东省高等职业教育高水平专业群建设单位
9	山东外贸职业学院	高职院校				√	√	√
10	山东文化产业职业学院							
11	德州科技职业学院青岛校区							
12	青岛滨海学院	招收专科层次职业教育专业的普通本科院校						
13	青岛城市学院							
14	青岛工学院							
15	青岛恒星科技学院							
16	青岛黄海学院							
17	青岛理工大学							

从区域分布看，黄岛区是职业院校分布较为密集的区域，中高职分布分别达到 10 所和 6 所，其次是城阳区的中高职分布分别达到 8 所和 3 所，市南区、市北区、崂山区、平度市无高职院校分布，其中市北区中职院校分布最多达 11 所，李沧区、即墨区、胶州市、莱西市中高职院校分布相当（见表 2）。

表 2　2021 年青岛中高职院校区域分布情况

	市南区	市北区	崂山区	李沧区	黄岛区	城阳区	即墨区	胶州市	莱西市	平度市	合计
中职（所）	4	11	3	5	10	8	4	2	3	2	52
高职（所）	0	0	0	3	6	3	1	2	2	0	17

为巩固部省共建职教高地成果，完善现代职教体系，增强职业教育适应性，青岛高职院校联合发起山东省职业院校"三教"改革联盟，率先在全国建立起"三教"改革领域的联合体，引领职业教育服务国家战略、融入区域发展、促进产业升级。同时，青岛市制订职业教育提质扩优三年行动计划，

新建青岛现代职教中心学校，完善中职办学条件；扩大高职办学规模，争取新建2所以上高职院校，2025年青岛高职院校在校生人数超过12万人；提升办学层次，支持1所高职院校创办职业教育本科院校，支持5所高职院校开办职业教育本科专业；推进高中阶段联合育人，支持普通高中与职业学校联合举办新型普职融通班，建设2个市级综合性公共实训基地；聚焦新能源汽车等青岛市重点发展产业，推进青岛市现代职教园建设。明确了在全省勇当龙头、在全国争先进位、在全球彰显特色的职业教育发展目标，不断推进职业教育改革创新重大项目落地落实。

（三）青岛职业院校专业设置情况

1. 专业规模与结构分析

《职业教育专业目录（2021年）》共设有19个专业大类，358个中职专业，744个高职专业，2021年青岛52所中职学校共设有17个专业大类、130个专业种类，覆盖率分别为89.47%和36.31%，专业布点数418个；17所高职院校共设有18个专业大类、195个专业种类，覆盖率分别为94.74%和26.21%，专业布点数462个。

从学校设置、专业布点情况和招生人数三个方面分析，中高职排名前四位的均为财经商贸大类、电子与信息大类、装备制造大类、交通运输大类，2021年四大专业大类中职招生19148人，占总招生人数的60.14%，高职招生30172人，占总招生人数的56.36%，中高职均占一半以上。

水利大类无中高职院校设置专业，公安与司法大类仅有1所高职院校设置专业，无中职学校设置专业，能源动力与材料大类仅有1所中职学校和1所高职院校设置专业。中职专业布点排名后四位分别是资源环境与安全大类1个、能源动力与材料大类1个、生物与化工大类1个、食品药品与粮食大类1个，高职专业布点数排名后四位分别是公安与司法大类1个、能源动力与材料大类1个、资源环境与安全大类2个、轻工纺织大类2个（见表3）。

青岛职业院校专业设置呈现出学科种类齐全，但专业布局不均衡的特点，基本形成了以财经商贸、电子与信息、装备制造、交通运输为主的专业结构，水利、公安与司法、能源动力与材料、资源环境与安全、生物与化工、食品药品与粮食、轻工纺织等专业大类设置较为薄弱。

表 3　2021 年青岛市职业院校专业设置情况

产业	专业大类	中职					高职				
		专业设置学校数/个	专业数/个	专业布点数/个	专业布点占比/%	2021年拟招生人数/人	专业设置学校数/个	专业数/个	专业布点数/个	专业布点占比/%	2021年拟招生人数/人
第一产业	农林牧渔	6	12	19	4.55	764	3	4	4	0.87	190
第二产业	资源环境与安全	1	1	1	0.24	40	2	2	2	0.43	180
	能源动力与材料	1	1	1	0.24	40	1	1	1	0.22	50
	土木建筑	10	7	22	5.26	1385	10	12	33	7.14	2933
	水利	0	0	0	0	0	0	0	0	0	0
	装备制造	26	16	70	16.75	6031	14	24	65	14.07	6460
	生物与化工	2	2	3	0.72	440	3	4	5	1.08	475
	轻工纺织	7	1	7	1.67	397	2	2	2	0.43	50
	食品药品与粮食	3	4	6	0.96	212	2	3	3	0.65	160
第三产业	交通运输	23	16	49	11.72	4983	13	29	53	11.47	5910
	电子与信息	27	12	55	13.16	3840	13	24	64	13.85	6787
	医药卫生	8	9	17	4.07	1810	6	14	24	5.19	4980
	财经商贸	28	10	60	14.35	4294	13	18	78	16.88	11015
	旅游	18	7	32	7.66	2702	11	11	28	6.06	3540
	文化艺术	18	17	42	10.05	2217	11	19	40	8.66	4165
	新闻传播	9	4	13	3.11	675	5	6	8	1.73	965
	教育与体育	14	8	18	4.31	1630	12	18	45	9.74	5121
	公安与司法	0	0	0	0.00	0	1	1	1	0.22	50
	公共管理与服务	5	3	5	1.20	380	5	3	6	1.30	500
合计	/	52	130	418	100	31840	17	195	462	100	53531

2. **专业集中度与集聚度分析**

专业集中度和专业集聚度可反映专业集群程度和专业特色，专业集中度是站在地方区域的角度分析不同院校间的差别，专业集聚度是站在院校个体的角度分析学校内部专业设置。

专业集中度指同一专业在不同学校的分布情况，同一专业分布学校越多，专业集中度越低，专业重复度越高，专业特色越不明显[5]。青岛高职院校中重复率高于50%的专业有6个，开设学校占比最高达76.47%，7个专业2021年招生人数低于1500人，反映出青岛高职院校专业集中度低，专业重复度高，专业设置同质化严重，专业特色不强，部分院校专业设置跟风严重。相较于高职院校，中职院校专业集中度高，最高重复率仅为38.46%。表5展示了2021年招生人数大于500，学校分布仅为1—2个的专业，此类专业的集中度高，专业特色明显，如酒店管理与数字化运营专业仅有青岛酒店管理职业技术学院一所学校设置，且招生人数高达800人，在设置专业时充分结合了自身特色、资源优势、区域经济发展的需求，专业特色鲜明（见表4、表5）。

表4　青岛中高职院校重复率较高的专业

排序	中职院校				高职院校			
	专业名称	开设学校数/所	开设学校占比/%	2021年招生人数/人	专业名称	开设学校数/所	开设学校占比/%	2021年招生人数/人
1	会计事务	20	38.46	1748	电子商务	13	76.47	2068
2	电子商务	18	34.62	1120	大数据与会计	11	64.71	2756
3	机电技术应用	17	32.69	2374	空中乘务	10	58.82	1260
4	计算机应用	17	32.69	1670	现代物流管理	10	58.82	1213
5	旅游服务与管理	15	28.85	1586	旅游管理	10	58.82	1105
6	数控技术应用	13	25.00	1387	建筑工程技术	9	52.94	1023
7	汽车运用与维修	12	23.08	1245	机电一体化技术	8	47.06	1530
8	航空服务	10	19.23	1708	大数据技术	8	47.06	1285
9	物流服务与管理	10	19.23	836	市场营销	8	47.06	865
10	幼儿保育	8	15.38	945	电气自动化技术	8	47.06	810

表5　专业集中度高专业特色明显的专业分布

专业类型	学校	专业大类	专业名称	2021 年招生人数 / 人
中职	青岛北方航空职业学校	交通运输	航空服务	600
	青岛西海岸航海职业学校	旅游	旅游服务与管理	600
	山东省青岛第二卫生学校	医药卫生	护理	500
高职	青岛滨海学院	学前教育	教育与体育大类	550
	青岛黄海学院	护理	医药卫生大类	800
		学前教育	教育与体育大类	580
	青岛酒店管理职业技术学院	酒店管理与数字化运营	旅游大类	800
	青岛求实职业技术学院	护理	医药卫生大类	550
		婴幼儿托育服务与管理	医药卫生大类	500
	山东外贸职业学院	国际经济与贸易	财经商贸大类	780
		大数据与会计	财经商贸大类	600

专业集聚度（专业集群度）指一所学校内设置的专业大类与专业数间的对比关系，是专业数与专业大类数的比值。专业大类越多，专业集聚度一般越低[5]。专业集聚度在3以下的中职学校有42所，占比80.77%；高职院校有5所，占比31.25%。这些院校专业大类涉及较多，专业跨度大，集聚度低，难以形成专业群，缺乏办学特色。专业集聚度在3到5之间的中职学校有9所，占比17.31%；高职院校有9所，占比56.25%。此类院校开设专业和覆盖的专业大类较多，专业特色也不明显。专业集聚度在5以上的中职学校仅有1所，占比1.92；高职院校有2所，占比12.50%。相较于中职学校，高职院校的专业集聚度较高，容易构建专业特色明显的专业群，办学资源聚集，具有较强的核心竞争力（见表6）。

表6　青岛中高职院校专业集聚度分析

专业集聚度	高职		中职	
	学校数 / 个	学校占比 /%	学校数 / 所	学校占比 /%
小于3	5	31.25	42	80.77
3—5	9	56.25	9	17.31
大于5	2	12.50	1	1.92

二、青岛市职业院校专业结构与产业发展适应性分析

职业教育是一种与经济社会发展关系紧密的教育类型，专业是联结人才培养与产业需求的重要纽带，影响着职业院校主动适应产业发展的水平。随着高素质技术技能人才的缺口日益增大，职业教育的地位和使命日渐凸显。产业结构的转型升级，影响着就业市场劳动力的需求侧结构，职业教育专业布局则反映着技术技能人才的供给侧结构。推进专业布局与产业发展的供需平衡，增强职业教育的区域产业适应性与契合度，对于深化职业教育类型定位，促进区域经济社会发展具有重要意义。

表7　2021年青岛市职业院校专业三次产业布点情况

	专业布点数 / 个			专业布点占比 /%		
	第一产业	第二产业	第三产业	第一产业	第二产业	第三产业
中职	19	108	291	4.55	25.84	69.62
高职	4	111	347	0.87	24.03	75.11

表8　青岛市18个高职专业大类布点比率与产业比率 Pearson 相关系数（无水利水电大类）

	财经商贸（16.88）	文化艺术（8.66）	电子与信息（13.85）	装备制造（14.07）	医药卫生（5.19）	教育与体育（9.74）	土木建筑（7.14）	旅游（6.06）	交通运输（11.47）
一产 /GDP	-0.026	-0.224	0.433	-0.473	-0.876**	-0.869**	0.803**	0.464	-0.945**
二产 /GDP	-0.09	-0.222	0.4	-0.455	-0.829**	-0.845**	0.828**	0.431	-0.926**

续表

	财经商贸（16.88）	文化艺术（8.66）	电子与信息（13.85）	装备制造（14.07）	医药卫生（5.19）	教育与体育（9.74）	土木建筑（7.14）	旅游（6.06）	交通运输（11.47）
三产/GDP	0.083	0.223	−0.405	0.458	0.836**	0.85**	−0.827**	−0.436	0.93**
	农林牧渔（0.87）	轻工纺织（0.43）	新闻传播（1.73）	公共管理与服务（1.3）	资源环境与安全（0.43）	生物与化工（1.08）	食品药品与粮食（0.65）	公安与司法（0.22）	能源动力与材料（0.22）
一产/GDP	0.726*	−0.223	−0.204	0.312	0.867**	0.787*	0.874**	0.75*	0.445
二产/GDP	0.763*	−0.322	−0.207	0.318	0.905**	0.757*	0.903**	0.779*	0.344
三产/GDP	−0.76*	0.311	0.207	−0.318	−0.902**	−0.762*	−0.901**	−0.777*	−0.357

备注：（1）*. $p < 0.05$；**. $p < 0.01$；

（2）专业大类括号数字指 2021 年的专业布点数占比；

（3）相关系数为正值，说明呈正相关，负值为负相关；

（4）相关系数绝对值越大，说明相关性越好。

（一）第一产业相关专业的高层次劳动力严重不足

2021 年中职院校设置与第一产业相关专业的布点数 19 个，占比 4.55%，高职院校设置与第一产业相关专业的布点数 4 个，占比仅为 0.87%（见表 7）。与 2021 年青岛市第一产业在三大产业结构中占比 3.3% 相比，中职层次劳动力供应较为充足，而更高层次的高职层次劳动力严重不足。《青岛市"十四五"农业农村现代化规划》明确提出打造乡村振兴齐鲁样板先行区、建设全国都市现代农业示范区、建设国家城乡融合发展试验区的三个定位，提出农业高质高效走在全国前列，乡村宜居宜业走在全省前列，农民富裕富足走在全省前列的三个目标，农业科技贡献率要提升到 72%，加快发展现代种业、园区农业、数字农业、绿色农业、品牌农业，这对劳动力的素质和能力提出了更高的要求，特别是在农业科技、信息技术、资源环境等方面。将青岛市 18 个高职专业大类布点比率与产业比率进行相关性分析，电子与信息、土木建筑、旅游、农林牧渔、资源环境与安全、生物与化工、食品药品与粮食、公安与司法、能源动力与材料等专业大类与第一产业的相关性较好，对农业信息、农业旅游、农业环境、农业能源等方面具有促进意义，而助力农业电商同时专业规模较大的财经商贸大类与第一产业的相关性较差（见表 8）。在全面推进乡村振兴、加快农业农村现代化进程的大背景下，应适当增加高职院校与第一产业相关专业的招生规模，引导相关专业毕业生向第一产业就业创业，助推农业转型升级，服务现代农业发展。

（二）第二产业相关专业难以满足产业需求

青岛坚持创新驱动发展，加快动能转换，智能家电、轨道交通 2 个产业集群入选国家先进制造业集群，跃居先进制造业百强市第七位。从青岛市 18 个高职专业大类布点比率与产业比率的相关性分析中可以看出，电子与信息、土木建筑、旅游、农林牧渔、资源环境与安全、生物与化工、食品药品与粮食、公安与司法等专业大类与第二产业的相关性较好，而具有明显制造业特征同时专业规模较大的装备制造大类和交通运输大类与第二产业呈现明显负相关，说明此类专业在一定程度上明显脱离了相关产业发展的需求，这与青岛"十四五"期间全力打造智能家电和先进轨道交通装备两个世界级产业集群的战略规划不匹配，装备制造大类和交通运输大类的供给侧与需求侧的严重不平衡应引起有关部门和职业学校的高度重视。同时，"十四五"期间，青岛全力打造现代海洋、新一代信息技术、智能家电、轨道交通装备、新能源汽车五个一流产业集群，改造提升装备制造、高端化工、食品饮料、纺织服装四个传统优势产业，培育壮大生物医药、新材料、航空航天三大新兴产业，前瞻布局氢能及储能、生命科学、类脑智能等一批未来产业[6]，打造世界工业互联网之都。2021 年，青岛市第二产业相关专业的布点数，中职 108 个，占比 25.84%，高职 111 个，占比 24.03%。与 2021 年青岛市第二产业在三大产业结构中占比 35.9% 相比，中高职层次劳动力均严重不足，在 2019 年青岛发布的新旧动能转换技能人才紧缺急需的 50 个专业目录中，一半以上属于第二产业相关专业，包含数控加工、机械设备、汽车制修、船舶海洋等专业群专业，第二产业相关专业的高素质技术技能人才需求缺口巨大。

（三）第三产业相关专业供给趋于饱和

近十年，青岛第三产业占比由 47.8% 上升到 60.8%，上升了 13.0 个百分点，增加值年均增长 8.5%，青岛市服务业规模持续扩大，新兴服务业蓬勃兴起，现代服务业加快发展，以服务经济为主的"三二一"产业结构基本形成，涵盖交通、仓储、邮政、文体旅游、软件信息、科技服务等方面的现代服务业对经济增长的贡献率稳步提高，成为青岛市经济增长的"新引擎"和"压舱石"。2021 年，青岛第三产业相关专业的布点数，中职 291 个，占比 69.62%，高职 347 个，占比 75.11%，分别高于第三产业产业占比 8.82 个、14.31 个百分点，"热门专业""低成本专业"扎堆过剩的情况普遍存在，第三产业人力资源供给过剩。近些年，青岛成功服务保障了上海合作组织青岛峰会、跨国公司领导人青岛峰会、人民海军成立 70 周年多国海军活动等重大国际活动，同时跻身国际性综合交通枢纽城市，这对高品质服务业的需求逐渐增大，服务业从业者的需求由数量向质量转变。"十四五"期间，青岛致力于全面建设国家级服务经济中心，推动现代物流、现代金融、信息服务、科技服务、商务服务 5 大生产性服务业向专业化和价值链高端延伸，推动精品旅游、现代商贸、文化创意、医养健康 4 大生活性服务业向精细化和高品质转变，加快推进服务业数字化。与此九大服务产业相关的医药卫生、交通运输、教育与体育等专业大类与第三产业相关性较好，而具有明显服务业或商业性质的财经商贸、旅游大类相关性差，专业结构与产业结构不匹配。值得注意的是，专业规模居于前四位之一的财经商贸专业大类，与三个产业相关性均不强，这与青岛依托上合示范区、山东自贸试验区青岛片区等重大战略平台，建设国际贸易中心城市的目标和愿景不匹配。

（四）战略性新兴产业人才储备匮乏

近年来，青岛深入实施创新驱动发展战略，着力提升战略性新兴产业发展能级，促进产业基础能力和产业链现代化水平加速提升，全面发展壮大战略性新兴产业。以数字经济为代表的新动能迅速起势，工业互联网快速发展，"四新"经济、海洋经济增加值占生产总值比重均突破 30%[7]。"十四五"期间，青岛将集中优势资源，攻克关键核心技术，重点培育发展新一代信息技术、高端装备、新能源、新材料、智能网联及新能源汽车、绿色环保、航空航天、现代海洋、生物等产业，超前布局未来产业，大力发展战略性新兴产业相关服务业，打造国家重要的战略性新兴产业基地。从青岛市高职专业设置与战略性新兴产业发展对接情况来看，除高端装备类新兴产业外，其他战略性新兴产业相关专业布局严重不足，尤其是新能源、新材料、绿色环保、航空航天、生物等新兴产业，能破解制约产业高质量发展"卡脖子"问题的高素质技术技能人才储备匮乏，制约着青岛新旧动能转换和国家战略性新兴产业基地建设进程（见表9）。

表9　青岛市高职专业设置与战略性新兴产业发展对接情况

产业类别	相关专业	设置的专业点数/个	占设置专业总数比例/%
信息技术	计算机应用技术、大数据技术、云计算技术应用、通信软件技术、区块链技术应用、微电子技术、移动应用开发等	44	9.52
高端装备	工业机器人技术、机电一体化技术、智能焊接技术、智能控制技术、智能产品开发与应用、模具设计与制造、智能机电技术等	87	18.83
新能源	新能源装备技术、新能源汽车技术、新能源汽车检测与维修技术等	7	1.51
新材料	材料成型及控制技术等	1	0.22
智能网联	智能焊接技术、智能物流技术、智能产品开发与应用、人工智能技术应用、智能机电技术、工业互联网技术、物联网应用技术等	26	5.63
新能源汽车	新能源汽车技术、新能源汽车检测与维修技术、汽车智能技术等	15	3.25
绿色环保	环境监测技术、环境艺术设计	8	1.73
航空航天	航空物流管理、民航空中安全保卫、通用航空器维修、通用航空航务技术、民航运输服务等	8	1.73
现代海洋	船舶动力工程技术、船舶电子电气技术、船舶工程技术、航海技术、港口与航运管理、海洋化工技术等	14	3.03
生物	生物制药技术、药品生物技术等	2	0.43

三、青岛市职业教育贯通培养情况

（一）青岛市职业教育贯通培养契合度分析

构建纵向贯通、横向融通的现代职业教育体系，要求推进中职、高职与本科层次职业教育的贯通式培养，强调学生在职业教育体系内部的接续培养，以满足经济社会发展对高水平人才的需求。目前青岛市无本科层次职业院校，高层次高素质技术技能人才培养受到一定限制。用专业布点偏离度（Z-G）分专业大类判定中高职专业结构贯通契合度，公式如下：

$$Z-G偏离度=\frac{中职专业布点比率}{高职专业布点比率}-1$$

Z-G 偏离度＞0，表明中职专业布点比率大于高职专业布点比率，反之小于，偏离度绝对值越小，表示中高职专业贯通适应性越好。总体来说，青岛中高职贯通培养的专业基础薄弱，偏离度小于 0 的专业大类占比 47.37%，对于能源动力与材料、装备制造、交通运输、电子与信息、医药卫生等青岛市重点发展产业对应的专业大类，中职专业布点稍显不足，中职院校向高职院校生源输送乏力。而对于农林牧渔、轻工纺织等农业和轻工业相关的中职专业布局过多，接续的高职专业布局缺乏，专业结构不适应，高层次人才不足，不利于打造乡村振兴齐鲁样板和改造纺织服装等青岛传统优势产业（见表 10）。

表 10　2021 年青岛中高职院校 Z-G 偏离度情况

产业	专业大类	Z-G 偏离度
第一产业	农林牧渔	4.25
第二产业	资源环境与安全	−0.45
	能源动力与材料	0.11
	土木建筑	−0.26
	水利	0
	装备制造	0.19

产业	专业大类	Z-G 偏离度
第二产业	生物与化工	−0.34
	轻工纺织	2.87
	食品药品与粮食	0.47
第三产业	交通运输	0.02
	电子与信息	−0.05
	医药卫生	−0.22
	财经商贸	−0.15
	旅游	0.26
	文化艺术	0.16
	新闻传播	0.80
	教育与体育	−0.56
	公安与司法	−1.00
	公共管理与服务	−0.08

（二）青岛市职业教育贯通培养类型与规模分析

青岛所有公办中职学校均与对口合作高职开展了"三二连读"合作招生。2021 年青岛中职院校在校学生总数 9 万人，毕业生数 2.5 万人，70% 以上的中职学生通升入高职、本科院校就读。青岛市 2022 年三二连读高职、五年一贯制高职招生计划中，35 个中职学校的 67 个专业与山东省内 37 个高职院校（其中青岛市 8 个高职院校）进行贯通培养，总计 12490 个招生计划，约占当年中职毕业生总数的一半。青岛市职业院校与本科高校对口贯通分段培养试点分为"3+2"试点（3 年高职 +2 年本科）、"3+4"试点非师范类（3 年中职 +4 年本科）、"3+4"试点师范类（3 年中职 +4 年本科）三类，2022 年青岛市 16 所职业院校开展与本科高校对口贯通分段培养试点，覆盖 24 个专业，主要集中装备制造大类、旅游大类、财经商贸大类，与青岛市区域经济优势与发展定位基本符合，衔接 12 所本科高校（其中青岛市 5 所）和 21 个本科专业，招生规模达 1300 人，在山东省内位居前列（见表 11）。

表 11　2022 年青岛市职业院校与本科高校对口贯通分段培养试点

招生类型	职业院校			衔接本科高校		招生规模/人	生源范围
	学校名称	专业名称	专业大类	学校名称	本科专业名称		
"3+2"试点	青岛职业技术学院	旅游管理	旅游大类	泰山学院	旅游管理	80	夏季高考
		应用化工技术	生物与化工大类	青岛农业大学	化学工程与工艺	80	夏季高考
	青岛港湾职业技术学院	轮机工程技术	交通运输大类	山东交通学院	轮机工程	40	夏季高考
		现代物流管理	财经商贸大类	青岛农业大学	物流管理	80	夏季高考
		机械制造及自动化	装备制造大类	青岛农业大学	机械设计制造及其自动化	80	夏季高考
	青岛酒店管理职业技术学院	酒店管理与数字化运营	旅游大类	山东工商学院	酒店管理	40	夏季高考
		烹饪工艺与营养	旅游大类	济南大学	烹饪与营养教育	40	夏季高考
		旅游管理	旅游大类	山东青年政治学院	旅游管理	40	夏季高考
	青岛远洋船员职业学院	航海技术	交通运输大类	山东交通学院	航海技术	40	夏季高考
	山东外贸职业学院	国际经济与贸易	装备制造大类	烟台大学	国际经济与贸易	80	夏季高考
"3+4"试点非师范类	青岛电子学校	电气设备运行与控制	装备制造大类	青岛科技大学	电气工程及其自动化	40	青岛市
		计算机应用	电子与信息大类	青岛科技大学	计算机科学与技术	40	青岛市
	山东省轻工工程学校	机电技术应用	装备制造大类	青岛科技大学	电气工程及其自动化	40	青岛市
		数控技术应用	装备制造大类	青岛科技大学	机械工程	40	青岛市

续表

招生类型	职业院校			衔接本科高校		招生规模（人）	生源范围
	学校名称	专业名称	专业大类	学校名称	本科专业名称		
"3+4"试点非师范类	山东省轻工工程学校	模具制造技术	装备制造大类	山东科技大学	过程装备与控制工程	40	青岛市
"3+4"试点非师范类	青岛华夏职业学校	会计事务	财经商贸大类	青岛科技大学	财务管理	40	青岛市
	青岛华夏职业学校	服装设计与工艺	轻工纺织大类	青岛科技大学	服装与服饰设计	35	青岛市
	青岛旅游学校	旅游服务与管理	旅游大类	青岛大学	旅游管理	30	青岛市
	青岛商务学校	物流服务与管理	财经商贸大类	青岛理工大学	物流管理	40	青岛市
	青岛西海岸新区职业中等专业学校	计算机平面设计	电子与信息大类	潍坊学院	数字媒体技术	40	青岛市
	青岛外事服务职业学校	国际货运代理	财经商贸大类	青岛理工大学	国际商务	40	青岛市
	青岛交通职业学校	汽车运用与维修	交通运输大类	青岛理工大学	汽车服务工程	40	青岛市
	青岛市城阳区职业教育中心学校	动漫与游戏制作	新闻传播大类	青岛农业大学	动画	35	青岛市
"3+4"试点师范类	山东省平度师范学校	小学教育	教育与体育大类	青岛大学	小学教育	100	青岛市
	青岛幼儿师范学校	幼儿保育	教育与体育大类	青岛大学	学前教育	100	青岛市
总计	16	24	9	12	24	1300	

四、增强职业教育区域产业适应性的对策建议

顺应新一轮科技革命和产业变革，职业教育以产业发展需求为逻辑起点，

不断深化高素质技术技能人才供给侧结构性改革势在必行。职业院校应立足现实基础和特色优势，明确发展目标，紧密对接区域产业发展布局，优化调整专业布局，注重专业设置与区域产业布局的匹配性，支撑产业发展需求，助推新旧动能转换，持续推进专业高质量内涵发展[8]。

（一）搭建平台，绘制高素质技术技能人才供需谱系图

一是区域人力资源和社会保障、教育等相关政府部门牵头，联合行业、企业、高校等多方资源，整合区域产业人才需求和学校技术技能人才供给的大数据，开发动态的共享型人才数据平台，完善智慧人力资源共享体系。二是依托区域职业教育行业教学指导管理机构，研究各行业区域"十四五"规划，组织各区域行指委专家力量研制并发布行业人才需求与专业设置指导报告，绘制省域和市域层面专业与产业发展的谱系图，为专业建设提供基本依据。三是瞄准需求，找准区域专业布局与产业发展的平衡点，从顶层设计上加强专业建设对国家战略和社会民生的贡献度以及对产业提质升级的支撑度，缓解区域技术技能人才供需的结构性矛盾，形成专业和产业统筹融合、良性互动的发展格局。

（二）因地制宜，建立以产业需求为导向的专业动态调整机制

一是在省域和市域层面，要切实履行专业布局对接区域产业的职责，依据技术技能人才供需大数据，统筹区域内职业院校专业设置，建立主动适应产业发展的专业动态调整机制。其中，省域层面重点统筹专科层次和本科层次高职院校的专业设置，充分考虑各地市产业发展状况，从体制机制层面系统提升高职院校服务当地经济发展的能力；市域层面重点统筹中职学校专业设置，增强中职学校与地方产业发展的匹配度，引导职业院校围绕地方优势产业、新兴产业和未来产业高质量发展需求增设"急需紧缺"专业。二是建立专业服务地区产业发展关联度和贡献度评估机制，制定专门的专业（群）考核评价指标体系，探索开展专业认证，以专业评价推动专业高质量发展。重点发展服务国家战略、服务社会民生、支撑产业提质升级的专业，针对生师比失衡、同质化严重、校企合作基础差的专业，建立淘汰机制。同时，探索分专业大类核算办学成本，适当提高装备制造、信息技术等专业大类生均经费标准。三是在学校层面，自觉主动适应区域产业发展，完善学期和年度专业考评机制，建立专业适应产业发展的校本考核指标体系，依托学校专业建设大数据平台，搭建专业发展动态数据库，实时观测专业发展的纵横向对比分析，动态公布预警和退出专业清单。同时以教学诊断与改进工作为重要抓手，常态化开展专业诊改，推动产业需求更好融入人才培养过程，提升专业内涵建设质量。

（三）系统改革，探索专业数字化转型升级新路径

落实新版专业目录和国家专业教学标准要求，以产业数字化转型升级为逻辑起点，引领职业教育数字化转型升级。具体来说，一是提升教师团队数字素养。要聚焦专业目标标准、培养路径、培养载体、培养模式和考核评价等方面，分专业构建"双师型"教师培养体系。依托教学能力比赛，提升教师教学设计实施、评价、信息技术应用高等能力。依托教学创新团队，探索实施教师分工协作的模块化教学。针对淘汰专业，系统做好教师培训，引导相关教师"转行"发展。二是推动课程迭代升级。实施课程系统改革工程，以课程思政为引领，聚焦课程标准体系、课程教学资源、课程教学模式、课程考核评价等维度，"一课一策"，系统推动课程数字化改革，校企双元合作开发一批活页式、工作手册式新形态教材。三是建设高水平数字化实训基地。深化产教融合、校企合作，与行业龙头企业、产教融合型企业等优质企业合作，用好有关校企合作项目，在实训基地中植入企业实时经营（运营）数据，建成高水平智慧实训基地。同时积极与优质培训评价组织合作，发挥好职业技能等级证书效应，及时引入新技术、新技能、新标准，通过书证融通更新专业内涵。四是创新人才培养模式。在系统总结现代学徒制试点经验的基础上，结合区域产业特点，分专业研制现代学徒制专业标准、人才培养方案、课程标准等，构建中国特色现代学徒制标准体系，全面探索中国特色现代学徒制，为区域经济社会发展培养更多"精英学徒"。

（四）集聚资源，建设契合区域产业链发展的专业群

在高质量发展背景下，产业链条式和集群化发展已成为产业发展的新常态，职业教育不断适应产业链发展，专业建设主体由专业向专业群转变亦是大势所趋。一是要进一步厘清专业组群逻辑。深入分析区域产业结构，结合学校专业结构布局，系统分析产业需求侧与技术技能人才培养供给侧的交集地带，以产业链、职业岗位（群）等为依托，关注教学资源共享度和学生就业面向相关度等，持续优化专业布局，逐步组建契合区域产业发展的专业群。二是发挥群内优势专业的核心作用，强化群内专业集聚和共享，发挥优质职业教育资源集约效应。要聚焦学生通用能力、关键岗位能力和职业迁移能力，系统化设计课程，模块化开展教学、项目化构建资源，在教学团队、课程体系、教学条件等方面真正实现共享共用，以优势专业带动专业群整体提质升级。三是推动产教深度融合，集中力量校企共建与地区战略性新兴产业相契合的专业集群，形成校企命运共同体的职教生态圈，服务区域产业发展战略，为区域产业发展提供强有力的人才保证、科技支撑和智力支持，推动高校与企业、专业与产业双向赋能、双向服务、同频共振。

（五）统筹规划，构建贯通培养的现代职业教育体系

当前，区域中高本贯通培养的专业基础普遍薄弱，应以一体化设计为思路，搭建体系贯通、结构合理、衔接畅通的现代化职业教育体系。一是筑牢中职学校基础性地位。实施高水平学校和专业培育工程，夯实基础，推动中职学校提质培优。统筹高职与中职专业建设，打造中高职命运共同体，扩大"三二连读"和五年一贯制培养规模。根据区域经济社会发展情况，统筹学生就业和升学需求，因地制宜，实施好普职融通。二是坚持专科层次高职学校的主体地位。发挥好专科层次高职学校在现代职业教育体系中承上启下的中坚作用，依托国家和省域层面实施的"双高计划"，强化内涵建设质量，建设专业办学品牌，持续培养区域发展急需的高素质技术技能人才。三是稳步发展本科层次职业教育。贯彻落实新《职业教育法》，结合区域职业教育发展情况，依据相关标准，积极申办实施本科层次高职院校，支持符合条件的专科层次高职院校部分专业申办本科层次职业教育，为构建中职、高职、本科层次贯通培养的现代职业教育体系奠定专业结构基础。

参考文献

［1］金娴，金高军.地方性高职院校产教融合困境与突围［J］.中国职业技术教育，2022（7）：92-96.

［2］平和光，郝卓君，孟凯.新时代新奋斗：新时代中国特色社会主义时期的职业教育［J］.职业技术教育，2021，42（33）：24-31.

［3］张文萱，孙国卫.展望青岛"十四五"：更高水平搞活一座城［J］.走向世界，2021（11）：28-31.

［4］赵黎.青岛职教，让生活更美好［N］.青岛日报，2022-05-09（T01）.

［5］周维莉，王志强.湖北省高职院校专业结构与产业需求对接实证研究［J］.职业技术教育，2021，42（35）：11-16.

［6］孙欣.打造"工赋青岛 智造强市"城市新名片［N］.青岛日报，2021-11-02（004）.

［7］陆治原.高举旗帜 勇担使命 奋力谱写青岛建设新时代社会主义现代化国际大都市新篇章［N］.青岛日报，2022-04-18（001）.

［8］施南奇，张德文.新发展理念下高职专业设置与地区产业发展契合度研究：以无锡10所高职院校为例［J］.职业技术教育，2021，42（23）：34-38.

我国研学旅行指导师职业化发展指数构建与测算

浙江旅游职业学院　　池　静　李成军

[摘　要] 职业化发展指数是评价"新职业"研学旅行指导师职业化水平，促进专业人才队伍培育建设的重要依据。在已有研究的基础上，提出从职业准入、职业训练、职业认同和职业道德 4 个维度，构建我国研学旅行指导师职业化 11 个三级指标的发展指数。运用德尔菲法和模糊综合指数法，利用 YAAHP 软件确定权重。通过问卷采集了覆盖全国 34 个省份的 2515 份问卷，进行了研学旅行指导师职业化发展指数测算。

[关键词] 研学旅行指导师；职业化发展；指数

[基金项目] 2022 年文旅部编制委托课题"研学旅行指导师国家职业技能标准"（项目编号：NZ-H202212137）；浙江旅游职业学院职业教育教师教学创新团队课题（子课题）研究项目"基于资历框架的职业教育专业课程体系与职业标准协同开发研究"（项目编号：ZH2021080201）。

从 2013 年开始的具有中国特色的研学旅行承载了素质教育改革和旅游转型发展新目标，已初步形成规模化发展态势[1]。研学旅行指导师在研学旅行过程中发挥着举足轻重的作用，不断提高研学旅行指导师职业化水平已成为行业甚至全社会的迫切需求。2022 年，我国将研学旅行指导师纳入新版职业大典，并着手研制研学旅行指导师国家职业技能标准，旨在促进人才队伍培育和专业水平提升。

一、文献述评

研学旅行指导师是新兴研究领域，以"研学旅行指导师""研学导师"等为主题，以 CNKI 为文献来源进行检索，截至 2022 年 7 月 30 日，收集相关文献共计 370 篇，相关标准 7 个。相关研究的热点集中在研学旅行指导师概念、职业认知、素质能力等方面[2]，还没有研学旅行指导师职业化发展相关文献。已有研究大都认为，专业化人才队伍是研学旅行发展最明显的痛点之一，现有的研学旅行指导师多是从导游、旅游类、教育类学生转型而来，不仅面临高素质专业人才需求与供给之间的严重缺口，队伍也良莠不齐，往往不能同时具备导游的知识技能和教育学等学科的专业知识。无论是来自教育界还是旅游界的学者，都认同需要加强研学旅行专业人才队伍建设。已有文献对于研学旅行指导师的概念、边界的界定差异较大，有"研学导游""研学导师""研学实践指导教师""研学指导师"等不同定义及其内涵，这些不同概念和职业边界对认知、判断研学旅行指导师整体职业化发展水平提出了挑战。截至目前已形成 6 份主要的研学旅行指导师胜任力模型，并主要形成以下两种类型：一种是按工作内容模块进行构建，如王红等人从工作内容的课程实施、安全管控、课程设计和项目管理四个方面构建研学旅行导师胜任力[3]。二是按照心理学要求进行构建，如郇宜秀等人冰山模型涵盖知识、能力、价值观、个人品质和动机五个方面[4]，李志伟的模型涵盖研学知识、研学技能、自我概念、个人特质和动机需求[5]。现有研究多从研学旅行指导师个体胜任力角度开展研究，虽然都能为理解研学旅行指导师个体职业化水平提供一定依据，但相对缺乏该群体职业化发展水平方面的针对性研究。本文结合已有研究，采用人力资源和社会保障部对研学旅行指导师的最新定义，以此为依据构建研学旅行指导师职业化水平指标，研究对象囊括现阶段从事研学旅行指导师工作的多业态行业主体不同岗位的人群。这些主体包括研学机构、旅行社、教培机构等服务机构（以下简称机构类），国家公园、自然公园及自然保护区等各类研学基地、研学营地、综合实践基地（以下简称基地营地类），博物馆（含纪念馆、艺术馆、科技馆、展览馆）以及中小学等四大板块。来自机构类、基地营地类的研学旅行指导师是目前研学旅行实践的中坚力量，需要认真研究、持续关注。博物馆讲解员和中小学教师常在本职工作之外，兼任研学旅行指导师，成为重要的支持力量，也可以同向观察。因此，除了全国研学旅行指导师职业化发展水平的持续追踪之外，职业中的分化类型也值得进行横向深入对比研究。

职业化是工业社会的一个基本特征，不同职业的职业化有不同的考量重点，但是基本都依据职业化的基本逻辑。在学术界，对于职业化的内涵主要有两种主流意见。一种侧重从内外部特征看。朱波认为，外显的职业化需要知识、技术和能力，内隐的职业化需要职业精神[6]。另一种侧重从过程来看。赵曙明认为，职业化是普通的职业人群逐渐符合专业标准，具备专业工作能力并取得相应专业地位的动态过程[7]。多位学者从不同维度提出不同职业的职业化发展指标，还有一些利用量化方法进行了职业化发展指数构建与测算。罗炎成、张春阳分别从个体素质角度来构建职业化发展水平指标，谭功荣、Hall 分别从群体素质角度提出了职业化发展的一级指标，童洁用 AHP 层次分析法从群体素质、易衡量的 5 个一级指标、13 个二级指标构建新型职业农民职业化指标体系，现有部分职业化发展指标汇总情况见表 1。

表 1　现有部分职业化发展指标

作者	一级指标	二级指标	研究方法
谭功荣[8]	职业准入、职业训练、职业认同、职业道德、职业文化		定性方法
罗炎成[9]	职业资质、职责定位、职业能力、职业意识、职业道德		定性方法
Hall[10]	专门的知识、工作自主权、从业者组织、岗位资格和道德规范		定性方法
张春阳、胡宏伟[11]	职业素养、职业技能、职业行为	职业认同、职业态度；职业资质、职业能力；岗位的具体从业行为和需求规范，包括行业在心态、语言和行为等方面的规范	神经网络模型
童洁等[12]	职业文化素养、职业技能、职业薪酬、职业认同、职业行为规范	文化教育程度、职业教育水平、从业年限、技术资格水平、信息化技术水平、职业收入占总收入比重、职业收入占当地平均收入比重、对职业声望的认可度、对职业薪酬的满意度、长期从事职业的意愿、对职业道德的认知度、对相关法律法规的熟悉度、对岗位职责及要求的熟悉度	AHP 层次分析法

这些研究成果和研究方法都能提供有益借鉴，但还需要考虑研学旅行指导师职业化发展的职业特征，从研学旅行指导师职业群体角度构建其职业化发展水平指标体系。综上所述，借鉴其他领域职业化发展已有成果，本文认为研学旅行指导师职业化发展是以提升研学旅行指导师胜任力与个人职业发展专业化程度为主要目标，以专业知识与业务技能的学习培训为手段，从职业化行为到职业化意识等多方面，职业化水平由低转高的动态发展过程。本文以研学旅行指导师群体为研究对象，利用德尔菲法和模糊综合指数法，考虑职业特性构建研学旅行指导师职业化发展指数，用量表工具进行问卷调查获取一手数据，对研学旅行指导师职业化发展水平进行综合测评，对不同行业板块中研学旅行指导师职业化发展水平进行横向比较并进行因素分析，提出相应发展对策，以提高全国研学旅行指导师职业化发展水平。

二、研学旅行指导师职业化发展指数设计

1. 研学旅行指导师职业化发展指数的研究方法

利用文献研究、专家访谈、德尔菲问卷和实地调研等多种方法进行研学旅行指导师职业化发展指数构建，分为以下三个步骤。首先，通过文献研究和访谈，借鉴已有研究成果，从整体上确定研学旅行指导师职业化发展水平指标体系草案。其次，通过德尔菲问卷法确定指标体系。最后，在初步建立指标体系后，采用模糊综合指数法组合赋权综合确定指标权重。

2. 构建指标体系

结合关于职业化领域具有代表性的研究，提出研学旅行指导师职业化发展水平的评价指标包含职业准入、职业训练、职业认同、职业道德 4 个维度及指标体系草案。

遵循权威性、代表性和可行性原则，遴选来自全国与研学旅行相关的研究、管理、一线从业领域，拥有丰富相关工作经历，具有一定的知名度，有兴趣且责任心强，能完成数轮问卷咨询的专家进行问卷咨询。纳入标准为从事研学旅行相关研究、管理及研学旅行工作 10 年及以上，本科及以上学历，中高级职称，自愿参与本研究。共有来自全国的 12 名专家参与咨询，基本情

况分析见表 2。

表 2　12 名咨询专家统计特征分析

信息	选项	频数	频率 /%	信息	选项	频数	频率 /%
年龄	30—40 岁	2	16.67	专业领域	研学旅行相关研究	2	16.67
	41—50 岁	5	41.67		研学旅行管理	1	8.33
	51 岁及以上	5	41.67		研学旅行相关从业	9	75
学历	学士	4	33.33	职务	所长、院长	3	25
	硕士	4	33.33		董事长或总经理	5	41.67
	博士	4	33.33		秘书长	1	8.33
职称	中级	3	25		校长	2	16.67
	副高	5	41.67	社会职务	中国教育科学研究院	1	8.33
	正高	4	33.33		研学旅行研究所		
专业年限	10—15 年	8	66.67		中国旅行社行业协会	1	8.33
	16—20 年	2	16.67		地方研学旅行分会等	6	50
	20 年以上	2	16.67				

对已经确立的指标体系草案进一步验证、筛选和优化。在两轮德尔菲问卷的基础上验证、筛选和优化指标体系，根据整体性、科学性、可行性、可比性等原则，同时考虑数据可获得性，最终得到 11 个观测指标。

（1）职业准入

职业化的首要要求就是从业人员必须满足该职业所需的文化知识水平、基本技能和能力等，即从业人员适应职业发展的基础素质。从群体角度看，特别需要关注从业人员学历结构、专业技术职称及职业技能等级结构和从业年限。学历结构即接受国家正规教育的小学到博士研究生各层次学习经历所占比重。由于研学旅行指导师负有教育职责，对学历层次要求相对越高越好，实际测量时，以本科以上学历人员占比为准。专业技术职称及职业技能等级是反映研学旅行指导师专业技术水平的重要指标，通常以获取各级各类专业技术职称及职业技能等级证书为依据，采集时，以获得专业技术职称或职业技能证书比例为依据。从业年限对研学旅行指导师职业化水平积累具有重要影响，除了理论学习和技能培训，职业化水平也来自与从业时间密切相关的从业人员实践经验。实际测量时，以平均从业年限为准。

（2）职业训练

通过职业训练提高研学旅行指导师的专业技术技能水平，既包括相关工作经历和技术技能的积累，也需要反映市场认可。本文从职业培训学时、岗位职级结构、对岗位职责和标准化知识技能的熟悉度、职业薪酬四个维度评价从业人员所经受的职业训练。职业培训学时是快速而有效地提高研学旅行指导师职业化水平的途径。实际测量时，按人社部门规定的标准学时数采集从业人员相关情况。岗位职级是工作岗位和职务级别的简称，岗位职级越高，一般而言对职业化水平要求越高，从群体角度，考察岗位职级结构也是衡量职业化发展水平的重要依据，实际测量中，主要采集基层人员占比。对岗位职责和标准化知识技能的熟悉度是评价从业人员对岗位认知的清晰度和知识技能的掌握程度，研学旅行指导师对岗位职责、标准化知识技能的熟悉度覆盖面广泛，需要掌握大量复合型知识和技能。根据全国调研情况看，需要掌握如"安全管理、突发事故处理和急救处理知识""研学旅行相关法律法规知识""研学旅行方案实施策略与方法知识""与研学受众年龄特征及研学内容的相关知识""文化素养知识（艺术、科技、文学、历史等）""研学旅行方案设计相关知识"及"引导受众参与探究和体验活动的相关知识""研学受众心理特点方面的知识"，还需要拥有良好的语言表达能力、课程实施能力、活动组织能力、应急处理能力、风险防控能力、协调沟通能力等。职业薪酬直接影响从业人员的获得感和满足感，进而影响从业人员的稳定性。基于地区间发展存在不平衡性，主要考察职业平均收入占当地城镇居民平均收入比重。

（3）职业认同

职业认同是受职业声望、社会网络、职业特征等影响，个人对所从事职业主观建构起来的认知和感受，愿意长期从事某个职业的意愿是其重要表现。职业声望是在一定时期内，公众对某一职业的综合性主观评价，职业声望越高的职业，从业人员越多。本文从职业声望与社会网络认可度、长期从事研学旅行指导师的意愿两个维度评价从业人员所具备的职业认同。实际测量中，两个指标均采用李克特量表自测。

（4）职业道德

职业道德是指从业人员遵守社会公德以及业内约定俗成的行为规范。研学旅行是一种特殊的教育活动，从业人员需具备良好的职业道德。本文从从业人员重大负面舆情、对研学旅行相关法律法规了解程度两个维度评价从业人员所具备的职业道德。实际测量中，从百度搜索指数中了解研学旅行指导师重大负面舆情情况作为职业道德重要观测点，同时利用对研学旅行相关法律法规了解程度的李克特量表自测。

综上，建立一个研学旅行指导师职业化发展水平指标体系（见表3）。除从业人员重大负面舆情指标为负向指标外，其他均为正向指标。

表 3　研学旅行指导师职业化发展水平指标体系

目标层	准则层	指标层	指标解释说明	单位	方向
研学旅行指导师职业化发展指数（A）	职业准入（B1）	学历结构（C1）	本科以上学历人员占比	%	+
		专业技术职称及职业技能等级结构（C2）	拥有专业技术职称或职业技能等级人员占比	%	+
		从业年限（C3）	从业人员在研学旅行相关单位工作的平均年限	年	+
	职业训练（B2）	职业培训学时（C4）	从业人员平均标准学时数	小时	+
		岗位职级结构（C5）	基层人员占比	%	+
		从业人员对岗位职责、标准化知识技能的熟悉度（C6）	李克特量表测量对岗位职责及标准化知识技能的熟悉度均值	分	
	职业认同（B3）	职业薪酬水平（C7）	职业平均收入占当地城镇居民平均收入比重	%	+
		职业声望与社会网络认可度（C8）	李克特量表测量对职业声望认可度均值	分	+

续表

目标层	准则层	指标层	指标解释说明	单位	方向
研学旅行指导师职业化发展指数（A）	职业认同（B3）	长期从事研学旅行指导师的意愿（C9）	李克特量表测量长期从事研学旅行指导师的意愿均值	分	+
	职业道德（B4）	从业人员重大负面舆情（C10）	百度相关搜索指数	分	-
		对研学旅行相关法律法规了解程度（C11）	李克特量表测量对研学旅行相关法律法规了解程度均值	分	+

三、研学旅行指导师职业化发展指数测算

1. 数据来源

由于缺乏全国范围内的完整统计数据，本文通过发放问卷方式和深度访谈的方式采集信息，对研学旅行指导师职业化发展指数进行测算和初步分析。数据来源于人社部和文旅部牵头支持的《研学旅行指导师国家职业技能标准》编制项目，共收到覆盖全国 34 个省份的有效问卷 2515 份，数据总信度为 0.939。调查人群是从事研学旅行指导师相关工作的人群，以女性为主，占68.79%，年龄为 30—40 岁、40—50 岁人群居前两位，占总人数的 61.79%，相对集中于京津冀、长三角、珠三角三个经济发达地区。

为消除不同指标之间原始数据的量纲差异影响，采用增熵法进行标准化处理，将所有指标转化为 0—1 的数值区间内。正向指标采用的计算公式为：

$$x'_{ij} = \frac{x_{ij} - min\{x_{ij}\}}{max\{x_{ij} - min\{x_{ij}\}\}} \tag{1}$$

负向指标采用的计算公式为：

$$x'_{ij} = \frac{min\{x_{ij}\} - x_{ij}}{max\{x_{ij} - min\{x_{ij}\}\}} \quad (i = 1, 2, \cdots, n; \atop j = 1, 2, \cdots, m) \tag{2}$$

其中，x_{ij} 为年份 i 第 j 个指标的原始值，x'_{ij} 为标准化后的数值，$max\, x \cdot j$ 为第 j 个指标的最大值，$min\, x \cdot j$ 为第 j 个指标的最小值。

2. 确定权重系数

请专家对指标体系中每一层因子进行相对重要性评价，从而建立按 TL Saatyd 的 1-9 标度法表示的判断矩阵。利用层次分析法软件 Yaahp 求出判断矩阵每一行元素的集合平均值，对所得的向量进行归一化处理，即得到各层次因子的权重，最终得到研学旅行指导师职业化发展水平评价指标（见图1）。然后求解判断矩阵的最大特征值，检验一致性。经测算，每个判断矩阵 CR 值均小于 0.1，通过一致性检验。得出各规则层的权重系数向量为：$wi=$（21.8%，44.64%，9.83%，23.73%），一致性比例为 0.0442，最大特征值为 4.1181。

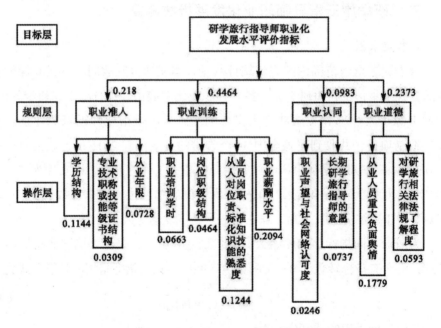

图1 研学旅行指导师职业化发展水平评价指标权重

3. 评价结果分析

结合前文计算出的研学旅行指导师职业化发展指标体系权重系数和标准化后的数据，计算我国研学旅行指导师职业化发展水平指数和分化类型中的职业化发展水平指数，得到结果如图2所示。

图 2　我国研学旅行指导师及分化类型职业化发展水平指数散点

根据计算得出的 2022 年度我国研学旅行指导师职业化发展水平指数为 0.496 796 64 及研学旅行指导师各行业板块准则层发展指数（见表 4）。当然，指数只有在进行比较时才能发挥其作用和意义，因此应按同样方法持续追踪数年，评估发展动态能更好地发挥年度间比较作用。同时横向比较各行业板块的数据中挖掘现状、指出问题和发展方向也会有其价值。

表 4　研学旅行指导师各行业板块准则层发展指数

指向群体	我国研学旅行指导师总体	机构类板块	基地营地类板块	博物馆板块	中小学板块
职业准入	0.280789324	0.09032875	0.13356069	0.165319099	0.1144
职业训练	0.266008946	0.211503853	0.321484146	0.076231593	0.310408208
职业认同	0.030708333	0.073716667	0.018433333	0.0737	0.0246
职业道德	0.070407034	0.038898051	0.127848051	0.158575948	0.1779

在不同行业板块中，职业化水平相对较高的是基地营地类板块和中小学板块，职业化水平相对较低的是机构类和博物馆。机构类和基地营地类板块的研学旅行指导师是专职从业人员，一般情况下应拥有更高职业化发展水平，但指数测算情况反映出，机构类研学旅行指导师职业化发展水平在四个类别中最低，其职业准入、职业道德指数横向比较下均为最低。中小学和博物馆板块的研学旅行指导师以专职从业人员为主，相比之下，中小学板块的研学旅行指导师职业化发展水平更高。

通过指数分析和结构性访谈，发现研学旅行指导师职业化发展中的以下现象值得关注。

一是在机构类企业中，研学旅行指导师一般特指研学课程执行岗位群，流动性大，不利于职业化发展。由于研学旅行的执行过程较一般旅游产品更为复杂，不同的机构类企业对人员分工有不完全一致的定位。从专业性差异上，又可分为负责统筹的岗位，如执行营长；有负责课程执行的岗位，如研学课程执行、研学讲师、研学导师、研学教官等；有负责生活照料及安全的岗位，如研学指导员、研学辅导员、研学安全员、导游员等。这些岗位都是研学旅行业务的基础岗位，流动性大。一方面目前机构类企业的研学旅行指导师大多从教育培训机构和旅行社转型而来，经过一段时间的培训学习方可上岗，增加了职业准入和职业训练成本。另一方面因疫情的影响，迫使企业缩减成本，降低一线研学指导师的薪资收入。两种因素影响下岗位流动性不断增大，影响职业化发展。而研学基地营地虽然是近几年才发展起来的，岗位设置和机构大同小异，但是绝大多数都依托原有文教基地、景区、工农业旅游示范区等资源，很多都是国有企事业单位，流动性相对较低，职业化发展程度相对较高。

深入探究各个观测指标，职业薪酬水平、学历结构、专业技术职称及职业技能等级证书、岗位职级结构对指数最终结果影响较为明显。职业薪酬水平方面，机构类从业人员年均收入占当地平均收入水平 90.54%，基地营地类为 101%；博物馆类为 83.09%，中小学类 100%，虽比博物馆略高，但是也对最后结果有影响。学历结构调查本科以上学历水平，机构类为 59.42%，基地营地类 71.6%，博物馆类 85.49%，中小学 93.06%；专业技术职称及职业技能等级证书持有情况，机构类为 48.17%，基地营地类 52.78%，博物馆类 49.61%，中小学类 73.61%；岗位职级结构，机构类为 36.13%，基地营地为 37.65%，博物馆类 48.63%，中小学类为 62.5%。机构类在上述几个指标中都是最低的，由此造成了最终指数的较显著差异。从对岗位职责、标准化知识技能的熟悉度职业声望与社会网络认可度、长期从事研学旅行指导师的意愿、对研学旅行相关法律法规了解程度等几个主观评测指标上看，群体之间并无显著差异，由此得到的职业道德和职业认同指数总和相差不大。

二是受制于博物馆总体定位和机制问题，在博物馆内从事研学旅行指导师人员的职业化水平受到了一定限制。在研学旅行领域职业化相对较低的博物馆，多是在近几年文旅融合的背景下掀起了"研学热"，部分博物馆结合自身文化定位面向中小学生开展各式研学活动。博物馆研学活动主要分为三类，第一类是在博物馆内开展研学活动；第二类是馆外研学机构进驻博物馆开展研学活动；第三类是由家长自发或研学机构组织，聘请博物馆社教部老师在馆外开展研学活动，有公益性质和收费性质。研学活动执行部门主要是博物馆的社教部、宣教部、信息中心、体验部、公共服务部等，名称略有差异，但工作职责大体相同，主要承担社会教育与服务的职责。在这些部门中，研学旅行指导师主要由博物馆讲解员兼任。岗位名词为讲解员、科普辅导员、研学导师、馆员等，大部分博物馆目前未设立专门的研学指导师岗位；部分博物馆将讲解员与社教专员进行了严格的区分，也有部分博物馆因专职人员有限便引入第三方机构，具体负责安全问题、路线设置、市场拓展等工作；还有的非遗类博物馆特别邀请了非遗传承人作为研学活动的执行人员。而博物馆中，只有部分人兼任研学旅行指导师，与中小学板块的研学旅行指导师职业化发展水平相比，差距主要来自职业训练。

四、结论与展望

1. 加大机构类研学旅行指导师职业教育培训力度，提升职业素质

机构类研学旅行指导师虽是行业主力，但从评价结果来看，目前的职业化水平程度最低，是研学旅行指导师职业化发展的短板。接下来要立足行业实际，以提高学历结构、专业技术职称及职业技能等级证书，改善岗位职级结构为中心，建立健全职业教育培训体系，开展多种形式的技术指导、技能培训、知识共享的培训活动，培养一批知识和技能突出的队伍，进而提高研学旅行指导师的职业素质。

2. 不断完善体制机制改革，提高研学旅行指导师人均收入，降低流动性

提高收入水平是研学旅行指导师职业化发展的重要保障，应不断完善研学旅行指导师培养和培训机制体制，鼓励有长期稳定从业意愿的研学旅行指

导师不断提升职业化发展水平，从而从职业化水平发展中得到更多收益，形成正向循环。

3. 加强板块间研学旅行指导师职业化发展交流合作

不同行业板块间的研学旅行指导师职业化发展水平存在不平衡的情况，一方面需要从行业板块实际出发，针对性解决研学旅行指导师职业化发展过程中的问题；另一方面要建立板块间的合作机制，共同促进整体职业化发展水平提升。同时，我国研学旅行指导师职业化发展指数的研究还可以不断地深化。首先，应该进行省份间的横向测度，探索研学旅行指导师职业化发展水平的时空规律；其次，现有的观测指标需要随着研学旅行指导师队伍的不断壮大和大数据运用，进行更为精准的收集，从而使评价更加准确。

参考文献

［1］王晓燕．研学旅行亟须专业化引领发展［J］．人民教育，2019（24）：13-16.

［2］袁振杰，谢宇琳，何兆聪．主体、知识和地方：一个研学旅行研究的探索性理论框架［J］．旅游学刊，2022，37（11）：14-26.

［3］王红，桑琳洁，张萌．研学旅行导师专业化发展机制：来自美国微认证的启示［J］．全球教育展望，2021，50（4）：106-118.

［4］郇宜秀，徐雪，苑鑫．面向行业的研学旅行指导师人才素质构成及培养途径［J］．天津商务职业学院学报，2021（9）：80-87.

［5］李志伟．研学旅行指导师胜任力模型构建研究［J］．山西经济管理干部学院学报，2022，30（1）：27-34.

［6］朱波．MTI 教师的职业化：以近三年全国 MTI 研究生教育研究项目为例［J］．外语教学，2016，37（2）：105-108.

［7］赵曙明．人力资源经理职业化的发展［J］．南开管理评论，2003（5）：73-77.

［8］谭功荣．公务员职业化：起源、内涵及模式比较［J］．中国行政管理，2009（2）：106-110.

［9］罗炎成. 应然、实然、使然：高校辅导员职业化问题探讨［J］. 西南交通大学学报（社会科学版），2013，14（1）：104-109.

［10］Hall R H.Occupations and the social structure［M］. Englewood：Prentice-Hall，1975.

［11］张春阳，胡宏伟. 基于神经网络的老年护理人员工作能力预测机制研究：职业化发展视域［J］. 中国卫生政策研究，2021，14（10）：52-58.

［12］童洁，李宏伟，屈锡华. 我国新型职业农民职业化一般发展指数研究［J］. 财经问题研究，2018（5）：75-81.

国际旅游消费中心建设背景下海南旅游地产发展研究

海南经贸职业技术学院　金　丹　李　灿

［摘　要］旅游地产作为海南国际旅游消费中心建设的重要载体，其发展对国际旅游消费中心建设的速度和质量起着不可估量的作用。海南旅游地产发展一直走在我国旅游地产发展的前列，但是在发展的过程中依然存在诸多问题。本文在清晰界定旅游地产的概念后，描述了海南旅游地产发展的现状，分析了其发展过程中存在的问题，并结合国际旅游消费中心建设的大环境提出海南旅游地产未来发展的政策建议。

［关键词］海南国际旅游消费中心；海南旅游地产；发展研究；政策建议

［基金项目］海南省哲学社会科学规划课题"'一带一路'与'自贸区（港）'战略融合背景下海南蓝色经济高质量发展路径研究阶段性成果"（HNSK（ZC）21-140）；海南经贸职业技术学院横向课题阶段性成果（Hnjmhx2021029）；本成果得到海南经贸职业技术学院"双高计划""海南国际旅游消费中心研究智库'科研创新平台经费资助"（HNJMP2022-101）。

国务院 2018 年提出对海南"三区一中心"的战略定位，国家发改委颁布的《海南省建设国际旅游消费中心的实施方案》提出海南要"拓展旅游消费发展空间，构建丰富多彩的旅游消费新业态；提升旅游消费服务质量，创建国际一流的旅游消费环境；推进旅游消费国际化，建设世界知名的旅游消费目的地"。作为国家的重大战略之一，海南国际旅游消费中心建设将对标迪拜、新加坡等，更多以旅游业、服务业、高新技术等为主，并以"全省一盘棋，全岛同城化"来探索新时代旅游业国际化的新路径，结合海南自身特色走出一条具有中国特色的国际旅游消费中心建设道路。这一切目标的实现都离不开作为支撑载体的旅游地产。与此同时，海南在 2018 年 4 月之后实施了历史上最严厉的房地产限购政策，说明在海南国际旅游消费中心建设的大背景下，以传统房地产为支柱产业的既有发展模式已经难以为继，新型旅游地产的发展模式将是传统房地产业转型的必然选择，也是助推海南国际旅游消费中心建设的物质载体。

一、旅游地产的概念界定

"旅游地产"这个术语源于中国，是结合了我国房地产业发展和旅游业发展产生的交集从而产生的概念，国际上尚无"tourism real estate"的学术用语，根据旅游地产的内涵和表现形式，国外文献关于旅游地产的研究起源于分时度假（time share）概念，并涉及酒店和度假村（hotel and resorts）、第二居所（second home）、享乐居所（hodemic real restate）、度假房地产（resort real estate）、产权式酒店（property hotel）等方面，但大量文献主要集中在分时度假产业的研究。因为西方发达国家分时度假产业发展得已经非常成熟，但是在中国还是新兴事物，而且也只是旅游地产的一种经营方式，因此并不能涵盖旅游地产的全部内容。在我国，旅游地产起源于旅游产业与房地产业的融合，旅游地产概念的产生"集中体现在随着住房体制改革进程中成长壮大起来的房地产企业涉足旅游业的冲动和热情"（张金山，2014），因此我国旅游地产的业态特征具有中国特色。

旅游地产的概念被使用得最为广泛的是指依托周边丰富旅游资源（包括自然资源和人文资源），借助旅游度假为目的的开发营销模式，以求全部或部分实现度假休闲旅游功能而开发建设及经营运作的房地产项目，旅游地产的开发对象为旅游物业（沈飞，2001）。结合旅游地产在我国发展的实际，《2014 旅游地产细分标准（修订稿）》中将旅游地产定义为"以旅游市场、生态环境与土地资源为基础，以富裕社会中产阶层以上人士及家庭对度假、养生和旅游住宿业投资需求为导向，采取房地产业商品房建设和出售模式，通过配备相应的旅游服务设施和提供专业化运营管理服务，能满足社会各类群体对度假、养生和投资等多元化旅游产品需求的综合型房地产开发。将其分为五类，分别为5+2生活度假物业、'候鸟型'度假物业、中短期度假物业、产权式酒店和服务式公寓"（张皇，2019）。从使用功能来看，旅游地产可以分为旅游景点地产、旅游商务地产、旅游度假地产和旅游住宅地产（田良，2010；刘丽娟，2014）。基于国际旅游消费中心建设的需要，本文所研究的旅游地产内涵是满足游客休闲度假的需求，作为第二居所的旅游住宅地产只是旅游地产的外延部分，满足刚需的第一居所与海南当前的限购政策相违背，且不符合海南长远发展利益，也脱离了旅游地产是服务于游客的基本属性，因此不在旅游地产的探讨范围内。

二、海南旅游地产发展阶段

海南1988年被设为全国最大的经济特区，利好的国家政策吸引了大批企业涌向海南。作为我国唯一的一座热带岛屿和全国人民的"后花园"，海南不能牺牲环境来发展工业，作为拉动经济增长见效最快且环境污染相对较小的房地产行业在海南得到了蓬勃发展，但是也带来了巨大的房地产泡沫。

20世纪90年代初房地产泡沫破灭后，为了处理闲置的房地产项目，分时度假被首次引入海南岛。2001年7月海口举办了"中国首届旅游房地产博览会暨首届中国旅游房地产发展论坛"，同年11月杭州又召开"中国旅游房地产论坛"。旅游房地产和分时度假成了房地产业和旅游业共同关注的热门话题，吸引了众多包括大量海外、港台投资者在内的房地产开发企业。海南作为我国的旅游度假胜地，批量的高端酒店拔地而起，大型房地产商也纷纷布局海南，因此海南被认为是我国旅游地产发展的发源地（刘丽娟，2014）。

2010年海南国际旅游岛的建设使海南旅游地产进入了快速发展阶段，分时度假、产权酒店、高尔夫球场、游艇俱乐部、主题公园、养老公寓、民宿、升级版农家乐、温泉、漂流等运动型度假村、主题式小镇等专业化旅游地产成为海南国际旅游岛建设的重要空间载体和核心旅游产品类型，同时形成了以海口、三亚、陵水、琼海、万宁、博鳌等区域性旅游地产集群，依托滨海资源而集聚的旅游地产项目最为典型，其中包括三亚湾、亚龙湾、万宁清水湾、石梅湾、琼海博鳌东屿岛、文昌月亮湾等多处海湾的项目开发。从开发主体来看，海航地产、鲁能地产、富力地产、中粮地产、雅居乐集团、中信集团、保利地产等开发商成为拉动海南旅游地产发展的主力军。

2018 年将海南打造成国际旅游消费中心成为国家战略目标之一，国家发改委正式颁布了《海南国际旅游消费中心建设实施方案》。随着海南经济的不断发展，连接岛内外的海陆空立体交通网络的形成，消费者消费理念的转变，为海南旅游地产的发展带来了更多的机遇。其发展也开始从早期的投机与销售为主的阶段逐渐向以度假服务和运营为主的方式进行转变，旅游地产的投资也从早期的盲目狂热进入相对理性的阶段。为了避免系列利好政策只是带来大量资本流入进行投机炒房，海南出台了历史上最为严厉的房地产限购政策，但是旅游地产的发展依然得到政府的鼓励。

从产品形式来看，主要涵盖了产权式酒店、度假别墅、时权酒店、养老公寓、独立产权客栈、升级版农家乐、温泉、漂流等运动型度假村、主题式小镇、体验式住宿设施、旅游度假区、旅游商业中心等多种类型。

三、海南国际旅游消费中心建设背景下旅游地产存在的问题

旅游地产是海南国际旅游消费中心建设的物质和空间载体，其整体规划以及发展对海南国际旅游消费中心建设的进程起着重要作用，目前海南旅游发展总体上存在着如下问题：

（一）缺乏宏观整体规划，管理制度欠缺

旅游地产作为旅游产业的新型业态，由于发展历史较短，理论研究欠缺，政府部门缺乏经验，在整体规划和宏观引导方面提供的支持明显不足。目前海南全省并无一个整体上的旅游地产发展规划，由于旅游地产尚未形成一个完整的产业体系，与其相关的规划仅有一些综合性规划，例如《海南省旅游发展整体规划（2017—2030）》《海南省房地产中长期规划》等（段剑良，2015），导致有些地方打着"边开发边规范"的旗号，实则进行破坏性开发。

除了政府缺乏对旅游地产长远发展及布局的系统性引导，管理制度的缺失也造成旅游地产市场秩序不规范及一些旅游地产项目的破坏性开发。例如

儋州海花岛项目、海口如意岛项目都出现过由于填海造田导致海底生物多样性破坏等问题。全球著名的国际旅游岛，都是政府规划先行，例如印度尼西亚的巴厘岛以及有"千岛之国"之称的马尔代夫，都是在发展旅游业之初政府就邀请国际专家制定长达 30 年的旅游发展规划（雷春，2013），在高标准的旅游规划下，旅游地产也是按照高标准要求进行开发，并且在保护环境的前提下实现旅游地产的可持续开发。海南旅游地产行业由于缺乏这样的长远规划，在开发过程中乱象频出，这必然影响海南旅游业的可持续发展，从而阻碍海南国际旅游消费中心的建设步伐。

（二）对标国际一流水准，开发模式单一

海南国际旅游消费中心要对标新加坡、迪拜等全球最发达最自由的区域，海南旅游地产的发展必然要以服务最发达最具吸引力的国际旅游目的地为目标。但是目前海南旅游地产的发展多处于自发状态，开发商多以传统房地产开发商为主，利益驱动下的开发商往往急功近利，在进行旅游地产开发时重硬件轻服务，重地产轻旅游，项目的服务功能和旅游价值相对缺失，没有进行持续的物业开发和提供更多的增值服务（段剑良，2015），开发模式多为"靠山吃山、靠水吃水"的单一模式。虽然整体上海南旅游地产的产品形式还是比较多元化，但单体项目依然同质化严重，大部分项目都是以"三菜一汤"（"三菜"：游艇、高尔夫、五星级酒店；"一汤"：温泉）作为开发主题或依托，没有很好地把海南特色资源与客户第二居所及旅游度假需求结合起来，在精细化、人性化、个性化方面开发不足。

反观世界著名的国际旅游岛，马尔代夫、巴厘岛等旅游地产的开发都是政府统一规划，要求开发商在建筑高度、密度、风格等与周边环境以及区域文化高度匹配，使得旅游地产本身也成为旅游目的地一道亮丽的风景线，再加上优质的、能够满足国际化游客需求的服务，自然形成强有力的竞争力。对标国际一流旅游目的地，海南旅游地产的发展还处于萌芽阶段，没有形成核心吸引力，与国际同类型竞争者相比较，难以形成强有力的竞争力。

（三）开发乱象频出，脱离旅游地产本质

长期以来由于旅游地产还没有形成完整的产业，旅游地产市场一直处于

一种自发发展的状态，乱象频频出现，最典型的就是开发商利用"旅游开发"的名义拿地，实质只是进行房地产的开发与销售。旅游地产的本质应该完全以服务旅游业、服务游客为出发点，而部分开发乱象已经脱离了旅游地产的本质。如澄迈地中海生态滨海风情小镇、海口的南国威尼斯城等，都是利用旅游地产的概念和想象空间来提升项目的影响力和销售业绩，有"挂羊头卖狗肉"之嫌。

出现这样的现象是政府和开发商共同促成的。一方面地方政府为了追求GDP，在没有完整的工业体系、只能依靠旅游资源的挖掘来形成新的经济增长点的宏观环境下，由于过度依赖"土地财政"，海南的发展主要依靠用较低的土地价格进行招商引资。一方面，旅游业是海南的主导产业，另一方面，海南财政收入将近50%来源于房地产行业，因此利用廉价土地吸引投资商进行旅游地产的开发满足了地方政府的多元需求。房地产开发商借机大肆圈地，海南环岛主要的优势区位都已被开发商圈地，圈地的主要宣传点就是旅游地产，而实际上很多开发的区域和宣传存在很大差异。另一方面作为资本密集型产业，旅游地产项目开发周期长、风险大，目前我国也缺乏成功且可复制推广的开发模式，而且很多房地产企业缺乏旅游地产的运营经验，所以往往只围绕住宅开发和销售进行创新和尝试，在后续运营和服务方面不能满足度假客户的需求，导致的结果就是海南许多旅游地产项目功能失衡或名不副实。甚至一些开发商在一开始做项目时就是为了销售住宅，虽然也配备了一定的旅游服务设施，但只是作为附属内容。

（四）缺乏核心吸引力，国内外高端游客占比低

无论是要通过吸引国内高端消费者回流作为途径，还是要通过吸引国际游客作为渠道，海南都应具备核心吸引力去打造国际旅游消费中心。目前海南旅游地产的整体档次不够，旅游服务设施、经营管理、服务水平与国际通行标准差距较大，空间布局不合理等问题都导致了海南旅游地产没有形成区域品牌效应，没有国际影响力，对国内外高端游客缺乏吸引力。

而国内外高端游客数量的不足且结构单一，也间接抑制了海南旅游地产的发展，不能形成高端标准化的发展模式，难以形成标杆和示范效应，也不

符合国家对国际旅游消费中心的定位和战略发展方向。与巴厘岛、济州岛、夏威夷、马尔代夫等国际旅游岛相比较，海南目前国际客源数量少而且国际客源市场单一。在新冠疫情暴发之前的 2019 年，海南入境游客 142 万人次，而国际游客仅约 70 万人次，而前往巴厘岛、普吉岛、济州岛等国际游客均在 150 万人次以上。入境海南的国际游客主要以俄罗斯、韩国为主，50% 左右来自东南亚国家和地区，西方国家游客占比微乎其微（王晓峰，2019）。同时，海南整体的海内外营销也不足，从业人员语言能力、服务水平等距离国际高端标准仍有较大的差距，对外开放程度不够等因素都不同程度地抑制了海南旅游地产的健康发展。

四、国际旅游消费中心建设背景下海南旅游地产发展的政策建议

海南旅游地产的发展既是旅游产业和房地产发展的问题，更是一个区域社会发展、生态环境演化和社会变迁的问题（田良，2010），海南旅游地产的健康发展，政府的作用是关键，因此本文针对海南旅游地产发展中存在的问题提出一些政策建议。

（一）加大科研投入，从产业融合角度科学制定旅游地产发展的战略规划

旅游地产的发展不仅关系着海南国际旅游消费中心建设的品位、品质、品牌，也关系着海南旅游资源是否能够实现科学的、可持续的开发，从而也关系着海南的环境保护、环境优化和经济社会的可持续发展。旅游地产的理论研究远远落后于旅游地产的发展实践（薛诗清，2018），政府应加大科研投入，引导相关学者加强对旅游地产的研究，从而为政府提供更多的理论支撑。政府基于更完善、更合理的理论研究，制定海南旅游地产发展的战略规划，才能更有效地助推海南国际旅游消费中心的建设。如果缺乏科学的战略规划，海南是难以打造成为一个全球仰慕的国际旅游消费中心的。

基于国际旅游消费中心建设的战略目标，海南旅游地产的发展必须从产业融合的角度通过旅游地产产业引领作用来进行海南产业规划和区域经济板块规划。因为旅游地产不是一个孤立的产业，它是围绕着旅游十二大要素

"吃、住、行、游、购、娱、商、养、学、闲、情、奇"所形成的产业集合的产物，是海南旅游消费供给侧建设的核心与基础。从产业的角度来看，旅游地产既是为其他相关产业提供环境、支持和配套的产业，也是丰富、完善、综合提高海南旅游消费品种、品质的产业。从产业融合的角度出发，能够更加清晰地与传统房地产业区别开来，从而帮助政府更加科学合理地制定海南旅游地产发展的战略规划。

（二）建立高标准服务体系，提高旅游地产存量的运营效率和管理水平

根据国际旅游消费中心的内涵，国际上已经有大量高水平的先行者，但是与其他发达国家或地区不同的是，具有国际旅游消费中心内涵的国家或地区都是根据经济发展规律，逐步做大做强。而海南的发展基础比较薄弱，是国家直接给予了高定位，对还处于低水平"初创期"的海南，最可行、最容易全面铺开以及最能快速赢得声誉的方式就是基于现有旅游资源存量，提高旅游地产的运营效率和管理水平，从游客体验感和满意度上获得突破。建立高标准的服务体系，相对于快速改善处于较低水平的产品组合与产品品质而言，更易突破。但这项至关重要的工作还没有上升到战略高度、全局高度制度化地融入海南国际旅游消费中心的建设之中。服务体系的完善、服务质量的提高，人才是关键。尽管海南制定了很好的人才引进政策，但仅仅依靠政策吸引人才，仍然是短期行为，难以持续推进。没有优质的和具有战略远景的项目，引不进人才；即便引进了人才，也留不住人才。针对人才的吸引力问题，如何对现有项目进行评价，以项目为依托建立人才引进和培养机制，是打开突破口的关键。

（三）树立高度的品牌意识，有计划地展开全球推广

从国际旅游岛的定位到国际旅游消费中的定位，海南承载着诸多的国家战略，本身具备了极好的营销传播条件。虽然海南在中国的知名度足够高，但是与夏威夷、马尔代夫、巴厘岛等国际旅游岛相比，海南岛在国际上的品牌知名度明显不足，甚至与国内其他发达的旅游区域或省份相比，其国际和国内品牌价值推广也明显滞后。海南在国内外的品牌知名度，直接影响着旅游地产发展的质量。海南旅游地产的发展，应在政府的规划指导下形成行业组织，具有针对性地对国内外重点区域开展营销活动，借助设在各区域的官方机构、企业分支机构及专业的服务公司，提升海南旅游地产的整体知名度，并分析当地居民外出旅游度假的喜好、消费需求，强化相应的旅游服务和定价策略。同时，政府应加强与主要客源地的国家电视台、报纸、电台进行广告宣传合作，例如可通过媒体记者体验海南的旅游风光、向成功推介并吸引游客到海南旅游的旅行社提供金钱奖励等方式，多元化多方式地打造海南旅游地产品牌，提升海南旅游地产知名度，使海南旅游地产能成为国际旅游消费的核心吸引力之一。

（四）进行科学定位，打造兼具中国和海南特色旅游地产业态产品

在全球范围内建立国际影响，体现海南的比较优势，最根本路径在充分体现中国和海南特色基础上，形成全球认知和认同的旅游地产业态产品。海南目前的旅游地产项目和产品开发，中国特色尤其是海南特色明显不足。定位上的各自为政，开发上的追求盲目，严重影响了外资和知名旅游管理品牌进驻的吸引力，使得海南旅游地产无法通过国际力量实现业态升级。进行科学定位，打造兼具中国和海南特色旅游地产产业与产品，文化特色应居首位。文化是旅游地产得以长久不衰的灵魂，国外旅游地产成功的一条基本经验就是重视并突出本土特色文化。海南旅游地产开发过度依赖环境因素，文化挖掘工作滞后，开发工作急功近利。因此，政府应对不同区域不同地方的旅游地产进行科学定位，充分结合海南的海岛文化特色，将海南的黎族文化、苗族文化、侨乡文化等传统文化特色融入旅游地产的发展当中，使从特色文化中延伸而出的娱乐休闲体验成为海南旅游地产可持续发展的重要支撑。

（五）利用循环经济，节能环保与旅游地产开发同行

海南国际旅游消费中心的建设，必然还会继续进行大规模的旅游地产开发，旅游地产的开发必将改变当地的土地利用方式和生态环境面貌，以及造成能源污染、环境污染（水、大气等）和固体废弃物污染等问题。绝大部分海南旅游地产的开发又是基于稀缺的自然资源，因此在进行后续土地规划和旅游地产开发时，政府应充分考虑环境的承载力，项目建设必须与自然景观相协调，把循环经济理念贯穿于整体的旅游地产项目发展中，例如可以利用风能、太阳能来发电，在旅游地产项目选址、规划、设计和施工的过程中，都要充分考虑建设与环境保护的关系，大力发展低碳经济。

（六）进行制度创新，健全旅游地产法律法规

海南旅游地产的开发要实现的是人与自然、人与社会和谐的"社区经济"，而不是一个个单独楼盘的"飞地经济"，要培养的是可持续发展的"度假经济"，而不是一锤子买卖的"住房经济"（唐晓阳，2011）。因此海南政府必须从全域旅游的理念出发，"全岛一盘棋"对海南旅游地产进行宏观规划，对旅游地产的发展给予科学指导。针对海南旅游地产项目的存量部分，应对相关的旅游资源进行深耕；对即将进行开发的增量部分，政府必须进行制度创新，要通过立法，构建海南的诚信法律保障系统，营造出一个公平公正的旅游地产发展的法治环境，保障投资者和消费者的合法权益，更重要的是通过法律法规来保障公共利益、环境和文化资源。健全海南旅游地产法律法规，保障各方利益相关者的权益是旅游地产可持续发展的基础。

海南国际旅游消费中心的建设为海南旅游地产的发展提供良好的大环境，起主导作用的政府必须真正地有所作为，才能实现海南旅游地产的可持续发展，同时旅游地产的良好发展又会助推海南国际旅游消费中心的建设，从而形成良性发展。

参考文献

［1］田良．海南省近年来大中型旅游房地产项目建设与发展［J］.区域旅游：创新与转型，2010，14-16.

［2］薛诗清．旅游房地产研究综述［J］.旅游学研究，2018（5）.

［3］刘丽娟．旅游地产——新兵入门［M］.北京：中国建筑工业出版社，2014.

［4］张金山．大都市区旅游房地产开发研究［M］.北京：社会科学文献出版社，2014.

［5］叶春挺．海南自贸港建设明年开局，国际旅游消费中心"跑起来"

［N］．第一财经，2019-06-01.https：//mp.weixin.qq.com/s?src=11&timestamp=
1604541140&ver=2687&signature=M——873y8YdUl4KH0vTN90Mn4itNCti5Vg
Vfjwu1fcn1eDWSpdl51s-ZYacpX0G3dDU1F3puHVg7dVH3l2Vn0xEFZ4HrTaLL
H9BV9*t-Kld8=&new=1.

［6］雷春 . 国际岛屿旅游目的地之比较研究［J］. 唐山师范学院学报，
2013，35（3）：108-111.

［7］唐晓阳 . 海南国际旅游岛房地产业发展的方向——对"限购令"的思
考［A］. 南海出版社 .2010 当代海南论坛文集（下）［C］. 海南社会科学界联
合会，2011：6.

［8］王晓峰 . 落实中央支持海南全面深化改革开放精神推动海南旅游业高
质量发展［R］. 海南海口：海南省人民政府，2019-9-8.

［9］段剑良 . 海南国际旅游岛旅游地产发展研究［D］. 南宁：广西大学，
2015.

［10］张皇 . 保障旅游地产项目全产业落地的开发模式探究［D］. 广州：
广州大学，2019.

［11］林峰 . 旅游地产的破局重点［J］. 中国房地产，2019（26）：42-45.

研究报告

共同富裕背景下文旅共富指标体系研究与启示
——以浙江省山区 26 县为例

浙江旅游职业学院　谢　韵　郎富平　陈　璐

[摘　要] 为进一步增强文旅融合促进共同富裕的"公平性""普适性"和"群众获得感"，本研究针对浙江省省情，构建出有针对性及可操作性的指标体系，对浙江省山区 26 县文旅融合共富水平进行了量化检测。根据测算结果，将山区 26 县划分为"优秀""合格""相对落后"三档，总结提炼出文旅共富发展的共性与个性，剖析其中存在的问题与原因，最后从省级、县级层面提出针对的解决对策与建议。

[关键词] 共同富裕；文旅融合；共富指标体系；启示；山区 26 县

一、文旅共富理论基础

（一）共同富裕的内涵与外延

1. 共同富裕的概念

目前对共同富裕的概念存在两种理解：一是狭义理解，即将共同富裕限定于经济范畴，将其理解为解决绝对贫困之后继续解决相对贫困问题，或是理解为中低收入者从增长中获得比其他人群更多收益的一种状态；二是广义理解，即将共同富裕从经济学范畴扩展到精神文明和政治范畴，甚至成为包含政治、经济、文化、生态等维度的综合性概念（杨立雄，2022）。也有学者从"共同"和"富裕"两个概念展开研究，认为"共同富裕就是消除两极分化和贫穷基础之上的普遍富裕"（李军鹏，2021）。其实共同富裕不是在财富成果上的"劫富济贫"，更不是归结为生产成果上的绝对同等富裕，而是全体成员通过自己的"勤劳＋创新"，你追我赶，共同竞争、共同竞赛、共同劳动、共同创新，进而共同创造财富并且迈向更加富裕和享用富裕的过程、行为和结果的总和（李正图，2022）。

2. 共同富裕的内涵特征

共同富裕是全民共富、全面共富、差别共富、逐步共富。全民共富是全体人民共建共享的富裕，不能靠政府大包大揽。既要坚持全民共建，鼓励勤劳致富、创新致富，人人参与、人人尽力，也要坚持全民共享，人人享有、人人受益，实现共同富裕路上"一个也不能掉队"。全面共富是"五位一体"的全面富裕，不是简单的物质占有。既要满足物质需要，也要满足精神文化、民主法治、公平正义、发展安全和生态环境等方面需求，最终实现人的全面发展。差别共富是局部到整体的富裕，不是同等富裕，更不是"均贫富"、"杀富济贫"。既需要部分地区、部分群体先富起来，需要建立先富带后富、先富帮后富的有效机制。逐步共富是分阶段阶梯式渐进的富裕，不是同步富裕。既要充分认识到长期性、艰巨性、复杂性，也要坚持稳中求进、循序渐进，一个阶段接一个阶段持续推进，实现由低层次阶段不断向高层次阶段的跃迁。

（二）文旅融合的内涵与外延

1. 文旅融合的现状

党的十八大以来，推进文旅融合成为推动我国文化产业和旅游产业高质量发展、更好地满足人民群众美好生活需要的战略之一。习近平总书记在党的二十大报告中强调"繁荣发展文化事业和文化产业""坚持以文塑旅、以旅彰文，推进文化和旅游深度融合发展"。文化与旅游的融合发展和协同创新是国际社会公认的必然趋势，也是促进文旅产业提质升级的必然选择。2018 年，国家组建文化和旅游部，实现了行政上的文旅融合，也说明文旅融合已经成为文化产业与旅游业发展的现实方向，并形成了融合新格局——文旅产业。在多方政策支持、市场供给侧需求、产业演化规律的驱动下，"文化＋旅游"和"旅游＋文化"成为两个产业相互叠加发展的新模式（徐翠蓉等，2020）。

2. 文旅融合的模式

文化与旅游融合发展，是当下旅游发展的新趋势与新要求。国内学者有关文旅融合类型的研究成果尤为丰富，但基本没有涉及山区 26 县文旅融合类型的研究。通过梳理发现，国内学者主要从文旅融合的结果、策略、路径以及过程中的主导力量等视角对文旅融合的模式进行分析。

（1）基于结果的文旅融合模式研究

所谓文旅融合结果，一般是指文化产业和旅游产业融合后的具体成果，包括新业态、新模式、新产品等。鉴于文旅融合机制的复杂性，学者们重点关注文旅融合的结果并从具体结果来对文旅融合的类型进行分类。如，陶丽萍等（2019）将其分为休闲型、奇异型、修学型、理想型、发展型五大类；黄细嘉等（2012）提出了开发型、体验型、再现型、创造型四类融合模式；张胜冰（2019）认为文旅融合不是两者叠加而是要通过内部的耦合来实现，其基本模式有原生态文化保护型模式、文化资源开发利用型模式、IP 延伸授权型模式、"文化＋科技"的娱乐型模式和"文化＋地产"的休闲度假型模式等五种；袁俊等（2011）认为文旅融合除了有"文化产业园区""影视基地""主题公园"等常见业态模式外，还有基于价值链环节的旅游新产品模式、新型旅游营销模式和文化产业景点化模式。这种分类将文旅融合视为不同业态之间扬长避短、相互渗透、提高文化产业和旅游产业效率和竞争力的过程。但从因果关系来看，由于存在多因一果、一因多果的情况，因而这种分类不利于厘清文旅融合的内在机制与过程。

（2）基于策略的文旅融合模式研究

在文旅融合过程中，策略是对内、外部环境变化的一种适应行为，是能够观察和预测的。作为一种技术层面的操作方式，具体策略能够使文旅融合变成一种可以实践的商业活动。如，张海燕和王忠云（2013）将文旅融合的类型分为文化旅游圈融合运作模式、项目开发融合运营模式、文化旅游节庆与会展推广模式、文化旅游产品创新吸引模式。但大多数学者从产业要素和产业环节出发对文旅融合的模式进行分类，包括资源融合、产品融合、市场融合、功能融合、技术融合、服务融合和组织融合。基于策略的分类方式本质上是将文旅融合当成一种商业创意或组织创新，此种意蕴下文旅融合就是创造新的文旅产品。但策略的实践性特征并不强调其内在逻辑的一致性，无法保证按照同一标准对文旅融合模式进行划分，并难以准确地界定不同文旅融合类型的内涵和外延。

（3）基于路径的文旅融合模式研究

路径与策略类似，但前者更关注融合过程本身的规律性，而后者关注的则是主体的行为。基于融合路径的分类强调同一类型文旅融合机制的一致性。如，王玲（2017）将文旅融合的路径分为集约化、以区域资源优势为导向、创新现有文化旅游产品、开发文化产品项目和以市场为导向五种模式；刘敬华（2017）提出结合文化遗产、拆分元素根植生活、引进科技重组产品、"互联网+"模式优化四种文旅融合路径。但越来越多的学者将产业融合视为要素渗透的过程，并据此将其分为延伸型、重组型、渗透型、一体化等类型。基于融合路径的类型划分主要关注文旅融合的内在逻辑和机制，强调文化产业和旅游产业之间的相同或相异属性的互补性，这种互补性是文旅融合的前提基础。但这种划分标准较为单一，也存在随机性，不同研究者之间难以达成一致。

（4）基于主导力量的文旅融合模式研究

不少学者在讨论文旅融合时倾向于从两者关系的角度来对其进行分类，认为在文旅融合过程中有主有从，既有可能是以旅游产业为主导，也可能以文化产业为主导。以文化产业为主导的文旅融合又可以具体分为三种类型，包括文化产业交叉式融合模式、文化产品嵌入式融合模式、文化符号渗入式融合模式。显然，这种分类方式承认文化和旅游产业之间存在一定的差异，这种差异是市场认可的差异，正是由于这种差异存在，文旅融合必然存在以一方为主导的现象。但如果仅仅将主导力量分为文化和旅游两种，又显得简单随意（高清明、陈明，2022）。

（三）文旅共富指标

目前，各方对可持续发展指标和共同富裕指标都有所研究，然而文旅共富的指标尚未形成体系。

中国国际经济交流中心与哥伦比亚大学地球研究院于 2018 年联合发布《可持续发展指标体系》，共由 5 项内容构成，包括经济发展、社会民生、资源环境、消耗排放和环境治理等 5 类一级指标、22 个子指标，包括 GDP 增长率、人均水资源量等；2022 年，桐庐县作为国内首批出台的《民族乡村共同富裕指标体系》，着眼新时代文化、社会环境、产业质效、居民收入、公共服务、美丽宜居等六大板块，赋分量化 22 项共同富裕二级指标，同时细化出 67 项共同富裕考核指标；蒋永穆（2022）依托于现有构建维度，立足于共同富裕内涵和特征分析，确定下来以构建人民性、共享性、发展性和安全性为标准的四大指标维度。

二、文旅融合促进共同富裕的需求及问题与短板分析

国家出台了许多促进文旅发展的政策及指导意见，但各地区文化和旅游资源各异、重视程度不一、经济发展状况不同，仍出现诸多问题与短板。

一是文旅融合成果同质化严重，缺少对文化内涵的深入发掘以及因地制宜的特色发展。带有强 IP 属性的文化和旅游产品及品牌匮乏，同质化产品大量涌现，如各地的吉祥物都有典型的"大脑袋、大眼睛"特征。特别是由于知识产权保护不足，模仿之风盛行，山区 26 县文旅融合的结果多数为看民族歌舞、住老房子、吃农家饭等，形式大同小异，独创性产品极少，地域特色不明显，游客认知度不高，或者具有区域文化特征的旅游产品体系不够完善、产业链条不够完整，无法渗透到地方的生产、生活与生态各个方面。激烈的同质化竞争造成了文旅融合经济效益的下降。

二是文旅融合体制机制不健全，缺乏有效的融合路径与策略。政府进行初步改革，明确了发展目标，并取得了一定的进步，但是管理方式和体制仍缺乏创新性，尤其是地方文化和旅游主管部门各业务处室的横向联系明显缺乏，即便基层公务人员表达一下关注都有可能被人怀疑为越权，导致文化和旅游在产业层面与管理层面都存在较为明显的机械组合现象，最终限制了文旅融合的灵活度。此外，各县（市、区）由于目标市场及发展理念的相似性，竞争关系大于合作关系，存在一定的地方保护主义，阻碍了旅游业与文化产

业的深度融合。

三是"重建设、轻运营"与"重形式、轻产品"等现象并存，缺乏文旅创新与服务技术技能人才。首先，在各大投资或运营商均启动"轻资产运营"策略后，导致很多地方政府只招商不引资，主要文旅项目由地方国有企业负责投资建设，而聘请的不带投资的运营团队又使其无法成为直接利益相关方，地方政府自己又忽略了地方运营管理团队的扶持培育或创新发展。这是明显的"建设导向思维"，重前期的规划建设，而轻后期运营管理，如近几年广被诟病的上百个文旅小镇，便是"重建设，轻运营"的产物，使其缺乏"自我造血"能力，后续难以维持运营。其次，随着"网红经济"的快速发展，各地开始热衷于创造或设计具有"快餐"特征的网红打卡点，希冀通过爆款"晒点"来吸引流量、打响知名度，但是缺乏相应的流量变现能力，其直接原因是缺乏核心的产品体系及其配套服务设施，而根本原因则是缺乏相应的文旅创新与服务型技术技能人才。

三、山区 26 县文旅共同富裕指数测算

（一）浙江省山区 26 县基本情况

浙江省山区 26 县分别是：杭州市淳安县；温州市永嘉县、平阳县、苍南县、文成县、泰顺县；金华市武义县、磐安县；衢州市柯城区、衢江区、江山市、常山县、开化县、龙游县；台州市三门县、天台县、仙居县；丽水市莲都区、龙泉市、青田县、云和县、庆元县、缙云县、遂昌县、松阳县、景宁畲族自治县。

根据统计数据显示，山区 26 县土地面积约为全省土地总面积的 45%；2022 年山区 26 县常住人口为 1019.96 万人，约占全省的 15%，实现地区生产总值 7404.0 亿元，仅占全省的 9.5%。

（二）构建目的和原则

1. 构建目的

为进一步增强文旅融合促进共同富裕的"公平性""普惠性"和"群众获得感"，运用数字化方式，构建文旅共富指数，对浙江省山区 26 县文旅融合

共富水平进行量化检测，推动形成"问题分析—政策调整—效果评估—目标优化"闭环推进机制，主要目的如下：

一是对山区 26 县文旅融合促进共富的问题进行精准分析。对文旅融合促进共同富裕的指标进行分解，并量化计算、迭代更新，对山区 26 县文旅共富进行动态监测与分析，对问题或短板进行精准定位，并为各地持续推进共同富裕提供指导。

二是打造文旅深度融合促进共同富裕工作的载体抓手。通过公开发布共富指数，既可以引导社会各界更加关注文旅深度融合工程，也可以为各级地方政府与行业主管部门推动工作、制定政策提供支撑依据和载体抓手。

三是有利于总结提炼文旅共富指数较高地区的典型范式。概括出成功经验与做法，为指数较低的地区提供经验与帮助，有利于未来进行有效推广，真正促进共同富裕。

2. 构建原则

一是系统性原则。将文旅深度融合促进共同富裕作为一个系统进行分析，既涵盖文旅基本要素，又反映社会需求的热点难点，保证指标设置的科学性、客观性与合理性。

二是引领性原则。既要对全省具有引领性，重点围绕增强"公平性""普惠性"和"群众获得感"，对指标进行设置，对县（市、区）文旅融合发展进行引领指导；又要对全国具有引领性，重点从"先行先试、示范引领"的角度，选取体现更高标准、更高质量的指标，有利于总结典型范式与推广应用，助力浙江打造共同富裕的"示范窗口"。

三是综合性原则。重点选取能够反映文旅深度融合工作综合水平的，涵盖更多区域、更多人群，以凸显指标的代表性、典型性。

四是操作性原则。以能实际推动文旅深度融合工作为目的，确保每个指标可获得、可评价、可对比、可分解、可落实，数据获取应方便收集计算并具有官方权威性，选取的指标应成为各业务部门抓工作落实的"纲"和"目"。

（三）指标构建过程

结合浙江省文旅产业发展现状，借鉴樊纲等（2003）对中国各地区市场化程度的研究，以及孙豪和曹肖烨（2022）对中国省域共同富裕的测度与评价研究的方法论，通过理论指标体系构建、对标规划（政策）文件并经先进地区、多轮指标筛选优化后，最终选取 4 个维度 38 个评价指标，构建出一个符合浙江省省情的，且具有针对性以及可操作性的指标体系。主要过程如下：

第一步，设置理论指标体系。从 3 个维度设置理论指标体系：一是根据浙江省委《浙江高质量发展建设共同富裕示范区实施方案（2021—2025 年）》和已有相关文献资料明确核心指标；二是从文旅深度融合促进共同富裕的内在要求以及社会公众和行业主管部门对文旅融合促进共富的认知梳理指标；三是结合《浙江省人民政府关于推进文化和旅游产业深度融合高质量发展的实施意见》《浙江省旅游业发展"十四五"规划》《浙江省文化和旅游厅推进文化和旅游高质量发展促进共同富裕示范区建设行动计划（2021—2025 年）》等文件，基于浙江省对文旅产业近期、中长期发展进行顶层规划与设计，系统性、统筹性谋划未来文旅产业发展的侧重点并进行概括归纳，在已有规划与研究指标的基础上进一步细化文旅深度融合促进共同富裕的目标和任务体系。

第二步，指标体系修改。从 2 个维度修改理论指标体系：一是归并同类项，从理论层面对指标进行相关性分析，归并相关性强的指标。二是筛除难落地项，即根据指标数据的可获取性和指标任务的可分解性，筛去部分指向性不强、数据获取难度大、不易分解落实的指标。最终从经济富裕、文化先进、社会和谐、生态文明四个方面，提取 38 个指标（见表 1）。

表 1　浙江省文旅共同富裕指标体系

序号	维度	指标	权重
1		人均生产总值（元）（常住人口）	1/60
2	经济富裕	人均可支配收入（元）	1/60
3		户籍人口（万人）	1/60
4		居民常住人口（万人）	1/60

续表

序号	维度	指标	权重
5	经济富裕	旅游总收入（亿元）	1/60
6		游客接待总人数（万人次）	1/60
7		城镇登记失业率（-）	1/60
8		人均民用汽车拥有量（辆）	1/60
9		星级酒店、饭店家数	1/60
10		等级民宿家数	1/60
11		A级景区和度假区家数	1/60
12		3A景区村庄数（个）（2017—2022年）	1/60
13		公路总里程（km）	1/60
14		住户存款年末余额（亿元）	1/60
15		"百县千碗"特色美食体验（示范）店、旗舰店、美食街区数量	1/60
16	文化先进	博物馆（含乡村博物馆）个数	1/44
17		体育场地个数	1/44
18		运动休闲基地	1/44
19		拥有县级及以上非物质文化遗产项目个数	1/44
20		拥有国家级文保单位数量	1/44
21		互联网宽带用户数（万户）	1/44
22		公共图书馆总藏书量（万册）	1/44
23		公共图书馆总借阅量（万册）	1/44
24		入选中国民间文化艺术之乡（个）	1/44
25		入选浙江省文化标识培育项目数量（个）	1/44
26		国家级、省级夜间文化和旅游消费集聚区数量（个）	1/44
27	社会和谐	城乡居民基本医疗保险参保率（%）	1/20
28		医疗卫生机构床位数（张）	1/20
29		养老机构个数（个）	1/20
30		近五年获得平安金鼎的次数（次）	1/20

续表

序号	维度	指标	权重
31	社会和谐	刑事案件立案数（-）	1/20
32		空气质量优良天数	1/28
33		园林绿地面积（公顷）	1/28
34		浙江省全域旅游示范县（市、区）个数	1/28
35	生态文明	城镇生活污水厂集中处理率（%）	1/28
36		省级美丽乡村示范乡镇	1/28
37		省级特色精品村	1/28
38		近 5 年全国文明城市、全国称号、荣誉的次数（参照百度百科、县政府）	1/28

（四）数据来源与测度方法

1. 数据来源

本文选取的数据来源于浙江省统计局发布的《2022 年浙江统计年鉴》《2022 年浙江省国民经济和社会发展统计公报》；各区市统计局发布的《2022 年统计年鉴》；各县（市、区）统计机构发布的《2022 年国民经济和社会发展统计公报》《山区 26 县政府工作报告》《山区 26 县文旅主管部门工作报告》以及百度百科。

2. 测度方法

本报告以浙江省山区 26 县为研究对象，借鉴樊纲等（2003）对中国各地区市场化程度的研究，将文旅共同富裕指数定义为一种相对指数，即评价各县（市、区）共同富裕水平在全省所处的相对位置。为计算共同富裕指数，需要对各指标进行无量纲化处理，再依据各县（市、区）人口份额进行加权。

文旅共同富裕指数的具体计算步骤如下：

第一步，指标去量纲化。根据改进的功效系数法，将所有指标均指数化至 40—100。正指标和逆指标的指数化方法分别为公式（1）和公式（2）。

$$X_{ij} = 40 + 60 \times \frac{x_{ij} - x_{ijmin}}{x_{ijmax} - x_{ijmin}} \tag{2}$$

$$X_{ij} = 40+60 \times \frac{x_{ijmax}-x_{ij}}{x_{ijmax}-x_{ijmin}} \quad (2)$$

其中，i 为各项指标，j 为各个县（市、区），X_{ij} 为 i 指标 j 县的真实数据，$x_{ij}min$ 和 $x_{ij}max$ 分别为 x_{ij} 的最小值和最大值，X_{ij} 为 i 指标 j 县的指数化数据。改进的功效系数法有效地区分了指标在各县（市、区）之间的相对差距。

第二步，确定指标权重。基于共同富裕的内涵构建的指标体系，在富裕和共享维度具有同等重要性，鉴于客观赋权法、主观赋权法、综合赋权法等赋权方法的优缺点，参考 David（1979）、曾文等（2014）的研究，本次报告选择使用等权重方法进行赋权，具体权重见表1。

第三步，计算共同富裕指数。本次报告利用线性加权法计算共同富裕指数（Common Prosparity，CP），见公式（3）。

$$CP_j = \sum_{n=38}^{i=1} (X_{ij} \times w_i) \quad (3)$$

其中，i 为各项指标，j 为各个县（市、区），CP_j 为 j 县的共同富裕指数，X_{ij} 为 i 指标 j 县的真实数据，w_i 是第 i 个指标的权重。

（五）指数测算结果

通过各县（市、区）的总分与排名，将山区 26 县划分为"优秀、合格、较落后"三档。通过计算得出，总分的标准差为 3.92。因此将分数高于标准差 1 倍以上的县（市、区）判定为"优秀"档，共 6 个（仙居县、淳安县、平阳县、永嘉县、江山市、天台县）；分数低于标准差 1 倍以下的县（市、区）判定为"较落后"档，共 3 个（衢江区、庆元县、云和县）；处于中间的县（市、区）为"合格"档，共 17 个。具体分析见表 2。

表2　2022 年浙江省山区 26 县文旅共同富裕分数及排名

山区 26 县	分数	排名	程度	山区 26 县	分数	排名	程度
仙居县	70.29	1	优秀	龙游县	62.97	14	合格
淳安县	69.52	2	优秀	常山县	62.82	15	合格
平阳县	68.41	3	优秀	柯城区	62.81	16	合格

续表

山区 26 县	分数	排名	程度	山区 26 县	分数	排名	程度
永嘉县	67.94	4	优秀	缙云县	62.04	17	合格
江山市	67.87	5	优秀	青田县	61.24	18	合格
天台县	67.82	6	优秀	文成县	61.23	19	合格
苍南县	67.36	7	合格	龙泉市	60.88	20	合格
莲都区	66.43	8	合格	磐安县	60.67	21	合格
武义县	65.72	9	合格	景宁畲族自治县	60.55	22	合格
三门县	64.13	10	合格	松阳县	59.78	23	合格
遂昌县	63.66	11	合格	衢江区	59.55	24	较落后
开化县	63.40	12	合格	庆元县	56.66	25	较落后
泰顺县	63.06	13	合格	云和县	54.66	26	较落后

四、研究结论与政策启示

（一）研究结论

1. 浙江省山区 26 县文旅共同富裕的基本结论

经数据分析显示，4 个维度的差距从大到小的排名分别是：经济富裕、文化先进、生态文明、社会和谐。首先，在 4 个维度当中，经济富裕维度的方差最大，说明山区 26 县中，经济方面差距最大；文化先进的方差排名第二，说明文化先进的差距第二；而社会和谐维度的方差最小，说明社会和谐的差距最小，因此。总体评价的方差较大，说明山区 26 县优秀的县市与较落后的县市还是存在着较大的差距。

经数据分析显示：处于"优秀档"的县（市、区）可以分为均衡性强与优势性明显两种情况，前者如仙居、平阳等属于均衡性强的类型，在 4 个维度都做得较为优秀，没有明显"拖后腿"指标；淳安、永嘉、天台则属于优势性明显的类型，均有 2 个维度排名前三，而其余 2 个维度都排名倒数，有明显"拖后腿"指标。

处于"合格档"的县（市、区），各有各的特色优势，比如开化在社会和谐与经济富裕上优势明显，泰顺在生态文明和文化先进上优势明显，龙游在文化先进和社会和谐上优势明显，但同时也各有各的弱点，至少有一个或两个维度是处于排名倒数的情况。

处于"较落后档"的县（区），其他维度都非常平均，均为倒数，唯有在社会和谐方面相对做得较好，与前面的数据结果也比较一致。

2. 浙江省山区 26 县文旅共同富裕的个性结果

数据结果表明，浙江省山区 26 县存在"缺科""跛脚"现象。如淳安县，有明显"拖后腿"指标，文化先进维度排名倒数，在运动休闲基地、国家级文保单位数量等指标排名最后，今后发展方向应在文化先进方面奋起直追。永嘉县同理，在社会和谐与生态文明维度落后，刑事案件立案数远超其他县（市、区）。

（二）省级层面政策启示

1. 制定"差异化、小切口"政策

山区 26 县处于富裕程度不高和共享程度较低的初级阶段，要根据经济富裕、文化先进、社会和谐、生态文明等指标情况，从土地指标、碳排放指标、文旅建设推广等入手，谋划制定一批管用、实用的"差异化、小切口"政策。

在"经济富裕"指标层面，根据前面划分的"优秀、合格、较落后"三档，不同部门出台相关资金补助办法，针对性加大资金投入力度。比如，苍南县可以优化产业结构，发展现代农业，农业农村部门通过财政资金、税收减免等政策，支持农村产业发展，培育新型农业经营主体，推进农业现代化，从而降低城乡居民收入倍差。比如，泰顺县需要加强农村土地制度改革，自然资源部门牵头探索，实事求是、招商引资，保障土地利用权，促进农民土地财富化，增加农民收入。

在"生态文明"指标层面，可以参考新安江—千岛湖流域生态补偿机制的新实践，建立县际生态利益补偿机制，可有效缓解县域间因生态利益不公引起的冲突，促进县域经济的协调发展。省级部门可以参考厦门，建立农业碳汇交易平台，与各茶园合作，例如平阳县的黄汤茶园，不仅可以获得茶叶收入，还可以选择参与农业碳汇项目，增加农业系统的碳汇量。碳汇量经第三方机构核证，可以在农业碳汇交易平台挂牌出售，从而获得经济收益。

促进共同富裕需要政策上的创新和协调，需要各政府部门加强沟通，协同作战。政府应该加强政策制定和实施的科学性和社会性，避免出现政策冲突和重复，提高政策执行的效率和公正性。

2. 健全对口帮扶机制，做好山海协作工作

围绕助力对口地区高质量发展，拓展帮扶领域、健全帮扶机制、优化帮扶方式，不断提升帮扶的实效性和精准度。如上城区帮扶淳安县，成功探索出的"胡家坪模式"，激活了乡村与企业的"共营共赢"新途径。可以借助省旅投集团、杭商旅等国有企业优势，通过直接带项目、带运营等方式，开展针对性帮扶。引导我省 1—2 家龙头企业与山区 26 县企业建立"1+N"产业链延链合作，实施一批产业链协同项目，每年全省组织项目合作、产需对接、产用结合活动，加快探索一批对口工作的新模式、好经验。学习丽水松阳—宁波余姚山海协作产业园的山海协作路径，拓展迭代山海协作方式、载体和内涵，打造一批产业链协作、公共服务平台的标志性工程，形成山海互济、携手共富的良好态势。

3. 建立共富指数动态监测机制

通过动态监测，及时科学地反映浙江省共同富裕建设成效，纵向层面，加强省县两级对接沟通，加大对山区 26 县的指导帮扶力度，及时解决试点疑难问题；横向层面，加强省级各部门的信息共享、业务交流和工作协同，进一步提升监测机制建设实效。监测机制成熟后可开展常态化监测，认真分析并反馈实施过程中的意见建议，根据实际情况适时调整相关指标，每一年开展一次测评并公布结果，积极探索指数测评结果在绩效评定和目标考核中的运用。也为政府查漏补缺、统筹规划、精准施策提供科学、准确、动态的数据支撑和决策依据，推动共同富裕整体水平迈上新台阶。

4. 建设文旅共富人才队伍

实行"刚性引进"和"柔性引进"相结合，将 26 县文旅人才队伍建设纳入省级人才发展计划，探索推进享受省级人才待遇、享受杭州落户、子女优

选学校等创新政策，支持山区 26 县多元化引进高端文旅人才。强化省市专家团队"点对点""面对面"各类服务对接，拓展与长三角、珠三角地区企业、专家、乡贤的联系衔接。加快文旅人才培育基地建设，依托重点旅游和文化高等院校，构建文旅人才教育体系，建立定向培养输送机制。针对性地开展山区 26 县文旅从业人员在职教育，提高文化旅游人力资源规模和水平。

（三）县级层面对策措施

1. 推动产业融合发展

支持山区 26 县结合当地自然、文化、产业等"特色资源"，围绕主导产业，创新大企业大集团培育模式，联动开展"一业一企"，培育、打造一批百亿级特色优势产业。如淳安县围绕"生态保护前提下的点状开发"、泰顺县围绕"生态旅游全域美丽"、景宁畲族自治县围绕"民族地区融合发展"，需要加强与地方产业的融合，找到合作路径、实现共同突破。

2. 提升文化和旅游创新能力

充分利用文化基因解码工程和文旅资源普查成果，整合文旅资源形成集群效应，引导各类市场主体积极开展创意活动，促进文旅活动内容和形式的多样化。推进文旅数字化转型，挖掘文旅融合 IP 体系，开发旅游业新兴业态产品，形成兼具地方文化内涵以及观赏和实用价值的文旅商品。

3. 加快生态价值转化

推动把生态优势转化为经济优势、发展优势、致富优势，因地制宜加强"微改造"提升环境，加强特色资源集成，推进乡村旅游、民宿经济、休闲农业等更快发展、更好富民。要聚焦生态保护线内文旅开发与利用，探索通过"一事一议"等方式，解决用地指标、用地性质等方面限制。

4. 创新地方体制机制

深化国有企业改革，实施薪资结构与绩效挂钩，激活激发国有企业自我造血能力。探索旅游景区专业化、连锁化运营模式，学习借鉴杭商旅、千旅集团等知名国企的优势或经验做法，积极培育或引进国内外知名运营团队，优化国有景区运营模式。建立培育旅游志愿者队伍，加强对旅游服务的日常督促和暗访监管。

参考文献

［1］张胜冰.文旅深度融合的内在机理、基本模式与产业开发逻辑［J］.中国石油大学学报（社会科学版），2019，35（5）：94-99.

［2］张海燕，王忠云.旅游产业与文化产业融合运作模式研究［J］.山东社会科学，2013（1）：169-172.

［3］王玲.东北地区文化产业与旅游产业融合模式探析［J］.现代商贸工业，2017（26）：1-2.

［4］刘敬华.民族地区非遗旅游转型动力机制及路径研究［J］.原生态民族文化学刊，2017，9（2）：145-149.

［5］高清明，陈明.西部地区文旅融合的典型模式和优化路径［J］.经济体制改革，2022（4）：58-65.

［6］DAVID M M. Measuring the condition of the world's poor：The physical quality of life index［M］.New York：Pergamon Press，1979.

［7］曾文，张小林，向梨丽，等.江苏省县域城市生活质量的空间格局及其经济学解析［J］.经济地理 2014（7）.

［8］孙豪，曹肖烨.中国省域共同富裕的测度与评价［J］.浙江社会科学，2022（6）：4-18，155.

［9］徐翠蓉，赵玉宗，高洁.国内外文旅融合研究进展与启示：一个文献综述［J］.旅游学刊，2020，35（8）：94-104.

［10］陈丽君，郁建兴，徐铱娜.共同富裕指数模型的构建［J］.治理研究，2021，37（4）：5-16：2.

［11］魏守月，阮泽景，王倩倩等.交通服务共同富裕水平评价指标体系构建及应用：以浙江省为例［J］.交通运输研究，2023，9（3）：132-141.

［12］浙江省统计局，国家统计局浙江调查总队.浙江统计年鉴：2022［M］.北京：中国统计出版社，2022：9.

［13］国务院办公厅.中共中央　国务院关于支持浙江高质量发展建设共同富裕示范区的意见［EB/OL］.（2021-06-10）［2023-04-10］.http：//www.

gov.cn/zhengce/2021-06/10/content_5616833.htm.

［14］浙江省统计局.2022年浙江省国民经济和社会发展统计公报［EB/OL］.（2023-03-16）［2023-04-10］.http：//tjj.zj.gov.cn/art/2023/3/16/art_1229129205_5080307.html.

［15］浙江省统计局.2022年浙江省人口主要数据公报［EB/OL］.（2023-02-22）［2023-04-10］.http：//tjj.zj.gov.cn/art/2023/2/22/art_1229129205_5070151.html?eqid=815dce3300074c25000000046448b3b4.

"双高"背景下职业院校服务区域经济和
社会发展的实践研究报告

青岛酒店管理职业技术学院　尹　萍

一、引言

职业教育领域的"双高计划"堪比高等教育的"双一流"。遴选一批高水平的职业院校和专业群，通过专业共建、师资共享、课程优化、基地提升、技术融合、国际合作等途径，突出职业教育的类型特点，培养职业院校学生工匠精神，促进教育结构、人才结构、产业结构、社会结构的综合作用，为职业教育提供更好的整合。

目前，我国社会的主要矛盾已经转化为人民日益增长的美好生活需要和不平衡不充分的发展之间的矛盾。高职院校以坚持服务地区经济为导向，一直将为经济发展培养人才置于第一位。旅游进入大众化、日常化的历史新时期，主要是满足旅游者从追求新、奇、特的旅游感官刺激向追求更深入的体验感受的休闲旅游的融合；以追求赏心悦目、健康心灵、强健体魄等为目标的旅游在大众化消费结构中的地位从"潮流"到"常态"。因此，随着旅游产业链的快速发展，以及旅游业和作为其核心产业的酒店业都面临着前所未有的历史变革。

青岛酒店管理职业技术学院是我国第一所独立设置的酒店管理职业技术学院，是中国特色高水平高职学校和专业建设计划建设单位。学校明确"聚焦酒店业办专业"的思路，围绕酒店业产业链需求，提出建设国内一流、国际知名的酒店业全科型专业链的目标。形成了以住宿餐饮业的智能化、数字化转型升级为主线的专业群建设体系。学校牢固树立新的发展理念，以现代酒店为重点，大力发展职业教育，正确掌握职业教育的核心任务，积极融入服务区域经济与发展的实践中。坚持产教融合、校企合作，深化师资、教材、教法改革，引导酒店职业教育、服务国家战略、融入地方发展，促进酒店产业升级，打造中国服务品牌，积极输出中国标准，探索中国特色的酒店职业教育发展体系，形成可借鉴、可推广的人才培养与专业群建设机制，形成中国特色的酒店职业教育发展模式，在新时代下，建立职业现代化的样板和标杆。

二、"双高"背景下职业院校服务区域经济和社会发展存在的问题

（一）培养目标与人才需求的"鸿沟"

高职教育培养目标的设置一方面要关注学生的专业能力，另一方面也不能忽略培养学生的整体素质，要适应和满足酒店的需要。一般情况下，高职院校在设置人才培养目标时，往往聚焦岗位的现有需求，而酒店从用人角度看，更希望获取复合型、多面手的人才，能够达到一人多能、一人多岗，更看重人才的可持续发展和学习的能力。

（二）专业调整与区域经济的"不对等"

高职院校在设置专业时，有时由于许多条件的限制，往往无法对区域经济的需求进行充分和系统的分析，因而无法根据目前岗位的需求状况及潜在走向与相关酒店共同探讨来确定专业的设置、删除和优化，尤其是当目前所开设的专业不能根据市场需求的变化而及时、灵活地调整时，导致产销"不对等"的现象在许多的专业人才培养中发生，甚至有的还十分突出，因而，有的专业毕业生过剩，有的专业则出现供不应求的状况，无法有效服务区域经济和社会发展。

（三）课程要素与岗位匹配的"脱节"

高职院校的相关课程要素，包括教师、教法、教材等与相关产业的岗位设置产生脱节。首先，高职教育培养的复合型技术技能人才，也反方向要求教师不仅要专业理论知识精通，更要具有丰富的行业经历和技术应用能力，

而这种"双师素质"的教师无论在数量还是质量方面都还存在着不足。其次，普遍存在传统的教学方法，缺少探究型的教学手段，导致学生被动地接受与理解，其结果是学生动手能力欠佳，创新动力不足。最后，偏重理论讲授的教材占据高职教学的中心，教材滞后于行业实际发展变化，同时，新技术、新材料、新工艺、新设备无法及时呈现给学生，这些都造成学生的培养规格和岗位适应力和胜任力之间的差距。

（四）教学模式与行业实践的"最后一公里"

行业实际需要上手快、动手能力强的人才，但受传统教学模式及实训客观条件的限制，高职院校所培养的人才在知识、素质、能力结构上未达到酒店的需求，这"最后一公里"的差距影响了地方产业的行业竞争力和人才的可持续发展力，从而大大降低了高职院校服务区域经济的能力。

（五）人才贡献度与产业需求的"落差"

高职院校作为培养应用型技术人才的摇篮和基地，更多的还是停留在往酒店输送专业的人员，这个人才贡献度还远远不够，还远远没有体现高职院校的综合价值。很多高职院校仍然没有积极投身和参与到服务区域产业经济的技术研发与推广中，在区域产业经济发展中缺少话语权和闪光点，未能及时有效地推动地方经济发展。

三、"双高"背景下职业院校服务区域经济和社会发展的难点

当前，虽然我国高职教育在服务区域经济和社会发展中有了明显的进展和改善，但总体上仍呈现出一些制约的难点和困境，主要体现在以下三个方面：

（一）对高职教育在"认知—实践"上的误解

对高职院校的教育是类型教育的认知还没有被普遍接受，许多人还用有色眼镜看待职业院校和职业院校的学生，往往认为这类学校培养的学生知识水平低、工作能力弱、综合素质差等，导致在这种"学历本位"的就业和职业发展导向下，影响了职业学校的发展前景，挫败了高职学生的就业信心。在行业实践中，职业教育的学生因为操作技能比较突出，在诸多劳动密集型

行业中数量较多，这也导致了社会对职业教育人才潜力的挖掘不够深入，使其无法胜任管理等高水平职位。许多城市，特别是一二线城市，高职学生在求职中会受到一些阻碍和限制，不利于当地人才的流动和保护。

（二）产教融合中校企"貌合神离"的合作

产教融合、校企合作，是我国高等职业教育发展的重点方向。但是，校企的深入合作和融合发展，仍然没有得到根本的解决。一些酒店参与职业技术学院人才培养、专业调研、课程优化、师资培养等的热情不够充分，在整个合作中，酒店缺乏深度介入的意愿，目的单一和直接。高职院校的社会服务能力相对较弱，在提供新产品和新服务方面的能力较差，导致大多数的高校校企合作对于酒店的吸引力非常有限，所以难以通过专业服务为酒店创造更高的直接经济价值；另外，酒店参与高职教育办学制度也存在着许多体制上的障碍，尤其是产权划分、利益分配、资金退出等酒店与高职院校共同出资办学过程中的基础制度不完善，导致酒店对参与高职校企合作多有顾虑，在与学校合作中利益的纽带相对薄弱，全面调动酒店的主动性是加强职业学院服务区域经济的重要助推器，维持和保证酒店的利益是实现职业教育价值和参与主动性的关键，因而招募劳动力就成为酒店与学校博弈的杠杆，这种合作呈现出了一种表面上的产教融合。

（三）专业同质化现象造成人才的重复低端培养

自扩招以来，各个高职学院都在增设新专业、开设新课程、创新教学模式，从而抢占优质生源，扩大招生规模，这种现象一方面提升了高等教育普及率；但是，从另一方面，也折射出许多高职院校仓促上马的"热门"专业的同质化以及教学质量下降的现象。多数职业院校无论从师资配备还是教学设施、教学条件等方面缺少完善的专业设置和开发的总体规划，只能通过直接复制或参照其他同类型院校的人才培养建设方案，这使得社会上出现了大面积职业学校的专业设置和培养规格的重复和雷同。大量高职院校一窝蜂地开设"热门"专业，还会导致专业的"冷热不均"，从而导致人才供需上的失衡，无法满足区域社会发展和经济建设的需要。

四、"双高"背景下职业院校服务区域经济和社会发展的实践路径

本课题以青岛酒店管理职业技术学院为例，提出"双高"背景下职业院校服务区域经济和社会发展的实践路径。学院持续强化育人探索，立足培养德智体美劳全面发展的高技术技能人才，将专业教育与素质教育有机融合，创新人才培养模式，服务区域经济和社会发展，取得了显著的成绩。从人才培养、现代学徒制、专业调整、校企合作、技术服务、社会培训等，增强服务贡献意识，聚焦自身的社会贡献力产出，通过提升社会贡献力，增强发展环境的适应力，进而提升职业技术教育的社会吸引力，巩固类型教育的地位。

（一）多维高职人才培养

由于高职扩招大背景下的教育教学实际，学生身份类型的差异性分布特点以及培养对象的独有特征，对多维人才培养教学、管理、服务等多方面改革催生了内生动力，提出了现实需求。学院积极推动人才培养类型化改革，不断适应不同生源知识技能学习与类型化人才培养新要求，以类型目标趋同化、课程体系多元化、教学模式个性化为路径，对多维人才培养提出理论与实践创新。

1. 以需求为导向遴选扩招专业

学院基于区域经济社会发展需求、办学特色和专业实际开展充分调研，根据扩招生源学情特点和专业技能提升需求，遴选区域经济需求大、办学优势体现足的专业配合扩招，最大限度匹配产业需求，提升专业改革内驱力。

2. 以类型为标准制订培养方案

学院基于既有专业人才培养方案，根据多维学生的知识背景、文化层次与实际需求，充分考虑毕业岗位指向，单独制订培养方案，在教学原则上确保标准不降，关键类型课程上进行增减，在课程体系上侧重技能，在教学管理上单独编班、在教学实施上探索线上线下混合式教学与业余时间集中授课。

3. 以立德为基础引领人才培养

针对扩招学生入学前的多维社会属性，学校积极发挥思政教学优势，切

实做好扩招学生日常管理，一方面强化校纪校风建设，帮助社会考生尽快适应"社会人"和"学校人"等多重身份角色的转换，另一方面深入实施专项思想政治工作质量提升工程，全面开展扩招学生思政教育专题活动，鼓励专项课题研究。

（二）特色现代学徒制实施

在体制机制建设、校企双主体育人、招生招工一体化、双导师培养等方面积极尝试与创新，逐步形成具备学院特色的系统性的学徒制人才培养模式，进一步深化产教融合、校企合作。

1. 校企"双主体"育人机制

加强机制创新，做好顶层设计，构建"管理共同体领导机制"。学院不断制定完善相关制度，建设"人财物融通、产学研一体、师徒生互动"的现代学徒制合作实体，逐步形成"方案共定、课程共建、人才共育、过程共管、成果共享、责任共担、互利共赢、共同发展"的体制机制。创造"身份互认、角色互通"的师资共同体互补机制和打造"资源融通、共建共享"的资源共同体互助机制，先后升级建设酒店管理实训中心、旅游管理实训中心、会展实训中心、烹饪实训中心等共建共享型产教融合实训基地。共建"协同共管质量保障机制"，校企双方就教学内容、资源开发、教学团队、教学评价等环节不断优化，进行全过程监控，保障教学质量。充分发挥职教集团和产业学院的能效，加强社会服务能力，深化学徒制内涵。校企联合组建现代酒店业职教集团和产业学院等，在体制机制、人才培养、教学资源和服务产业等方面重点突破，打造产教融合人才培养新高地，实现校企合作共赢，助力区域产业转型升级和高质量发展。

2. 招生招工一体化

学院注重全面组建双主体育人机制，强化校企合作，学校、酒店密切沟通，制定了专业招生录取和酒店用工一体化的招生招工独特模式。校企双方签署了《现代学徒制试点校企合作协议书》，同时学校、酒店、学徒签署三方协议，确保人才培养权益得到保障。校企共同制定《现代学徒制管理规定》《学徒酒店实践管理制度》《酒店导师（师傅）选拔与聘任办法》等，进一步细化管理制度，完善评价机制，保障学徒制的有效实施。

3. 人才培养制度和标准

创新现代学徒制专业人才培养方案，打造学徒核心竞争力。由现代学徒制专业与合作酒店联合开展关于学徒制人才需求调研分析并制订学徒制人才培养方案，使学生具备核心竞争力。基于现代学徒制的教育教学理念，重新定位和更新专业核心课程的课程理念、课程目标、课程结构、课程内容、教材建设、考核体系等课程活动方式。推行学分银行，满足学生个性化和多元化发展的需要。目前实现了试点专业群内互选课程并实现学分互认，以满足学生个性化、多元化发展的需要。推行"双证书"制度，促进学生"一专多能"，增强学生的职业素质和实践能力，学徒制试点专业学生（学徒）有95%获取行业和职业资格证书。

4. 校企互聘共用的教师队伍

实施双带头人制度，开展"校企双带头人"专业领军人物培养计划，酒店总经理和专业带头人共同管理和督导学徒制的工作进展，形成校企互聘共用的管理机制。创新导师形式，给每位学徒配备由酒店导师＋专业导师＋学团导师组成的"3"导师指导团队。导师团队围绕学徒人才培养方案，打造"双课一体"的学徒课程，将学校课程和酒店课程有机融合，培育"五育"工匠人才。为保障实施效果，学院制定多维度导师考核机制，构建闭环评价标准。建设"多元智慧"命运共同体，打造一流学徒制教学团队。分类制订骨干导师团队培养计划，加大校内导师外出培训、考察、进修、学历提升、挂职锻炼、酒店实践的力度，全面提高酒店教师的专业素质和教学水平。发挥校企内外大师、名师的示范引领作用，发扬学徒制传、帮、带的传统，培养青年一代技术技能骨干。

5. 体现现代学徒制特点的管理制度

学院制定出台《现代学徒制试点管理办法（试行）》等22个和学徒制相关的管理制度，强化顶层设计、进行宏观指导，建立教学标准、强化教学管理；加强校企合作、推进产教融合；改革实训模式，建设共建共享实训基地；优化考核方式、构建第三方评价机制；加强经费保障，在完善校企成本分担机制方面提供了制度支持，有力确保了各项工作良好顺畅开展。

（三）专业结构动态调整

学院主动适应本地经济社会发展的需要，为服务本地相关产业发展，调整优化专业结构。形成了各专业协调发展的专业布局，建成紧密对接区域产业的专业群和专业，较好地满足了学院学生成才和区域产业发展需求，学院目前共设置 38 个专业。

（四）校企合作精准对接

1. 校企共建合作团队

完善人才培养模式，学院与酒店共同推进产教融合人才培养模式改革，共同制订人才培养方案，共同完善校内实训室管理体系，共同组织课堂教学与岗位技能培训、"1+X"职业资格考试，共同做好专兼职师资队伍的建设与管理。学院与酒店立足高素质技术技能人才培养，探索开设现代学徒制试点班、酒店订单班，逐步完善校企双主体育人的特色产教融合模式。学院与酒店定期开展党建主题教育学习、职业素养主题教育，引导学生构建较高的思想修养和道德素养，培养学生良好的职业礼仪和职业规范。

2. 校企共建培训平台

构建社会培训体系，学院与酒店共同制订社会培训方案，建立专项培训资金，为专业人员提供包括专业技能提升、素质拓展、管理提升等在内的社会培训服务，并为专业人员在继续教育、学历提升方面提供支持与服务。

3. 校企共建课程资源库

打造精品教学体系，学院与酒店共同合作建设"校企双元教学资源库"，积极推进"线上＋线下"混合式教学，提升教学广度和深度。在厨房管理、成本核算、餐饮信息化、原料加工、特色菜品、餐饮安全控制等方面共建线上讲座课程；定期邀请行业专家、技能大师来院开设讲座课程；邀请技术管理人员担任学院客座教授或兼职教师，参与教学改革、教材编写等工作，丰富教育教学手段，打造行业内外精品教学体系。

4. 校企共建创新平台

推动科研成果转化，学院与酒店合作共建协同创新平台，带动校企双方理念创新、技术创新、模式创新、机制创新。学院与酒店共同开展科研项目和产业项目的申报与研发，组织学术交流与教研活动，落实科技成果转化，努力创造社会价值和经济价值，服务地方经济发展。

（五）有效提供技术服务

1. 为本地中小酒店提供稳定的高素质技能型人才

学院秉承为地方经济建设和社会发展服务的理念，积极培养具备管理、服务能力的高端技能复合型人才。学院优先选拔和推荐优秀学生到合作酒店进行顶岗实习，推荐优秀毕业生到合作酒店就业，为山东省各地大中小微酒店输送大量高素质专业技术人才。

2. 搭建大住宿业大数据平台

助力中小微酒店数字化升级，开发了大住宿业人力资源发展大数据实验室系统。该系统实现了学生实习管理的校企互联互通、招聘就业的互联互通、学生培养的互联互通、酒店需求的互联互通。通过教师团队对大住宿业人力资源发展大数据实验室系统的分析，及时了解中小微酒店的需求并提供支持。为多家中小微酒店提供服务质量提升培训、岗位工作标准化改造和工作咨询服务等，解决了中小微酒店的管理流程优化、数字化转型升级、酒店用工短缺等问题；此外，还为中小微酒店的中高层管理者提供宴会服务设计的培训指导等高阶服务培训。

3. 为中小微酒店提供各类员工培训

学院作为合作酒店的人力资源培养基地，充分利用学院的智力资源和教学资源，采用"送出去"和"引进来"相结合的模式，为酒店提供包括员工技能提升、素质拓展、管理提升等在内的人才培训服务，并积极创造条件，为酒店员工在学历提升、参加继续教育等方面提供支持与服务。

（六）开展社会服务培训

1. 开展高质量职业培训

学院整合资源，建设形成了"实训＋培训＋鉴定＋技术服务＋技术开发"的高质量职业培训工作体系。坚持平台思维，强化资源整合能力，坚持"先争资质，后拉业务，再做培训"的工作思路，对内深度挖潜，对外链接资源，产生培训的平台效应。

2. 聚焦产教研优势资源

依托校企协同创新中心、大师名师工作室、酒店职工培训中心等，开展面向酒店业职业经理人、部队官兵、职业院校教师等不同群体的高质量职业培训，彰显学院办学特色和"双高计划"建设成果，发挥辐射带动作用。

3. 形成"线上 + 线下""培训 + 鉴定"的职业培训体系

贴近市场需求开发培训课程，按行业酒店要求开发课程包，提供有特色的定制化课程菜单。聘请高校学者、行业专家、酒店高管、一线技师，组建培训师资库。依托学院线上教学平台，遴选继续教育数字化课程，积极探索信息化环境下开展职业培训的新路径，送课入企，送课进家，打造优质"互联网 +"继续教育品牌。

4. 利用师资条件广泛开展职业培训

学院深入推进技能文化宣传，利用公众号、宣传栏等营造崇尚劳动、崇尚技能的良好氛围，助力学院学习型校园建设。面向学生开展多工种、多层次的职业技能培训，通过技能培训、证书培训、岗前培训、创业创新培训等多种途径提升学生的职业素养和职业能力。充分利用政策红利，广泛宣传政府培训补贴政策，以毕业年度大学生、农村户籍学生、退役复学学生为重点开展政府补贴培训，主打面包烘焙、咖啡制作、鸡尾酒调制等特色技能培训。

五、结语

积极对接区域经济发展需求是高职教育的重要职责，高等职业技术教育要与区域经济发展紧密联系，与产业发展和社会需求同频共振，充分释放高水平专业对区域经济社会发展的服务贡献能力，强化课程设置、专业动态调整、教学模式等，增强适应性，形成互助、互进、共赢的命运共同体。

我国智慧景区行业发展现状与前景分析报告

浙江旅游职业学院智慧景区开发与管理专业教研室

一、我国智慧景区建设和发展的基础条件

（一）相关政策为智慧景区建设与发展明确目标和方向

2020 年 4 月，国家发展改革委、中央网信办印发《关于推进"上云用数赋智"行动培育新经济发展实施方案》，其中提出"大力培育数字经济新业态，深入推进企业数字化转型"的整体方向。2020 年 11 月，文化和旅游部、国家发展改革委等十部门联合印发《关于深化"互联网＋旅游"推动旅游业高质量发展的意见》，明确"将互联网作为旅游要素共享的重要平台，优化资源配置，加快形成以开放、共享为特征的旅游业发展新模式"，并提出计划到 2022 年建成一批智慧景区，到 2025 年国家 4A 级以上旅游景区基本实现智慧化转型升级。2021 年 6 月，文化和旅游部印发《"十四五"文化和旅游发展规划》，明确通过"加强旅游信息基础设施建设，深化'互联网＋旅游'，加快推进以数字化、网络化、智能化为特征的智慧旅游发展"。2021 年 12 月，国务院印发的《"十四五"旅游业发展规划》中进一步明确"要充分运用数字化、网络化、智能化科技创新成果，升级传统旅游业态，创新产品和服务方式，推动旅游业从资源驱动向创新驱动转变"，提出通过提升旅游景区 5G 网络覆盖水平、改造升级旅游景区内部引导标识系统、整合线上线下资源鼓励旅游景区与互联网服务平台合作、依法依规利用大数据等手段，提高旅游营销传播的针对性和有效性，创新智慧旅游公共服务模式，为智慧景区发展指明了具体方向。2022 年 9 月，文化和旅游部资源开发司、国家发展改革委社会发展司联合发布《智慧旅游场景应用指南（试行）》，遴选出智慧旅游的 10 大典型场景和 17 个典型案例作为行业参考，旨在发挥旅游业丰富应用场景优

势，通过拓展场景应用加快推进智慧旅游发展。2023 年 4 月，工业和信息化部联合文化和旅游部印发《关于加强 5G+ 智慧旅游协同创新发展的通知》，明确"到 2025 年，我国旅游场所 5G 网络建设基本完善，5G 融合应用发展水平显著提升，产业创新能力不断增强，5G+ 智慧旅游繁荣、规模发展"，提出了加强重点旅游区域 5G 网络覆盖、鼓励重点单位网络建设资源开放、创新 5G+ 智慧旅游服务新体验、探索 5G+ 智慧旅游营销新模式、提升 5G+ 智慧旅游管理能力、加强 5G+ 智慧旅游产品供给、增强 5G+ 智慧旅游主体创新活力、打造 5G+ 智慧旅游示范标杆和建设 5G+ 智慧旅游样板村镇的九大重点任务。国内相关部门延续优化一批阶段性政策、研究出台一批针对性政策、积极谋划一批储备政策，系统打出了一套政策"组合拳"，切实助力智慧景区高质量发展，实际效果逐渐显现。

（二）数字化转型成为旅游景区高质量发展的必由之路

文化和旅游部印发的《"十四五"文化和旅游发展规划》明确提出要"推动旅游高质量发展"。旅游景区作为旅游目的地的核心吸引物，直接影响着旅游业整体发展水平。长期以来，我国旅游景区发展取得了长足进步，涌现出以 5A 级旅游景区为代表的高品质景区品牌；但与之相对的是，在面临激烈的市场竞争和游客对高质量旅游产品日益增长的需求时，旅游景区也暴露出经营模式单一、产品体验不足、品牌同质化明显等问题，难以满足数字化时代市场对旅游景区多元化产品的需要。近年来，互联网和数字经济快速发展，客观上提升了旅游景区行业的线上预约水平和在线化率，并以票务预约为切入点，倒逼和加速了旅游景区的整体数字化转型进程。旅游景区的数字化转型可以有效提升旅游景区的经营水平和服务能力，以数据化、智能化为核心推进旅游景区降本增效，为旅游景区在现代旅游市场和新消费格局中发挥基础性和引领性作用提供重要保障。但也应该看到，我国旅游景区数字化转型发展水平整体仍处于起步阶段，各景区发展程度参差不齐。作为旅游景区数字化转型的基础，智慧景区建设仍是当下旅游景区迈向体制机制深层次数字化的首要任务和重要基础。优先从旅游景区的刚需功能入手，通过线上预约、人流监测、网络互联等方式保障旅游景区日常运营，并逐渐通过大数据、云计算等技术手段优化景区营收模式及营销效率全面打造智慧景区，成为旅游景区数字化转型的可行路径。

二、我国智慧景区建设和发展的市场环境

我国旅游资源十分丰富，旅游资源数量和品位均在全球名列前茅，截至2022 年年末中国共有 A 级旅游景区 14917 家，同比增长 5.08%。其中，5A级旅游景区 319 家，占全国 A 级旅游景区总数的 2.14%。分省市来看，截至2022 年年末江苏共有 25 家 5A 级旅游景区，全国排名第一；浙江共有 20 家5A 级旅游景区，全国排名第二；新疆共有 17 家 5A 级旅游景区，全国排名第三。由于前期中国旅游景区管理的专业人才匮乏、互联网化认知不足、景区基础设施薄弱、提升改造投入资金不足等，忽视可持续发展战略，很大程度上束缚了景区的发展，近年来，在国家政策的大力推动下，中国各省市景区积极开展智慧旅游建设工作，智慧旅游城市、智慧景区成为热门选择，智慧景区也将成为 4A 级景区晋升为 5A 级景区的硬性指标之一，2022 年中国智慧景区行业投资规模达 484 亿元，未来中国智慧景区市场发展前景十分可观。

近年来，旅游业已成为拉动消费和经济增长的新动力，2023 年上半年国内旅游总人次数 23.84 亿人次，同比增长 63.9%；国内旅游收入 2.30 万亿元，同比增长 95.9%。后疫情时代，中国旅游市场迎来全面爆发，而智慧景区能有效地提高游客体验以及景区管理效率，智慧景区建设直接决定景区的未来发展，智慧景区已成为未来景区发展的必然趋势，未来中国智慧景区行业将继续蓬勃发展，市场发展潜力巨大。与此同时，中国智慧景区建设如火如荼，吸引了一大批优秀的企业入局，导致中国智慧景区市场竞争日益激烈。目前，中国智慧景区行业参与者主要包括科技巨头和互联网公司、初创企业和创新公司、电信运营商、景区管理公司以及设备制造商等，每家企业都致力于提供创新的解决方案以满足景区和游客的需求，利用信息技术和智能化设备来提升景区管理、游客服务和体验，这些技术和设备包括物联网、大数据分析、人工智能、无人机、智能导览系统、移动应用程序等，以提供更高效的管理、更便捷的游客服务和更丰富的旅游体验。

目前，国内智慧景区建设内容主要包括智慧管理、智慧服务、智慧营销三个层面的智慧化建设方案。智慧管理包括智慧停车、电子票务、智能监控预警、万物互联建设，通过建设逐步优化景区车辆管理、人流量管理、园区秩序管理和景物管理。智慧服务包括精细化地图、智能顾问、智能游玩规划、语音讲解和导览互动大屏，通过智慧服务建设提升景区服务品质，为游客提供个性化游玩规划，优化游客游玩体验。智慧营销包括在线购票、周边服务、在线导购，为游客提供从来到回的全过程在线订购、门票、住宿、特色物产等服务，优化游客消费体验。

三、我国智慧景区建设和发展的现状分析

为了全面掌握全国智慧景区建设与发展现状，研究机构对全国 1939 家 4A 级及以上旅游景区以及其他具有智慧化转型升级需求的旅游景区开展问卷调查。调研结果显示：

（一）景区信息化组织健全性和规划规范性有待提升

旅游景区内有专职化信息管理部门与没有专职化信息管理部门的景区数量比例约为 3∶7，说明我国旅游景区配备专职化信息管理部门的整体情况较为一般，仍有大部分景区并没有数字化专业部门的配备。由该项数据可知，大部分景区并没有景区信息化部门专职技术人员；而有景区信息化部门专职技术人员的景区，信息化部门人员为 10 人左右。通过分析全国智慧景区建设规划的情况发现，编制智慧景区建设规划的旅游景区占比约为 58.8%，未编制的旅游景区占比为 41.2%，这说明国内景区对于智慧化发展的前瞻意识仍相对薄弱，后续应当增强旅游景区信息化建设规划编制的规范性要求，并加大对智慧景区建设规划必要性的宣传力度，以此增强智慧景区建设的合理性和规范性。

（二）景区网络覆盖及基础设施建设整体趋向积极

目前国内达到光纤网络全景区覆盖的旅游景区占比为 52.35%，部分区域覆盖的旅游景区为 45.95%，无光纤网络覆盖的景区仅为 1.7%。大部分旅游景区十分重视景区内的光纤网络建设，98.3% 的旅游景区都能做到景区内

有光纤网络覆盖。在已覆盖光纤网络的旅游景区中，45.8% 的景区网络带宽为百兆，46.57% 的景区网络带宽为千兆，网络带宽达到万兆的景区占比为5.57%，也有 2.06% 的景区网络带宽在万兆以上。整体来说，大部分旅游景区的网络带宽能够较好满足景区内各项应用数据的传输需要。数据显示，旅游景区整体的光纤网络建设处在一个较为完备的状态，覆盖率和带宽都能够满足智慧化景区建设的需要，还未覆盖光纤网络的旅游景区仅为极少数。此外，通过对景区内的 5G 网络覆盖情况调研分析，发现达到 5G 网络全景区覆盖的景区占比为 34.81%，部分区域覆盖的景区为 40.23%，无 5G 网络覆盖的景区为 24.96%。这与 5G 网络仍处于发展阶段，未能达到全国成熟应用有一定关系。但整体来看，由于处于 5G 网络部分区域覆盖的景区非常多，旅游景区的5G 网络建设处于推进状态。此外，在拥有 5G 基站的景区中，基站类型为宏基站的景区的占比为 62.82%，基站类型为室分基站的景区占比为 50.72%。宏基站覆盖面积更大，室分基站覆盖面积较小，由此可见旅游景区大多选择覆盖更广的宏基站作为 5G 覆盖的基本建设主体。因此，5G 建设虽然不如光纤网络建设覆盖率更强，但整体趋势表现积极，随着全国整体 5G 建设的优化与落实，旅游景区 5G 的应用落地也将逐渐深入。另外，达到景区 Wi-Fi 全景区覆盖的旅游景区占比为 41.57%，部分区域覆盖的旅游景区为 55.91%，有2.53% 的景区 Wi-Fi 无覆盖。Wi-Fi 作为常见且较为成熟的数据传输方式，相较于 5G 网络的覆盖情况更好，在绝大多数旅游景区中都能够得到应用，仅有极少数旅游景区无覆盖。

（三）景区资源"上云用云"赋能数字化发展提质升级

在旅游景区采用公有云服务的情况调研中，未使用公有云服务的旅游景区相对更多，占比为 67.9%；而已使用公有云服务的旅游景区仅占比 32.1%，说明公有云服务在旅游景区中使用比例并不高，更多景区仍旧采用自建私有云和存储机房的方式部署本地化存储。在使用公有云服务的景区中，超过半数景区购买的云服务器容量小于 10T，占比 50.9%；30.8% 的景区购买的云服务器容量介于 10T—50T 之间；云服务器容量为 50T—100T 的景区和服务器容量大于 100T 的景区整体占比较小，整体占比不到 20%。由此可见，目前超过半数景区购买的云服务器容量都小于10T，而超过80%的景区购买的云服务器容量小于50T，这也从侧面反映了目前旅游景区的公有云服务对数据容纳空间的需求不是很高。这一方面与旅游景区"上云"的同时也会考虑节约云服务成本有关；另一方面，也与景区实际业务所涉及的数据类型除视频监控数据外，所产生的数据多为日志类文本数据有关，其存储容量较为有限。同时，景区也会考虑将具有隐私属性的核心数据进行本地化存储，仅将部分非核心数据进行"上云"。从结果看，还未使用公有云服务的景区可从相对小容量的云服务着手开展相应的"上云"规划工作，云存储的可伸缩性也有助于在部署初期做到规模可控。从旅游景区所合作的云存储服务商分布情况看，在配备公有云服务的623个景区中，使用的云服务提供商排名前三的为阿里云、中国电信、中国移动，分别占比45.1%、41.1%、39.5%。腾讯云和中国联通在其中也占有一定份额，分别占比25.2%和22.5%。百度云和华为云占比大致相近，分别为14.6%和13.6%。而京东、微软、金山、浪潮、亚马逊和Ucloud则整体占比较小，分别为6.42%、5.3%、3.85%、3.37%、1.77%和1.44%。由此可见，目前旅游景区主要使用的云服务提供商仍然是阿里云、中国电信、中国移动这三家在国内市场份额占比较大的互联网公司和运营商。从旅游景区使用云服务的主要类型情况看，使用公共云服务的旅游景区使用的云产品类型主要包括数据库、大数据、存储和ICN，分别占比65.5%、51.7%、45.9%。而云安全作为数据重要的防护服务，也有较高占比，为39.7%。人工智能和弹性计算作为新兴技术服务，占比也达29.0%和23.8%。这体现了旅游景区普遍对数据安全类云服务的重视程度，而存储和CDN作为重要的云服务也受到了极大青睐。总体而言，旅游景区使用共享云服务比例仅三成，国产云服务提供商占据绝对优势。

（四）景区"用数"共识逐渐形成，"用数"形式有待进一步探索

调研样本中，有61%的景区内已有自建机房，而39%的景区还没有自建机房，旅游景区"用数"基础建设普及程度还有待提升。在已有自建机房756个的旅游景区中，景区自建机房的服务器容量主要位于小于10T和10T—50T两个区间，分别占比36.52%和37.45%，整体占比高达73.97%。而服务器容

量为 50T—100T 的景区和服务器容量大于 100T 的景区占比分别为 13.44% 和
12.6%。由此可见，大部分景区的机房服务器容量主要在 50T 以内，能够大
致满足景区的数据储存，而服务器容量高于 50T 的景区仅占少数。此外，建
设了智慧指挥中心的旅游景区占比 41.46%，没有建设指挥中心的旅游景区占
比 58.54%。虽然目前有四成的旅游景区配备了智慧指挥中心，但仍有较大比
例的景区没有建设智慧指挥中心（旅游景区大数据中心），相关基础设施还有
很大发展空间。实际来看，在基础建设方面，景区机房服务器的容量并不需
要过大，50T 的容量已足够支撑景区内大数据的应用；仍有较大比例的景区
未能建设监测指挥中心。从调研情况看，绝大多数景区对于采用大数据等方
式提升景区经营效率具有共识，大型成熟景区采取自建数据中心的方式践行
"用数"；而对于中小型景区而言，采用购买 SaaS 服务或单独的数据咨询报告
等形式可能从建设难度和节省成本角度更具实际意义。

另外，超过半数的景区所使用的外部数据源首先来自政府部门数据（公
安、交通、气象及环保等），占比达 66.43%；其次为运营商数据，占比为
54.1%；而使用外部数据源为互联网舆情数据的景区占比 40.12%，接着是银
联消费数据和 12301 投诉数据，分别占比 37.29% 和 33.37%。由此可见，景
区的外部数据来源多样，政府数据和运营商数据是景区使用外部数据的主要
来源。但对绝大多数旅游景区而言，有效归集旅游景区内部数据，形成内外
部数据互补，是从长远角度实现数据成本可控，同时提升旅游景区数据管理
能力的根本。

（五）移动端主导旅游景区智慧化服务，门票预约成为刚需

调研结果显示，目前我国旅游景区现有的智慧化服务系统主要包括：景
区官网、景区电子票务系统、景区 App/ 小程序、景区智慧导览系统和景
区信息发布系统等领域，占比分别为 70.4%、67.51%、61.89%、53.64% 和
50.75%；景区数字广播系统和景区智慧停车系统的应用也相对广泛，占比为
48.07% 和 45.85%；而投诉与建议系统、景区呼叫中心系统和景区厕所系统等
建设占比大致相近，为 32.08%、28.73% 和 22.9%；景区一机游系统作为政府
联合景区最新推出的线上旅游形态，占比依然较高，为 27.02%。由此可见，

大多数旅游景区能在相对传统的景区智慧化系统建设方面进行规划，而其他新领域的景区智慧化系统应用程度目前仍然较低。

此外，旅游景区目前所具备的主要智慧化服务功能为门票分时预约预订，占比高达 73.18%。其次是智慧导览功能和景区电商服务功能，分别为 56.42% 和 46.26%。同时，实时信息推送也成为景区智慧化服务的相对普遍的功能之一，占比为 39.61%。而智能停车和自助客服功能在景区配备的智慧化服务功能中占比较少，分别为 29.24% 和 18.98%。这种服务功能的占比差异主要跟由旅游景区的经济效益来源和投入产出比有一定的关系，门票直接关乎旅游景区的经济效益，所以受到旅游景区最多的关注；而智慧导览能够直接反映旅游景区智慧化服务的水平，景区电商服务也同样与经济效益有直接关系；至于自助客服和智能停车方面，由于所需花费的建设成本相对较高，因此配置占比较低。另外，旅游景区具备的智能化检票功能主要集中在二维码、身份证两种方式，分别占比为 70.91% 和 64.41%；景区旅游卡（一卡通、年卡）也有相当高的占比，达 53.79%；而人脸识别作为新兴的人工智能领域功能，也达到了 34.61%，但其同时也面临着稳定性和个人数据隐私的问题，加之成本较高等原因，其占比未像传统检票功能那样占比高，指纹作为智能化检票功能占比只有 11.55%。由此可见，景区智能化检票仍主要依赖二维码和身份证，如人脸识别和指纹识别等新型方式还未能得到广泛应用，但整体发展态势良好，其准确率的提升和成本的降低将使其具有更广的使用范围。

通过调研分析旅游景区现有的智慧化新业态应用情况，发现占比最高的主要是 AR 虚拟旅游系统、人工智能应用系统和 VR 互动体验（沉浸式）系统，占比均超过 20%，分别为 25.48%、22.95% 和 21.71%；全息投影应用系统和数字产品（藏品、文创）也能够保持一定的占比，分别为 16.45% 和 15.68%；而 5G 领域的智慧化新业态应用如 5G+VR/AR 导览、5G+VR 全景直播、5G+AI 智慧安防和 5G 无人驾驶（无人机、无人车）等应用占比都仍然较低，分别为 10.37%、10.01%、7.32% 和 4.9%。由此可见，旅游景区智慧化新业态应用主要还集中在虚拟现实、现实增强和人工智能领域，但相关应用所涉及的游客参与量均有待提升，AR/VR 设备的轻便化、小型化，呈现内容的质量，以及落地应用的实际使用体验成为智慧景区新业态转化为旅游消费的关键。

（六）旅游景区综合管理系统的普及和建设仍有较大空间

调研结果显示，44.66% 的旅游景区建设了景区综合管理平台，55.34% 的旅游景区不具备综合管理平台；旅游景区综合管理平台的普及和建设仍有较大空间，这也是景区实现智慧化管理的前提。在已建景区综合管理平台的 866 个旅游景区中，主要集成了景区官网（69.86%）、景区电子票务系统（69.63%）、景区 App/ 小程序（67.78%）和视频监控系统（62.93%）；而景区智慧导览系统（57.51%）、景区信息发布系统（53.58%）也能够达到半数及以上景区内的应用；同时，48.15% 的旅游景区有景区数字广播系统，47.58% 的旅游景区有客流监测系统，44.46% 的旅游景区有景区智慧停车系统，41.45% 的景区有景区安防系统，基本围绕景区的智慧化基础设施建设展开；除此之外，景区综合管理平台中集合的子系统还有人脸识别系统（36.84%）、投诉与建议系统（34.41%）、景区一机游系统（33.6%）、景区呼叫中心系统（32.68%）、门户网站（30.37%）、景区短视频直播平台（27.14%）、人力资源系统（28.98%）、智慧防火监测系统（28.87%）、办公自动化系统（28.52%）、景区智慧厕所系统（27.48%）、数字通信系统（23.79%）、景区舆情系统（20.67%）等主要和景区内部的管理和运营有关的系统。而占比较低的子系统主要有智慧交通系统（19.4%）、资源环境监测系统（16.63%）、多商户管理系统（16.28%）、电子巡更系统（16.05%）等。由此可见，目前旅游景区综合管理平台主要包含的子系统为景区官网、景区电子票务系统、景区 App/ 小程序和视频监控系统。综合而言，门户网站（包括 Web 端、移动端）、票务系统、视频监控是排名前三的管理应用，以上功能体现了旅游景区管理、服务、营销的一体化的属性，也是旅游景区管理最直接的抓手。

（七）微信、抖音、OTA 是旅游景区智慧营销主阵地，国际营销任重道远

目前，国内旅游景区广泛应用的智慧化营销系统包括微信公众号、订阅号、企业号，占比高达 89.01%；而短视频直播（抖音、快手）和门户网站在景区智慧化营销系统/应用中的占比也均超过半数，分别为 65.91% 和 51.47%；相比之下，微博账号（35.95%）、景区视频直播平台系统（30.43%）和 OTA 旗舰店（20.37%）在景区智慧化营销系统中的占比相对较低，这说明旅游景区对微博和 OTA 旗舰店的建设关注度相对较弱。相比之下，微信公众号运营成本低、难度小，短视频直播传播速度快、效益高，成为旅游景区智慧化营销建设的主要方向；而门户网站作为传统营销方式和在 Web 端的固定形式，也符合旅游景区多平台、多渠道运营的思路，其也达到半数的占比。其中，旅游景区与美团、携程达成的合作推广情况最为广泛，分别为 66.68% 和 63.33%，这与美团和携程是目前实力最强劲的 OTA 平台有很大的关系，合作能够带来直接的经济效益。除此之外，同程（44.04%）、去哪儿（33.37%）、驴妈妈（32.49%）作为和携程同类型的 OTA 平台，与部分景区也达成一定程度的合作，但远小于美团和携程。值得一提的是，高德和百度作为地图导航类主要平台，也有 30.43% 和 27.8% 的景区与之合作；而与腾讯（19.8%）和途牛（17.33%）合作的景区则相对更少，与境外推广平台合作的景区仅达到了 0.41% 的占比。

调研发现，68.85% 的旅游景区在未来两年都有智慧化建设提升计划，而 31.15% 的景区则没有此类计划。这也侧面证明了智慧化景区建设是一个相对动态的过程，具有不断升级和迭代的特点。未来两年，超过半数的旅游景区智慧化基础设施建设计划主要集中在建设综合管理平台系统方面，占比 50.64%；而计划建设智慧指挥中心和机房的景区占比也较高，分别为 42.7% 和 39.85%；同时也有部分旅游景区选择建立数据平台（33.93%）、5G 网络（28.46%）、扩建服务器（23.9%）和购买公有云服务（15.96%）等。由此可见，大部分旅游景区更希望建设综合管理平台，通过信息化手段帮助旅游景区实现智慧管理的愿望最为迫切。

其一，旅游景区在未来两年的智慧化业务服务系统建设方面，主要围绕景区 App/小程序和景区官网，分别为 46.59% 和 44.04%。接着则是在景区电子基建方面的建设，如景区智慧导览系统（38.28%）、景区电子票务系统（36.85%）、景区智慧停车系统（30.64%）等；而对于景区线上平台的建设以及景区管理服务系统的建设也占有较大比例，如景区一机游系统（26.22%）、景区信息发布系统（23.45%）、景区呼叫中心系统（20.75%）、景区数字广播系统（20.37%）和投诉与建议系统（17.15%）；而随着旅游行业"厕所革命"的深入，旅游景区智慧厕所系统也成为景区建设计划的重要内容，占比21.35%。在旅游景区未来两年的智慧化业务管理系统建设计划方面，主要集中在客流检测系统（41.87%）、视频监控系统（38.8%）两个方面，这与我国整体的监控普及情况有一定的关系；人脸识别系统、景区安防系统分别以34.46%和30.26%的比例排在接下来的两个位次，成为旅游景区未来智慧化建设的主要关注领域；智慧交通系统（24.94%）、智慧防火检测系统（21.27%）和大屏广告管理系统（20.9%）也是旅游景区在未来智慧化规划中相对重视的关注点；GIS管理系统（17.83%）、办公自动化系统（16.55%）、景区舆情系统（16.1%）和数字通信系统（14.61%）也在旅游景区的智慧化建设计划中占有一定比例；财务管理系统（13.71%）、无人机巡逻系统（12.81%）、电子巡更系统（11.61%）和人力资源系统（11.24%）则相对规划较少。由此可见，尽管视频监控已然是旅游景区智慧管理系统首位，但旅游景区的管理建设计划仍集中于财务和视频监控领域，旅游景区更应尝试新技术与两个重点领域的融合。

其二，旅游景区在未来两年的智慧化业务营销系统的建设计划方面，要围绕微信公共平台（公众号、订阅号、企业号）和短视频直播（抖音、快手）两个领域，分别有50.04%和47.19%的旅游景区在此方面有相关计划；而有39.18%的景区在门户网站方面有建设计划，39.4%的景区在景区视频直播平台系统有建设计划，两者比例大致相同，说明旅游景区在这两方面的建设需求与迫切程度也大致相似；景区对于OTA旗舰店和微博账号的建设计划仍然占比较低，分别为22.55%和17.3%，规模较大的旅游景区更有意愿在OTA旗舰店方面投入资源。

其三，旅游景区在未来两年的智慧化新业态应用方面，主要集中在VR互动体验（沉浸式）系统（31.99%）和AR虚拟旅游系统（31.24%）两方面，这也与虚拟交互技术的普及有一定关系。而景区在人工智能应用系统方面的建设计划占比也相对较高，为 25.54%，这也与人工智能技术的兴起有关，在 5G+VR 全景直播方面，有 22.7% 的景区的建设计划囊括了这一内容。除此之外，景区的建设方向按顺序还包括全息投影的应用系统（19.85%）、5G+VR/AR 导览（17.38%）、5G+AI 智慧安防（16.1%）、数字藏品和数字文创（13.71%）、三维虚拟沙盘导览（12.88%）、5G 无人驾驶（无人机、无人车）（10.26%）。整体来看，7 成旅游景区未来两年都具有智慧化建设的计划，并且景区智慧化的建设突出了沉浸式体验的内容，这与技术发展趋势以及其能够直接带来消费有关。

（八）景区智慧化系统运营成本降低，建设投入更加普及

在旅游景区智慧化系统年运营成本方面，78.39% 的景区年运营成本都在 100 万元以下，有 12.48% 的景区的年运营成本在 100 万—200 万元；大部分景区在智慧化系统的运营方面投入的资金数额也是相对较小的，投入在 200 万—300 万元的景区占比 4.49%，在 300 万—500 万元的景区占比 2.42%，运营成本投入在 500 万元以上的景区仅有 2.22%。在景区信息化系统运营情况方面，约半数景区是由景区独立运营（50.9%）的；委托服务商和供应商运营的景区占比则大致相同：委托一家服务商统一运营的景区占比 20.47%，委托多家供应商分别运营的景区占比 22.74%，这也可能与景区投入资金和运营成本不高有一定的关系。

在旅游景区已完成的智慧化建设投入方面，90.2% 处于 2000 万元以下，其中 69.99% 的景区对于已完成的智慧化建设投入资金在 500 万元以下，20.32% 的景区的建设投入处于 500 万—2000 万元；建设投入金额在 2000 万—5000 万元的旅游景区占比 4.18%，5000 万—1 亿元的景区占比 2.78%，建设投入在 1 亿元以上的景区仅占比 2.84%。由此可见，旅游景区已完成智慧化建设的整体投入金额相对较为保守，这与疫情下旅游景区所出现的经营压力有关，虽然具备较为明显的建设意愿，但实际投入力度有限。在建设感受方面，约半数旅游景区认为景区现有信息化系统应用有一定效果（50.13%），认为非常有效的景区和认为效果一般的景区数量大致相同，分别占比 17.48% 和 19.08%。而对景区现有信息化系统应用效果呈负面评价的景区占比并不是

很高，认为效果较小的景区占比 8.77%，认为没有效果的景区占比 4.54%。整体来看，旅游景区对于景区现有信息化系统应用效果的评价还是较为积极的。此外，对于旅游景区现有智慧化建设完备情况的评价，仅有 4.64% 的景区认为建设非常完备，剩下的 31.05% 的旅游景区认为基本完备，30.17% 的旅游景区认为一般，24.14% 的旅游景区认为存在不足，10.01% 的旅游景区认为非常不足。整体来看，旅游景区评价呈现右偏正态分布，认为景区现有智慧化建设存在提升空间。在智慧景区建设方面，多数旅游景区的问题都集中在建设资金投入巨大（38.01%）、缺乏相关专业技术人才（37.8%）和信息化基础设施建设薄弱（32.59%）这三个方面，而前述关于计划投入资金的调查以及光纤网络、5G、Wi-Fi 等基础建设铺建的调查也能够反映这一情况；除此之外，还有 30.12% 的旅游景区认为目前缺乏智慧景区建设标准，15.52% 的旅游景区认为缺乏统一规划盲目建设，因此很难推进建设智慧景区建设，超八成旅游景区认可智慧化建设效果，投入、人才、标准是制约其发展的痛点。基于上述数据，通过交流培训、案例分享等提升旅游景区智慧化建设水平，通过制定标准、规划等规范和提升智慧景区建设流程仍是解决旅游景区数字化转型痛点的有效途径。

四、我国智慧景区建设和发展的差异分析

（一）旅游景区类型对智慧景区建设和发展的影响

不同类型的旅游景区在智慧化建设获得感和使用场景方面具有差异，现代娱乐类旅游景区在智慧景区建设上"领跑"。目前旅游景区整体的信息化系统应用效果较好，50% 的旅游景区认为有一定效果，17.5% 的旅游景区认为非常有效。其中，现代娱乐类景区的信息化应用效果排名最高，乡村田园类景区的信息化应用效果排名最低。其中现代娱乐类景区的智慧化完备度较高，基本完备的景区占比高达 46%，非常完备的景区占比 7%；而乡村田园类景区的智慧化完备度较低，基本完备的景区占比 26%，非常完备的景区占比仅为 1%。人文景观类景区和乡村田园类景区的智慧化建设完备程度相对较为平均。从旅游景区信息化应用效果情况看，现代娱乐类景区自身的基因与数

字科技相关，对智慧化要求更高，是近几年新兴和活跃的旅游景区业态，所以智慧化水平高于其他几类景区。

门票分时预约预订和智慧导览是所有类型景区服务方面排名前两位的功能。其中人文、自然类偏重导览方面服务。现代娱乐类景区的实时信息推送和自助客服需求占比略高于其他类型旅游景区；乡村田园类景区侧重于景区电商服务，占比为21%；人文景观类景区智慧导览更为发达，占比为23%。

智慧化体验类内容构成在不同类型景区中的差异相对明显。现代娱乐类景区的VR互动体验（沉浸式）系统占比最高，达20%；乡村田园类景区和自然景观类景区的人工智能应用系统占比较高，分别为14%和15%；人文景观类景区的数字藏品、数字文创占比相对较高，为10%。

旅游景区现有智慧化管理系统种类丰富，智慧化管理系统在不同类型的景区中配比略有差异，其中人文景观类景区的景区安防系统、智慧防火监控系统和人脸识别系统配置比例相对较高；现代娱乐类景区的各种智慧化管理系统配置相对均匀，其中公司和企业管理相关的智慧化系统配置更高，包括办公自动化系统、人力资源系统和财务管理系统；乡村田园类景区的客流监测系统和视频监控系统配置比例相对较高，而人力资源管理系统、智慧防火监控系统和人脸识别系统配置比例相对较低；自然景观类景区的视频监控系统和人脸识别系统配置比例相对较高，而景区安防系统配置比例相对较低。智慧化管理系统在不同类型的景区中配比非常相似，无明显差异，新型智慧化管理系统的推广还有很大的发展空间。

智慧化营销系统在不同类型景区的应用比例和景区总体数据基本一致，以微信公众号为主。根据各类型景区自身的特点，智慧化营销系统的侧重稍有不同，其中乡村田园类景区的微信公众号、订阅号、企业号和短视频直播（抖音、快手等）占比分别达33%和26%，相比其他类型景区占比最高；现代娱乐类景区的OTA旗舰店营销和景区视频直播平台系统相对其他类型景区占比较高。

智慧景区建设获得感与景区同科技的相关性关系较大。各类型景区智慧化建设实际获得感整体较好，仅4.5%的景区认为景区智慧化信息系统的应用

没有效果，认为"非常有效"和"有一定效果"的景区占比分别为 17.5% 和
50%。其中现代娱乐类景区智慧化建设的获得感最强，认为目前景区信息化
系统应用非常有效的达 22%，认为"没有效果"的占比仅为 3%；乡村田园类
景区的获得感相对较低，认为景区智慧化信息系统的应用"非常有效果"仅
占 12%，认为"效果较小"和"没有效果"的数量达到了 16%；人文景观类
景区和自然景观类的数据相对平均。

对比各类型旅游景区信息化系统应用效果评价，各类型景区的智慧化建
设均有着相对较高的获得感，但实际获得感高低与景区自身类型与科技的关
联性呈正相关关系。其中现代娱乐类景区与智慧化建设的适配度最高，实际
获得感最好，而与现代科技关联性较低的乡村田园类景区的实际获得感也相
对较低。

综上所述，不同类型景区的创新应用场景在智慧化新业态应用内容的差
异比较明显，而在智慧化服务功能、智慧化管理系统和智慧化营销系统的差
异较小。智慧化新业态应用内容在现代娱乐类景区的构成相对均匀，而其他
类型景区的智慧化新业态应用内容发展空间差异比较大。现代娱乐类景区智
慧化创新应用场景较人文景观类景区和自然景观类景区更为丰富，乡村田园
类景区相较偏弱。

（二）景区级别对智慧景区建设和发展的影响

景区智慧化建设程度与景区级别关系显著。景区智慧化建设投入方面，
整体以 500 万元以下为主，占比高达 70%；而投资达 2000 万元以上的景区
占 10%，其中达 1 亿元以上的仅占 3%。不同级别旅游景区智慧化建设资金投
入与运维占比随景区等级逐渐提高，且 5A 级景区远高于其他等级景区。5A
级景区智慧化投入 2000 万元以上的占比达 24%，500 万元以下的占比仅为
39%，与 4A 级景区智慧化投入 500 万元以下的 71% 占比相差 32%，而 4A
级景区与 3A 级景区仅相差 14%。旅游景区信息化系统运营独立运营占比达
51%，景区级别越高，景区越倾向于委托第三方运营。数据显示 5A 级景区独
立运营占比仅占 37%，委托一家服务商统一运营和委托多家供应商分别运营
的占比达 26% 和 35%；4A 级和 3A 级独立运维占比均为 50% 左右，但委托

一家服务商统一运营和委托多家供应商分别运维的占比 4A 级景区仍高于 3A 级景区。由此可见，5A 级旅游景区智慧化建设规模远高于其他级别景区，提高景区智慧化建设水平将是不同级别景区的共同目标。同时随景区智慧化建设规模的扩大，委托专业高水平第三方运营是整体趋势。

（三）智慧景区建设和发展的区域特征分析

东部沿海地区智慧景区发展较之内陆及北部优势显著。不同区域景区的信息化系统应用效果普遍较好，以"有一定效果"为主。我国景区信息化应用效果整体呈由东南沿海向内陆递减的趋势，东南沿海区域的信息化应用效果最好，中部地区次之，西部地区则仍然获得感较低。除吉林省及港澳台地区无数据外，华南、华中地区景区信息化应用效果最好，各省均认为达到一定效果；华北、华东次之，仅有山西省和安徽省认为景区的信息化系统应用"效果一般"，其余均认为"有一定效果"；西北、东北、西南地区景区数量较少，但东北地区整体仍认为景区信息化应用"有一定效果"，西部地区则认为景区信息化应用"效果一般"，仅有宁夏、重庆、云南认为"有一定效果"，青海及西藏认为"效果很小"。但是，旅游景区的智慧化建设完备度整体处于较低水平，认为体验"非常完备"的景区仅占极少数。从智慧化建设完备度情况来看，与我国景区信息化应用效果呈现相同趋势，以东南沿海区域最高，逐渐向内陆递减。

综上所述，我国不同区域景区智慧化发展水平存在较大差异，东南部地区旅游景区的发展已经从解决有无的问题，向更加务实、更加高效的方向发展，而往西北、东北看，智慧景区的发展还处于初步建设、基本模仿阶段，整体智慧化运用的水平、效率还有待进一步提升。总体而言，我国旅游景区整体智慧化水平随经济发展水平而呈现由东南沿海向内陆递减的趋势，不同区域的景区智慧化都还有较大发展空间和不同的侧重方面。

五、我国智慧景区建设和发展的对策建议

（一）完善基础设施，提升智慧化水平

根据 2020 年第七次全国人口普查结果，我国 65 岁及以上人口 1.9 亿人，

约占全国人口的 13.50%，老年健康旅游和智慧旅游服务的需求将快速增长。因此，各地区在建设智慧景区过程中需要关注以下几点。第一，投入资金，完善相关适老化设施。智慧景区应针对老年人等特殊群体，完善相关适老化设施，如在 App 或微信小程序推出适老化版本，或者对当前的页面进行功能的适老化改进，有效提升老年群体旅游服务便利性，增强老年人出游幸福感。第二，出台相关政策规划，提高智慧化水平。如大足石刻景区在 2020 年发布的《大足石刻研究院中长期发展规划（2019—2024 年）》指出，要强化大数据、云服务、"互联网+"技术的运用，全方位推进智慧景区和智慧博物馆建设，推动大足石刻数字博物馆、大足石刻数字影院建设。第三，增加相关智慧化设施体验项目。如虚拟融合拍照，只要将手机对着大足石刻洞窟，站在外面，手机屏幕就能呈现洞窟内详细的壁画内容和佛像，游客可实时拍照合影留念。例如 AR 文创产品，通过增强现实技术，定制关于智慧景区的特色文创产品，使用手机来识别，能够出现更具活力、更真实的画面效果，增强旅游景区与游客之间的互动体验。

（二）注重旅游体验，创新智慧服务

智慧服务是衡量旅游景区智慧化发展水平的重要指标，注重游客的智慧性旅游体验，培育优质旅游服务品牌，是推动景区高质量发展的重要办法。有效开发智慧景区可以为游客提供个性化的旅游服务，从而带来更加完善的旅游体验。智慧服务具体体现在游前、游中、游后三个方面。首先是游前智慧服务，智慧景区应依托景区 App 或者公众号根据不同的旅游需求提供具有个性化的包括导航、导览、导游等服务，优化游前服务，注重以人为本。其次是游中智慧服务，阿依河景区要加快 Wi-fi 覆盖景区的进程，游客免费使用网络，增强智慧服务的旅游体验。强化景区从业人员的服务意识，及时帮助对网络以及 App 有需求的游客，从而优化旅游服务环境，全面提升景区的旅游服务质量。最后是游后智慧服务，在微信公众号新增互动功能，游客游玩之后把文字、图片或者视频公开上传，便于其他潜在游客了解旅游信息。此外，要建立良好的信息沟通反馈平台，及时处理游客的抱怨、投诉以及建议，进一步提升景区的旅游服务质量，从而提高游客的获得感与幸福感，吸引游

客再次旅游。通过游客好的口碑宣传，带动更多的潜在游客，实现旅游业的可持续发展。

（三）加强宣传推广，优化智慧营销

近年来，以抖音、小红书以及哔哩哔哩等新媒体为代表的短视频平台快速发展，对旅游景区的智慧营销产生了有效的促进作用。中国互联网信息中心发布的第 51 次《中国互联网络发展状况统计报告》中显示，截至 2022 年 12 月，短视频用户规模首次突破 10 亿人，用户使用率高达 94.8%。智慧景区结合自身的自然资源、人文景观、历史文物等景区特色旅游吸引物利用微信、微博、抖音、小红书以及哔哩哔哩等新媒体平台，通过文字、图片、视频以及直播的方式宣传营销，并及时更新景区动态。一方面可以建立景区良好的旅游形象，促使游客可以感知景区特色、感受景区环境氛围、认同景区文化底蕴，从而激发游览兴趣；另一方面可以统计游客的行为、兴趣、标签和旅程，及时了解市场的动态需求，从而形成景区智慧营销体系。景区发布的短视频通过抖音热榜推荐、抖音搜索等方式吸引游客浏览关注，以较低成本获取关于智慧景区的丰富旅游信息，有效降低了游客对旅游规划所投入的时间和精力。

（四）强化人才支撑，促进高质量发展

人才是保障智慧旅游产业有效和高效发展的重点所在，通过培养和引入专业的人才建设机制，才能更好地为智慧旅游产业发展提供源源不断的活力。智慧景区对外要加强与各高校的合作，注重招聘及引入旅游管理或者是计算机等方面的综合型专业管理人才，夯实景区数字化基础，增强景区智慧化管理，加快景区智慧化的高质量发展。对内要加强对员工的智慧型景区发展理念的培训，通过相关培训让员工熟悉并掌握景区关于智慧旅游系统的操作与服务流程，提高其专业素质与实践能力，从而提供更好的智慧旅游服务。2021 年，国家文化和旅游部颁布的《关于加强旅游服务质量监管提升旅游服务质量的指导意见》明确指出，要贯彻尊重劳动、尊重知识、尊重人才、尊重创造的思想，提高旅游人才的服务水平和能力。旅游人才是旅游景区智慧化转型升级的重要支撑，要加强旅游人才尤其是智慧旅游人才的培训和管理，从而推动旅游人才队伍的可持续发展。

项目策划：段向民
责任编辑：沙玲玲
责任印制：钱　宬
封面设计：武爱听

图书在版编目（ＣＩＰ）数据

2023年度国家级职业教育教师教学创新团队文体旅游
（二）协作共同体科研成果汇编 / 王方，张开江，张宗
国主编；郎富平，洪光英，冷雪艳副主编. -- 北京：
中国旅游出版社，2024.5
　　ISBN 978-7-5032-7322-3

　　Ⅰ. ①2… Ⅱ. ①王… ②张… ③张… ④郎… ⑤洪…
⑥冷… Ⅲ. ①旅游文化－教学研究－职业教育 Ⅳ.
①F590

中国国家版本馆CIP数据核字(2024)第094537号

书　　名：2023 年度国家级职业教育教师教学创新团队文体旅游（二）协作
　　　　　共同体科研成果汇编
主　　编：王　方　张开江　张宗国
副 主 编：郎富平　洪光英　冷雪艳
出版发行：中国旅游出版社
　　　　　（北京静安东里 6 号　邮编：100028）
　　　　　https://www.cttp.net.cn　E-mail:cttp@mct.gov.cn
　　　　　营销中心电话：010-57377103，010-57377106
　　　　　读者服务部电话：010-57377107
排　　版：北京旅教文化传播有限公司
经　　销：全国各地新华书店
印　　刷：北京明恒达印务有限公司
版　　次：2024 年 5 月第 1 版　2024 年 5 月第 1 次印刷
开　　本：720 毫米 ×970 毫米　1/16
印　　张：33
字　　数：472 千
定　　价：59.80 元
ＩＳＢＮ　　978-7-5032-7322-3